"国家级线上线下混合式一流本科课程"配套教材
普通高等教育"十三五"规划教材
21世纪高等院校规划教材·公共课系列

大学语文

（第三版）

主　编　程　箐　刘汉波
副主编　邵　滢　明飞龙　曹爱华　马国栋
　　　　刘在鑫　刘　慧　李颖中

图书在版编目(CIP)数据

大学语文/程箐，刘汉波主编. —3版. —北京：北京大学出版社，2023.9
21世纪高等院校规划教材. 公共课系列
ISBN 978-7-301-33934-3

Ⅰ. ①大… Ⅱ. ①程… ②刘… Ⅲ. ①大学语文课 – 高等学校 – 教材 Ⅳ. ①H193.9

中国国家版本馆 CIP 数据核字（2023）第 067927 号

书　　　　名	大学语文（第三版）
	DAXUE YUWEN（DI-SAN BAN）
著作责任者	程　箐　刘汉波　主编
责 任 编 辑	李　玥
标 准 书 号	ISBN 978-7-301-33934-3
出 版 发 行	北京大学出版社
地　　　　址	北京市海淀区成府路 205 号　100871
网　　　　址	http://www.pup.cn　新浪微博：@北京大学出版社
电 子 邮 箱	编辑部 zyjy@pup.cn　总编室 zpup@pup.cn
电　　　　话	邮购部 010-62752015　发行部 010-62750672　编辑部 010-62704142
印 刷 者	北京圣夫亚美印刷有限公司
经 销 者	新华书店
	787 毫米 × 1092 毫米　16 开本　17.75 印张　480 千字
	2012 年 1 月第 1 版　2017 年 7 月第 2 版
	2023 年 9 月第 3 版　2025 年 2 月第 2 次印刷　总第 26 次印刷
定　　　　价	58.00 元

未经许可，不得以任何方式复制或抄袭本书之部分或全部内容。
版权所有，侵权必究
举报电话：010-62752024　电子邮箱：fd@pup.cn
图书如有印装质量问题，请与出版部联系，电话：010-62756370

前 言
——"大学语文"与大学生人格的健全

正如有论者所认为的,《大学语文》教材大致经历了工具化、审美化和伦理化三个阶段,分别凸显了"语文""文学""人文"三个关键词。[①] 可见,"大学语文"课程的设置和教材的编写始终有着鲜明的问题意识,都是为了回应时代所提出的问题。南京大学校长匡亚明等人之所以在20世纪70年代末呼吁大学课堂应该让"大学语文"回归,就是看到了当时大学生语文能力的普遍下降,因而凸显"语文"这个关键词,强调大学语文的工具性,注重大学语文提升大学生听说读写能力的功能。而审美化和伦理化阶段回应的问题大致相同,即20世纪90年代以来消费主义的兴起与泛滥。不过前者将目光对准了文学,希望文学再次充当救国的角色,挽狂澜于既倒;后者则希望借助人文精神回应现实,直面学生心灵,发挥拯救功能。90年代以后,中国的文化生态和教育生态急遽变化,文化消费主义和教育功利主义相互支持,一些青年疏离价值、彷徨迷茫,社会对教育的批评也越来越强烈。21世纪以来,教育功利主义未有好转。这就"迫使大学语文抑制'语文'需求,淡化审美冲动,转向伦理拯救,一个正面回应现实的课程理念和结构逐渐明晰、成型,它改变着大学语文地形图,标志了当下大学语文发展的方向"[②]。

作为一朵小浪花,我们这本《大学语文》教材也顺应了第三阶段的潮流,秉持"为党育人、为国育才"[③]的时代责任,根据课程的性质与特点,凸显"立德树人根本任务"[④],借助中外古今的人文资源与经典诗文,激发出潜藏在年轻学子心中的良知与爱,培植起坚实的文化心灵,促进他们人格的健全,为把学生培养成德智体美劳全面发展的社会主义建设者和接班人贡献力量。简言之,在我们看来,当下"大学语文"的功能首先在于"讲好中国故事、传播好中国声音"[⑤],同时健全大学生的人格。之所以如此定位,是基于以下两个方面的考虑。

首先,基于对"大学语文"任务不同于中小学"语文"的清晰认识。在我们看来,中小学的教育,由于其基础性,知识的传授便自然而然摆在了首要位置。与此相适应,中小学"语文"的教学目标定位为"字词句篇语修逻文",是必要的,也是可以理解的。但是,如果把"大学语文"看作中

[①] 赵江荣,王大桥.语文·文学·人文:从教材编写理念看大学语文功能转向[J].齐齐哈尔大学学报(哲学社会科学版),2010(6):120.
[②] 同上书,第122页.
[③] 习近平.高举中国特色社会主义伟大旗帜 为全面建设社会主义现代化国家而团结奋斗:在中国共产党第二十次全国代表大会上的报告[M].北京:人民出版社,2022:33.
[④] 同上书,第34页.
[⑤] 同上书,第46页。

小学"语文"的延续,做的是补课工作,继续在知识性、实用性上下功夫,则大错特错了。实际上,由于汉语系统遵循的是以字组词原则,掌握2000～3000个汉字,便足以应对任何文化领域的工作,而识字工作在九年义务教育阶段便全部完成。即便各种文章的写法,不管是从实用角度划分的记叙文、说明文、议论文,还是从文学角度划分的诗歌、小说、散文、剧本,在中小学也都经过了大量的阅读与训练,其提高完全要靠日常积累和个人体悟。也就是说,一个学期的"大学语文"课,如果延续中小学"语文"的任务,则很难起到明显的效果,还会让学生心生厌恶。基于此,我们认为,"大学语文"的任务应该更多地放在为学生提供精神资源上。蔡元培先生一语道破大学与中小学的差异:"大学并不是贩卖毕业证书的机关,也不是灌输固定知识的机关,而是研究学理的机关。"①也就是说,大学并非职业培训所,知识性教学不应该是大学的主要任务。大学的教育功能不仅在于培训、培养专门人才,更在于培育、造就人,使学生养成健全的人格,训练他们独立思考的能力。正如前耶鲁大学校长赖文所说:耶鲁要培养的是二十一世纪的引路人,他们要有创造性独立思考的能力,要有能力在自己精通的专业知识之外思考更为广泛的问题。②大学是大学生向社会过渡的关键时期,每个大学生都希望毕业后在社会上能游刃有余,事业成功,实现自我的人生价值。因此,大学应尽力为大学生日后的成功铺平道路,帮助他们处于这样一种智力状态,即他能够从事以上任何一门学科的研究或从事以上任何一门职业……③而这样一种智力状态的培养,很大程度上要靠"大学语文"这颗火种去点燃。

其次,基于对当今社会问题的坦然面对。正如有论者所指出的,"中国近30年社会现代化进程……,物质主义、技术主义、消费主义极度膨胀"④。许多大学在这股洪流中也迷失了方向,忘记了自身应该担当的文化使命;大学弱化了其价值引领功能。人们惊讶地发现,出现心理问题与行为问题的大学生越来越多……我们的"天之骄子""国家栋梁"到底怎么啦?这一切都在拷问每一个有良心的中国人。面对这样那样的问题,大学生人格的健全变得迫在眉睫。因为唯有人格健全了,为人处世才不至于出原则性的大问题。通过"大学语文"从文化资源中汲取营养,以滋润自己的心田,丰厚自己的精神,坚定自己的理想,塑造坚实的文化心灵,健全自身的人格,便成为大学生应对现实的良方。唯有如此,大学生才能更好地反省人生的意义,确立合适可靠的行为准则,才能对社会上的种种是非做出正确的价值判断,养成应付意外挫折所需的品性和勇气,从而过上充实、幸福的人生。

当然,健全大学生人格的资源远远不止"大学语文"一门课程,那么为什么我们却要"大学语文"来承担主要责任呢?这是因为高等教育的大众化在某种程度上也带来了大学教育的功利化追求,"课程向单一化、专业化倾斜,奋斗目标的世俗性确定,学生完整的心灵在校期间就被切成碎片,将来投身职场更无暇修补"⑤。"大学语文"在这种严峻的形势下不得不变成坚定中华文化立场、健全大学生人格的重要阵地,希望能像画檐蛛网那样勉力打捞一点文化之灵,以帮助他

---

① 中国蔡元培研究会.蔡元培全集:第3卷(1917—1919)[M].杭州:浙江教育出版社,1997:700.
② 康正果.生命的嫁接[M].上海:上海三联书店,2002:73.
③ 纽曼.大学教育的主要目的[J].书城,2000(10):12.
④ 赵江荣,王大桥.语文·文学·人文:从教材编写理念看大学语文功能转向[J].齐齐哈尔大学学报(哲学社会科学版),2010(6):123.
⑤ 同上。

们在将来的技术生涯中留住一层精神底色。而且,"大学语文"因为汇聚了古今中外的经典诗文,承载了庞大的文化传统和"可信、可爱、可敬的中国形象"①,用情感浸润的方式作用于大学生的心灵,其性质也更适合于健全大学生的人格。当然,用人文资源来健全大学生的人格也是"大学语文"这样的人文类课程的应有之义。

那么,该如何去健全大学生的人格呢？我们认为,大学生要处理的关系主要有三种:一是人与自我的关系,二是人与现实世界的关系,三是人与理想世界的关系。基于此,大学生的人格相应地包括三个层面:自我人格、社会人格与超越人格。本教材也因此分为相辅相成的三大块:第一讲至第四讲着眼于自我人格的成长;第五讲至第八讲着眼于社会人格的健全;第九讲至第十二讲着眼于超越人格的形成。第一讲"成长,痛并快乐着",可以看作大学生自我人格成长的总纲,点明成长的性质在于痛苦与快乐的并存。在我们看来,自我人格就像"梅花香自苦寒来"一样,也必须经历一番死去活来的成人仪式,才能茁壮成长,以至枝繁叶茂。第二讲至第四讲依次讨论自我人格成长的物质基础(生命)与精神质地(爱与感恩、责任与担当),它们分别构成了"人"字的一撇一捺。第二讲"生命是单程的旅行",强调生命对于我们只有一次,唯有细心地呵护,尊重生命,珍惜生命,生命才能充满七彩阳光。第三讲"爱,是不能忘记的",强调爱与感恩是自我人格成长的应有之义。每个人都应有一颗感恩的心,生命才有源源不断的活水;每个人都能奉献出一点爱,世界才能变成美好的人间。第四讲"铁肩担道义",强调责任与担当作为一种底线伦理,是社会对现代公民最起码的要求。只有每一个人都对自我负责,对家庭负责,对他人负责,对工作负责,对国家负责,对历史负责,世界才能真正和谐起来。第五讲"和而不同",是大学生社会人格健全的总纲,是我们处理与现实世界的关系的准则。因此,既应去除自我中心主义,尊重每一个独立的个体,也应坚定自己的立场,不盲目附和他人,与世界构成丰富多样的统一体。和而不同的法则具体渗透到人与土地、人与历史、人与自然的关系的处理,构成了第六讲至第八讲。第六讲"我爱这土地",要求我们从爱脚下的土地出发,推展到爱生活在这块土地上的人们,以及建立在这块土地上的国家。第七讲"往事并不如烟",要求我们尊重历史,树立正确的历史观,吸取历史教训,以免重蹈覆辙与历史倒退。第八讲"敬畏自然",要求我们处理好人与自然的关系,尊重自然规律,维护生态平衡,绝不污染环境,坚持可持续发展。第九讲"诗意地栖居",是大学生超越人格形成的总纲,强调人不应满足于现实的、世俗的功利世界,而应该同时拥有双重世界:现实的功利世界与超越的理想世界,从而形成超越人格,并诗意地栖居在这片土地上。第十讲至第十二讲所讨论的母语、文学与艺术,则是形成超越人格的载体与手段。其中第十讲"美丽的中文不老",要求我们重新发现母语的魅力,警惕母语的危机,通过母语领悟中国人诗意栖居的独特方式,借助母语彰显中华文化的博大精深。第十一讲"邂逅文学,悦读阅美",要求我们快乐地阅读文学作品,品味文学经典,学会解读文学文本的基本方法,在与文学相遇中放飞自己的心灵。第十二讲"徜徉在艺术的殿堂",要求我们初步练就艺术之眼,了解各种艺术的基本知识,学会欣赏音乐、舞蹈、绘画、雕塑、戏剧、电影等门类艺术,在艺术的浸润中提升自我。

基于以上认知,在选文和体例上,本教材也作了一点创新。首先,选文力图突破偏重知识性、工具性的局限,跳出民族文化、文学以及国粹的框架,而以主题为构架,对古今中外有利于大

---

① 习近平.高举中国特色社会主义伟大旗帜 为全面建设社会主义现代化国家而团结奋斗:在中国共产党第二十次全国代表大会上的报告[M].北京:人民出版社,2022:46.

学生人格健全的人文资源与经典诗文都兼收并蓄。我们旨在通过引导大学生感受、领悟语言、文学的巨大魅力，激发其追问生存的意义和存在的真相，培养其独立精神和自由思想，铸造其健全的人格与人文关怀意识。追求在情感上动人，在情怀上动人，在情操上动人，也就成为本教材的主要特色。其次，体例上既延续以往《大学语文》教材的优秀做法，又有所突破。特别是注意到了视觉文化时代到来之后大学生阅读习惯的变化，在推荐阅读中加上了相关视频。这将大大地扩大学生的视野，丰富学生的信息量，帮助学生更为直观地领略相关的人文资源，从而自觉地走上人格健全之路。

　　本教材共十二讲，每讲开篇有"本讲导读"和"圆桌议题"。"本讲导读"简述本讲主题和选文的意义，"圆桌议题"的设定是希冀学生能围绕本讲主题展开广泛讨论。每篇课文之后则有"作者风采""阅读提示"和"思考题"。"作者风采"主要是对作者的背景进行简单介绍，"阅读提示"是对文章进行精辟解析，"思考题"则引导学生思考与课文主旨和艺术性相关的问题，从而更好地理解课文。在每讲之后还提供了"拓展阅读"和"影视推荐"，学生可以在课后找寻相关书籍或影视视频来进行拓展学习。

（刘汉波）

目 录

第一讲　成长,痛并快乐着 (1)
　1. 十八岁出门远行 (4)
　2. 幼犊 (9)
　3. 五帝本纪·虞舜 (12)
　4. 与韩荆州书 (16)
　5. 青春(节选) (19)

第二讲　生命是单程的旅行 (23)
　1. 一滴水可以活多久 (26)
　2. 水调歌头·春日赋示杨生子掞(其四) (28)
　3. 吊古战场文 (30)
　4. 尘世是唯一的天堂 (33)
　5. 假如给我三天光明 (36)

第三讲　爱,是不能忘记的 (43)
　1.《论语》十则 (46)
　2. 蓼莪 (48)
　3. 又呈吴郎 (50)
　4. 长恨歌 (52)
　5. 蝶恋花·答李淑一 (56)
　6. 多年父子成兄弟 (58)

第四讲　铁肩担道义 (61)
　1.《孟子》二章 (64)
　2. 日知录·廉耻 (66)
　3. 张中丞传后叙 (68)
　4. 后汉书·班超传(节选) (71)
　5. 呵旁观者文 (77)

第五讲　和而不同 (83)
　1.《老子》二章 (86)
　2. 晏子论和与同 (88)
　3. 清华大学王观堂先生纪念碑铭 (91)
　4. 当众人都哭时,应该允许有的人不哭 (93)
　5. 我的世界观 (96)

第六讲　我爱这土地 (101)
　1. 炉中煤——眷念祖国的情绪 (104)

2. 雪落在中国的土地上 ……………………………………………………………（106）
3. 祖国土 ……………………………………………………………………………（110）
4. 听听那冷雨 ………………………………………………………………………（112）
5. 月是故乡明 ………………………………………………………………………（116）
6. 我们究竟应当不应当爱国 ………………………………………………………（118）

第七讲 往事并不如烟 …………………………………………………………………（121）
1. 贺新郎·读史 ……………………………………………………………………（124）
2. 词二首：临江仙·滚滚长江东逝水 ……………………………………………（126）
         南乡子·登京口北固亭有怀 ……………………………………（127）
3. 诗二首：马嵬（其二） ……………………………………………………………（129）
         关山月 …………………………………………………………………（130）
4. 狂人日记 …………………………………………………………………………（132）

第八讲 敬畏自然 ………………………………………………………………………（139）
1. 春江花月夜 ………………………………………………………………………（142）
2. 旷野与城市 ………………………………………………………………………（145）
3. 敬畏生命 …………………………………………………………………………（147）
4. 蚂蚁大战 …………………………………………………………………………（151）
5. 大自然在反抗（节选） ……………………………………………………………（155）

第九讲 诗意地栖居 ……………………………………………………………………（163）
1. "慢慢走，欣赏啊！"——人生的艺术化（节选） ………………………………（166）
2. 诗二首：问刘十九 ………………………………………………………………（171）
         自题金山画像 …………………………………………………………（171）
3. 《世说新语》选——魏晋风流：阮籍、嵇康、刘伶、王子猷 ……………………（173）
4. 蟹 …………………………………………………………………………………（175）
5. 秋爽斋偶结海棠社 ………………………………………………………………（177）

第十讲 美丽的中文不老 ………………………………………………………………（183）
1. 教中文（三首） ……………………………………………………………………（186）
2. 现代汉语再认识（节选） …………………………………………………………（189）
3. 在母语中生存 ……………………………………………………………………（199）
4. 救救中文 …………………………………………………………………………（202）

第十一讲 邂逅文学，悦读阅美 ………………………………………………………（205）
1. 略论语言形式美（节选） …………………………………………………………（208）
2. 风雨如晦 鸡鸣不已 ……………………………………………………………（214）
3. 魏晋风度及文章与药及酒之关系——九月间在广州夏期学术演讲会讲 …（217）
4. 王安忆讲《呼啸山庄》 ……………………………………………………………（225）
5. 《人间词话》十则 …………………………………………………………………（235）
6. 《边城》——沈从文先生作 ………………………………………………………（238）
7. 重复 ………………………………………………………………………………（242）

第十二讲　徜徉在艺术的殿堂 …………………………………………………（247）
　1. 对于艺术家，自然中的一切都是美的 ………………………………（250）
　2. 看蒙娜丽莎看 …………………………………………………………（255）
　3. 说园 ……………………………………………………………………（262）
　4. 鱼的艺术——鱼的图案在人民生活中的应用及发展 ………………（267）
　5. 听颖师弹琴 ……………………………………………………………（271）
后记 ………………………………………………………………………………（273）

第一讲 成长，痛并快乐着

1. 十八岁出门远行
2. 幼犊
3. 五帝本纪·虞舜
4. 与韩荆州书
5. 青春（节选）

本讲导读

　　人的成长包括两个层面：一是生理的发育与身体的成长，二是灵魂的发育与心智的成熟。当你像竹子拔节般呼啦呼啦地成长，以致高大的父亲不再高大，甚至日益"萎缩"时，你就已经长大了。美国作家克莱奥尔的《幼犊》很好地诠释了这一成长过程：一直是爸爸手下败将的比尔，一天晚上竟然轻而易举地把爸爸压在了身下，以致爸爸失去还手之力，只能举手投降。确实，儿女长大了，爸爸就老了，这似乎是无法改变的客观规律。不过，每一个做父母的并不因此而懊恼，因为儿女就是自己生命的延续，他们的长大意味着新的辉煌将次第展开。

　　当孩子满18岁，已经长成了一个虎背熊腰、孔武有力的小伙子，或一个亭亭玉立、婀娜多姿的大姑娘，他就希望挣脱父母的怀抱，去独自闯荡世界。这就开始了"十八岁出门远行"。然而，外面的世界很精彩，外面的世界也很无奈。余华用象征的手法告诉孩子们：你将遇到各种各样的困难，这些困难将一次次地打击你的信心和勇气，甚至把你逼向绝路。这都是孩子长大必须要付出的代价。当你从挫折中挺身而出，你就真正长大了。这就是所谓的置之死地而后生吧！

　　所以说，相比较于身体的成长，灵魂的发育似乎更为重要，因为人生在世要想有所作为，与其说是靠膂力，更不如说要靠智慧、胆识、技巧、信念……而这些恰恰是灵魂发育的题中应有之义。为了让子女们长大后能独当一面，凭自己的聪明才智打天下，父辈们往往会设计各种各样的"考题"来考验孩子：父亲叫我独自出门（余华《十八岁出门远行》）；尧"以二女妻舜，以观其内；使九男与处，以观其外"（《史记·五帝本纪第一》）；神佛世界故意设计取经来考验唐僧、孙悟空、猪八戒、沙僧、白龙马等对佛的认同与诚心（吴承恩《西游记》）……都可以作如是观。这种考验越加严酷，成才的可能性就越大。所以，孟子说："故天将降大任于是人也，必先苦其心志，劳其筋骨，饿其体肤，空乏其身，行拂乱其所为，所以动心忍性，曾益其所不能。"（《孟子·告子下》）

　　的确，成长是一个痛苦的过程，因为它同时是一个压抑自我、认同社会的过程。我们要长大成人，进入成人社会，就必须认同成人社会的游戏规则，而成人社会的规则更多地考虑群体的利益而忽视个体的感受，这恰恰与从本能出发的孩子格格不入。为此，成人社会主要通过惩罚和奖励的方式来"帮助"孩子抵制本能的诱惑，最终使其接受这些外在的规则（伦理道德），把它们内化为自己的行动准则，成为超我的人格结构固化在人脑中。惩罚让孩子懂得什么事是不能做的、不应该做的，而奖励则让孩子懂得什么事是可以做的、应该做的。这样一种过程，作为灵与肉的交战，对于孩子来说，更是一种煎熬。正如叶弥的小说《成长如蜕》所刻画的那样，当我们经历过了生死般的考验，就化蛹成蝶了。化蛹成蝶，是蝴蝶的必经之路；接受磨炼，则是成人的必经仪式，是迈向成功的阶梯。王国维说："古今之成大事业、大学问者，必经过三种之境界：'昨夜西风凋碧树。独上高楼，望尽天涯路'，此第一境也。'衣带渐宽终不悔，为伊消得人憔悴'，此第二境也。'众里寻他千百度。回头蓦见，那人正在灯火阑珊处'，此第三境也。"（王国维《人间词话》）可谓的论。"宝剑锋从磨砺出，梅花香自苦寒来""不是一番寒彻骨，怎得梅花扑鼻香"，在人的成长岁月中，加之以各种考验，已成了中国人的一种集体意识。古代社会甚至用象征化的方式把这种严酷的考验仪式化、日常化了。当男子年满20岁、女子年满15岁时，每个族群往往会给男子行加冠礼，给女子行及笄礼，并由舅舅或族长给孩子取字，意味着他们成年了。对于男子而言,是可以独闯江湖了;对于女子而言则是可以出阁了。这种象征性的仪式叫作成年礼。回首古人的良苦用心,我们要说,成年礼不仅是一种庄严的仪式,更是一种长大成人、独当一面的标志。

成长的过程,也是一个审父的过程。孩子由崇拜父亲、挑战父亲,到最后认同父亲。这种对父亲态度的变化就很好地见证了一个人的成长过程。挑战与反抗父亲可以说是成人的关键环节。孩子以这种方式展示自己的生气与力量,也借此渴望成人社会的认可与支持。所以,比尔要跟爸爸摔跤(克莱奥尔《幼犊》);李白毛遂自荐,以满怀的信心与奋发的雄心希望得到"父辈"韩荆州的垂青(李白《与韩荆州书》)。从这个角度来说,成人仪式不仅仅是父辈对子辈的考验,更是子辈的主动请缨,是相互的。

"年轻无极限。"经历过成人考验的年轻人,尽管在人生的旅途中还要不断经受考验,但他们的当下是阳光的、热情的、活力四射的,因为他们恰恰处于人生的春天,虽然青涩、稚嫩,却充满着盎然生机,用"青春"来命名是再恰当不过了。与万物生长、欣欣向荣的春天一样,青春是朝气蓬勃、浪遏飞舟的时候,是指点江山、激扬文字的时候,是初生牛犊不怕虎、会当击水三千里的时候。毛泽东非常看重年轻人,把青年比喻为"早晨八九点钟的太阳",认为世界终究是年轻人的。苏雪林对青年更是赞美有加,她不惜用了最美好的字眼来形容青年:"青年是透明的""青年是永远清洁的""青年最富于爱美心""青年是没有年龄高下之别的,也永远没有丑的"(苏雪林《青春》)。当欧阳修慨叹"读轼书,不觉汗出,快哉快哉!老夫当避路,放他出一头地也"(欧阳修《与梅圣俞书》)之时,当张籍称颂朱庆馀"一曲菱歌敌万金"(张籍《酬朱庆馀》)之时,当顾况把"长安居,大不易"修改为"道得个语,居即易矣"之时,当虞舜屡屡死里逃生终于"摄行天子政"并使"天下归舜"之时,你不感到"长江后浪推前浪,江山代有才人出"吗?!你不觉得青年正是未来的希望吗?!

央视名嘴白岩松说:"痛苦与快乐在心中此起彼伏,恐怕将是几代中国人的心灵宿命",因为"痛苦过去,无论国家民族还是个人,事业又向前迈出了一步,快乐就在我们回首的时候,在看到一条前进轨迹的时候出现了"(白岩松《痛并快乐着》)。我想,我们每一个人的成长又何尝不是如此呢? 正是在痛并快乐着的过程中,我们不知不觉就长大了,就可以出门远行,独自闯荡世界了。

年轻的朋友们,出发吧!

(刘汉波)

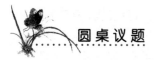

圆桌议题

1. 谈谈你参加18岁成人仪式的感想,并结合本讲课文分析自己在成长历程中心理轨迹的变化。

2. 在人的成长岁月中,父母到底应该扮演什么角色?结合你的成长经历,谈谈你对理想父母的期待。

3. 有人说青春是美好的,也有人说青春是忧伤的,还有人说青春是残酷的,到底该如何理解青春的情感特色及其人生意义?

看微课

1. 十八岁出门远行

余 华

柏油马路起伏不止,马路像是贴在海浪上。我走在这条山区公路上,我像一条船。这年我十八岁,我下巴上那几根黄色的胡须迎风飘飘,那是第一批来这里定居的胡须,所以我格外珍重它们。我在这条路上走了整整一天,已经看了很多山和很多云。所有的山所有的云,都让我联想起了熟悉的人。我就朝着它们呼唤他们的绰号。所以尽管走了一天,可我一点也不累。我就这样从早晨里穿过,现在走进了下午的尾声,而且还看到了黄昏的头发。但是我还没走进一家旅店。

我在路上遇到不少人,可他们都不知道前面是何处,前面是否有旅店。他们都这样告诉我:"你走过去看吧。"我觉得他们说得太好了,我确实是在走过去看。可是我还没走进一家旅店。我觉得自己应该为旅店操心。

我奇怪自己走了一天竟只遇到一次汽车。那时是中午,那时我刚刚想搭车,但那时仅仅只是想搭车,那时我还没为旅店操心,那时我只是觉得搭一下车非常了不起。我站在路旁朝那辆汽车挥手,我努力挥得很潇洒。可那个司机看也没看我,汽车和司机一样,也是看也没看,在我眼前一闪就过去了。我就在汽车后面拼命地追了一阵,我这样做只是为了高兴,因为那时我还没有为旅店操心。我一直追到汽车消失之后,然后我对着自己哈哈大笑,但是我马上发现笑得太厉害会影响呼吸,于是我立刻不笑。接着我就兴致勃勃地继续走路,但心里却开始后悔起来,后悔刚才没在潇洒地挥着的手里放一块大石子。

现在我真想搭车,因为黄昏就要来了,可旅店还在它妈肚子里。但是整个下午竟没再看到一辆汽车。要是现在再拦车,我想我准能拦住。我会躺到公路中央去,我敢肯定所有的汽车都会在我耳边来个急刹车。然而现在连汽车的马达声都听不到。现在我只能走过去看了。这话不错,走过去看。

公路高低起伏,那高处总在诱惑我,诱惑我没命奔上去看旅店,可每次都只看到另一个高处,中间是一个叫人沮丧的弧度。尽管这样我还是一次一次地往高处奔,次次都是没命地奔。眼下我又往高处奔去。这一次我看到了,看到的不是旅店而是汽车。汽车是朝我这个方向停着的,停在公路的低处。我看到那个司机高高翘起的屁股,屁股上有晚霞。司机的脑袋我看不见,他的脑袋正塞在车头里。那车头的盖子斜斜翘起,像是翻起的嘴唇。车厢里高高堆着箩筐,我想箩筐里装的肯定是水果。当然最好是香蕉。我想他的驾驶室里应该也有,那么我一坐进去就可以拿起来吃了。虽然汽车将要朝我走来的方向开去,但我已经不在乎方向。我现在需要旅店,旅店没有就需要汽车,汽车就在眼前。

我兴致勃勃地跑了过去,向司机打招呼:"老乡,你好。"

司机好像没有听到,仍在拨弄着什么。

"老乡,抽烟。"

这时他才使了使劲,将头从里面拔出来,并伸过来一只黑乎乎的手,夹住我递过去的烟。我赶紧给他点火,他将烟叼在嘴上吸了几口后,又把头塞了进去。

于是我心安理得了,他只要接过我的烟,他就得让我坐他的车。我就绕着汽车转悠起来,转悠是为了侦察箩筐的内容。可是我看不清,便去用鼻子闻,闻到了苹果味。苹果也不错,我这样想。

不一会他修好了车,就盖上车盖跳了下来。我赶紧走上去说:"老乡,我想搭车。"不料他用黑乎乎的手推了我一把,粗暴地说:"滚开。"

我气得无话可说,他却慢慢悠悠打开车门钻了进去,然后发动机响了起来。我知道要是错过这次机会,将不再有机会。我知道现在应该豁出去了。于是我跑到另一侧,也拉开车门钻了进去。我准备与他在驾驶室里大打一场。我进去时首先是冲着他吼了一声:"你嘴里还叼着我的烟。"这时汽车已经活动了。

然而他却笑嘻嘻地十分友好地看起我来,这让我大感不解。他问:"你上哪?"

我说:"随便上哪。"

他又亲切地问:"想吃苹果吗?"他仍然看着我。

"那还用问。"

"到后面去拿吧。"

他把汽车开得那么快,我敢爬出驾驶室爬到后面去吗?于是我就说:"算了吧。"

他说:"去拿吧。"他的眼睛还在看着我。

我说:"别看了,我脸上没公路。"

他这才扭过头去看公路了。

汽车朝我来时的方向驰着,我舒服地坐在座椅上,看着窗外,和司机聊着天。现在我和他已经成为朋友了。我已经知道他是搞个体贩运的。这汽车是他自己的,苹果也是他的。我还听到了他口袋里面钱儿叮当响。我问他:"你到什么地方去?"

他说:"开过去看吧。"

这话简直像是我兄弟说的,这话可真亲切。我觉得自己与他更亲近了。车窗外的一切应该是我熟悉的,那些山那些云都让我联想起另一帮熟悉的人来了,于是我又叫唤起另一批绰号来了。

现在我根本不在乎什么旅店,这汽车这司机这座椅让我心安而理得。我不知道汽车要到什么地方去,他也不知道。反正前面是什么地方对我们来说无关紧要,我们只要汽车在驰着,那就驰过去看吧。

可是这汽车抛锚了。那个时候我们已经是好得不能再好的朋友了。我把手搭在他肩上,他把手搭在我肩上。他正在把他的恋爱说给我听,正要说第一次拥抱女性的感觉时,这汽车抛锚了。汽车是在上坡时抛锚的,那个时候汽车突然不叫唤了,像死猪那样突然不动了。于是他又爬到车头上去了,又把那上嘴唇翻了起来,脑袋又塞了进去。我坐在驾驶室里,我知道他的屁股此刻肯定又高高翘起,但上嘴唇挡住了我的视线,我看不到他的屁股。可我听得到他修车的声音。

过了一会他把脑袋拔了出来,把车盖盖上。他那时的手更黑了,他把脏手在衣服上擦了又擦,然后跳到地上走了过来。

"修好了?"我问。

"完了,没法修了。"他说。

我想完了,"那怎么办呢?"我问。

"等着瞧吧。"他漫不经心地说。

我仍在汽车里坐着,不知该怎么办。眼下我又想起什么旅店来了。那个时候太阳要落山了,晚霞则像蒸气似的在升腾。旅店就这样重又来到了我脑中,并且逐渐膨胀,不一会便把我的脑袋塞满了。那时我的脑袋没有了,脑袋的地方长出了一个旅店。

司机这时在公路中央做起了广播操,他从第一节做到最后一节,做得很认真。做完又绕着汽车小跑起来。司机也许是在驾驶室里呆得太久,现在他需要锻炼身体了。看着他在外面活动,我在里面也坐不住,于是打开车门也跳了下去。但我没做广播操也没小跑。我在想着旅店。

这个时候我看到坡上有五个人骑着自行车下来,每辆自行车后座上都用一根扁担绑着两只很大的箩筐,我想他们大概是附近的农民,大概是卖菜回来。看到有人下来,我心里十分高兴,便迎上去喊道:"老乡,你们好。"

那五个人骑到我跟前时跳下了车。我很高兴地迎了上去,问:"附近有旅店吗?"

他们没有回答,而是问我:"车上装的是什么?"

我说:"是苹果。"

他们五人推着自行车走到汽车旁,有两个人爬到了汽车上,接着就翻下来十筐苹果,下面三个人把筐盖掀开往他们自己的筐里倒。我一时间还不知道发生了什么,那情景让我目瞪口呆。我明白过来就冲了上去,责问:"你们要干什么?"

他们谁也没理睬我,继续倒苹果。我上去抓住其中一个人的手喊道:"有人抢苹果啦!"这时有一只拳头朝我鼻子上狠狠地揍来了,我被打出几米远。爬起来用手一摸,鼻子软塌塌的像是挂在脸上,鲜血像是伤心的眼泪一样流。可当我看清打我的那个身强力壮的大汉时,他们五人已经跨上自行车骑走了。

司机此刻正在慢慢地散步,嘴唇翻着大口大口喘气,他刚才大概跑累了。他好像一点也不知道刚才的事。我朝他喊:"你的苹果被抢走了!"可他根本没注意我在喊什么,仍在慢慢地散步。我真想上去揍他一拳,也让他的鼻子挂起来。我跑过去对着他的耳朵大喊:"你的苹果被抢走了。"他这才转身看起我来,我发现他的表情越来越高兴,我发现他是在看我的鼻子。

这时候,坡上又有很多人骑着自行车下来了,每辆车后都有两只大筐,骑车的人里面有一些孩子。他们蜂拥而来,又立刻将汽车包围。好些人跳到汽车上面,于是装苹果的箩筐纷纷而下,苹果从一些摔破的筐中像我的鼻血一样流了出来。他们都发疯般往自己筐中装苹果。才一瞬间工夫,车上的苹果全到了地上。那时有几辆手扶拖拉机从坡上隆隆而下,拖拉机也停在汽车旁,跳下一帮大汉开始往拖拉机上装苹果,那些空了的箩筐一只一只被扔了出去。那时的苹果已经满地滚了,所有人都像蛤蟆似的蹲着捡苹果。

我是在这个时候奋不顾身扑上去的,我大声骂着:"强盗!"扑了上去。于是有无数拳脚前来迎接,我全身每个地方几乎同时挨了揍。我支撑着从地上爬起来时,几个孩子朝我击来苹果。苹果撞在脑袋上碎了,但脑袋没碎。我正要扑过去揍那些孩子,有一只脚狠狠地踢在我腰部。我想叫唤一声,可嘴巴一张却没有声音。我跌坐在地上,我再也爬不起来了,只能看着他们乱抢苹果。我开始用眼睛去寻找那司机,这家伙此时正站在远处朝我哈哈大笑,我便知道现在自己的模样一定比刚才的鼻子更精彩了。

那个时候我连愤怒的力气都没有了。我只能用眼睛看着这使我愤怒至极的一切。我最愤怒的是那个司机。

坡上又下来了一些手扶拖拉机和自行车,他们也投入到这场浩劫中去。我看到地上的苹果越来越少,看着一些人离去和一些人到来。来迟的人开始在汽车上动手,我看着他们将车窗玻璃卸了下来,将轮胎卸了下来,又将木板撬了下来。轮胎被卸去后的汽车显得特别垂头丧气,它趴在地上。一些孩子则去捡那些刚才被扔出去的箩筐。我看着地上越来越干净,人也越来越少。可我那时只能看着了,因为我连愤怒的力气都没有了。我坐在地上爬不起来,我只能让目光走来走去。

现在四周空荡荡了,只有一辆手扶拖拉机还停在趴着的汽车旁。有几个人在汽车旁东瞧西望,是在看看还有什么东西可以拿走。看了一阵后才一个一个爬到拖拉机上,于是拖拉机开动了。

这时我看到那个司机也跳到拖拉机上去了,他在车斗里坐下来后还在朝我哈哈大笑。我看到他手里抱着的是我那个红色的背包。他把我的背包抢走了。背包里有我的衣服和我的钱,还有食品和书。可他把我的背包抢走了。

我看着拖拉机爬上了坡,然后就消失了,但仍能听到它的声音,可不一会连声音都没有了。四周一下子寂静下来,天也开始黑下来。我仍在地上坐着,我这时又饥又冷,可我现在什么都没有了。

我在那里坐了很久,然后才慢慢爬起来。我爬起来时很艰难,因为每动一下全身就剧烈地疼痛,但我还是爬了起来。我一拐一拐地走到汽车旁边。那汽车的模样真是惨极了,它遍体鳞伤地趴在那里,我知道自己也是遍体鳞伤了。

天色完全黑了,四周什么都没有,只有遍体鳞伤的汽车和遍体鳞伤的我。我无限悲伤地看着汽车,汽车也无限悲伤地看着我。我伸出手去抚摸它。它浑身冰凉。那时候开始起风了,风很大,山上树叶摇动时的声音像是海涛的声音,这声音使我恐惧,使我也像汽车一样浑身冰凉。

我打开车门钻了进去,座椅没被他们撬去,这让我心里稍稍有了安慰。我就在驾驶室里躺了下来。我闻到了一股漏出来的汽油味,那气味像是我身内流出的血液的气味。外面风越来越大,但我躺在座椅上开始感到暖和一点了。我感到这汽车虽然遍体鳞伤,可它心窝还是健全的,还是暖和的。我知道自己的心窝也是暖和的。我一直在寻找旅店,没想到旅店你竟在这里。

我躺在汽车的心窝里,想起了那么一个晴朗温和的中午,那时的阳光非常美丽。我记得自己在外面高高兴兴地玩了半天,然后我回家了,在窗外看到父亲正在屋内整理一个红色的背包,我扑在窗口问:"爸爸,你要出门?"

父亲转过身来温和地说:"不,是让你出门。"

"让我出门?"

"是的,你已经十八了,你应该去认识一下外面的世界了。"

后来我就背起了那个漂亮的红背包,父亲在我脑后拍了一下,就像在马屁股上拍了一下。于是我欢快地冲出了家门,像一匹兴高采烈的马一样欢快地奔跑了起来。

1986 年 11 月 16 日于北京
(选自《世事如烟》,作家出版社,2008 年)

 作者风采

余华,1960 年出生,浙江省嘉兴市海盐县人,当代作家,先锋派小说的代表人物。著有:中短篇小说《十八岁出门远行》《鲜血梅花》《一九八六年》《四月三日事件》《世事如烟》《难逃劫数》《河边的错误》《古典爱情》《战栗》等,长篇小说《在细雨中呼喊》《活着》《许三观卖血记》《兄弟》

《第七天》《文城》等,也写了不少散文、随笔、文论及音乐评论。

  《十八岁出门远行》是余华的成名作,标志着余华作为一个作家而且是当代先锋作家正式登上了文坛。小说叙述了18岁的"我"第一次出门远行所经历的不可思议的怪事:走了一天的"我"去寻找旅店,却只遇到一辆汽车,可汽车又在半路上抛锚了。"屋漏偏遭连夜雨",来了一帮骑着单车、开着手扶拖拉机的人,可他们并不是来帮忙的,而是来哄抢苹果的。苹果被洗劫一空,连汽车也被他们拆得七零八落。更让人费解的是司机不仅不制止,反而嘲笑我的见义勇为。最后司机拿了我的红背包跟着拦路抢劫者坐着拖拉机扬长而去了,我却发现原来旅店就在遍体鳞伤的破汽车里。荒诞的叙事昭示着故事的象征意义:"我"的经历也就是每一个怀着理想主义的梦想"出门远行"的青年或早或晚都会有的境遇。每个孩子都梦想着早日成人,可"苹果事件"却昭示着成人世界并不像我们想象的那么美好,反而充满着荒诞、不合理和强盗逻辑。所以说,小说的价值在很大程度上就在于它真实而深刻地写出了一种成长的烦恼与痛苦,一种人生的无奈与残酷。能够正确面对现实,面对人生的挫折与苦难,也许就是"我"18岁出门远行最大的收获吧。只有经历了青春的酸、甜、苦、辣,我们才能成长为真正的人。

  1. "旅店"一词在小说中共出现了19次,它在小说中有什么象征意义?
  2. 在寻找"旅店"的过程中,主人公的情绪有什么变化?原因是什么?

2. 幼 犊

〔美〕克莱奥尔

　　他记得很小的时候,爸爸常常俯下高大的身子,把他拎起来,举向空中。他挥着两只小手乱抓,快活得咯咯直笑,妈妈瞧着父子俩,也乐得合不拢嘴。他在爸爸的头顶上,可以低头看妈妈扬起来的脸,还有爸爸的白牙齿和蓬乱、厚密的棕色头发。接着,他就会高兴地尖叫,要爸爸把他放下来。其实,在爸爸强壮有力的手臂里,他感到安全极了。这个世界上,最棒、最了不起的人就是爸爸。

　　有一次,妈妈嫌钢琴放得不是地方,指挥爸爸把它抬到房间另一头。他们的手挨在一起,扶住乌亮的琴架。他看到妈妈的手雪白、纤细、小巧,爸爸的手宽大、厚实、有力。多么大的区别呀!

　　他长大了,会"抓狗熊"了。每到晚饭时分,他就埋伏在厨房门后,一听到爸爸关车库门的声音,便屏住呼吸,紧紧地贴在门背后。于是,爸爸来了,站在门口,两条长腿一碰,笑哈哈地问:"小家伙呢?"

　　这时,他就会瞥一眼正做怪相的妈妈,从后门弹出来,抱住爸爸的双膝。爸爸赶紧弯下腰来看,一边大叫:"嘿,这是什么——一只小狗熊?一只小老虎!"

　　后来他上学了。他在操场上学会了忍住眼泪,还学会了摔倒抢他足球的同学。回到家里,他就在爸爸身上演习白天所学的摔跤功夫。可是,任凭他喘着粗气,使劲拖拉,爸爸坐在安乐椅里看报,纹丝不动,只是偶尔瞟他几眼,故作吃惊地柔声问:"孩子,干啥呀?"

　　他又长了——长高了,瘦瘦的身材倒十分结实。他像头刚刚长出角的小公牛,跃跃欲试,想与同伴们争斗,试试自己的锋芒。他鼓起手臂上的二头肌,用妈妈的软尺量一量臂围,得意地伸到爸爸面前:"摸摸看,结实不?"爸爸用大拇指按按他隆起的肌肉,稍一使力,他就抽回手臂,大叫:"哎哟!"

　　有时,他和爸爸在地板上摔跤。妈妈一边把椅子往后拖,一边叮嘱:"查尔斯,当心呀。不要把他弄伤了!"

　　一会儿工夫,爸爸就会把他摔倒,自己坐在椅子里,朝他伸出长长的两条腿。他爬到爸爸身上,拼命擂着两只小拳头,怪爸爸太拿他不当一回事了。

　　"哼,爸爸,总有一天……"他这样说。

　　进了中学,踢球、跑步,他样样都练。他的变化之快,连他自己也感到吃惊。他现在可以俯视妈妈了。

　　他还是经常和爸爸摔跤。但每次都使妈妈担惊受怕,她围着父子俩团团转,干着急,不明白这样争斗有什么必要。不过回回摔跤都是他输——四脚朝天躺在地板上,直喘粗气。爸爸低头瞧着他,咧嘴直笑。"投降吗?""投降。"他点点头,爬起来。

　　"我真希望你们不要再斗了",妈妈不安地说,"何必呢?会把自己弄伤的。"

　　此后,他有一年多没和爸爸摔跤。一天晚上,他突然想起这事,便仔细地瞧了瞧爸爸。真奇怪,爸爸竟不像以前那样高大,那样双肩宽阔。他现在甚至可以平视爸爸的眼睛了。

　　"爸,你体重多少?"

爸爸慈爱地看着他,说:"跟以前一样,一百九十来磅吧。孩子,你问这干吗?"

他咧咧嘴,说:"随便问问。"

过了一会,他又走到爸爸跟前。爸爸正在看报,他一把夺过报纸。爸爸诧异地抬起头,不解地看着他。碰到儿子挑战的目光,爸爸眯缝起眼睛,柔声问:"想试试吗?""是的,爸爸,来吧。"

爸爸脱下外套,解着衬衫扣子,说:"是你自找的啊。"

妈妈从厨房里出来,惊叫着:"天哪!查尔斯,比尔,别——会弄伤自己的!"但父子俩全不理会。他们光着膀子,摆好架势,眼睛牢牢盯着对方,伺机动手。他们转了几个圈,同时抓住对方的膀子。然后,用力推拉着、扭着、转着,默默地寻找对方的破绽,以便摔倒对方。室内只有他们的脚在地毯上的摩擦声和他们的喘息声。比尔不时咧开嘴,显出一副痛苦的样子。妈妈站在一边,双手捂着脸颊,哆嗦着嘴唇,一声也不敢出。

比尔终于把爸爸压在身下。"投降!"他命令道。

"没那事!"爸爸说着,猛一使劲推开比尔,争斗又开始了。

但是,爸爸最终还是筋疲力尽了。他躺在地板上,眼里闪着狼狈的光。儿子那双冷酷的手,牢牢地钳住了他,他绝望地挣扎了几下,停止了反抗,胸脯一起一伏,喘着粗气。

比尔问:"投降?"

爸爸皱皱眉,摇了摇头。

比尔的膝头仍压在爸爸身上。"投降!"他说着,又加了点劲。

突然爸爸大笑起来。比尔感到妈妈的手指头疯狂地拉扯着他的肩膀。"让爸爸起来,快!"

比尔俯视着爸爸,问:"投降吗?"

爸爸止住了笑,湿润着眼,说:"好吧,我输了。"

比尔站起身,朝爸爸伸出一只手。但妈妈已抢先双手搂住爸爸的膀子,把他扶了起来。爸爸咧咧嘴,对比尔一笑。比尔想笑,可又止住了,问:"爸,没弄伤吧?"

"没事,孩子。下次——"

"是的,也许,下次——"

妈妈这次什么也没说。她知道不会再有下一次了。

比尔看看妈妈,又看看爸爸,突然转身就跑。他穿过房门——以前常骑在爸爸肩头钻进钻出的房门;他奔向厨房门——他曾埋伏在那后面,等待着回家的爸爸,扑上去抓住他的长腿。

外面黑黑的。他站在台阶上,仰头望着夜空。满天星斗,他看不见,因为泪水充满了眼眶,流下了脸颊。

(选自《恩泽》,海南出版社,2001年)

作者风采

克莱奥尔,美国小说作家、专栏作家。多部作品入选美国畅销杂志《读者文摘》,并被翻译成多国文字,在世界范围内广泛流传。他擅长微型小说创作,包括《幼犊》在内的多篇微型小说是编纂出版《世界经典微型小说集》时的必选篇目。

阅读提示

据说，在儿子眼中，父亲的形象是这样变化的——7岁：爸爸真了不起，什么都懂！14岁：好像有时候也说得不对。20岁：爸爸有点落伍了，他的理论和时代格格不入。25岁："老头子"一无所知，陈腐不堪。35岁：如果爸爸当年像我这样老练，他今天肯定是个百万富翁了。45岁：我不知道是否该和"老头子"商量商量，也许他能帮我出出主意。55岁：真可惜，爸爸去世了。说实话，他的看法相当高明！60岁：可怜的爸爸，您简直是位无所不知的学者！遗憾的是我了解您太晚了！《幼犊》就是以儿子的眼光来审视爸爸的变化，这种陌生化的视角增添了本文的阅读趣味，牵动着读者的心。爸爸由"高大"变为"不像以前那样高大"，由坐在安乐椅里"纹丝不动"到被儿子"压在身下"。这既是爸爸衰老的征兆，更是儿子长大成人的标志。在一定程度上可以说，儿女的成长是以父母的牺牲作为代价的。父母的血液在儿女身上流淌，儿女的肩上也就要相应地接过父母的重担。代代相传指涉的大概就是这两层意思吧。

本文的扣人心弦，还在于作者不时调动了妈妈的反应：最初父子俩摔跤时，她在旁边叮嘱父亲要当心，后来则"围着父子俩团团转，干着急"，到出言劝阻，最后一次摔跤时则"惊叫""双手捂着脸颊，哆嗦着嘴唇，一声也不敢出"，手指头疯狂地拉扯着儿子的肩膀，"抢先双手搂住爸爸的膀子，把他扶了起来"。妈妈的系列反应，既体现了对儿子的爱，也饱含着对丈夫的深情。

1. 当比尔终于把爸爸压在身下，并使爸爸毫无还手之力后，失败了的爸爸为什么反而大笑起来呢？
2. 《幼犊》的故事来源于日常生活细节，情节也并不离奇，为什么却总是牵动着我们的心？

3. 五帝本纪·虞舜

汉·司马迁

　　虞舜者,名曰重华。重华父曰瞽叟,瞽叟父曰桥牛,桥牛父曰句望,句望父曰敬康,敬康父曰穷蝉,穷蝉父曰帝颛顼,颛顼父曰昌意,以至舜七世矣。自从穷蝉以至帝舜,皆微为庶人[1]。舜父瞽叟盲,而舜母死,瞽叟更娶妻而生象。象傲。瞽叟爱后妻子,常欲杀舜,舜避逃。及[2]有小过,则受罪。顺事[3]父及后母与弟,日以笃谨,匪有解[4]。

　　舜,冀州之人也。舜耕历山,渔雷泽,陶[5]河滨,作什器[6]于寿丘,就时[7]于负夏。舜父瞽叟顽,母嚚,弟象傲,皆欲杀舜。舜顺适不失子道,兄弟孝慈[8]。欲杀,不可得;即求,尝[9]在侧。

　　舜年二十以孝闻,三十而帝尧问可用者,四岳咸荐虞舜,曰可。于是尧乃以二女妻舜,以观其内[10],使九男与处,以观其外[11]。舜居妫汭,内行弥谨。尧二女不敢以贵骄事舜亲戚[12],甚有妇道;尧九男皆益笃。舜耕历山,历山之人皆让畔[13]。渔雷泽,雷泽上人皆让居[14]。陶河滨,河滨器皆不苦窳[15]。一年而所居成聚[16],二年成邑[17],三年成都[18]。尧乃赐舜絺衣[19],与琴,为筑仓廪[20],予牛羊。瞽叟尚复欲杀之,使舜上涂[21]廪,瞽叟从下纵火焚廪。舜乃以两笠自扞[22]而下,去,得不死。后瞽叟又使舜穿井。舜穿井为匿空旁出[23]。舜既入深,瞽叟与象共下土实井,舜从匿空出,去。瞽叟、象喜,以舜为已死。象曰:"本谋者象。"象与其父母分,于是曰:"舜妻尧二女,与琴,象取之。牛羊仓廪予父母。"象乃止舜宫[24]居,鼓其琴。舜往见之。

---

〔1〕微:卑微,指地位低贱。庶人:平民。
〔2〕及:赶上。
〔3〕事:侍奉。
〔4〕匪:没有,不。解:通"懈",怠慢。
〔5〕陶:制陶器。
〔6〕什器:指家用器物。什,杂,多种。
〔7〕就时:逐时,乘时,指乘时逐利,即经商做买卖。
〔8〕兄弟:对待弟弟像当哥哥的样子。孝慈:孝敬父母。慈,指双亲。
〔9〕尝:通"常"。
〔10〕内:指在家中。
〔11〕外:与"内"相对,指在外。
〔12〕亲戚:指父母、兄弟、姊妹。
〔13〕畔:田界。
〔14〕居:住处,这里指捕鱼时便于站脚的地方。
〔15〕苦窳(gǔyǔ):粗劣。
〔16〕聚:村落。
〔17〕邑:小城镇。
〔18〕都:大都市。
〔19〕絺(chī)衣:细葛布制成的衣服。
〔20〕仓廪:盛放粮食的仓库。
〔21〕涂:用泥涂抹。
〔22〕扞:保护。
〔23〕匿空:暗孔,暗道。旁出:从一侧通向外面。
〔24〕宫:房子。秦以前"宫"指一般房屋,与"室"同义。

象鄂[1]不怿,曰:"我思舜正郁陶[2]。"舜曰:"然,尔其庶[3]矣。"舜复事瞽叟爱弟弥谨。于是尧乃试舜五典百官,皆治。

昔高阳氏有才子八人[4],世得其利,谓之"八恺[5]"。高辛氏有才子八人[6],世谓之"八元[7]"。此十六族[8]者,世济[9]其美,不陨[10]其名。至于尧,尧未能举。舜举八恺,使主后土[11],以揆[12]百事,莫不时序[13];举八元,使布五教于四方,父义,母慈,兄友,弟恭,子孝,内平外成[14]。

昔帝鸿氏有不才子,掩义隐贼[15],好行凶慝[16],天下谓之浑沌[17];少暤氏有不才子,毁信恶忠,崇饰[18]恶言,天下谓之穷奇[19];颛顼氏有不才子,不可教训,不知话言[20],天下谓之梼杌[21]:此三族世忧之。至于尧,尧未能去。缙云氏有不才子,贪于饮食,冒于货贿[22],天下谓之饕餮[23]。

---

[1] 鄂:通"愕",吃惊。
[2] 郁陶:郁闷不快的样子。
[3] 庶:差不多。
[4] 高阳氏有才子八人:据《左传·文公十八年》记载,此八人是苍舒、隤敳(tuí'ǎi)、梼戭(yǎn)、大临、尨(máng)降、庭坚、仲容、叔达。
[5] 恺:和悦,和善。
[6] 高辛氏有才子八人:据《左传·文公十八年》记载,此八人是伯奋、仲堪、叔献、季仲、伯虎、仲熊、叔豹、季狸。
[7] 元:善,善良。
[8] 十六族:指上面十六个人的后代繁衍所形成的十六个家族。
[9] 济:成就,保全。
[10] 陨:落,衰落。
[11] 后土:掌管土地的官。《左传》杜预注:"禹作司空,平水土,即主地之官。"
[12] 揆:主持,掌管。
[13] 时序:按时安排妥当。序,有秩序。
[14] 内平外成:意思是家庭和睦,邻里真诚。杨伯峻《春秋左传注》引竹添光鸿笺云:"此以一家言,则内谓家,外谓乡党。"平,和睦。成,诚。
[15] 掩义隐贼:意谓掩蔽仁义,包庇奸贼。一说,此句即包庇奸邪的意思。"掩"与"隐"同义。义,古通"俄",奸邪。
[16] 慝(tè):邪恶。
[17] 浑沌:顽冥不化、野蛮无知的样子。《史记集解》引逵云:"不才子,其苗裔谨兜也。"又《神异经》云:"昆仑西有兽焉,其状如犬,长毛,四足,似熊而无爪,有目而不见,行不开,有两耳而不闻,有人知性,有腹无五藏,有肠直而不旋,食径过。人有德行而往抵触之,有凶德则往依凭之。名浑沌。"《史记正义》据此以为谨兜性情似此怪兽,故号之浑沌。
[18] 崇饰:粉饰。"崇"与"饰"同义。
[19] 穷奇:怪僻,怪异。《史记集解》引服虔曰:"谓共工氏也。"又《史记正义》引《神异经》云:"西北有兽,其状似虎,有翼能飞,便剿食人,知人言语,闻人斗辄食直者,闻人忠信辄食其鼻,闻人恶逆不善辄杀兽往馈之,名曰穷奇。"据此,以为共工性似,故号之。
[20] 不知话言:意思是,不分好坏话。
[21] 梼杌:顽凶无比的样子。《史记集解》引贾逵曰:"梼杌,顽凶无畴匹之貌。谓鲧也。"又《史记正义》引《神异经》云:"西方荒中有兽焉,其状如虎而大,毛长二尺,人面,虎足,猪口牙,尾长一丈八尺,搅乱荒中,名梼杌。一名傲很(同'狠'),一名难训。"据此以为鲧性似,故号之。
[22] 冒:贪。货贿:财货。
[23] 饕餮(tāotiè):贪婪的样子。《史记正义》曰:"谓三苗也。言贪饮食,冒货贿,故谓之饕餮。《神异经》云:'西南有人焉,身多毛,头上戴豕,性很(同'狠')恶,好息,积财而不用,善夺人谷物。强者夺老弱者,畏群而击单,名饕餮。'言三苗性似,故号之。"又陈直《新证》云:"《吕氏春秋·先识览》云:'周鼎著饕餮,有首无身,食人未咽,害及其身。'与本文适合,现出土商鼎,以饕餮纹为多,与《吕氏春秋》亦合。"

天下恶之,比之三凶[1]。舜宾于四门,乃流四凶族,迁于四裔[2],以御螭魅[3],于是四门辟,言毋[4]凶人也。

舜入于大麓[5],烈风雷雨不迷,尧乃知舜之足授天下。尧老,使舜摄行天子政,巡狩。舜得举用事二十年,而尧使摄政。摄政八年而尧崩。三年丧毕,让丹朱,天下归舜。

[选自《史记》(第1册),上海古籍出版社,2016年]

作者风采

司马迁(约前145—约前90),字子长,夏阳(今陕西韩城)人,一说老门(今山西河津)人。西汉伟大的史学家、文学家、思想家。汉武帝时任郎中、太史令、中书令,被后人尊称为"史圣"。他以"究天人之际,通古今之变,成一家之言"的史识完成中国历史上第一部纪传体通史《史记》(原名《太史公书》)。《史记》被鲁迅誉为"史家之绝唱,无韵之离骚"。

阅读提示

《史记》是我国第一部纪传体通史,记载了从上古传说中的黄帝时期,到汉武帝太初四年(前101年),长达3000多年的历史。全书包括十二"本纪"、三十"世家"、七十"列传"、十"表"、八"书",共103篇,52.6万多字。作者注重史德,不拘于儒家教义的约束,对史实总是细加考证,秉笔直书,"不虚美、不隐恶",做到了"文直""事核"。

《史记》既是历史的"实录",同时也具有相当高的文学价值,是中国传记文学的开创性著作,在我国散文发展史上起着承前启后的作用。它的艺术性首先表现在运用真实的历史材料成功地塑造出众多性格鲜明的人物形象。在人物塑造上,司马迁竭力做到将历史、人物和主题统一起来,这样既写活了历史,人物也栩栩如生。他还非常善于把人物置于尖锐的矛盾冲突中,通过人物的言行来完成人物性格的刻画。叙事简明生动,有大量富有戏剧性的场景描写。

虞舜是传说中的五帝之一,是黄河流域部落联盟的杰出首领。是尧把他从万民当中挑选出来,并把帝位禅让给他的。尧为了使虞舜胜任职务,对他进行了百般考验,"以二女妻舜,以观其内;使九男与处,以观其外""试舜五典百官"。在某种程度上,虞舜的父亲瞽叟与弟弟象对他的迫害(焚廪、填井等)都可以看作是尧对虞舜考验的延续。虞舜凭着聪明才智将这些考验一一化解,而且以德报怨,更加孝顺父亲,爱护兄弟,使得"内平外成",天下大治。虞舜的胸襟、智慧、才华、能耐,证明了他的确不是凡人,堪做首领,所以尧能信赖他并"使摄政"。尧对虞舜的考察,完成了一个原始的成年礼。个体的成长不是也可以看成原始成年礼的置换变形吗?

---

[1] 比之三凶:把他与上述三凶并列。比,并列。
[2] 四裔:四方边远的地方。裔,衣边,引申为边远之地。
[3] 螭魅:传说中山林里的妖怪。《史记集解》引服虔曰:"螭魅,人面兽身,四足,好惑人,山林异气所生,以为人害。"
[4] 毋:通"无"。
[5] 麓:山脚。

思考题

1. 为什么尧要"以二女妻舜,以观其内;使九男与处,以观其外"?尧的做法对当下还有启示意义吗?

2. 从《五帝本纪·虞舜》中,你可以概括出《史记》在刻画人物方面具有哪些特点吗?

4. 与韩荆州书

唐·李白

白闻天下谈士[1]相聚而言曰:"生不用万户侯[2],但愿一识韩荆州。"何令人之景慕[3],一至于此耶! 岂不以有周公[4]之风,躬吐握[5]之事,使海内豪俊,奔走而归之,一登龙门[6],则声誉十倍。所以龙盘凤逸[7]之士,皆欲收名定价于君侯[8]。愿君侯不以富贵而骄之,寒贱而忽之,则三千宾中有毛遂[9],使白得颖脱而出[10],即其人焉。

白陇西布衣[11],流落楚、汉[12]。十五好剑术,遍干诸侯[13]。三十成文章,历抵卿相[14]。虽长不满七尺,而心雄万夫。王公大人[15],许与气义。此畴曩[16]心迹,安敢不尽于君侯哉!

君侯制作侔神明[17],德行动天地,笔参造化[18],学究天人[19]。幸愿开张[20]心颜,不以长揖[21]见拒。必若接之以高宴,纵之以清谈[22],请日试万言,倚马可待[23]。今天下以君侯为

---

〔1〕谈士:言谈之士。
〔2〕万户侯:食邑万户的诸侯。唐朝封爵已无万户侯之称,此处借指显贵。
〔3〕景慕:敬仰爱慕。
〔4〕周公:即姬旦,周文王之子,周武王之弟。因采邑在周(今陕西岐山北),故称周公。
〔5〕吐握:吐哺(口中所含食物)握发(头发)。周公自称"我一沐(洗头)三捉发,一饭三吐哺,起以待士,犹恐失天下之贤人"(见《史记·鲁周公世家》),后世因以"吐握"形容礼贤下士。
〔6〕龙门:在今山西河津西北黄河两岸,峭壁对峙,形如阙门。传说江海大鱼能上此门者即化为龙。东汉李膺有高名,当时士人有受其接待者,名为"登龙门"。
〔7〕龙盘凤逸:这里喻指贤人在野或屈居下位。据《三国志·杜袭传》载:龙蟠幽薮,待时凤翔。龙潜伏在深渊之中,时机一到就像凤凰一样飞翔上天。
〔8〕收名定价:获取美名,奠定声望。君侯:对尊贵者的敬称。
〔9〕毛遂:战国时赵国平原君食客。秦围邯郸,赵王使平原君求救于楚,毛遂请求随同前往,自荐曰:"臣乃今日请处囊中耳。使遂早得处囊中,乃颖脱而出,非特其末见而已。"随从至楚,果然说服了楚王,使其同意发兵。平原君乃以为上客(见《史记·平原君虞卿列传》)。
〔10〕颖(yǐng)脱而出:比喻才士若获得机会,必能充分显示其才能。颖,指锥芒。
〔11〕陇西:古郡名,始置于秦,治所在狄道(今甘肃临洮)。李白自称十六国时凉武昭王李暠之后,李暠为陇西人。布衣:平民。
〔12〕楚、汉:当时李白居于安陆(今属湖北),往来于襄阳、江夏等地。
〔13〕干:干谒,对人有所求而请见。诸侯:此指地方长官。
〔14〕历:普遍。抵:拜谒,进见。卿相:指中央朝廷高级官员。
〔15〕人:旧本作"臣",今从《唐文粹》本。
〔16〕畴曩(chóunǎng):往日,过去。
〔17〕制作:指文章著述。侔(móu):相等,齐同。东汉崔瑗《张平子碑》:"数术穷天地,制作侔造化。"
〔18〕参:参与。造化:自然的创造化育。
〔19〕天人:天道和人道。《梁书·钟嵘传》:"文丽日月,学究天人。"
〔20〕开张:开扩,舒展。
〔21〕长揖:拱手高举,自上而下行礼。这是古代宾主以平等身份相见的礼节。与拜相比,是高傲的表现。
〔22〕清谈:汉末魏晋以来,士人喜高谈阔论,或评议人物,或探究玄理,称为清谈。
〔23〕倚马可待:比喻文思敏捷。东晋时袁宏随同桓温北征,受命作露布文(檄文、捷书之类)。他倚马前而作,手不辍笔,顷刻便成,而文极佳妙。

文章之司命[1]，人物之权衡[2]，一经品题[3]，便作佳士。而君侯何惜阶前盈尺之地[4]，不使白扬眉吐气、激昂青云耶？

昔王子师[5]为豫州，未下车即辟[6]荀慈明；既下车，又辟孔文举。山涛[7]作冀州，甄拔三十余人，或为侍中、尚书[8]，先代所美。而君侯亦荐一严协律[9]，入为秘书郎[10]。中间崔宗之、房习祖、黎昕、许莹之徒[11]，或以才名见知，或以清白见赏。白每观其衔恩抚躬[12]，忠义奋发，以此感激，知君侯推赤心于诸贤腹中[13]，所以不归他人，而愿委身国士[14]。傥[15]急难有用，敢效微躯。

且[16]人非尧、舜，谁能尽善。白谟猷[17]筹画，安能自矜。至于制作，积成卷轴[18]，则欲尘秽视听[19]，恐雕虫小技[20]，不合大人。若赐观刍荛[21]，请给以纸墨，兼之书人[22]。然后退扫[23]闲轩[24]，缮写呈上。庶青萍、结绿[25]，长价于薛、卞之门[26]，幸惟下流[27]，大开奖饰[28]，惟君侯图之。

[选自《李太白全集》(下册)，中华书局，1977年]

[1] 司命：原为神名，掌管人之寿命。此指判定文章优劣的权威。
[2] 权：秤锤。衡：秤杆。此指品评人物的权威。
[3] 品题：品论人物，定其高下。
[4] 惜阶前盈尺之地：意为不在堂前接见我。
[5] 王子师：东汉王允，字子师，汉灵帝时为豫州刺史（治所在沛国谯县，即今安徽亳县），征召荀爽（字慈明，汉末硕儒）、孔融（字文举，孔子之后，汉末名士）等为从事。
[6] 辟（bì）：征召。
[7] 山涛：字巨源，西晋名士，竹林七贤之一。为冀州刺史时，搜访贤才，鉴别选拔隐逸之士。
[8] 侍中、尚书：中央政府官名。
[9] 严协律：严，严武，人名；协律，掌音乐的官。
[10] 秘书郎：属秘书省，掌管中央政府藏书。
[11] 崔宗之：李白好友，曾为起居郎、礼部员外郎、礼部郎中、右司郎中等职，与孟浩然、杜甫亦曾有交往。房习祖：不详。黎昕：曾为拾遗官，与王维有交往。许莹：不详。
[12] 抚躬：犹言抚膺、抚髀，表示慨叹。抚，拍。
[13] 推赤心于诸贤腹中：推心置腹，赤诚相见。
[14] 国士：国中杰出的人。
[15] 傥：同"倘"，假使，如果。
[16] 且：提起连词。
[17] 谟猷（móyóu）：谋划，谋略。
[18] 卷轴：古代帛书或纸书以轴卷束。
[19] 尘秽视听：请对方观看自己作品的谦语。
[20] 雕虫小技：西汉扬雄称作赋为"童子雕虫篆刻""壮夫不为"。虫书、刻符为当时学童所习书体。此处乃自谦之词。
[21] 刍荛（chúráo）：割草为刍，打柴为荛，刍荛指草野之人。这里用来谦称自己的作品。
[22] 兼之书人：旧本作"兼人书之"，今从《唐文粹》本。
[23] 扫：旧本作"归"，今从《唐文粹》本。
[24] 闲轩：静室。
[25] 青萍：宝剑名。结绿：美玉名。
[26] 薛：薛烛，春秋时期越国人，善于相剑。卞：卞和，春秋时期楚国人，善于识玉。
[27] 惟：念，一作推。下流：指地位低的人。
[28] 奖饰：奖励称誉。

作者风采

李白(701—762),字太白,号青莲居士。自称祖籍陇西成纪(今甘肃静宁西南),隋末其先人流寓碎叶(唐时属安西都护府,在今吉尔吉斯斯坦北部托克马克附近)。幼时随父迁居绵州昌隆(今四川江油)青莲乡。25岁离川,长期在各地漫游,饱览名山大川,对社会生活多所体验。天宝初曾因诗名供奉翰林,但不受重视,后离开长安。诗风雄奇豪放,想象丰富,语言流转自然,音律和谐多变。善于从民歌、神话中吸取营养和素材,是屈原以来最具个性特色和浪漫精神的诗人,达到盛唐诗歌艺术的巅峰。被后人誉为"诗仙"。存世诗文千余篇,有《李太白集》。

阅读提示

《与韩荆州书》是唐代诗人李白初见韩荆州时写的一封自荐信。韩荆州,即韩朝宗,时任荆州长史兼襄州刺史、山南东道采访使,喜欢奖掖后进,深受士人敬重。李白不因自己出身低微而自卑,而是毛遂自荐,勇于且善于推销自己。在介绍自己的经历、才能时,李白"虽长不满七尺,而心雄万夫"的气概,"日试万言,倚马可待"的自负,以及他不卑不亢、"平交王侯"的个性,得到了淋漓尽致的表现。

文章写得气势雄壮,不拘一格降人才的典故信手拈来。文句骈散并用,长短错落,颇有气盛言宜的风范。读此文,我们可以从年轻气盛的李白身上感受到豪情万丈的气概,从而也像李白那样一试身手,不错过任何一个让自己出人头地的机会。当然,要想真正为伯乐所赏识,打铁还需自身硬,像李白那样"十五好剑术""三十成文章",文武双全,才具有傲视群雄的资本和"直挂云帆济沧海"的信心。

思考题

1. 李白自荐之后并没有得到韩荆州的赏识和重用,有人认为是李白在信中既奴颜婢膝,又夸夸其谈的缘故。你同意这种观点吗?为什么?
2. 韩愈说:"李杜文章在,光焰万丈长。"杜甫也评价李白"笔落惊风雨,诗成泣鬼神"。从本文中,你可以看出一二吗?试加分析。

5. 青春（节选）

苏雪林

记得法国作家左拉[1]的《约翰·戈东之四时》曾以人之一生比为年之四季，我觉得很有意味，虽然这个譬喻是自古以来，就有人说过了。但芳草夕阳，永为新鲜诗料，好譬喻又何嫌于重复呢？

不阴不晴的天气，乍寒乍暖的时令，一会儿是袭袭和风，一会儿是濛濛细雨，春是时哭时笑的，春是善于撒娇的。

树枝间新透出叶芽，稀疏琐碎地点缀着，地上黄一块，黑一块，又浅浅的绿一块，看去很不顺眼，但几天后，便成了一片蓊然的绿云，一条缀满星星野花的绣毡了。压在你眉梢上的那厚厚的灰黯色的云，自然不免教你气闷，可是他转瞬间会化为如纱的轻烟，如酥的小雨。新婚紫燕，屡次双双来拜访我的矮椽，软语呢喃，商量不定，我知道他们准是看中了我的屋梁，果然数日后，便衔泥运草开始筑巢了。远处，不知是画眉，还是百灵，或是黄莺，在试着新吭呢。强涩地，不自然地，一声一声变换着，像苦吟诗人在推敲他的诗句似的。绿叶丛中紫罗兰的嗫嚅，芳草里铃兰的耳语，流泉边迎春花的低笑，你听不见么？我是听得很清楚的。她们打扮整齐了，只等春之女神揭起绣幕，便要一个一个出场演奏。现在她们有点浮动，有点不耐烦。春是准备的。春是等待的。

几天没有出门，偶然涉足郊野，眼前竟换了一个新鲜的世界。到处怒绽着红紫，到处隐现着虹光，到处悠扬着悦耳的鸟声，到处飘荡着迷人的香气，蔚蓝天上，桃色的云，徐徐伸着懒腰，似乎春眠未足，还带着惺忪的睡态。流水却瞧不起这小姐腔，它泛着潋滟的霓彩，唱着响亮的新歌，头也不回地奔赴巨川，奔赴大海……春是烂漫的，春是永远地向着充实和完成的路上走的。

春光如海，古人的比方多妙，多恰当。只有海，才可以形容出春的饱和，春的浩瀚，春的磅礴洋溢，春的澎湃如潮的活力与生意。

春在工作，忙碌地工作，他要预备夏的壮盛，秋的丰饶，冬的休息，不工作又怎么办？但春一面在工作，一面也在游戏，春是快乐的。

春不像夏的沉郁，秋的肃穆，冬的死寂。他是一味活泼，一味热狂，一味生长与发展，春是年轻的。

当一个十四五岁或十七八岁的健美青年向你走来，先有爽朗新鲜之气迎面而至。正如睡过一夜之后，打开窗户，冷峭的晓风带来的那一股沁心的微凉和葱茏的佳色。他给你的印象是爽直、纯洁、豪华、富丽。他是初升的太阳，他是才发源的长河，他是能燃烧世界也能燃烧自己的一团烈火，他是目射神光，长啸生风的初下山时的乳虎，他是奋鬣扬蹄，控制不住的新驹。他也是热情的化身，幻想的泉源，野心的出发点，他是无穷的无穷，他是希望的希望。呵！青年，可爱的青年，可羡慕的青年！

青年是透明的，身与心都是透明的。嫩而薄的皮肤之下，好像可以看出鲜红血液的运行，这

---

[1] 左拉(1840—1902)：法国作家，自然主义文学流派的领袖。

就形成他或她容颜之春花的娇,朝霞的艳。所谓"吹弹得破",的确教人有这样的担心。忘记哪一位西洋作家有"水晶的笑"的话,一位年轻女郎嫣然微笑时,那一双明亮的双瞳,那两行粲然如玉的牙齿,那唇角边两颗轻圆的笑窝,你能否认这"水晶的笑"四字的意义么?

青年是永远清洁的。为了爱整齐的观念特强,青年对于身体,当然时时拂拭,刻刻注意。然而青年身体里似乎天然有一种排除尘垢的力,正像天鹅羽毛之洁白,并非由于洗濯而来。又似乎古印度人想象中三十二天的天人,自然鲜洁如出水莲花,一尘不染。等到头上华萎,五官垢出,腋下汗流,身上那件光华夺目的宝衣也积了灰尘时,他的寿命就快告终了。

青年最富于爱美心,衣履的讲究,头发颜脸的涂泽,每天费许多光阴于镜里的徘徊顾影,追逐银幕和时装铺新奇的服装的热心,往往叫我们难以了解,或成了可怜悯的讽嘲。无论如何贫寒的家庭,若有一点颜色,定然聚集于女郎身上。这就是碧玉虽出自小家,而仍然不失其为碧玉的秘密。为了美,甚至可以忍受身体上的戕残,如野蛮人的文身穿鼻,过去妇女之缠足束腰。我有个窗友因面麻而请教外科医生,用药烂去一层面皮。三四十年前,青年妇女,往往就牙医无故拔除一牙而镶之以金,说笑时黄光灿露,可以增加不少的妩媚。于今我还听见许多人为了门牙之略欠整齐而拔去另镶的,血淋淋地也不怕痛。假如陆判官的换头术果然灵验,我敢断定必有无数女青年毫不迟疑地袒露其纤纤粉颈,而去欢迎他靴筒子里抽出来那柄锯利如霜小匕首的。

青年是没有年龄高下之别的,也永远没有丑的,除非是真正的嫫母和戚施。记得我在中学读书时,眼中所见那群同学,不但大有美丑之分,而且竟有老少之别。凡那些皮肤粗黑些的,眉目庸蠢些的,身材高大些的,举止矜庄些的,总觉得她们生得太"出老"一点,猜测她们年龄时,总会将它提高若干岁。至于二十七八或三十一二的人——当时文风初开的内地学生年龄是有这样的——在我们这些比较年轻的一群看来,竟是不折不扣的"老太婆"了。这样的"老太婆"还出来念什么书,活现世!轻薄些的同学的口角边往往会漏出了这样嘲笑。现在我看青年的眼光竟和以前大大不同了,媸妍胖瘦,当然还分辨得出,而什么"出老"的感觉,却已消灭于乌有之乡,无论他或她容貌如何,既然是青年,就要还他一份美,所谓"青春的美"。挺拔的身躯,轻矫的步履,通红的双颊,闪着青春之焰的眼睛,每个青年都差不多,所以看去年纪也差不多。从飞机上望大地,山陵原野都一样平铺着,没有多少高下隆洼之别,现在我对于青年也许是坐着飞机而下望的。哈,坐着年龄的飞机!

但是,青年之最可爱的还是他身体里那股淋漓元气,换言之,就是那股愈汲愈多,愈用愈出的精力。所谓"青年的液汁",这真是个不舍昼夜滚滚其来的源泉,它流转于你的血脉,充盈于你们的四肢,泛滥于你的全身,永远要求向上,永远要求向外发展。它可以使你造成博学,习成绝技,创造惊天动地的事业。青年是世界上的王,它便是青年王国拥有的一切的财富。

当我带着书踱上讲坛,下望黑压压的一堂青年的时候,我的幻想,往往开出无数芬芳美丽的花:安知他们中间将来没有李白、杜甫、荷马、莎士比亚那样伟大的诗人么?安知他们中间,将来没有马可尼、爱迪生、居里夫人一般的科学家;朱子、王阳明、康德、斯宾塞一般的哲学家么?学经济的也许将来会成为一位银行界的领袖;学政治的也许就仗着他将中国的政治扶上轨道;学化学或机械的也许将来会发明许多东西,促成中国的工业化,现代化……青年的前途是浩荡无涯的,是不可限量的,但能以致此,还不是靠着他们这"青年的精力"?

春是四季里的良辰,青年是人生的黄金时代。是春天,就该鸟语花香,风和日丽,但淫雨连绵,接连三四十日之久,气候寒冷得像严冬,等到放晴时,则九十春光,阑珊已尽,这样的春天岂非常有?同样,幼年多病,从药炉茶鼎间逝去了寂寂的韶华;父母早亡,养育于不关痛痒者之手,像墙角的草,得不着阳光的温煦,雨露的滋润;生于寒苦之家,半饥半饱地挨着日子,既无好营养,又受不着好教育,这种不幸的青年,又何尝不多?咳,这也是春天,这也是青年!

[选自《苏雪林文集》(第二卷),安徽文艺出版社,1996年]

苏雪林(1897—1999),原名苏小梅(后改为苏梅),字雪林,笔名绿漪、老梅。安徽太平人。早在20世纪二三十年代,她就与冰心、丁玲、冯沅君、凌叔华并称"中国五大女作家"。她笔耕八十载,执教五十秋,出版著作达五十部之多,是集作家、画家、学者于一身的罕见的中国文坛女杰,被喻为文坛的"常青树"。她的作品涵盖小说、散文、戏剧、文艺批评,在中国古代文学和现当代文学研究中成绩卓著。著有小说散文集《绿天》,历史小说集《蝉蜕集》,自传体长篇小说《棘心》,散文集《屠龙集》,散文评论集《蠹鱼生活》《青鸟集》,历史传记《南明忠烈传》,回忆录《文坛话旧》《我的生活》《我与鲁迅》,戏剧集《鸠罗那的眼睛》,学术著作《李义山恋爱事迹考》《唐诗概论》《二三十年代作家与作品》《中国文学史》等。

青春是人成长的关键时期,是人生最美好的时光。在这个阶段,人的精力是旺盛的,创造力是勃发的。春天是万物之始,代表播种,代表希望,是四季当中最美丽的季节,所以说"一年之计在于春"。苏雪林敏锐地把握了青春与春天的对应关系,在《青春》一文中热情地歌颂春与青年。如果说春是四季里的良辰,青年就是人生的黄金时代。这就是苏雪林对于春与青年关系的核心观点。整篇文章的结构也就建立在这个基本的判断之上,以左拉的季节比喻开头,顺理成章地在前半部分书写春的特点:"春是善于撒娇的""春是准备的""春光如海""春是快乐的""春是年轻的",在后半部分则对应地讴歌青年的诸般美好:"青年是透明的""青年是永远清洁的""青年最富于爱美心""青年是没有年龄高下之别的""青年是向外发展的"。结构的清晰,加上抒情的笔调,使全文像一首流畅、振奋的音乐,令人读后心旷神怡,热血澎湃。

1. 散文的结构在于"形散神不散",《青春》一文是如何处理"形散"与"神不散"的关系的?
2. 席慕蓉在《青春》一诗中说:"青春,是一本太仓促的书",流露出韶华易逝的感慨,与苏雪林的看法截然不同。你对青春有什么独特的感受?试用一个比喻来描述。

拓展阅读

1. 吴承恩著:《西游记》
2. J.D.塞林格著:《麦田里的守望者》
3. J.M.库切著:《青春》
4. 路遥著:《平凡的世界》
5. 叶弥著:《成长如蜕》
6. 筱敏著:《成年礼:筱敏散文》

影视推荐

1. 莫伸导演:电影《青春集合号》
2. 姜文导演:电影《阳光灿烂的日子》
3. 康洪雷导演:电视剧《士兵突击》

第二讲 生命是单程的旅行

1. 一滴水可以活多久
2. 水调歌头·春日赋示杨生子掞(其四)
3. 吊古战场文
4. 尘世是唯一的天堂
5. 假如给我三天光明

 **本讲导读**

看微课

  生命是一个历久弥新的话题。生命是社会的基本元素,没有生命,也就没有人生;没有生命,也就没有快乐;没有生命,也就没有艺术……人生最可贵的莫过于生命,生命重于一切。

  生命是短暂的。我国先贤孔子有"逝者如斯夫,不舍昼夜"的感慨,庄子有"人生天地之间,若白驹过隙,忽然而已"的叹息。人的一生,能到百岁已是难得,更何况,即便真的能长命百岁,真正有意义的时光又能有多少呢?萧伯纳曾叹人生活到可以创造事业的年龄,即行死去,觉得不太经济。他想如果人能和基督教《创世记》所载的眉寿是拉一样,活到九百六十九岁,则文明的进步岂不更有可观。[1]但这是文学家的理想,是做不到的事。我们唯一能做的,是最大限度地利用有限的生命,不要把生命消耗在无意义的事情上面。

  生命是脆弱的。人的一生要平安度过实属不易。生活中威胁生命的因素实在太多了,一起事故、一场疾病、一个念头,都可能使生命瞬间陨灭。明代钱福的《明日歌》说:"明日复明日,明日何其多,我生待明日,万事成蹉跎。世人若被明日累,春去秋来老将至。朝看水东流,暮看日西坠。百年明日能几何?请君听我明日歌。"我们应对生命有清醒的认识,我们要知道,生命不唯短暂,而且随时可能因为某种意外而中止。正因为生命如此脆弱,所以我们更要珍惜活着的每一天,要尽力把想做的事情都在"今天"做好。

  生命是唯一的。罗曼·罗兰说过,人生不售来回票,一旦动身,绝不能复返;尼古拉·奥斯特洛夫斯基则说,人最宝贵的是生命,生命属于人只有一次。生命是单程的旅行,生命没有彩排,它注定只能是唯一的。这个"唯一"体现在以下三个方面。首先,生命不可逆转。从胚胎起,生命便一直生长、发育,直至衰亡,它绝不会"倒流",返老还童也绝非现实。其次,生命不可重来。生命对任何人来说都只有一次。世间常说"人死不能复生",便道出了这个道理。最后,生命不可互换。生命为个体所私有,相互不得交换,彼此不可替代。

  生命是神圣的。"生命犹可贵,千金亦难买""从十月怀胎到晚年辞世,生命是个神奇的过程,她比任何一件作品都要复杂,比任何一场演出都要精彩,有太多的故事值得我们去欣赏,有太多的情感值得我们去体味,有太多的秘密值得我们去探寻……"[2]如此神圣的生命理应得到我们的敬畏。我们每一天都在书写着属于我们自己的独特的生命历程,我们越是敬畏生命,就越能够爱惜生命,也就越能够让自己的人生精彩。

  那么,我们应该如何安排我们的生命,更好地实现自己的生命价值呢?本讲精心选取了5篇关于生命的文章,希望同学们能够从中得到一些启发。

  当代作家迟子建的散文《一滴水可以活多久》告诉了我们生命的延续性:这滴水与一个小女孩的生命融为一体,她的成长、婚嫁、甚至衰老、死亡,始终与这滴水相联系。生命是一个有机体,今天是昨天的延续,明天也将是今天的延续。生命是生生不息的,生命的形态可以改变,但不变的,是生命的存在。

  清代张惠言在《水调歌头·春日赋示杨生子掞》中对生命进行了理性的思考。他告诉我们,

---

 [1] 张民生,尹后庆,于漪.教师人文读本:上[M].新1版.上海:上海辞书出版社,2020:39.
 [2] 肖川,曹专.守护孩子的生命:中国家长要关注的20个问题[M].北京:中国轻工业出版社,2009:序3.

我们不仅要珍惜时间,还要学会"天人合德",让自己在拥有生命的同时,心中也能春天常驻。

唐代李华在《吊古战场文》中表达了爱惜人民和珍爱生命的感情。

林语堂在《尘世是唯一的天堂》中告诉我们的:生命既有"生",也有"死"。他清楚地认识到死亡是不可避免的。正因如此,"我们必须把生活调整,在现实的环境之下尽量地过着快乐的生活"。尘世才是唯一的天堂,我们应该努力把握好现在的生活,珍惜拥有的生命。

海伦·凯勒因病失去了听力和视力,但用心灵去感受、去触摸、去探索大千世界,表现出她对生命的执着,对人类、自然强烈的爱。

让我们"相信未来,热爱生命"吧!

(刘在鑫)

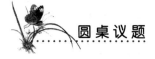
圆桌议题

法国伟大哲学家卢梭曾说"生命本身没有任何价值,它的价值在于怎样使用它",还有人说"人生就是一个个体成长、发展的过程。人生最终目的是个人能力和内心体验的收获"。请问如何理解这两句话的意义?结合这两句话的意义,你认为在当下应该怎样珍惜自己的生命?

▶看微课

1. 一滴水可以活多久

迟子建

  这滴水诞生于凌晨的一场大雾。人们称它为露珠,而她只把它当作一滴水来看待,它的的确确就是一滴水。最初发现它的人是一个七八岁的小女孩,她不是在玫瑰园中发现它的,而是为了放一只羊去草地在一片草茎的叶脉上发现的。那时雾已散去,阳光在透明的空气中飞舞。她在低头的一瞬发现了那滴水。它饱满充盈,比珠子还要圆润,阳光将它照得肌肤透亮,她在敛声屏气盯着这滴水看的时候不由发现了一只黑黑的眼睛,她的眼睛被水珠吸走了,这使她很惊讶。我有三只眼睛,两只在脸上,一只在草叶上,她这样对自己说。然而就在这时她突然打了一个喷嚏,那柔软的叶脉随之一抖,那滴水骨碌一下便滑落了。她的第三只眼睛也随之消失了。她便蹲下身子寻找那滴水,她太难过了,因为在此之前她从未发现过如此美的事物。然而那滴水却是难以寻觅了。它去了哪里?它死了吗?

  后来她发现那滴水去了泥土里,从此她便对泥土怀着深深的敬意。人们在那片草地上开了荒,种上了稻谷,当沉甸甸的粮食蜕去了糠皮在她的指间矜持地散发出成熟的微笑时,她确信她看见了那滴水。是那滴水滋养了金灿灿的稻谷,她在吃它们时意识里便不停地闪现出早晨叶脉上的那滴水,它莹莹欲动,晶莹剔透。她吃着一滴水培育出来的稻谷一天天地长大了,有一个夏日的黄昏她在蚊蚋的歌唱声中发现自己成了一个女人,她看见体内流出的第一滴血时确信那是几年以前那滴水在她体内作怪的结果。她开始长高,发丝变得越来越光泽柔顺,胸脯也越来越丰满,后来她嫁给了一个种地的男人。她喜欢他的力气,而他则依恋她的柔情。她怎么会有这么浓的柔情呢?她俯在男人的肩头老有说也说不尽的话,好在夜晚时被男人搂在怀里就总也不想再出来,后来她明白是那滴水给予她的柔情。不久她生下了一个孩子,她的奶水真旺啊,如果不吃那滴水孕育出的稻米,她怎么会有这么鲜浓的奶水呢?后来她又接二连三地生孩子,渐渐地她老了,她在下田时常常眼花,即使阴雨绵绵的天气也觉得眼前阳光飞舞。她的子孙们却像椴树林一样茁壮地成长起来。

  她开始抱怨那滴水,你为什么不再给予我青春、力量和柔情了呢?难道你真的死去了吗?她步履蹒跚着走向童年时去过的那片草地,如今那里已经是一片良田,入夜时田边的水洼里蛙声阵阵。再也不见碧绿的叶脉上那滴纯美之极的水滴了,她伤感地落泪了。她的一滴泪水滑落到手上,她又看见了那滴水,莹白圆润,经久不衰。你还活着,活在我的心头!她惊喜地对着那滴水说。

  她的牙齿渐渐老化,咀嚼稻米时显得吃力了。儿孙们跟她说话时要贴她耳朵大声地叫,即使这样,她也只是听个一知半解。她老眼昏花,再也没有激情俯在她男人的肩头咕哝不休了。而她的男人看上去也畏畏缩缩,终日埋头坐在门槛前的太阳底下,漠然平静地看着脚下的泥土。有一年的秋季她的老伴终于死了,她嫌他比自己死得早,把她给丢下了,一滴眼泪也不肯给予他。然而埋葬他后的一个深秋的月夜,她不知怎的格外想念他,想念他们的青春时光。她一个人拄着拐杖哆哆嗦嗦地来到河边,对着河水哭她的伴侣。泪水落到河里,河水仿佛被激荡得上涨了。她确信那滴水仍然持久地发挥着它的作用,如今那滴水幻化成泪水融入了大河。而她每天又都喝着河水,那滴水在她的周身循环着。

  直到她衰老不堪即将辞世的时候,她的意识里只有一滴水的存在。当她处于弥留之际,儿孙们手忙脚乱地为她穿寿衣,用河水为她洗脸时,她的头脑里也只有一滴水。那滴水湿润地滚动在她的脸颊为她敲响丧钟。她仿佛听到了叮当叮当的声音。后来她打了一个微弱的喷嚏,安详地合上眼帘。那滴水随之滑落在地,渗透到她辛劳一世的泥土里。她不在了,而那滴水却仍然活着。

她在过世后又变成了一个七八岁的小女孩,有一天凌晨大雾消散后她来到一片草地,她在碧绿的青草叶脉上发现了一颗露珠,确切地说是一滴水,她还看见了一只黑亮的眼睛在水滴里闪闪烁烁,她相信她与一生中所感受的最美的事物相逢了。

(选自《北方的盐》,江苏文艺出版社,2006 年)

作者风采

迟子建,1964 年出生,女,黑龙江漠河人,中国当代作家。1984 年毕业于大兴安岭师范学校。1983 年开始写作,主要作品有:长篇小说《伪满洲国》《额尔古纳河右岸》,小说集《北极村童话》《白雪的墓园》《向着白夜旅行》《逝川》,散文随笔集《伤怀之美》《我的世界下雪了》等。作品《雾月牛栏》曾获得第一届鲁迅文学奖,《清水洗尘》获第二届鲁迅文学奖,《世界上所有的夜晚》获第四届鲁迅文学奖。此外,她还获得了冰心散文奖、茅盾文学奖、庄重文文学奖等。

阅读提示

本文是一篇童话式的散文,从一个小女孩在一片草茎上发现一滴露珠起笔,为全文确立了一个诗意的语调。而小女孩在凝望水滴的时候"发现了一只黑黑的眼睛",这一情景的安排别具匠心,很巧妙地暗示了二者之间的隐喻关系。文章多次提到一滴水,但其中有五次最为关键。第一次是那滴水落入泥土,滋养稻谷,它隐喻了"小女孩"的成长发育;第二次是那滴水变为"小女孩"体内的第一滴血,它暗喻了"小女孩"的婚嫁;第三次是那滴水在"作怪",使"小女孩"有了旺盛的奶水,它暗喻了"小女孩"的生儿育女,哺育后代;第四次是那滴水变成了"小女孩"的泪水,这里暗喻了"小女孩"的衰老,体现了她经历人生风雨之后,迟暮之年时的孤独与哀伤;第五次提到那滴水已经是"小女孩"走完人生之旅,面对死亡之时,她仍然确信那滴水还活着,并活在她的意识里、周身的血液里、眼帘里,在她生命所能感受到的一切中。那滴水从一开始就不仅是映照出"小女孩"黑亮眼睛的镜子,而且它已经与"小女孩"的生命融为一体,她的成长、婚嫁,甚至衰老、死亡,始终与这滴水相连接。

思考题

1. 本文表现了作者怎样的生命观?
2. 作者怎样描写"她"在自己老伴去世时的感情?

2. 水调歌头·春日赋示杨生子掞(其四)

清·张惠言

今日非昨日,明日复何如?[1] 揭来[2]真悔何事,不读十年书。为问东风吹老[3],几度枫江兰径[4],千里转平芜[5]。寂寞斜阳[6]外,渺渺正愁予[7]!

千古意,君知否? 只斯须[8]。名山料理身后[9],也算古人愚。一夜庭前绿遍,三月雨中红透,天地入吾庐[10]。容易众芳歇,莫听子规呼。[11]

(选自《茗柯文编》,上海古籍出版社,1984年)

作者风采

张惠言(1761—1802),初名一鸣,字皋文,号茗柯,江苏武进(今常州)人。清学者、文学家。嘉庆进士,官翰林院编修。通经学,尤精《周易》与《仪礼》。又工文与词,与同邑恽敬共创阳湖派。词重比兴寄托,曾与弟琦合编《词选》,开创常州词派。著有《周易虞氏义》《茗柯文编》《茗柯词》等。另编有《七十家赋钞》。

阅读提示

本词是张惠言赠给学生杨子掞的组词中的一首。词的上阕感慨光阴易逝,悔恨未抓紧时日"读十年书"。末几句则转入了景物的兴象,引用《楚辞》的典故说明进德修业也依然改变不了年光之流逝与期待之落空的怅惘和哀愁。下阕通过充满生机的春日景象的描写,劝杨生惜春惜时,抓紧当下。作者首先点明所谓"千古"其实只不过是顷刻的"斯须",紧接着又提出德业与声名的"不朽"不仅可以给我们留下千秋万岁的盛名,还可以帮我们实现当下的价值。"一夜庭前

---

[1] "今日"二句:语出宋王安石《今日非昨日》,"今日非昨日,昨日已可思。明日异今日,如何能勿悲"。
[2] 揭(qiè)来:近来。唐柳宗元《韦道安》:"揭来事儒术,十载所能逞。"
[3] 东风吹老:语出宋苏轼《过都昌》,"水隔南山人不渡,东风吹老碧桃花"。
[4] 枫江兰径:语出《楚辞·招魂》,"朱明承夜兮时不可淹,皋兰被径兮斯路渐。湛湛江水兮上有枫,目极千里兮伤春心"。
[5] 平芜:杂草繁盛的原野。
[6] 寂寞斜阳:语出宋汪元量《莺啼序·重过金陵》,"正朝打孤城,寂寞斜阳影里"。
[7] 渺渺正愁予:语出《楚辞·九歌·湘夫人》,"帝子降兮北渚,目眇眇兮愁予"。眇眇,远视貌。愁予,使我忧愁。
[8] 斯须:片刻。
[9] 名山料理身后:《史记·太史公自序》:"藏之名山,副在京师,俟后世圣人君子。"清顾贞观《金缕曲》:"归日急翻行成稿,把空名料理传身后。"
[10] 入吾庐:语出唐杜甫《溪涨》,"秋夏忽泛溢,岂惟入吾庐"。
[11] "容易"二句:《楚辞·离骚》:"恐鹈鴂之先鸣兮,使夫百草之为之不芳。"鹈鴂,即鹈鴂(tíjué),为杜鹃,是子规之别名。

绿遍,三月雨中红透,天地入吾庐"写出了一种"天人合德"的境界——如果有一天你真的找到这个境界,那么一夜之间,不用外边的春天,你的院子里自然就生机盎然,自然就长满了美丽的花草,整个的天地就都来到你的院子里了。接下来又写下了"容易众芳歇,莫听子规呼"的戒惧的叮咛。因为不但外面的一切繁华很快就会消失,就是你内心的春天如果你不好好地保持也很快就会消失。不要等到哪天子规(杜鹃)叫了,春天也就走了。全词皆寓自勉、勉人之意。

思 考 题

1. 如何理解"容易众芳歇,莫听子规呼"这句话?
2. 结合张惠言的其他词作,谈谈你认为怎样才能得到"一夜庭前绿遍,三月雨中红透,天地入吾庐"的春天。

3. 吊古战场文

唐·李华

浩浩[1]乎，平沙无垠[2]，敻[3]不见人。河水萦带，群山纠纷[4]。黯[5]兮惨悴，风悲日曛[6]。蓬[7]断草枯，凛若霜晨。鸟飞不下，兽挺[8]亡群。亭长[9]告予曰："此古战场也，尝覆三军[10]。往往鬼哭，天阴则闻。"伤心哉！秦欤汉欤？将近代欤？

吾闻夫齐魏徭戍，荆韩召募。[11]万里奔走，连年暴露。沙草晨牧，河冰夜渡。地阔天长，不知归路。寄身锋刃，腷臆[12]谁愬？秦汉而还，多事四夷[13]，中州耗斁[14]，无世无之。古称戎夏[15]，不抗王师[16]。文教[17]失宣，武臣用奇[18]。奇兵[19]有异于仁义，王道迂阔[20]而莫为。呜呼噫嘻！

吾想夫北风振漠，胡兵伺便。主将骄敌，期门[21]受战。野竖旌旗[22]，川回组练[23]。法重心骇，威尊命贱。利镞穿骨，惊沙入面，主客相搏，山川震眩。声折[24]江河，势崩雷电。至若穷阴[25]凝闭，凛冽海隅[26]，积雪没胫，坚冰在须。鸷鸟休巢，征马踟蹰，缯纩[27]无温，堕指裂肤。

---

[1] 浩浩：辽阔的样子。
[2] 垠（yín）：边际。
[3] 敻（xiòng）：远。
[4] 纠纷：群山重叠交错的样子。
[5] 黯：昏暗无光。
[6] 曛：落日的余光。
[7] 蓬：草名，即蓬蒿。
[8] 挺：通"铤"（tǐng），疾走奔跑。
[9] 亭长：秦汉时每十里为一亭，设亭长一人，掌管治安、诉讼等事。唐代在尚书省各部衙门设置亭长，负责省门开关和通报传达事务，是流外（不入九品职级）吏职。此借指地方小吏。
[10] 三军：周制，天子置六军，诸侯大国可置三军。此处泛指军队。
[11] 齐魏、荆韩："战国七雄"中的四个国家。这里泛指战国时期。荆，即楚国。召募：以钱物招募兵员。
[12] 腷（bì）臆：心情苦闷。
[13] 四夷：古代对周边少数民族的泛称，含贬义。
[14] 耗斁（dù）：损耗败坏。
[15] 戎：对西北各族的泛称，此处泛指少数民族。夏：华夏，古代中原部落的自称。
[16] 王师：帝王的军队。古称帝王之师是应天顺人、吊民伐罪的仁义之师。
[17] 文教：指礼乐的教化。
[18] 用奇：出奇制胜。
[19] 奇兵：乘敌不备进行突然袭击的部队。
[20] 王道：指礼乐仁义等治理天下的准则。迂阔：迂腐空疏。
[21] 期门：军营的大门。
[22] 旌旗：此处为旗帜的统称。
[23] 组练：即"组甲被练"，指战士的衣甲服装，此代指战士。
[24] 折：分离，劈开。
[25] 穷阴：犹穷冬，极寒之时。
[26] 海隅：西北极远之地。
[27] 缯（zēng）：丝织品的总称。纩（kuàng）：丝绵。古代尚无棉花，絮衣都用丝绵。

当此苦寒,天假强胡,凭陵[1]杀气,以相剪屠。径截辎重[2],横攻士卒;都尉[3]新降,将军复没;尸踣巨港[4]之岸,血满长城之窟。无贵无贱,同为枯骨,可胜[5]言哉!鼓衰兮力竭,矢尽兮弦绝,白刃交兮宝刀折,两军蹙[6]兮生死决。降矣哉,终身夷狄!战矣哉,暴骨沙砾!鸟无声兮山寂寂,夜正长兮风淅淅。魂魄结兮天沉沉,鬼神聚兮云幂幂[7]。日光寒兮草短,月色苦兮霜白。伤心惨目,有如是耶!

吾闻之:牧[8]用赵卒,大破林胡,开地千里,遁逃匈奴。汉倾天下,财殚力痡[9];任人而已,其在多乎?周逐猃狁[10],北至太原,既城朔方[11],全师而还。饮至策勋[12],和乐且闲,穆穆棣棣[13],君臣之间。秦起长城,竟海为关;荼[14]毒生民,万里朱殷[15]。汉击匈奴,虽得阴山[16],枕骸遍埜[17],功不补患。苍苍蒸民[18],谁无父母?提携捧负,畏其不寿。谁无兄弟?如足如手。谁无夫妇?如宾如友。生也何恩,杀之何咎?其存其殁,家莫闻知。人或有言,将信将疑;悁悁[19]心目,寝寐[20]见之。布奠倾觞[21],哭望天涯。天地为愁,草木凄悲。吊祭不至[22],精魂[23]无依。必有凶年[24],人其流离。呜呼噫嘻!时耶命耶?从古如斯!为之奈何?守在四夷[25]。

[选自《全唐文》(卷三二一),上海古籍出版社,1990年]

---

〔1〕凭陵:依仗之意。
〔2〕辎(zī)重:军用物资的总称。
〔3〕都尉:官名,此处指职位低于将军的武官。
〔4〕巨港:大河。
〔5〕胜:尽。
〔6〕蹙(cù):迫近,接近。
〔7〕幂(mì)幂:阴云密布貌。
〔8〕牧:李牧,战国末年赵国良将,守雁门(今山西西北部),大破匈奴的入侵,击败东胡,降服林胡(均为匈奴所属的部族)。其后十余年,匈奴不敢靠近赵国边境。(见《史记·廉颇蔺相如列传》)
〔9〕殚(dān):尽。痡(pū):劳倦,病苦。据《史记·匈奴传》:汉自高祖至武帝,对匈奴时而奉财和亲,时而连年用兵,匈奴边患始终未除。
〔10〕猃狁(Xiǎnyǔn):古代北方的少数民族,即匈奴的前身。周宣王时,猃狁南侵,宣王命尹吉甫统军抗击,逐至太原(今宁夏固原北),不再穷追。见《诗经·小雅·六月》:"薄伐猃狁,至于大原。"
〔11〕城:筑城。朔方:北方。一说即今宁夏灵武一带。句出《诗经·小雅·出车》:"天子命我,城彼朔方。"
〔12〕饮至:古代盟会、征伐归来后,告祭于宗庙,举行宴饮,称为"饮至"。策勋:把功勋记载在简策上。句出《左传·桓公二年》:"凡公行,告于宗庙;反行,饮至、舍爵、策勋焉,礼也。"
〔13〕穆穆:端庄盛美、恭敬谨肃的样子,多用以形容天子的仪表。《礼记·曲礼下》有:"天子穆穆。"棣(dì)棣:文雅安和的样子。
〔14〕荼(tú)毒:残害。
〔15〕殷(yān):赤黑色。《左传·成公二年》杜注:"血色久则殷。"
〔16〕阴山:在今内蒙古中部,原为匈奴南部屏障,匈奴常由此以侵汉。汉武帝时,为卫青、霍去病统军夺取,汉军损失亦惨重。
〔17〕埜(yě):同"野"。
〔18〕苍苍:指天。蒸:通"烝",众,多。
〔19〕悁(yuān)悁:忧愁郁闷的样子。
〔20〕寝寐:梦寐。
〔21〕布奠倾觞:把酒倒在地上以祭奠死者。布,陈列。奠,设酒食以祭祀。
〔22〕吊祭不至:将士无人来祭吊。
〔23〕精魂:精气灵魂。古时认为人死后,其精气灵魂能够离开身体而存在。
〔24〕凶年:荒年。语出《老子》:"大军之后,必有凶年。"大举兴兵造成大量农业劳动力的征调伤亡,再加上双方军队的蹂躏掠夺以及军费的负担,必然影响农业生产的种植和收成。
〔25〕守在四夷:语出《左传·昭公二十三年》,"古者天子,守在四夷"。意谓施仁政,行王道,那么四方边境的外族都会为天子守卫国土,就可以免于战争。

作者风采

李华(715—766),字遐叔,赵郡赞皇(今属河北)人。唐散文家。开元进士,官监察御史、右补阙。安禄山陷长安时,曾受职,乱平贬官。后入李岘江南幕府,擢检校吏部员外郎。善古文,与萧颖士齐名,时称"萧李"。《吊古战场文》《含元殿赋》等为世所称。原有集,已散佚,清人辑有《李遐叔文集》四卷。

阅读提示

文章以"尝覆三军"为行文纲领,贯穿各个部分。第一部分以"尝覆三军"引起;第二部分即紧承四字语绪,描述"尝覆三军"的场景及追究"尝覆三军"的原因;第三部分凭吊覆亡的三军将士亡灵;第四部分提出不再让"尝覆三军"的历史重演的政治措施。全文纲目清晰,次第井然。作者想象丰富,描述亦见功力。无论是"声折江河,势崩雷电"的总体描述,还是"利镞穿骨,惊沙入面"的细致摹写,都可谓简洁生动。"河水萦带,群山纠纷"两句尤为警策。在描述古战场悲凉萧杀之景象的同时,作者还倾注了悲怆沉痛的情感,将惨淡之景与惨痛之情融汇一体,读来令人惨恻不已,更是表达了作者主张施行仁义、避免战争、爱惜人民和珍爱生命之感情。

思 考 题

1. 作品中哪些地方采用了情景交融的写作手法?表达了作者什么样的情感?
2. 作者在文中表达了什么样的生命观?

4. 尘世是唯一的天堂

林语堂

我们的生命总有一日会灭绝的,这种省悟,使那些深爱人生的人,在感觉上增添了悲哀的诗意情调。然而这种悲感却反使中国的学者更热切深刻地要去领略人生的乐趣。这看起来是很奇怪的。我们的尘世人生因为只有一个,所以我们必须趁人生还未消逝的时候,尽情地把它享受。如果我们有了一种永生的渺茫希望,那么我们对于这尘世生活的乐趣便不能尽情地领略了。基士爵士(Sir Arthur Keith)曾说过一句和中国人的感想不谋而合的话:"如果人们的信念跟我的一样,认尘世是唯一的天堂,那么他们必将更竭尽全力,把这个世界造成天堂。"苏东坡的诗中有"事如春梦了无痕"之句,因为如此,所以他那么深刻坚决地爱好人生。在中国的文学作品中,常常可以看到这种"人生不再""生命易逝"的悲哀感觉所烦扰,在花前月下,常有"花不常好,月不常圆"的伤悼。李白在《春夜宴桃李园序》一篇赋里,有着两句名言:"浮生若梦,为欢几何?"王羲之在和他的一些朋友欢宴的时候,曾写下《兰亭集序》这篇不朽的文章,它把"人生不再"的感觉表现得最为亲切:

> 永和九年,岁在癸丑,暮春之初,会于会稽山阴之兰亭,修禊事也。群贤毕至,少长咸集。此地有崇山峻岭,茂林修竹,又有清流激湍,映带左右,引以为流觞曲水,列坐其次,虽无丝竹管弦之盛,一觞一咏,亦足以畅叙幽情。是日也,天朗气清,惠风和畅,仰观宇宙之大,俯察品类之盛,所以游目骋怀,足以极视听之娱,信可乐也。
>
> 夫人之相与,俯仰一世,或取诸怀抱,晤言一室之内;或因寄所托,放浪形骸之外;虽取舍万殊,静躁不同,当其欣于所遇,暂得于己,快然自足,不知老之将至。及其所之既倦,情随事迁,感慨系之矣!向之所欣,俯仰之间,以为陈迹,犹不能不以之兴怀;况修短随化,终期于尽。古人云:"死生亦大矣",岂不痛哉!每览昔人兴感之由,若合一契,未尝不临文嗟悼,不能喻之于怀。固知一死生为虚诞,齐彭殇为妄作,后之视今,亦犹今之视昔,悲夫!故列叙时人,录其所述,虽世殊事异,所以兴怀,其致一也。后之览者,亦将有感于斯文。

我们都相信人总是要死的,相信生命像一支烛光,总有一日要熄灭的,我认为这种感觉是好的。它使我们清醒,使我们悲哀,它也使某些人感到一种诗意。此外还有一层最为重要:它使我们能够坚定意志,去想法过一种合理的、真实的生活,随时使我们感悟到自己的缺点。它也使我们心中平安。因一个人的心中有了那种接受恶劣遭遇的准备,才能够获得真平安。这由心理学的观点看来,它是一种发泄身上储力的程序。

中国的诗人与平民,即使是在享受人生的乐趣时,下意识里也常有一种好景不常的感觉,例如在中国人欢聚完毕时,常常说:"千里搭凉棚,没有不散的宴席。"所以人生的宴会便是尼布甲尼撒(Nebuchadnezzar,古巴比伦国王,以强猛、骄傲、奢侈著称)的宴会。这种感觉使那些不信宗教的人们也有一种神灵的意识。他观看人生,好比是宋代的山水画家观看山景,是给一层神秘的薄雾包围着的,或者是空气中有着过多的水蒸气似的。

我们消除了永生观念,生活上的问题就变得很简单了。问题就是这样的:人类的寿命有限,很少能活到七十岁以上,因此我们必须把生活调整,在现实的环境之下尽量地过着快乐的生活。这种观念是儒家的观念。它含着浓厚的尘世气息,人类的活动依着一种固执的常识而行,他的精神,就是桑塔耶讷所说把人生当作人生看的"动物信念"。根据这个动物的信念,我们可以把人类和动物的根本关系,不必靠达尔文的帮助,也能作一个明慧的猜测,这个动物的信念使我们依恋人生——本能和情感的人生——因为我们相信:既然大家都是动物,所以我们只有在正常的本能上获得正常的满足,我们才能够获得真正的快乐。这包括着生活各方面的享受。

这样说起来,我们不是变成唯物主义者了吗?但是这个问题,中国人是几乎不知道怎样回答的。因为中国人的精神哲理根本是建筑在物质上的,他们对于尘世的人生,分不出精神或是肉体。无疑地,他爱物质上的享受,但这种享受就是属于情感方面的。人类只有靠理智才能分得出精神和肉体的区别,但是上面已经说过,精神和肉体的享受都必须通过我们的感官。音乐无疑地是各种艺术中最属于心灵的,它能够把人们高举到精神的境界里去,可是音乐必须通过我们的听觉。所以对于食物的享受为什么比交响曲不属于心灵的这一问题,中国人实在有些不明白。我们只有在这种实际的意义上,才能意识到我们所爱的女人。我们要分别女人的灵魂和肉体是不可能的。我们爱一个女人,不单是爱她外表的曲线美,并且也爱她的举止,她的仪态、她的眼波和她的微笑。那么,这些是属于肉体的呢,还是精神的呢?我想没有人能回答出来吧。

这种人生现实性和人生精神性的感觉,中国的人性主义是赞成的,或者可以说它得到中国人全部思想方法和生活方式的赞成。简单讲来,中国的哲学,可说是注重人生的知识而不注重真理的知识。中国哲学家把一切的抽象理论撇开不谈,认为和生活问题不生关系,以为这些东西是我们理智上所产生的浅薄感想。他们只把握人生,提出一个最简单的问题:"我们怎样生活?"西洋哲学在中国人看来是很无聊的。西洋哲学以论理或逻辑为基点,着重研究知识的获得方法,以认识论为基点,提出知识可能性的问题,但最后关于生活本身的知识却忘却了,那真是愚蠢琐碎的事,像一个人,只谈谈恋爱求婚,而并不结婚生子;又像操练甚勤的军队不开到战场上去正式打仗。法国的哲学家要算最无谓,他们追求真理,如追求爱人那样地热烈,但不想和她结婚。

(选自《生活的艺术》,江苏人民出版社,2014年)

 作者风采

林语堂(1895—1976),1895年出生于福建省一个牧师家庭,父亲是一位基督教牧师。1912年林语堂进入上海圣约翰大学,毕业后在清华大学任教。1919年秋,林语堂赴美国哈佛大学文学系学习,1922年获文学硕士学位。同年,转赴德国莱比锡大学,专攻语言学。1923年,获博士学位后回国,先后任北京大学教授、北京女子师范大学教务长和英系主任、厦门大学文学院院长。1927年,任外交部秘书。1932年,创办《论语》半月刊。1934年,创办《人间世》,出版《大荒集》。1935年,创办《宇宙风》。著有《吾国与吾民》《风声鹤唳》《孔子的智慧》《生活的艺术》《京华烟云》等。

阅读提示

林语堂在这篇文章中表明了他对生和死的态度。林语堂是一个人生本体意义的执着探寻者。对于死亡,林语堂有着自己理智且清醒的认识,表现出一种勇敢、达观与探究的态度。概括地讲,林语堂对死亡态度可以归纳为四点:死亡使得生命匆促、短暂;死亡映衬了生命的廉价、空泛;死亡是人生的总结,也是人生的开始;死亡不仅使得生命变得弥足珍贵,而且它本身也是一份忧伤的美感。林语堂对生命有着一种强烈的悲剧意识。他在《鲁迅之死》一文中感叹道:夫人生在世,所为何事?碌碌终日,而一旦瞑目,所可传者极渺。若投石击水,皱起一池春水,及其波静浪过,复平如镜,了无痕迹。惟圣贤传言,豪杰传事,然究其可传之事之言,亦不过圣贤豪杰所言所为之万一。[1] 这说明,林语堂充分认识到了个体在浩瀚宇宙中的渺茫。正因如此,"我们必须把生活调整,在现实的环境之下尽量地过着快乐的生活"。

思考题

1. 谈谈林语堂的生命观与孔子"未知生,焉知死"的生命观的异同。
2. 结合本文谈谈既然"人总是要死的",那么我们应该如何对待"生"。

---

[1] 林语堂.林语堂随笔精选[M].武汉:长江文艺出版社,2016:328.

5. 假如给我三天光明

〔美〕海伦·凯勒

我们大家都读过这样一些扣人心弦的故事,里面的主人公只有一点有限的时间可以活了,有时长达一年,有时短到只有 24 小时。然而,我们总是能很感动地发现,这些注定要灭亡的人是如何想办法度过他最后的几天或最后的几小时。当然,我说的是有所选择的自由人,而不是活动范围受到限制的被判刑的罪犯。

这类故事使人们思索,很想知道我们在同样的境况下将会怎么办。我们作为必死的生物,处在这最后几小时内,会充满一些什么样的遭遇、什么样的感受、什么样的联想呢?我们回顾往事,会找到哪些幸福、哪些遗憾呢?

有时我认为,如果我们像明天就会死去那样去生活,才是最好的规则。这样一种态度可以尖锐地强调生命的价值。我们每天都应该怀着友善、朝气和渴望去生活,但是,当时间在我们前面日复一日,月复一月,年复一年地不断延伸开去,这些品质常常就会丧失。当然,也有那些愿意把"吃吧,喝吧,及时行乐吧"作为座右铭的人,然而大多数人却为死神的来临所折磨。

在许多故事中,命运已定的主人公通常在最后一分钟,由于遭遇好运而得到拯救,然而他的价值观念几乎总是改变了。他更加领悟了生命及其永恒的精神价值的意义。常常可以看到,那些活在或者曾经活在死亡阴影中的人们,对他们所做的每件事情都赋予了一种醇美香甜之感。

然而,我们大多数人都把人生视为当然。我们知道有一天我们必得死去,但我们总是把那一天想得极其遥远。我们处于精神活泼、身体轻快的健康状态,死亡简直是不可想象的,我们难得想到它。日子伸延到无穷无尽的远景之中,所以,我们总是做些无价值的工作,几乎意识不到我们对生活的懒洋洋的态度。

我担心,我们全部的天赋和感官都有同样的懒惰的特征。只有聋人才珍惜听觉,只有盲人才体会重见天日的种种幸福。这种看法特别适用于那些成年后失去视觉和听觉的人。但是,那些在视觉或听觉上没有蒙受损害的人,却很少能够充分地利用这些可贵的感官。他们的眼睛和耳朵模模糊糊地吸收了一切景色和声音,他们并不专心也很少珍惜它们。我们并不感激我们的所有,直到我们丧失了它;我们意识不到我们的健康,直到我们生了病——自古以来,莫不如此。

我常想,如果每个人在他的初识阶段患过几天盲聋症,这将是一种幸福。黑暗会使他更珍惜视觉;哑默会教导他更喜慕声音。我时常测验我那些有视觉的朋友,看他们究竟看见了什么。

前几天,一位很要好的朋友来探望我,她刚从树林里远足而来,于是我就问她,她观察到一些什么。"没有什么特别的。"她回答说。要不是我惯于听到这样的回答(因为我很久就已确信有视觉的人看得很少),我简直会不相信我的耳朵。

在树林中穿行一个小时,却没有看到什么值得注意的东西,这怎么可能呢?我自问着。我这个不能用眼睛看的人,仅仅凭借触觉,就能发现好几百种使我感兴趣的东西。我用双手亲切地抚摸一株桦树光滑的外皮,或者一株松树粗糙不平的树皮。在春天,我摸着树枝,满怀希望地寻找蓓蕾,寻找大自然冬眠之后苏醒过来的第一个征兆。有时,我感觉到一朵花的可爱而柔润的肌理,发现它那不平常的卷曲。偶然,如果我非常走运,将手轻柔地放在小树上,我可以感觉到小鸟在音律丰满的歌声中快乐地跳跃。我非常喜欢让小溪凉爽的流水从我张开的手指缝隙间急促地淌过。

我觉得,松针或者海绵似的柔草铺就的茂盛葱郁的地毯,比豪华奢侈的波斯小地毯更受欢迎。对我来说,四季的盛景是一场极其动人而且演不完的戏剧,它的情节从我指尖一幕幕滑过。

有时,我的心在哭泣,渴望看到所有这些东西。如果我仅仅凭借触觉就能得到那么多的快乐,那么凭借视觉将会有多少美展现出来啊!可是,那些有眼睛的人显然看得很少。对于世界上充盈的五颜六色、千姿百态万花筒般的景象,他们认为是理所当然的。也许人类就是这样,极少去珍惜我们所拥有的东西,而渴望那些我们所没有的东西。在光明的世界中,视觉这一天赋才能,竟只被作为一种便利,而不是一种丰富生活的手段,这是多么可惜啊!

假如我是个大学校长,我要开设一门必修课程,就是"怎样使用你的眼睛"。教授们将向他的学生讲授,怎样通过真正观看那些从他们面前过去而未被注意的事物,使他们的生活增添乐趣,这将唤醒他们沉睡而迟缓的天赋。

也许我能凭借想象来说明,假如给我哪怕三天的光明,我最喜欢看到一些什么。在我想的时候,也请你想一下吧,请想想这个问题,假定你也只有三天光明,那么你会怎样使用你自己的眼睛,你最想让你的目光停留在什么上面呢?自然,我将尽可能看看在我黑暗的岁月里令我珍惜的东西,你也想让你的目光停留在令你珍惜的东西上,以便在那即将到来的夜晚,将它们记住。

如果,由于某种奇迹,我可以睁眼看三天,紧跟着回到黑暗中去,我将会把这段时间分成三部分。

第一天

我不知道什么是透过"灵魂之窗",即从眼睛看到朋友的内心。我只能用手指尖来"看"一个脸的轮廓。我能够发觉欢笑、悲哀和其他许多明显的情感。

第一天,我要看人,他们的善良、温厚与友谊使我的生活值得一过。首先,我希望长久地凝视我亲爱的老师,安妮·莎莉文·梅西太太的面庞,当我还是个孩子的时候,她就来到了我面前,为我打开了外面的世界。我将不仅要看到她面庞的轮廓,以便我能够将它珍藏在我的记忆中,而且还要研究她的容貌,发现她出自同情心的温柔和耐心的生动迹象,她正是以此来完成教育我的艰巨任务的。我希望从她的眼睛里看到能使她在困难面前站得稳的坚强性格,并且看到她那经常向我流露的、对于全人类的同情。

我不知道什么是透过"灵魂之窗",即从眼睛看到朋友的内心。我只能用手指尖来"看"一个脸的轮廓。我能够发觉欢笑、悲哀和其他许多明显的情感。我是从感觉朋友的脸来认识他们的。但是,我不能靠触摸来真正描绘他们的个性。当然,通过其他方法,通过他们向我表达的思想,通过他们向我显示出的任何动作,我对他们的个性也有所了解。但是我却不能对他们有较深的理解,而那种理解,我相信,通过看见他们,通过观看他们对种种被表达的思想和境况的反应,通过注意他们的眼神和脸色的反应,是可以获得的。

我身旁的朋友,我了解得很清楚,因为经过长年累月,他们已经将自己的各个方面揭示给了我;然而,对于偶然的朋友,我只有一个不完全的印象。这个印象还是从一次握手中,从我通过手指尖理解他们的嘴唇发出的字句中,或从他们在我手掌的轻轻划写中获得来的。

你们有视觉的人,可以通过观察对方微妙的面部表情,肌肉的颤动,手势的摇摆,迅速领悟对方所表达的意思的实质,这该是多么容易,多么令人心满意足啊!但是,你们可曾想到用你们的视觉,抓住一个人面部的外表特征,来透视一个朋友或者熟人的内心吗?

我还想问你们：能准确地描绘出五位好朋友的面容吗？你们有些人能够，但是很多人不能够。有过一次实验，我询问那些丈夫们，关于他们妻子眼睛的颜色，他们常常显得困窘，供认他们不知道。顺便说一下，妻子们还总是经常抱怨丈夫不注意自己的新服装、新帽子的颜色，以及家内摆设的变化。

有视觉的人，他们的眼睛不久便习惯了周围事物的常规，他们实际上仅仅注意令人惊奇的和壮观的事物。然而，即使他们观看最壮丽的奇观，眼睛都是懒洋洋的。法庭的记录每天都透露出"目击者"看得多么不准确。某一事件会被几个见证人以几种不同的方式"看见"。有的人比别人看得更多，但没有几个人看见他们视线以内一切事物。

啊，如果给我三天光明，我会看见多少东西啊！

第一天，将会是忙碌的一天。我将把我所有亲爱的朋友都叫来，长久地望着他们的脸，把他们内在美的外部迹象铭刻在我的心中。我也将会把目光停留在一个婴儿的脸上，以便能够捕捉到在生活冲突所致的个人意识尚未建立之前的那种渴望的、天真无邪的美。

我还将看看我的小狗们忠实信赖的眼睛——庄重、宁静的小司格梯、达吉，还有健壮而又懂事的大德恩，以及黑尔格，它们的热情、幼稚而顽皮的友谊，使我获得了很大的安慰。

在忙碌的第一天，我还将观察一下我的房间里简单的小东西，我要看看我脚下的小地毯的温暖颜色，墙壁上的画，将房子变成一个家的那些亲切的小玩意。我的目光将会崇敬地落在我读过的盲文书籍上，然而那些能看的人们所读的印刷字体的书籍，会使我更加感兴趣。在我一生漫长的黑夜里，我读过的和人们读给我听的那些书，已经成为了一座辉煌的巨大灯塔，为我指示出了人生及心灵的最深的航道。

在能看见的第一天下午，我将到森林里进行一次远足，让我的眼睛陶醉在自然界的美丽之中，在几小时内，拼命吸取那经常展现在正常视力人面前的光辉灿烂的广阔奇观。自森林郊游返回的途中，我要走在农庄附近的小路上，以便看看在田野耕作的马（也许我只能看到一台拖拉机），看看紧靠着土地过活的悠然自得的人们，我将为光艳动人的落日奇景而祈祷。

当黄昏降临，我将由于凭借人为的光明看见外物而感到喜悦，当大自然宣告黑暗到来时，人类天才地创造了灯光，来延伸他的视力。在第一个有视觉的夜晚，我将睡不着，心中充满对于这一天的回忆。

第二天

这一天，我将向世界，向过去和现在的世界匆忙瞥一眼。我想看看人类进步的奇观，那变化无穷的万古千年。这么多的年代，怎么能压缩成一天呢？当然是通过博物馆。

有视觉的第二天，我要在黎明起身，去看黑夜变为白昼的动人奇迹。我将怀着敬畏之心，仰望壮丽的曙光全景，与此同时，太阳唤醒了沉睡的大地。

这一天，我将向世界，向过去和现在的世界匆忙瞥一眼。我想看看人类进步的奇观，那变化无穷的万古千年。这么多的年代，怎么能被压缩成一天呢？当然是通过博物馆。我常常参观纽约自然史博物馆，用手摸一摸那里展出的许多展品，但我曾经渴望亲眼看看地球的简史和陈列在那里的地球上的居民——按照自然环境描画的动物和人类，巨大的恐龙和剑齿象的化石，早在人类出现并以他短小的身材和有力的头脑征服动物王国以前，它们就漫游在地球上了；博物馆还逼真地介绍了动物、人类，以及劳动工具的发展经过，人类使用这些工具，在这个行星上为自己创造了安全牢固的家；博物馆还介绍了自然史的其他无数方面。

我不知道,有多少本文的读者看到过那个吸引人的博物馆里所描绘的活着的动物的形形色色的样子。当然,许多人没有这个机会,但是,我相信许多有机会的人却没有利用它。在那里确实是使用你眼睛的好地方。有视觉的你可以在那里度过许多收益不浅的日子,然而我,借助于想象中的能看见的三天,仅能匆匆一瞥而过。

我的下一站将是首都艺术博物馆,因为它正像自然史博物馆显示了世界的物质外观那样,首都艺术博物馆显示了人类精神的无数个小侧面。在整个人类历史阶段,人类对于艺术表现的强烈欲望几乎像对待食物、藏身处,以及生育繁殖一样迫切。在这里,在首都艺术博物馆巨大的展览厅里,埃及、希腊、罗马的精神在它们的艺术中表现出来,展现在我面前。

我通过手清楚地知道了古代尼罗河国度的诸神和女神。我抚摸了巴台农神庙中的复制品,感到了雅典冲锋战士有韵律的美。阿波罗、维纳斯,以及双翼胜利之神莎莫瑞丝都使我爱不释手。荷马的那副多瘤有须的面容对我来说是极其珍贵的,因为他也懂得什么叫失明。我的手依依不舍地留恋罗马及后期的逼真的大理石雕刻,我的手抚摸遍了米开朗基罗的感人的英勇的摩西石雕像,我感知到罗丹的力量,我敬畏哥特人对于木刻的虔诚。这些能够触摸的艺术品对我来讲,是极有意义的,然而,与其说它们是供人触摸的,毋宁说它们是供人观赏的,而我只能猜测那种我看不见的美。我能欣赏希腊花瓶的简朴的线条,但它的那些图案装饰我却看不到。

因此,这一天,给我光明的第二天,我将通过艺术来搜寻人类的灵魂。我会看见那些我凭借触摸所知道的东西。更妙的是,整个壮丽的绘画世界将向我打开,从富有宁静的宗教色彩的意大利早期艺术及至带有狂想风格的现代派艺术。我将细心地观察拉斐尔、达·芬奇、提香、伦勃朗的油画。我要饱览维洛内萨的温暖色彩,研究艾尔·格列科的奥秘,从科罗的绘画中重新观察大自然。啊,你们有眼睛的人们竟能欣赏到历代艺术中这么丰富的意味和美!在我对这个艺术神殿的短暂的游览中,我一点儿也不能评论展开在我面前的那个伟大的艺术世界,我将只能得到一个肤浅的印象。艺术家们告诉我,为了达到深刻而真正的艺术鉴赏,一个人必须训练眼睛。一个人必须通过经验学习判断线条、构图、形式和颜色的品质优劣。假如我有视觉从事这么使人着迷的研究,该是多么幸福啊!但是,我听说,对于你们有眼睛的许多人,艺术世界仍是个有待进一步探索的世界。

我十分勉强地离开了首都艺术博物馆,它装纳着美的钥匙。但是,看得见的人们往往并不需要到首都艺术博物馆去寻找这把美的钥匙。同样的钥匙还在较小的博物馆中甚或在小图书馆书架上等待着。但是,在我假想的有视觉的有限时间里,我应当挑选一把钥匙,能在最短的时间内去开启藏有最大宝藏的地方。

我重见光明的第二晚,我要在剧院或电影院里度过。即使现在我也常常出席剧场的各种各样的演出,但是,剧情必须由一位同伴拼写在我手上。然而,我多么想亲眼看看哈姆雷特的迷人的风采,或者穿着伊丽莎白时代鲜艳服饰的生气勃勃的弗尔斯塔夫!我多么想注视哈姆雷特的每一个优雅的动作,注视精神饱满的弗尔斯塔夫的大摇大摆!因为我只能看一场戏,这就使我感到非常为难,因为还有数十幕我想要看的戏剧。

你们有视觉,能看到你们喜爱的任何一幕戏。当你们观看一幕戏剧、一部电影或者任何一个场面时,我不知道,究竟有多少人对于使你们享受它的色彩、优美和动作的视觉的奇迹有所认识,并怀有感激之情呢?由于我生活在一个限于手触的范围里,我不能享受到有节奏的动作美。但我只能模糊地想象一下巴莱洛娃的优美,虽然我知道一点律动的快感,因为我常常能在音乐震动地板时感觉到它的节拍。我能充分想象那有韵律的动作,一定是世界上最令人悦目的一种景象。我用手指抚摸大理石雕像的线条,就能够推断出几分。如果这种静态美都能那么可爱,看到的动态美一定更加令人激动。我最珍贵的回忆之一就是,约瑟·杰佛逊让我在他又说又做地表演他所爱的里卜·万·温克时去摸他的脸庞和双手。

我多少能体会到一点戏剧世界,我永远不会忘记那一瞬间的快乐。但是,我多么渴望观看和倾听戏剧表演进行中对白和动作的相互作用啊!而你们看得见的人该能从中得到多少快乐啊!如果我能看到仅仅一场戏,我就会知道怎样在心中描绘出我用盲文字母读到或了解到的近百部戏剧的情节。所以,在我虚构的重见光明的第二晚,我没有睡成,整晚都在欣赏戏剧文学。

第三天

今天,我将在当前的日常世界中度过,到为生活奔忙的人们经常去的地方去,而哪儿能像纽约一样找得到人们那么多的活动和那么多的状况呢?所以城市成了我的目的地。

下一天清晨,我将再一次迎接黎明,急于寻找新的喜悦,因为我相信,对于那些真正看得见的人,每天的黎明一定是一个永远重复的新的美景。依据我虚构的奇迹的期限,这将是我有视觉的第三天,也是最后一天。我将没有时间花费在遗憾和热望中,因为有太多的东西要去看。第一天,我奉献给了我有生命和无生命的朋友。第二天,向我显示了人与自然的历史。今天,我将在当前的日常世界中度过,到为生活奔忙的人们经常去的地方去,而哪儿能像纽约一样找得到人们那么多的活动和那么多的状况呢?所以城市成了我的目的地。

我从我的家,长岛的佛拉斯特小而安静的郊区出发。这里,环绕着绿色草地、树木和鲜花,有着整洁的小房子,到处是妇女儿童快乐的声音和活动,非常幸福,是城里劳动人民安谧的憩息地。我驱车驶过跨越伊斯特河上的钢制带状桥梁,对人脑的力量和独创性有了一个崭新的印象。忙碌的船只在河中嘎嘎急驶——高速飞驶的小艇,慢悠悠、喷着鼻息的拖船。如果我今后还有看得见的日子,我要用许多时光来眺望这河中令人欢快的景象。我向前眺望,我的前面耸立着纽约——一个仿佛从神话的书页中搬下来的城市的奇异高楼。多么令人敬畏的建筑啊!这些灿烂的教堂塔尖,这些辽阔的石砌钢筑的河堤坡岸——真像诸神为他们自己修建的一般。这幅生动的画面是几百万人民每天生活的一部分。我不知道,有多少人会对它回头投去一瞥?只怕寥寥无几。对这个壮丽的景色,他们视而不见,因为这一切对他们是太熟悉了。

我匆匆赶到那些庞大建筑物之一——帝国大厦的顶端,因为不久以前,我在那里凭借我秘书的眼睛"俯视"过这座城市,我渴望把我的想象同现实作一比较。我相信,展现在我面前的全部景色一定不会令我失望,因为它对我将是另一个世界的景色。此时,我开始周游这座城市。首先,我站在繁华的街角,只看看人,试图凭借对他们的观察去了解一下他们的生活。看到他们的笑颜,我感到快乐;看到他们的严肃的决定,我感到骄傲;看到他们的痛苦,我不禁充满同情。

我沿着第五大街散步。我漫然四顾,眼光并不投向某一特殊目标,而只看看万花筒般五光十色的景象。我确信,那些活动在人群中的妇女的服装色彩一定是一幅绝不会令我厌烦的华丽景色。然而如果我有视觉的话,我也许会像其他大多数妇女一样——对个别服装的时髦式样感到兴趣,而对大量的灿烂色彩不怎么注意。而且,我还确信,我将成为一位习惯难改的橱窗顾客,因为,观赏这些无数精美的陈列品一定是一种眼福。

从第五大街起,我作一番环城游览——到公园大道去,到贫民窟去,到工厂去,到孩子们玩耍的公园去,我还将参观外国人居住区,进行一次不出门的海外旅行。我始终睁大眼睛注视幸福和悲惨的全部景象,以便能够深入调查,进一步了解人们是怎样工作和生活的。

我的心充满了人和物的形象。我的眼睛决不轻易放过一件小事,它争取密切关注它所看到的每一件事物。有些景象令人愉快,使人陶醉;但有些则是极其凄惨,令人伤感。对于后者,我绝不闭上我的双眼,因为它们也是生活的一部分。在它们面前闭上眼睛,就等于关闭了心房,关闭了思想。

我有视觉的第三天即将结束了。也许有很多重要而严肃的事情,需要我利用这剩下的几个小时去看,去做。但是,我担心在最后一个夜晚,我还会再次跑到剧院去,看一场热闹而有趣的戏剧,好领略一下人类心灵中的谐音。

到了午夜,我摆脱盲人苦境的短暂时刻就要结束了,永久的黑夜将再次向我迫近。在那短短的三天,我自然不能看到我想要看到的一切。只有在黑暗再次向我袭来之时,我才感到我丢下了多少东西没有见到。然而,我的内心充满了甜蜜的回忆,使我很少有时间来懊悔。此后,我摸到每一件物品,我的记忆都将鲜明地反映出那件物品是个什么样子。

我的这一番如何度过重见光明的三天的简述,也许与你假设知道自己即将失明而为自己所做的安排不相一致。可是,我相信,假如你真的面临那种厄运,你的目光将会尽量投向以前从未曾见过的事物,并将它们储存在记忆中,为今后漫长的黑夜所用。你将比以往更好地利用自己的眼睛。你所看到的每一件东西,对你都是那么珍贵,你的目光将饱览那出现在你视线之内的每一件物品。然后,你将真正看到,一个美的世界在你面前展开。

失明的我可以给那些看得见的人们一个提示——对那些能够充分利用天赋视觉的人们一个忠告:善用你的眼睛吧,犹如明天你将遭到失明的灾难。同样的方法也可以应用于其他感官。聆听乐曲的妙音,鸟儿的歌唱,管弦乐队的雄浑而铿锵有力的曲调吧,犹如明天你将遭到耳聋的厄运。抚摸每一件你想要抚摸的物品吧,犹如明天你的触觉将会衰退。嗅闻所有鲜花的芳香,品尝每一口佳肴吧,犹如明天你再不能嗅闻品尝。充分利用每一个感官,通过自然给予你的几种接触手段,为世界向你显示的所有愉快而美好的细节而自豪吧!不过,在所有感官中,我相信,视觉一定是最令人赏心悦目的。

(选自《假如给我三天光明——海伦·凯勒自传》,华文出版社,2002年)

作者风采

海伦·凯勒(Helen Keller,1880—1968),美国聋盲女作家,一岁半时因患猩红热失去了视力和听力。七岁时,老师教她用手触摸认字,教她用嘴说话,经过努力,她学会了读书和说话。先后求学于剑桥女子学校和拉德克利夫学院,并以优异的成绩毕业。海伦·凯勒克服了生活中的种种困难,创作了《我的一生》《石墙故事》《走出黑暗》《乐观》等作品。

阅读提示

《假如给我三天光明》是一篇幻想式的抒情散文,虽然是心灵冥想的记录,但作者"走出黑暗",从一个残疾人的特殊角度,用一种类似悬念的手法来引入"我们大家都读过这样一些扣人心弦的故事,里面的主人公只有一点有限的时间可以活了,有时长达一年,有时短到只有 24 小时。然而,我们总是能很感动地发现,这些注定要灭亡的人是如何想办法度过他最后的几天或最后的几小时"。这个开头确乎很引起读者的期待,然而,作者抒发的是内心世界的"情",把读者带到她幻想的世界——只有三天的世界中去。在三天的时间中,作者用心去感受、去触摸、去探索大千世界。文中一切都是那样的真实、细腻、动人,表现出作者对生命的执着,对人类、自然强烈的爱。

思 考 题

1. 本文表现了作者怎样的人生价值观?
2. 谈谈我们如何在"有限的生命里"实现"无限的价值"。

拓展阅读

1. 欧文·斯通著:《渴望生活——梵高传》
2. 陆幼青著:《生命的留言》
3. 杰克·伦敦著:《热爱生命》
4. 亚历克斯·希尔著:《天蓝色的彼岸》
5. 史铁生著:《命若琴弦》
6. 王凌云著:《生命第一》(出自肖川、曹专编著《守护孩子的生命——中国家长要关注的20个问题》序言)

影视推荐

1. 张艺谋导演:电影《活着》
2. 阿巴斯·基亚罗斯塔米导演:电影《樱桃的滋味》
3. 史蒂文·斯皮尔伯格导演:电影《拯救大兵瑞恩》

第三讲 爱,是不能忘记的

1. 《论语》十则
2. 蓼莪
3. 又呈吴郎
4. 长恨歌
5. 蝶恋花·答李淑一
6. 多年父子成兄弟

本讲导读

看微课

　　爱是全人类共有的美好情怀。勃朗宁说：将爱拿走，地球就变成一座坟墓。泰戈尔说：爱就是充实了的生命，正如盛满了酒的酒杯。冰心说："爱在左，同情在右，走在生命路的两旁，随时撒种，随时开花，将这一径长途，点缀得香花弥漫，使穿枝拂叶的行人，踏着荆棘，不觉得痛苦，有泪可落，也不是悲凉。"[1]是啊，爱是飘扬在人性天空中最亮丽的旗帜，是人类情感花园里最瑰丽的花丛，是闪耀在天幕启人航程最璀璨的明星。爱总是微笑的、和蔼的、慈祥的。她抚慰着你，呵护着你，疼爱着你。在你胆怯恐惧时，给你勇气；在你精神颓唐时，给你力量；在你心力交瘁时，给你希望。人间需要爱，需要爱那伟大的力量，人间的真情，需要爱那崇高的精神。

　　两千多年前，先哲孔子就已把爱这种人与人之间最真挚的感情凝练成一个字——"仁"。他把蕴含在人性中最光明最珍贵的精神揭示出来。孔子说："仁者，爱人。""己所不欲，勿施于人。""己欲立而立人，己欲达而达人。"孔子以"仁"为核心的仁爱思想，包括孝、悌、忠、信、礼、义、廉、耻等。其中孝、悌是根本，他说："孝弟也者，其为仁之本与。""弟子入则孝，出则悌，谨而信，泛爱众，而亲仁。"这种仁爱思想，是从对父母的孝开始，延伸到对兄弟的悌，对朋友的信，以至于对天下人广泛的爱。万物并育而不相害，道并行而不相悖。当今中国厚植传统文化的沃土，赋予"仁爱"思想新的时代内涵，我们由人及物，从"爱人"拓展到爱惜其他生命，爱惜绿水青山。中华民族坚持行天下大道，与世界共同携手致力于构建人类与自然的命运共同体。这就是对几千年仁爱思想的传承与光大。

　　孔子的仁爱思想传承了几千年，随着时代的发展历久弥新。《论语·为政》提出"为政以德，譬如北辰，居其所而众星共之"。何为德？为政者，爱民为德。历史的长河流淌至今，习近平总书记在党的二十大报告中指出，党的理论要站稳人民立场、把握人民愿望、尊重人民创造、集中人民智慧，为人民所喜爱、所认同、所拥有。"仁爱"的民本思想直至今天依然显示出蓬勃的生命力。我们不断见证"海内存知己，天涯若比邻"的相识相知，"举手长劳劳，二情同依依"的相亲相爱，"愿得此身长报国，何须生入玉门关"的满腔热血，以及"灾难无情，人间有爱""一方有难，八方支援"的互帮互助，一曲曲爱的赞歌唱响古今，唱响南北，令人感动，令人难忘。

　　有了这份爱，我们对亲情更加珍惜，在嘘寒问暖、唠叨叮咛中拾起心底丝丝缕缕的顾念怜惜，拾起早已熟视无睹的浓浓亲情。孝顺父母，友爱兄弟，是从血液中发出的召唤，如《诗经·蓼莪》中流露出的浓浓孝心，汪曾祺《多年父子成兄弟》中"一个现代化的、充满人情味的家庭"……这种亲情没有杂质，没有距离，更没有虚伪，仅仅是相通的血脉里默默的、无私的关怀。亲情，让心相拥，让爱汇集，咫尺天涯，永远相依。"马上相逢无纸笔，凭君传语报平安"的嘱咐，"临行密密缝，意恐迟迟归"的牵挂，"独在异乡为异客，每逢佳节倍思亲"的思念，犹如一股涓涓的细流，给心里带来甜甜的滋养；犹如一缕柔柔的阳光，让冰冻的心灵无声溶解；犹如一个静静的港湾，让远航的疲乏烟消云散。

　　有了这份爱，我们对友情更加珍视。朋友，一个动人而温馨的字眼。人人都渴望纯洁的友

---

[1] 卓如.冰心全集：第2卷[M].福州：海峡文艺出版社，1994：213.

情。歌颂友情的诗句人们百听不厌,如李白的"桃花潭水深千尺,不及汪伦送我情",王维的"劝君更尽一杯酒,西出阳关无故人",杜甫的"人生交契无老少,论交何必先同调"。千百年来,人们吟诵着它们,受着它们的感染,演绎着一幕幕动人的画面。友情,是给你温暖和光明的太阳,只有真诚的付出,不求一丝回报;是给你芬芳和温馨的花朵,把心灵的花蕊无私地绽放,却从不索取分毫;是困难时那双及时伸给你的手;是孤独时声声的问候。多少笑声是友情唤起的?多少眼泪是友情擦干的?友情的港湾温情脉脉,友情的清风灌满征帆。珍爱友情,呵护友情,回报友情。让友情成为我们生命中不可或缺的宝贵财富,让友情温暖我们的一生!

有了这份爱,我们对爱情更加坦然。爱情,一个古老而永恒的话题。爱情是美的。李商隐说,爱情是"身无彩凤双飞翼,心有灵犀一点通";秦观说,爱情是"两情若是久长时,又岂在朝朝暮暮";柳永说,爱情是"衣带渐宽终不悔,为伊消得人憔悴"。这是心与心的相印,情与情的共鸣。爱情是难的。李清照面对爱情时是"此情无计可消除,才下眉头,却上心头",内心充满了忧愁;唐明皇纵然是君王,面对心爱的人也只能是"君王掩面救不得,回看血泪相和流",最终"马嵬坡下泥土中,不见玉颜空死处",内心充满了无奈和惆怅。爱情应该是平等的。简·爱的感情是炽热的,但她努力维护自己的尊严,丝毫没有忘记对爱的要求:"我们站在上帝脚跟前,是平等的——因为我们是平等的。"爱情有时也是可歌可泣的。在革命战争年代,多少革命先烈为了国家民族的大义舍弃小家小爱。《蝶恋花·答李淑一》一词,寄托了毛泽东对夫人杨开慧烈士和亲密战友柳直荀烈士的无限深情,以及对革命先烈的深切悼念和崇高敬意,歌颂了革命先烈生死不渝的革命情怀。他将个人悲痛与革命乐观主义精神相结合,将个人情感与为国为民勇于献身的革命情怀相结合,使得该词有着上天入地的大境界、感天动地的大精神。

有了这份爱,我们对陌生人也会报以微笑。用自己的爱心温暖陌生人的心,温暖周边的环境,点燃他人心底的爱。世界需要爱,有爱让人不觉得世界冷漠,不觉得孤单。人间之所以会鸟语花香、色彩斑斓就是因为有爱的存在。爱,有时是和风细雨、润物细无声,有时却可能是惊涛骇浪、雄浑壮阔;爱,有时是当面的付出,有时却是背后的牺牲;有时是有形的搀扶与托举,有时却是无形的牵念与祝福。真爱无声,大爱无疆,至爱无形。爱属于每一个人、每一片蓝天、每一寸土地。如果人人都能扩充仁爱之心,诚以待人,宽以接物,世界就会洋溢着博大而温暖的爱。

爱,全人类共同的追求;爱,全人类共同的期待。"只要人人都献出一点爱,世界将变成美好的人间。"愿爱洒满人间,万古长青。

(刘慧)

1. 你如何看待孔子的仁爱思想?
2. 谈谈你的亲情观、友情观和爱情观。

1.《论语》十则

《论语》

樊迟[1]问仁。子曰:"爱人。"(《论语·颜渊篇》)

樊迟问仁。子曰:"居处恭[2],执事敬[3],与人忠。虽之夷狄,不可弃也。"(《论语·子路篇》)

孟武伯[4]问孝。子曰:"父母唯其疾之忧[5]。"(《论语·为政篇》)

子夏[6]问孝。子曰:"色[7]难。有事,弟子服其劳;有酒食,先生馔[8],曾[9]是以为孝乎?"(同上)

子游[10]问孝。子曰:"今之孝者,是谓能养。至于犬马,皆能有养。[11]不敬,何以别乎?"(同上)

宰我[12]问:"三年之丧,期已久矣。……期可已矣。"……子曰:"予之不仁也!子生三年,然后免于父母之怀。夫三年之丧,天下之通丧也,予也有三年之爱于其父母乎?"(《论语·阳货篇》)

孝弟也者[13],其为仁之本与!(《论语·学而篇》)

子曰:"弟子[14],入则孝,出则弟,谨[15]而信,泛爱众而亲仁[16]。行有余力,则以学文。"(同上)

子夏曰:"贤贤易色[17];事父母,能竭其力;事君,能致其身;与朋友交,言而有信。"(同上)

---

[1] 樊迟:孔子学生,姓樊名须,字子迟。
[2] 恭:端正庄严。
[3] 敬:严肃认真。
[4] 孟武伯:鲁国大夫,姓仲孙,名彘,谥号"武"。他是孟懿子的儿子。
[5] 其疾之忧:忧其疾,宾语前置。"其疾"有两种解释。东汉著名经学家马融说:"言孝子不妄为非,唯疾病然后使父母忧。"《淮南子·说林训》:"忧父之疾者,治之者医。"高诱注:"父母唯其疾之忧,故曰忧之者子。"马融认为"其"代表孝子,高诱认为"其"代表父母。今从马说。
[6] 子夏:孔子弟子,姒姓,卜氏,名商,字子夏。
[7] 色:儿子侍奉父母的容色。
[8] 馔(zhuàn):吃喝。
[9] 曾:乃,表示疑问。
[10] 子游:孔子弟子,姓言,名偃,字子游。
[11] "至于"二句:有三说,一理解为犬马能养活人,二理解为犬马也能养活它自己的父母,三理解为人能饲养犬马。从第三说。
[12] 宰我:孔子弟子,姬姓,字子我,亦称宰予。
[13] 孝:子女对待父母的正确态度。弟(tì):通"悌",敬爱兄长。
[14] 弟子:一般有两种意思,一是年纪幼小的人,二是学生。这里从第一说。
[15] 谨:寡言。
[16] 仁:仁人。
[17] 贤贤易色:第一个"贤"字是形容词的意动用法,"尊敬"的意思;第二个"贤"字指有才德的人。"易"字一般有两种含义:一为改易,指以尊贤心改好色心;二指平易,尊贤心平于好色心。也有一种说法,将其理解为丈夫能够敬妻之贤德而略其色貌。

司马牛[1]忧曰:"人皆有兄弟,我独亡[2]。"子夏曰:"商闻之矣:死生有命,富贵在天。君子敬而无失,与人恭而有礼。四海之内,皆为兄弟也。君子何患乎无兄弟也?"(《论语·颜渊篇》)

(选自《论语》,中华书局,2016年)

作者风采

孔子(前551—前479),名丘,字仲尼,春秋时期鲁国人。我国古代伟大的思想家、教育家,儒家学派的创始人。孔子出身于没落的贵族家庭,以博学知礼闻名当时,曾任鲁国中都宰、司空、大司寇等职,不久因触及权贵的利益被迫辞官。后周游列国,宣传其政治主张和社会理想,终不被采纳。晚年回到鲁国,专心从事教育和古籍整理,修订"六经"(《诗》《书》《礼》《乐》《易》《春秋》)。其思想核心是"仁"。政治上主张"仁者爱人""克己复礼",教育上主张"有教无类""因材施教"。孔子的思想对中国后世的政治、思想、文化、教育等方面都产生了深远影响。

阅读提示

《论语》是儒家学派的经典著作,由孔子的弟子及其再传弟子编撰而成。它集中体现了孔子的政治主张、伦理思想、道德观念及教育原则等。《论语》为语录体散文集,多半是简短的谈话和问答。其主要风格特点是语言简练,用意深远,雍容和顺,迂徐含蓄。

自古迄今,中国社会在一定程度上说都是"人情社会"(并非世俗意义上的"人情"),它注重的是人与人之间情感的沟通与交流,而情感本身即可作为人类区别于其他物种的根本标志,因此,中国人在外国人看来更具"人情味"。正是在这个意义上,侧重关注人与人之间关系、人与社会之间关系的理想重建的儒家学说方能大行其道,而这两种关系最直观的体现莫过于"仁"字之形(《说文解字》:仁,从人从二)。在此基础上"仁"之本义即可见出(孔子所谓"'仁'者,爱人"),而"爱"者可包括亲爱、友爱、博爱、专爱之属,其皆为"仁"者之泛化、之延展,所谓孝悌节义由此相应而生。故儒家学说在一定程度上可谓"仁"论之说。

思 考 题

1. 你是如何看待孔子提倡的"三年之丧"的?
2. 有人说,爱自己就是自私,爱别人才是无私。孔子却认为想要爱别人,首先就要爱自己。你对这个问题怎么看?

---

[1] 司马牛:孔子弟子,名耕,一名犁,字子牛。
[2] 亡:通"无"。

2. 蓼 莪

《诗经·小雅》

蓼蓼[1]者莪[2],匪莪伊蒿[3]。
哀哀父母,生我劬劳[4]。

蓼蓼者莪,匪莪伊蔚[5]。
哀哀父母,生我劳瘁[6]。

瓶之罄矣,维罍之耻。[7]
鲜民[8]之生,不如死之久矣!
无父何怙[9]?无母何恃?
出则衔恤[10],入则靡至[11]。

父兮生我,母兮鞠[12]我。
拊我畜我[13],长我育我。
顾我复我[14],出入腹[15]我。
欲报之德,昊天罔极[16]。

南山烈烈[17],飘风发发[18]。
民莫不穀[19],我独何[20]害!

---

[1] 蓼(lù)蓼:形容又深又长的样子。
[2] 莪(é):莪蒿,抱根丛生,俗名报娘蒿。
[3] 匪:通"非"。伊:是。蒿:青蒿。
[4] 劬(qú)劳:辛苦劳累。
[5] 蔚:又名牡蒿,入药,干茎燃烟可以驱蚊。
[6] 瘁:憔悴,困病。
[7] "瓶之罄"二句:酒瓶空了,是酒坛之耻。比喻人民穷困不能养父母是统治者之耻。罄(qìng),空,尽。罍(léi),古代一种盛酒的容器。
[8] 鲜民:寡民,孤子。鲜,寡。
[9] 怙:依靠。
[10] 衔恤:含着忧愁。衔,含。恤,忧。
[11] 靡至:没有亲人。至,亲。
[12] 鞠:养育。
[13] 拊:通"抚",抚爱,护养。畜:爱。
[14] 顾:照顾。复:通"覆",庇护。
[15] 腹:在心中挂念,厚爱。
[16] 罔极:传统都解为没有准则,无常,因而没能报答父母。据此章全在感念父母的恩德,或应解作:父母的恩德真像天一样广阔,没有边际。方玉润说:"盖父母深恩与天无极,孰不当报。"
[17] 烈烈:山势高峻的样子。
[18] 飘风:暴起之疾风。发发:大风呼啸的声音。
[19] 穀:善。一说赡养。
[20] 何:通"荷",遭受,蒙受。

南山律律[1],飘风弗弗[2]。
民莫不穀,我独不卒[3]。

(选自《诗经注析》,中华书局,1991年)

《诗经》介绍

《诗经》是我国最早的诗歌总集,收录西周初年至春秋中叶的作品311篇,其中6篇为笙诗(只有标题,没有内容),在先秦时代通称为"诗"或"诗三百"。《诗经》按音乐性质不同,分为"风""雅""颂"三类。《风》就是指周代各地的民歌、民谣、土乐,有十五国风,大多数为劳动人民的口头创作;《雅》多为贵族士大夫所作乐歌,分为《大雅》《小雅》;《颂》是周王庭和贵族宗庙祭祀的歌辞,有《商颂》《周颂》《鲁颂》。《诗经》在表现手法上,普遍运用了赋、比、兴的方法。宋代学者朱熹在《诗集传》一书中解释说:"赋者,敷陈其事而直言之也;比者,以彼物比此物也;兴者,先言他物,以引起所咏之词也。"在语言上,《诗经》以四言为主,节奏简约明快;常用重章叠句,回环往复,富有音乐性和节奏感。《诗经》是我国文学的光辉起点,其现实主义精神对后世文学影响巨大。

这是一首孝子的悲歌。诗人深情地回忆起父母的种种养育之恩,而自己却未能报答万一,抒发失去父母的悲苦和未能终养父母的遗憾,沉痛悲怆,凄恻动人。旧注或言此诗出于行役人之口,如《毛序》:"蓼莪,刺幽王也。民人劳苦,孝子不得终养尔。"《郑笺》:"不得终养者,二亲病亡之时,时在役所,不得见也。"仅从诗的内容看,作者的时代和身份并未得到证实,但这并不妨碍这首诗的价值。清代方玉润所说:"此诗为千古孝思绝作,尽人能识……固不必问其所作何人,所处何世,人人心中皆有此一段至性至情文字在,特其人以妙笔出之,斯成为一代至文耳!"

诗歌第一、二章以莪草起兴,渲染作者心中无限悲苦的悼念之情,总述父母生养"我"受尽劳苦,以致积劳成疾。第三章写无父无母的悲痛,发出"不如死之久矣"的悲天怆地的呼号。第四章连用"生""鞠""拊""畜""长""育""顾""复""腹"九个动词,追念父母劬劳之实,直颂父母恩德。最后两章以景起兴,南山高大,昭示父母恩德,飘风吹拂,写孝子的悲苦,情景交融,虚实相生,充分表达了诗人一片至真至性的情感。

思考题

1. 这首诗歌是如何表达父母对自己的养育之恩的?
2. 这首诗歌的语言有什么风格?这种风格对表达作者浓烈的感情起到了什么作用?

---

[1] 律律:山势高耸突起的样子。
[2] 弗弗:犹"发发",疾风之声。
[3] 不卒:不能终养父母。

3. 又呈吴郎[1]

唐·杜甫

堂前扑枣任西邻[2],无食无儿一妇人。
不为困穷宁有此[3],只缘恐惧转须亲[4]。
即防远客虽多事,便插疏篱却任真。[5]
已诉征求贫到骨[6],正思戎马泪盈巾[7]。

(选自《杜诗详注》,中华书局,1979年)

作者风采

杜甫(712—770),字子美,自号少陵野老,因任检校工部员外郎,又被称作杜工部。河南巩县人。生活在唐王朝由盛到衰的转折时期,始终怀抱着忠君爱国、积极用世的思想,但仕途失意,一生坎坷,又经历祸乱,饱受艰难困苦,因而能体念和同情人民的疾苦。其诗抒写个人情怀,往往紧密结合时事,有强烈的社会现实意义,深刻地反映了当时的时代,后世称之为"诗史"。其诗作流传至今的有1400多首,大多集于《杜工部集》,代表作有著名的"三吏""三别"和《登高》《春望》等。杜甫崇高深挚的爱国主义精神,深沉的忧患意识,贯穿于他坎坷的一生及其全部创作之中。杜甫诗风总体可以概括为沉郁、顿挫。沉郁是指诗歌的深沉蕴蓄,顿挫则是指感情抑扬,语气跌宕。他集诗歌艺术之大成,被誉为"诗圣",是我国伟大的现实主义诗人。

阅读提示

首联诗人自述从前对这位扑枣邻妇的态度和理由,交代了她的悲惨处境,揭示了她为何去打别人枣子的原因,为其行为开脱,旨在感化吴郎。颔联说老妇人若不是穷得实在没办法,又何

---

[1] 唐大历二年(767),即杜甫漂泊到四川夔州的第二年,他住在一所草堂里。草堂前有几棵枣树,西邻的一个老妇常来扑枣,杜甫从不干涉。后来,杜甫把草堂让给一位姓吴的亲戚(即诗中吴郎),不料吴郎一来就在草堂边插上篱笆,禁止打枣。老妇向杜甫诉苦,杜甫便写此诗以劝告吴郎。以前杜甫写过一首《简吴郎司法》,所以此诗题作《又呈吴郎》。吴郎的年辈要比杜甫小,杜甫不说"又简吴郎",而有意地用了"呈"这个似乎和对方身份不大相称的敬辞,这是让吴郎易于接受。
[2] 堂:指瀼西草堂。扑枣:打枣。任:放任,听任。
[3] 宁有:怎有,哪会有。此:指扑枣。
[4] 缘:因为。恐惧:指老妇害怕被人看破。转:改变态度。亲:待人和蔼。上句是代老妇设想,为其开脱;下句是杜甫一向对待老妇的态度,也希望吴郎这样做。
[5] "即防"二句:上句主语是老妇,下句主语是吴郎。这两句说得极其委婉,是希望吴郎能体谅老妇的苦处。防,防备。远客,指吴郎。多事,多心,过虑。篱,篱笆。却任真,却真像是拒绝老妇打枣一样。任,一作"甚"。
[6] 这句是说老妇人诉说过自己不堪赋税压榨的劳苦遭遇。征求:诛求,横征暴敛。贫到骨:犹一贫如洗,一无所有。
[7] 这句是说自己想到战事不停,不禁悲哀流泪。戎马:指战争。尾联是全诗主旨之所在,写造成西邻扑枣妇人贫困之原因,同时也隐含着诗人对贫民的同情,对战争的痛恨。

至于去打人家的枣呢?颈联以迂曲的方式劝说吴郎。吴郎插上篱笆明明是为了防止外人偷窃,而诗人反过来却责备老妇人多事。这样写便能不伤吴郎的面子,使他易于接受意见,措辞极其委婉。尾联由近及远,由老妇人联想到整个社会,揭示出她的贫穷是由于"征求",由于战乱。清人卢世㴊说:"杜诗温柔敦厚,其慈祥恺悌之衷,往往溢于言表。如此章,极煦育邻妇,又出脱邻妇,欲开示吴郎,又回护吴郎。八句中,百种千层,莫非仁音,所谓仁义之人,其言蔼如也。"(《读杜私言》)这首诗的人民性是鲜明的,作者对普通民众的关爱之情溢于言表。

1. 都说杜甫是儒家思想的践行者。这首诗歌体现了杜甫怎样的思想?
2. 杜甫是怎样劝导吴郎的?

看微课

4. 长恨歌[1]

唐·白居易

汉皇重色思倾国[2]，御宇[3]多年求不得。杨家有女[4]初长成，养在深闺人未识。
天生丽质[5]难自弃，一朝选在君王侧[6]。回眸一笑百媚生，六宫粉黛无颜色[7]。
春寒赐浴华清池[8]，温泉水滑洗凝脂[9]。侍儿扶起娇无力，始是新承恩泽[10]时。
云鬓花颜金步摇[11]，芙蓉帐[12]暖度春宵。春宵苦短日高起，从此君王不早朝。
承欢侍宴无闲暇，春从春游夜夜[13]。后宫佳丽三千人，三千宠爱在一身。
金屋[14]妆成娇侍夜，玉楼宴罢醉和春。姊妹弟兄皆列土[15]，可怜[16]光彩生门户。
遂令天下父母心，不重生男重生女[17]。骊宫[18]高处入青云，仙乐风飘处处闻。
缓歌慢舞凝[19]丝竹，尽日君王看不足[20]。渔阳鼙鼓动地来[21]，惊破霓裳羽衣曲[22]。

---

[1] 唐元和元年(806)，白居易任周至县尉，一日，与友人陈鸿、王质夫到马嵬驿附近的游仙寺游览，谈及李隆基与杨贵妃事。王质夫认为，像这样突出的事情，如无大手笔加工润色，就会随着时间的迁移而消没。他鼓励白居易："乐天深于诗，多于情者也，试为歌之，如何？"于是，白居易写下了此诗。陈鸿同时写了一篇传奇《长恨歌传》。

[2] 汉皇：此指唐玄宗李隆基。重色：爱好女色。倾国：绝色女子。语出汉李延年诗："北方有佳人，遗世而独立。一顾倾人城，再顾倾人国。"

[3] 御宇：驾御宇内，即统治天下。

[4] 杨家有女：指杨贵妃是蜀州司户杨玄琰的女儿，幼年养在叔父杨玄珪家，小名玉环。

[5] 丽质：美好的资质。

[6] 选在君王侧：这里是曲笔。杨玉环于唐开元二十三年(735)，被册封为寿王(玄宗的儿子李瑁)妃。开元二十八年，玄宗命她出宫为道士，住太真宫，改名太真。天宝四年(745)册封为贵妃，实际等于暗夺。白居易所谓"养在深闺人未识"，乃故为隐讳。

[7] 六宫粉黛：指宫内所有妃嫔。粉黛，均为女子化妆用品。粉以抹脸，黛以描眉。这里代指宫妃。无颜色：意谓相形之下，显得不漂亮了。

[8] 华清池：骊山上多温泉，李隆基常去避寒，辟浴池多处，开元十一年建温泉宫，后改名为华清宫。在今陕西临潼。

[9] 凝脂：形容皮肤白嫩滋润。

[10] 新承恩泽：指刚得到皇帝的宠幸。

[11] 金步摇：一种首饰，用金丝制成花枝形状，上缀珠玉，插于发髻，行走时随步履摇动，因名"步摇"。

[12] 芙蓉帐：绣绘着荷花图案的帐幔。芙蓉，荷花。

[13] "春从"句：指白天随皇上出游，晚上有专房之宠。

[14] 金屋：汉武帝时金屋藏娇之典，此借指杨贵妃的寝宫。

[15] 姊妹弟兄：指杨氏一家。杨玉环被册封为贵妃后，她的大姐封韩国夫人，三姐封虢国夫人，八姐封秦国夫人。堂兄弟杨铦官鸿胪卿，杨锜官侍御史，杨钊赐名国忠，官右丞相，所以说"皆列土"(分封土地)。列：通"裂"。

[16] 可怜：可爱，令人羡慕。

[17] "不重"句：《长恨歌传》记载当时民谣说："生女勿悲酸，生男勿欢喜""男不封侯女作妃，看女却为门上楣"。

[18] 骊宫：骊山上的宫殿，即华清宫。唐玄宗和杨贵妃在这里饮酒作乐。

[19] 凝：凝结。此指歌、舞与乐曲密切吻合，丝丝入扣。

[20] 看不足：看不厌。足，餍足，满足。

[21] "渔阳"句：指安禄山发动叛乱。渔阳：郡名，治所在今天津市蓟州区，原属平卢、范阳、河东三镇节度使安禄山管辖。鼙(pí)鼓：古代军中用的小鼓、骑鼓。

[22] 霓裳羽衣曲：唐代著名舞曲。传说是唐玄宗依据西凉节度使杨敬述所献乐曲加工润色而成的。

九重城阙烟尘生〔1〕,千乘万骑西南行〔2〕。翠华〔3〕摇摇行复止,西出都门百余里。
六军不发无奈何,宛转娥眉马前死〔4〕。花钿委地无人收〔5〕,翠翘金雀玉搔头〔6〕。
君王掩面救不得,回看血泪相和流。黄埃散漫风萧索,云栈萦纡登剑阁〔7〕。
峨嵋山〔8〕下少人行,旌旗无光日色薄。蜀江水碧蜀山青,圣主朝朝暮暮情。
行宫〔9〕见月伤心色,夜雨闻铃肠断声〔10〕。天旋日转回龙驭〔11〕,到此踌躇不能去。
马嵬坡下泥土中,不见玉颜空死处〔12〕。君臣相顾尽沾衣,东望都门信〔13〕马归。
归来池苑皆依旧,太液芙蓉未央柳〔14〕。芙蓉如面柳如眉,对此如何不泪垂?
春风桃李花开夜,秋雨梧桐叶落时。西宫南苑多秋草〔15〕,宫叶满阶红不扫。
梨园弟子〔16〕白发新,椒房阿监青娥老〔17〕。夕殿萤飞思悄然,孤灯挑尽未成眠〔18〕。
迟迟〔19〕钟鼓初长夜,耿耿星河欲曙天〔20〕。鸳鸯瓦冷霜华重〔21〕,翡翠衾〔22〕寒谁与共?

---

〔1〕 九重城阙:指京城长安。古人以为天有九重,京城为天子所居之地,故云。烟尘生:指发生战乱。
〔2〕 西南行:天宝十五年(756)六月,安禄山破潼关,杨国忠主张逃向蜀中,唐玄宗命将军陈玄礼率六军出发,他自己和杨贵妃等出延秋门向西南方向逃走。
〔3〕 翠华:指用翠鸟羽毛装饰的旗帜,用作皇帝仪仗。此指皇帝的车驾。
〔4〕 娥眉:美女的代称,此处指杨贵妃。"翠华摇摇行复止"到"宛转蛾眉马前死"这四句:李隆基西奔至距长安百余里的马嵬驿(今陕西兴平),扈从禁军发难,不肯前行,请诛杨国忠、杨玉环兄妹以平民怨。玄宗为保住自己,只得照办。
〔5〕 花钿(diàn):镶嵌金花的首饰。委地:委弃在地。
〔6〕 翠翘:翠鸟尾上的长毛叫"翘"。此处指形似翠鸟尾羽的头饰。金雀:雀形的金钗。玉搔头:玉簪。这句说各种各样的首饰和花钿都丢在地上。
〔7〕 云栈:高入云霄的栈道。萦纡:回环曲折。剑阁:即剑门关,是大剑山与小剑山之间的一座关隘,在今四川剑阁县北。
〔8〕 峨嵋山:在四川西南部。玄宗奔蜀途中,并未经过峨嵋山,这里指蜀中高山。
〔9〕 行宫:皇帝离京出行时驻扎的地方。
〔10〕 "夜雨"句:《明皇杂录·补遗》:"明皇既幸蜀,西南行,初入斜谷,属霖雨涉旬,于栈道中闻铃,音与山相应。上(指玄宗)既悼念贵妃,采其声为《雨霖铃曲》,以寄恨焉。"这里暗咏此事。
〔11〕 天旋日转:犹言云开雾散,喻局势转变,国家从倾覆后得到恢复。回龙驭:指玄宗由蜀中回到长安。郭子仪军收复长安后,唐肃宗派太子太师韦见素至蜀迎玄宗还京。龙驭,皇帝的车驾。
〔12〕 空死处:只见她死的地方。空,徒然。
〔13〕 信:任,任随。
〔14〕 太液:池名,在长安城东北面的大明宫内。未央:宫名,在长安县西北。两者都是汉朝就有的旧名称。此处借指唐朝的池苑和宫廷。
〔15〕 "西宫"句:玄宗还京后,初居兴庆宫,肃宗及其亲信唯恐他东山再起,将他迁至太极宫内,近于变相的软禁。《新唐书·宦官传》载:李辅国胁迫太上皇(李隆基)从兴庆宫迁"西内"。西宫:唐太极宫,也称西宫。南苑:唐兴庆宫。
〔16〕 梨园弟子:玄宗亲自调教的乐工声伎。《雍录》载:开元二年,置教坊于蓬莱宫,上自教法曲,谓之"梨园弟子"。至天宝中,即东宫宜春北苑,命宫女数百人为梨园弟子,即是。
〔17〕 椒房:后妃所住的宫殿。以花椒和泥涂壁,取其温暖而芳香。阿监:宫中女侍官名。青娥:指年轻貌美的宫女。"青娥老"与上句"白发新"对举。
〔18〕 孤灯挑尽:古时用油灯照明,为使灯火明亮,过一会儿就要把灯草挑一挑。挑尽,是说夜已深。唐时宫廷夜间燃烛而不点油灯,此处旨在形容玄宗晚年生活环境的凄苦。
〔19〕 迟迟:异常迟缓。用以形容长夜难眠时的心情。报更钟鼓声起止原有定时,这里意在强调唐玄宗的主观感受。
〔20〕 耿耿:明亮貌。星河:银河。欲曙天:长夜将晓之时。
〔21〕 鸳鸯瓦:两片瓦片一俯一仰扣合在一起叫鸳鸯瓦,简称鸳瓦。霜华重:指积在瓦上的霜花很厚。
〔22〕 翡翠衾(qīn):绣饰有翡翠鸟的被子。

悠悠生死别经年,魂魄不曾来入梦。临邛道士鸿都客[1],能以精诚致魂魄[2]。
为感君王辗转思,遂教方士殷勤觅。排空驭气[3]奔如电,升天入地求之遍。
上穷碧落下黄泉[4],两处茫茫皆不见。忽闻海上有仙山,山在虚无缥缈间。
楼阁玲珑五云[5]起,其中绰约[6]多仙子。中有一人字太真,雪肤花貌参差[7]是。
金阙西厢叩玉扃[8],转教小玉报双成[9]。闻道汉家天子使,九华帐[10]里梦魂惊。
揽衣推枕起徘徊,珠箔银屏迤逦开[11]。云鬓半偏新睡觉[12],花冠不整下堂来。
风吹仙袂[13]飘飘举,犹似霓裳羽衣舞。玉容寂寞泪阑干[14],梨花一枝春带雨。
含情凝睇[15]谢君王,一别音容两渺茫。昭阳殿里恩爱绝[16],蓬莱宫[17]中日月长。
回头下望人寰[18]处,不见长安见尘雾。唯将旧物[19]表深情,钿合金钗寄将去[20]。
钗留一股合一扇[21],钗擘黄金合分钿[22]。但令心似金钿坚,天上人间会相见。
临别殷勤重[23]寄词,词中有誓两心知。七月七日长生殿[24],夜半无人私语时。
在天愿作比翼鸟[25],在地愿为连理枝[26]。天长地久有时尽,此恨[27]绵绵无绝期!

(选自《白居易诗集校注》,中华书局,2006年)

---

[1] "临邛(qióng)"句:意谓有个从临邛来的道士客居在长安。临邛:县名(今四川邛崃)。鸿都客:是说这位四川方士曾在洛阳住过。一说"鸿都客"是说临邛道士来京都为客。鸿都,东汉京城洛阳宫门名,此借指长安。

[2] 致魂魄:使杨贵妃的亡魂前来。

[3] 排空驭气:犹言腾云驾雾。

[4] 穷:穷极,穷尽,找遍。碧落、黄泉:古人以为,天有九重,最上一层叫碧落;地有九层,最下一层叫黄泉。因而也称九天、九泉。

[5] 五云:五彩云霞。

[6] 绰约:形容风姿美好。

[7] 参差:这里意为仿佛、差不多。

[8] 金阙:金碧辉煌的神仙宫阙。叩:叩击,敲。玉扃(jiōng):玉做的门。扃,本指门闩或门环,这里指门扇。

[9] "转教"句:意谓仙府庭院重重,须经辗转通报。小玉:传说是吴王夫差之女。双成:传说中西王母的侍女,姓董。此借小玉、双成指代杨贵妃的侍婢。

[10] 九华帐:绘饰华美的帐幔。据传也是西王母所有之物。九华,图案名。

[11] 珠箔(bó):用珍珠串编成的帘子。屏:屏风。迤逦(lǐyǐ):一个接一个,连绵不断。

[12] 新睡觉(jué):刚睡醒。觉,睡醒。

[13] 袂(mèi):衣袖。

[14] 阑干:纵横流淌。

[15] 凝睇(dì):无限深情地注视着。

[16] 昭阳殿:汉代宫殿名,为赵飞燕所居,这里借指杨玉环生前在长安的寝宫。绝:断。

[17] 蓬莱宫:指杨玉环在仙府的居室。蓬莱,传说中海上三仙山之一。

[18] 人寰:人间。

[19] 旧物:指生前与玄宗定情的信物。

[20] 钿合:镶嵌有金花的盒子。寄将去:托道士捎去。

[21] "钗留"句:钗由两股结成,此捎去一股,留下一股,盒由底盖合成,捎去一半,留下一半。

[22] 擘(bò):分开。合分钿:钿盒上的金花图案各得一半。

[23] 重(chóng):再,又。

[24] 长生殿:在骊山上,天宝元年建,名"集灵台",以祭神。一说,唐代后妃所居寝宫,通称为长生殿。据陈鸿《长恨歌传》中说,唐玄宗和杨贵妃于天宝十年七月七日曾在长生殿"密相誓心,愿世世为夫妇"。

[25] 比翼鸟:本名鹣鹣,飞时雌雄相从,比翼双飞。

[26] 连理枝:两树根不同,而树干结合在一起。

[27] 恨:遗憾。

作者风采

白居易(772—846),字乐天,号香山居士,原籍太原,生于河南新郑(今郑州新郑)。贞元十六年进士及第,官终刑部尚书。白居易前期与元稹世称"元白",后期与刘禹锡齐名,并称"刘白"。白居易是新乐府运动的倡导者,主张"文章合为时而著,歌诗合为事而作"。他认为诗的功能是惩恶劝善、补察时政,诗的手段是美刺褒贬、炯戒讽喻。他反对离开内容单纯地追求"宫律高""文字奇",更反对齐梁以来"嘲风月、弄花草"的艳丽诗风。其诗歌题材广泛,形式多样,善于叙述,注重写实,语言通俗,相传老妪能解。其诗歌可分为讽喻、闲适、感伤、杂律四类,前两类最受重视。以《长恨歌》《琵琶行》为代表的长篇叙事诗也是他成就的一个重要方面。有《白氏长庆集》传世。白居易是我国唐代伟大的现实主义诗人。

阅读提示

《长恨歌》是一首抒情色彩浓郁的长篇叙事诗,生动地描绘了唐玄宗、杨贵妃缠绵悱恻的爱情故事及悲剧结局,揭露了统治者的荒淫及祸国殃民的罪行,但同时对两人的悲剧性结局又充满了同情与怜悯。"长恨"是诗歌的中心,诗人先写"长恨"的缘由,对唐玄宗因沉溺女色而荒废朝政进行了揭露和讽刺。接着,诗人再写"长恨"的表现,"安史之乱"爆发最终酿成了"马嵬坡之变",杨玉环死,李隆基逃亡。之后,诗人抓住人物内心的"恨",写李隆基的寂寥伤感,及对杨玉环深深的思念之情。最后,诗人用浪漫主义的手法,将"恨"置于虚幻的仙境,写杨玉环对李隆基至死不渝的爱情。诗歌气势磅礴,时间上跨度二十余年,空间上从长安写到蜀中,从人间写到了仙境,运用了现实主义和浪漫主义相结合的创作手法,叙事、写景、抒情融为一体,语言通俗明快,优美和谐。

思考题

1. 由于"安史之乱"的缘故,很多人以"红颜祸水"来看待杨贵妃,你是怎样认为的?
2. 这首诗歌用了大量的修辞格,你认为都有哪些对应在哪些诗句中?

5. 蝶恋花·答李淑一[1]

毛泽东

我失骄杨[2]君失柳,杨柳轻飏[3]直上重霄九[4]。问讯吴刚[5]何所有,吴刚捧出桂花酒。寂寞嫦娥[6]舒广袖[7],万里长空且为忠魂舞。忽报人间曾伏虎,泪飞顿作倾盆雨。[8]

(这首词最早发表在1958年1月1日湖南师范学院院刊《湖南师院》。本版本选自《毛泽东诗词全编鉴赏》,中央文献出版社,2003年)

毛泽东(1893—1976),字润之(原作咏芝,后改润芝),笔名子任。湖南湘潭人。中国人民的领袖,伟大的马克思主义者,伟大的无产阶级革命家、战略家、理论家,中国共产党、中国人民解放军和中华人民共和国的主要缔造者和领导人,马克思主义中国化的伟大开拓者,中国共产党第一代中央领导集体的核心,领导中国人民彻底改变自己命运和国家面貌的一代伟人。毛泽东同志的作品,好似一幅幅长篇画卷,浓墨重彩地记录了中国革命斗争与建设事业的伟大实践。其作品主要编入《毛泽东选集》《毛泽东文集》《毛泽东军事文集》等。

《答李淑一》的词题是几经更动才最终确定下来的,作者最初将词书赠李淑一时,题为《游

---

[1] 答李淑一:这首词是作者写给当时的湖南长沙第十中学语文教员李淑一的。词中的"柳"是指李淑一的丈夫柳直荀(1898—1932)烈士,他是毛泽东早年的战友。柳直荀于1924年加入中国共产党,曾任湖南省政府委员、湖南省农民协会秘书长,参加过南昌起义;1930年到湘鄂西革命根据地工作,曾任红军第二军团政治部主任、第三军政治部主任等职;1932年9月在湖北洪湖革命根据地被害。1957年2月,李淑一把她写的思念柳直荀的一首词《菩萨蛮·惊梦》寄给毛泽东,然后毛泽东写了这首词答她。

[2] 骄杨:指毛泽东的夫人杨开慧。杨开慧(1901—1930),湖南长沙人,1921年加入中国共产党,在中共湘区委员会负责机要兼交通联络工作,后随毛泽东去上海、武汉等地。1927年大革命失败后,隐蔽在长沙板仓坚持地下工作。1930年10月被国民党反动派逮捕,11月牺牲。

[3] 飏(yáng):飘扬。

[4] 重霄九:九重霄,天的最高处。我国古代神话认为天有九重。

[5] 吴刚:神话中月亮里的一个仙人。据唐段成式《酉阳杂俎》所载,月亮里有一棵高五百丈的桂树,吴刚被罚到那里砍树。桂树随砍随合,所以吴刚永远砍不断。

[6] 嫦娥:神话中月亮里的女仙。据《淮南子·览冥训》所载,嫦娥(一作姮娥、恒娥)是羿的妻子,因为偷吃了羿从西王母那里求到的长生不死药而飞入月中。

[7] 舒广袖:伸展宽大的袖子。

[8] "忽报"二句:忽然听到中国人民终于推翻了国民党反动派统治的捷报,两位烈士的忠魂顿然高兴得泪流如雨。

仙》;首次公开发表时题为《蝶恋花·游仙(赠李淑一)》;1963年收入集子《毛主席诗词》时,才删去"游仙"二字,并把"赠"改为"答",成为《蝶恋花·答李淑一》。题为《答李淑一》,说明它是一首答词,同时又是一首赠词,有赠答唱和的意味。

这首词寄托了毛泽东对夫人杨开慧烈士和亲密战友柳直荀烈士的无限深情,以及对革命先烈的深切悼念和崇高敬意,歌颂了革命先烈生死不渝的革命情怀。

这虽是一首追思亡人故旧之词,但思想感情却是深刻而崇高的,这同毛泽东的艺术构思与高远格局是分不开的。毛泽东把悼念与赞美相结合,把个人追思与先烈对人民事业的关怀相结合,把个人悲痛与革命乐观主义精神相结合,把个人情感与为国为民勇于献身的革命情怀相结合,因而格调高昂,鼓舞人心。这首词还突出运用了革命现实主义和革命浪漫主义相结合的创作方法,诗人凭借神话传说、大胆想象、艺术夸张和情感渲染,把人间现实和超人间的非现实的仙境,融合为一个充满诗情的艺术境界。

思 考 题

1. 本词中"我失骄杨君失柳"中"骄"为何不是"娇"?
2. 李淑一赠予作者的《菩萨蛮·惊梦》全词如下:

    兰闺索寞翻身早,
    夜来触动离愁了。
    底事太难堪,
    惊侬晓梦残!
    征人何处觅?
    六载无消息。
    醒忆别伊时,
    满衫清泪滋。

试分析李词与毛词的异同。

看微课

6. 多年父子成兄弟

汪曾祺

这是我父亲的一句名言。

父亲是个绝顶聪明的人。他是画家,会刻图章,画写意花卉。图章初宗浙派,中年后治汉印。他会摆弄各种乐器,弹琵琶,拉胡琴,笙箫管笛,无一不通。他认为乐器中最难的其实是胡琴,看起来简单,只有两根弦,但是变化很多,两手都要有功夫。他拉的是老派胡琴,弓子硬,松香滴得很厚——现在拉胡琴的松香都只滴了薄薄的一层。他的胡琴音色刚亮。胡琴码子都是他自己刻的,他认为买来的不中使。他养蟋蟀,养金铃子。他养过花,他养的一盆素心兰在我母亲病故那年死了,从此他就不再养花。我母亲死后,他亲手给她做了几箱子冥衣——我们那里有烧冥衣的风俗。按照母亲生前的喜好,选购了各种花素色纸作衣料,单夹皮棉,四时不缺。他做的皮衣能分得出小麦穗、羊羔、灰鼠、狐腋。

父亲是个很随和的人,我很少见他发过脾气,对待子女,从无疾言厉色。他爱孩子,喜欢孩子,爱跟孩子玩,带着孩子玩。我的姑妈称他为"孩子头"。春天,不到清明,他领一群孩子到麦田里放风筝。放的是他自己糊的蜈蚣(我们那里叫"百脚"),是用染了色的绢糊的。放风筝的线是胡琴的老弦。老弦结实而轻,这样风筝可笔直地飞上去,没有"肚儿"。用胡琴弦放风筝,我还未见过第二人。清明节前,小麦还没有"起身",是不怕践踏的,而且越踏会越长得旺。孩子们在屋里闷了一冬天,在春天的田野里奔跑跳跃,身心都极其畅快。他用钻石刀把玻璃裁成不同形状的小块,再一块一块逗拢,接缝处用胶水粘牢,做成小桥、小亭子、八角玲珑水晶球。桥、亭、球是中空的,里面养了金铃子。从外面可以看到金铃子在里面自在爬行,振翅鸣叫。他会做各种灯。用浅绿透明的"鱼鳞纸"扎了一只纺织娘,栩栩如生。用西洋红染了色,上深下浅的通草做花瓣,做了一个重瓣荷花灯,真是美极了。在小西瓜(这是拉秧的小瓜,因其小,不中吃,叫作"打瓜"或"骂瓜")上开小口挖净瓜瓤,在瓜皮上雕镂出极细的花纹,做成西瓜灯。我们在这些灯里点了蜡烛,穿街过巷,邻居的孩子都跟过来看,非常羡慕。

父亲对我的学业是关心的,但不强求。我小时了了,国文成绩一直是全班第一。我的作文,时得佳评,他就拿出去到处给人看。我的数学不好,他也不责怪,只要能及格,就行了。他画画,我小时也喜欢画画,但他从不指点我。他画画时,我在旁边看,其余时间由我自己乱翻画谱,瞎抹。我对写意花卉那时还不太会欣赏,只是画一些鲜艳的大桃子,或者我从来没有见过的瀑布。我小时字写得不错,他倒是给我出过一点主意。在我写过一阵《圭峰碑》和《多宝塔》以后,他建议我写写《张猛龙》。这建议是很好的,到现在我写的字还有《张猛龙》的影响。我初中时爱唱戏,唱青衣,我的嗓子很好,高亮甜润。在家里,他拉胡琴,我唱。我的同学有几个能唱戏的。学校开同乐会,他应我的邀请,到学校去伴奏。几个同学都只是清唱。有一个姓费的同学借到一顶纱帽,一件蓝官衣,扮起来唱《朱砂井》,但是没有配角,没有衙役,没有犯人,只是一个赵廉,摇着马鞭在台上走了两圈,唱了一段"郡坞县在马上心神不定"便完事下场。父亲那么大的人陪着几个孩子玩了一下午,还挺高兴。我十七岁初恋,暑假里,在家写情书,他在一旁瞎出主意。我十几岁就学会了抽烟喝酒。他喝酒,给我也倒一杯。抽烟,一次抽出两根,他一根我一根。他还总是先给我点上火。我们的这种关系,他人或以为怪。父亲说:"我们是多年父子成兄弟。"

我和儿子的关系也是不错的。我戴了"右派分子"的帽子下放张家口农村劳动,他那时还从幼儿园刚毕业,刚刚学会汉语拼音,用汉语拼音给我写了第一封信。我也只好赶紧学会汉语拼音,好给他写回信。"文化大革命"期间,我被打成"黑帮",送进"牛棚"。偶尔回家,孩子们对我还是很亲热。我的老伴告诫他们:"你们要和爸爸'划清界限'。"儿子反问母亲:"那你怎么还给他打酒?"只有一件事,两代之间,曾有分歧。他下放山西忻县"插队落户"。按规定,春节可以回京探亲。我们等着他回来。不料他同时带回了一个同学。他这个同学的父亲是一位正受林彪迫害,搞得人囚家破的空军将领。这个同学在北京已经没有家,按照大队的规定是不能回北京的。但是这孩子很想回北京,在一伙同学的秘密帮助下,我的儿子就偷偷地把他带回来了。他连"临时户口"也不能上,是个"黑人"。我们留他在家住,等于"窝藏"了他,公安局随时可以来查户口,街道办事处的大妈也可能举报。当时人人自危,自顾不暇,儿子惹了这么一个麻烦,使我们非常为难。我和老伴把他叫到我们的卧室,对他的冒失行为表示很不满。我责备他:"怎么事前也不和我们商量一下!"我的儿子哭了,哭得很委屈,很伤心。我们当时立刻明白了:他是对的,我们是错的。我们这种怕担干系的思想是庸俗的。我们对儿子和同学之间的义气缺乏理解,对他的感情不够尊重。他的同学在我们家一直住了四十多天,才离去。

对儿子的几次恋爱,我采取的态度是"闻而不问"。了解,但不干涉。我们相信他自己的选择,他的决定。最后,他悄悄和一个小学时期的女同学好上了,结了婚。有了一个女儿,已近七岁。

我的孩子有时叫我"爸",有时叫我"老头子"!连我的孙女也跟着叫。我的亲家母说这孩子"没大没小"。我觉得一个现代化的、充满人情味的家庭,首先必须做到"没大没小"。父母叫人敬畏,儿女"笔管条直",最没有意思。

儿女是属于他们自己的。他们的现在,和他们的未来,都应由他们自己来设计。一个想用自己理想的模式塑造自己的孩子的父亲是愚蠢的,而且,可恶!另外,作为一个父亲,应该尽量保持一点童心。

1990年9月1日
(选自《汪曾祺散文》,人民文学出版社,2005年)

作者风采

汪曾祺(1920—1997),江苏高邮人,当代著名作家。他在短篇小说创作上颇有成就,在散文、戏剧方面也有建树,被誉为京派作家的代表人物。

汪曾祺博学多识,情趣广泛,中国传统文化修养深厚。他爱好书画,乐谈医道,对戏剧与民间文艺也有深入钻研。

其小说多写童年、故乡,写记忆里的人和事,浑朴自然,清淡委婉中表现和谐的意趣。自觉吸收传统文化,具有浓郁的乡土气息。在小说散文化方面,开风气之先。小说代表作有《邂逅集》《受戒》《大淖记事》等。

汪曾祺的散文平淡质朴,不事雕琢,缘于他心地的淡泊和对人情世故的达观与超脱,即使身处逆境,也心境释然。他把自己的散文定位于写凡人小事的小品,散文代表作有《蒲桥集》《逝水》等。

阅读提示

"代沟"是我们常挂在嘴边的一个词,特别是当今年代,父母与子女关系紧张的不在少数。两代人由于不同的价值观念、生活态度、生活习惯等原因产生一些隔阂,甚至形成一条不可逾越的"鸿沟"。然而,在汪曾祺的笔下,多年父子成兄弟。在文中作者从父亲的绝顶聪明、父亲的随和、父亲关心"我"的学业等几个方面写父亲和"我"的关系;从"我"学拼音给儿子回信,儿子不跟"我"划清界限,妥善处理儿子带同学回家一事,对儿子恋爱的态度以及父子的称呼等写"我"与儿子的关系。父亲与自己、自己与儿子之间那种亲近、温馨、平等的关系跃然纸上。文章语言简练、生动、风趣、率真,将生活中的情趣勾勒得惟妙惟肖,既表达了对父亲的尊敬之情,又透出对儿子的关爱之意。

思考题

1. 你是如何看待"代沟"这一社会现象的?
2. 这篇散文给我们提供了哪些值得借鉴的处理家庭父子关系的方法?

拓展阅读

1. 李清照著:《李清照词集》
2. 冰心著:《冰心自叙》
3. 周国平著:《妞妞:一个父亲的札记》
4. 张洁著:《世界上最疼我的那个人去了》
5. 德·亚米契斯著:《爱的教育》
6. 夏洛蒂·勃朗特著:《简·爱》

影视推荐

1. 俞钟导演:电影《我的兄弟姐妹》
2. 阿伦·雷乃导演:电影《广岛之恋》
3. 马基德·马基迪导演:《小鞋子》
4. 邹越演讲视频:《让生命充满爱》

第四讲 铁肩担道义

1) 《孟子》二章
2) 日知录·廉耻
3) 张中丞传后叙
4) 后汉书·班超传（节选）
5) 呵旁观者文

本讲导读

看微课

　　人类极其偶然地产生并存在于浩瀚宇宙中如沧海之一粟的星球上,骄傲地自比为万物之灵,唯一令我们毫无争议地引以为傲的就是心中的道德律,这里我们称之为道义。道义的生命源于担当。担当的根本在于充沛且卓越的勇气、智慧和仁爱精神。人世间最难得的勇气有两种:一是于死生之地、存亡之际,身系安危,处变不惊,举世誉之不加劝,举世非之不加沮,担负人情之所不能;二是知耻自新,行己有耻,而后勇气贯注,常葆赤子之心,常立不死之境。

　　或问:人食五谷,禀世俗之性,擅儿女之情,大家肉眼凡胎,忧贫畏死,如何能立见铁骨铮铮,视死如归,砥柱中流,气冲霄汉?一切源于有责任、有担当、有寄托。温斯顿·丘吉尔说:"高尚、伟大的代价就是责任。"车尔尼雪夫斯基说:"生命和崇高的责任联系在一起。"所寄托者大,则死生、得失、荣辱皆可为之小,反之,则他人鼻息、鸟飞虫动、锱铢差厘,都可以成为压迫个体生命使之更加渺小卑微的铁幕。庄子曰:"覆杯水于坳堂之上,则芥为之舟,置杯焉则胶,水浅而舟大也。"因此,我们即便为了解救自己的生命免于尘埃之落泥沼,也应该将其与人世间大大小小的责任联系在一起。梁启超说:"人生于天地之间,各有责任。知责任者,大丈夫之始也;行责任者,大丈夫之终也。"只有讲责任、敢担当、肯奋斗,我们才能免于蓬蒿之心、虫豸之行。

　　习近平总书记在党的二十大报告中指出,"立志做有理想、敢担当、能吃苦、肯奋斗的新时代好青年,让青春在全面建设社会主义现代化国家的火热实践中绽放绚丽之花"。讲责任、敢担当,首先要立于正位,行己有耻,自强不息,进德修业。如果我们能够不断修养自己,充实自己,勇于担当,善养浩然之气,把责任与德行作为衡量人之为人的标准,那么就能活得敞亮,活得快乐,活得平和。如果他人的意志不能左右我们的进退,旁边的诱惑动摇不了我们的心志;成功之时,能不喜形于色,失败之时,能勇于从头再来;以无憾之心向后看,以希望之心向前看;以宽厚之心向下看,以坦然之心向上看。这就是立于正位,行己有耻,自强不息,进德修业。有大责任感、有大担当的人,他的心胸必定是非常开阔的,不会因为进退得失而失去自我。他跟最底层的百姓在一起时,不会趾高气扬;他跟达官贵人在一起时,也不生谄媚之心。这样的人,才真正体现了"不以物喜,不以己悲"的从容和气度。

　　有人认为天下事不可为,我只要管好我自己就可以了,所谓"各人自扫门前雪,莫管他人瓦上霜"。有人会说:"谁愿意担当谁担当去,我只是个普通人。"试问谁生来不是普通人,谁生来就是伟人?!品格有高低,关键在所任大小;责任有大小,关键在勇于担当。我们选出《孟子》二章,一则讲勇于担当,在所不辞:"五百年必有王者兴,其间必有名世者……如欲平治天下,当今之世,舍我其谁也?"再则讲立正位,行正道,干大事业,做大丈夫:"居天下之广居,立天下之正位,行天下之大道。得志,与民由之;不得志,独行其道。富贵不能淫,贫贱不能移,威武不能屈。"求知识,先要明确责任。要博学有文,行己有耻,将个人的学习成长、进德修业与国家、时代的需要结合起来。因此,我们选出《日知录·廉耻》,一讲"礼义廉耻,国之四维""廉耻,立人之大节""不廉则无所不取,不耻则无所不为"。二讲"士大夫之无耻,是谓国耻"。张巡、许远,杀身成仁,舍生取义,守一城,捍天下,以千百就尽之卒,战百万日滋之师,蔽遮江淮,沮遏其势,保国本于危难之际,抗国贼于倾覆之间。班超,投笔从戎机,关山度若飞,以一人之力,威震西域三十余年,丝绸之路因以畅通,期间孤胆而入虎穴,匹马而定诸国,英雄事略,不可胜举,宣国威于四境之遐,致和平于万里之外。梁启超曰:"人生须知负责任的苦处,才能知道尽责任的乐趣。"就是写给他们的注脚啊!

责任面前,最不可袖手旁观;担当之事,不辟贤愚,不论老弱,不分男女。梁启超的宏文《呵旁观者文》一气贯注,痛快淋漓地批判了那些可厌、可憎、可鄙的旁观者:有虫豸般蠕蠕然无知一世的混沌派;有唯计一己之利害的为我派;还有貌似关心国运,实则毫无担当的呜呼派、笑骂派、暴弃派、待时派。凡此种种,皆是顾炎武所谓的坐待亡国亡天下的"无耻者"。

(马国栋)

圆桌议题

"当代中国青年生逢其时,施展才干的舞台无比广阔,实现梦想的前景无比光明。"习近平总书记在党的二十大报告中,这样分析当代中国青年的人生际遇。习近平总书记强调:"中华民族伟大复兴终将在广大青年的接力奋斗中变为现实。"在新的历史征程上,中国青年当以实现中华民族伟大复兴为己任,为全面建成社会主义现代化强国、实现第二个百年奋斗目标而努力奋斗,为祖国献上自己的青春和智慧。时代的责任赋予青年,时代的光荣属于青年。年轻人的使命履行程度与自我认识紧密相连。作为新时代、新征程上的一分子,请你结合自身肩负的时代使命,谈一谈"躺平与担当"这个话题。

1.《孟子》二章

孟　子

孟子去齐。充虞路问曰:"夫子若有不豫色然。前日虞闻诸夫子曰:'君子不怨天,不尤人。'"曰:"彼一时,此一时也。五百年必有王者兴,其间必有名世者。由周而来,七百有余岁矣。以其数则过矣,以其时考之则可矣。夫天,未欲平治天下也;如欲平治天下,当今之世,舍我其谁也?吾何为不豫哉?"(《孟子·公孙丑下》)

景春曰:"公孙衍、张仪岂不诚大丈夫哉?一怒而诸侯惧,安居而天下熄。"孟子曰:"是焉得为大丈夫乎?子未学礼乎?丈夫之冠也,父命之;女子之嫁也,母命之,往送之门,戒之曰:'往之女家,必敬必戒,无违夫子!'以顺为正者,妾妇之道也。居天下之广居,立天下之正位,行天下之大道。得志,与民由之;不得志,独行其道。富贵不能淫,贫贱不能移,威武不能屈。此之谓大丈夫。"(《孟子·滕文公下》)

(选自《孟子译注》,中华书局,2019年)

作者风采

孟子(约前372—约前289),名轲,邹国(今山东邹城东南)人。鲁国贵族孟孙氏的后代。他弘扬并发展了孔子的学说,后世尊为"亚圣"。孟子效孔子广收门徒,游说各国,主张施仁政,使人民安居乐业,鼓吹以德为王,言仁义而不言利,终不能被用,于是退而著书,有《孟子》七篇。

孟子是一位有血性的傲然儒者,与国君合则留不合则去;他居高临下,滔滔雄辩,经常说得"王顾左右而言他";"民贵君轻"是他的著名论点。他对君主的个人绝对权威表示否定:"君有大过则谏,反复之而不听,则易位。""君之视臣如土芥,则臣视君如寇仇。"这样的话,在孟子之后的专制时代是没有人敢说的。

阅读提示

《孟子》一书由孟子及其弟子共同编写而成,主要记录了孟子的言行和政治观点,现存七篇:《梁惠王》《公孙丑》《滕文公》《离娄》《万章》《告子》《尽心》,共三万五千多字。南宋朱熹将《孟子》与《论语》《大学》《中庸》合在一起作"四书集注",成为科举考试指定参考书,从此深刻影响并形塑中国士庶人心、社会生活一千多年。

与孔子之论"君子"不同的是,孟子的理想人格是"大丈夫"。这是一种以道义为根本,强调勇气与操守、责任与担当的舍生取义、独立不迁的大格局,这是以"养气"为主要法门,培育知识、信仰、道德情操和高尚人格的精神追求。本书所选这二章,孟子强调声威赫赫有权势算不得大丈夫,德业隆盛有担当才算得上大丈夫。"五百年必有王者兴,其间必有名世者……如欲平治天下,当今之世,舍我其谁也?""富贵不能淫,贫贱不能移,威武不能屈。"体现的是孟子急切如焚的忧世之心,高标壮阔的担当之志,深固难徙的道义之根。

1. 你认同孟子"平治天下,当今之世,舍我其谁"的历史责任意识和时代担当意识吗?为什么?

2. 就你的理解而言,"君子"和"大丈夫"的区别是什么?

2. 日知录·廉耻

清·顾炎武

《五代史·冯道传论》[1]曰:"'礼义廉耻,国之四维[2];四维不张,国乃灭亡。'善乎!管生[3]之能言也。礼义,治人之大法;廉耻,立人之大节。盖不廉则无所不取,不耻则无所不为。人而如此,则祸败乱亡亦无所不至。况乎大臣,而无所不取,无所不为,则天下其有不乱,国家其有不亡者乎?"

然而四者之中,耻尤为要。故夫子之论士,曰:"行己有耻[4]。"孟子曰:"人不可以无耻,无耻之耻,无耻矣!"[5]又曰:"耻之于人大矣,为机变之巧者,无所用耻焉!"[6]所以然者,人之不廉而至于悖礼犯义,其原皆生于无耻也。故士大夫之无耻,是谓国耻。

吾观三代[7]以下,世衰道微,弃礼义,捐廉耻,非一朝一夕之故。然而松柏后凋于岁寒[8],鸡鸣不已[9]于风雨,彼昏之日,固未尝无独醒之人也。

顷读《颜氏家训》[10],有云:"齐朝一士夫尝谓吾曰:'我有一儿,年已十七,颇晓书疏,教其鲜卑语及弹琵琶,稍欲通解。以此伏事公卿,无不宠爱。'吾时俯而不答。异哉,此人之教子也!若由此业自致卿相,亦不愿汝曹为之!"嗟乎!之推不得已而仕于乱世,犹为此言,尚有《小宛》[11]诗人之意。彼阉然[12]媚于世者,能无愧哉!

(选自《日知录集释》,上海古籍出版社,2006年)

作者风采

顾炎武(1613—1682),原名继绅、绛,字忠清;明亡,改名炎武,字宁人,居亭林镇,学者尊称亭林先生。江苏昆山人。著名思想家、史学家、语言学家,与黄宗羲、王夫之并称为"清初三大思想家"。青年时发愤为经世致用之学,并参加抗清义军,败后漫游南北,身涉万里,名满天下。他

---

[1]《五代史》:指《新五代史》,欧阳修编撰。冯道(882—954):字可道,自号长乐老,五代著名将相,瀛州景城(今河北沧州西北)人。
[2] 国之四维:治国的纲纪准则。
[3] 管生:即管仲,春秋时齐国著名的政治家。
[4] 行己有耻:语出《论语·子路》:"子曰:'行己有耻。使于四方,不辱君命,可谓士矣!'"此言士者能知耻而有所不为。
[5] "人不"三句:语出《孟子·尽心上》,意为人不能没有羞耻心,把没有羞耻心当作羞耻,那就不会有耻辱了。
[6] "耻之"三句:语出《孟子·尽心上》,意为羞耻对于人关系大极了,玩弄权术诡计的人,是到处不讲羞耻的。
[7] 三代:指夏、商、周。
[8] 松柏后凋于岁寒:语出《论语·子罕》:"岁寒,然后知松柏之后凋也。"
[9] 鸡鸣不已:语出《诗经·郑风·风雨》:"风雨如晦,鸡鸣不已。"
[10]《颜氏家训》:南北朝时期文学家颜之推所作,共七卷二十篇,多讲立身治家之法,兼及训诂和文论。颜之推(531—约590以后),字介,祖籍琅邪临沂(今山东临沂)人,历仕梁、北齐、北周、隋等朝。
[11]《小宛》:《诗经·小雅》篇名,朱熹认为它是大夫遭乱时,兄弟相诫以免祸之诗。
[12] 阉然:昏暗闭塞貌。《孟子·尽心下》:"阉然媚于世也者,是乡原也。"

一生将为学与为人合为一体,操志高洁,学博识精,成为开启一代学术先路的杰出大师。著作有《日知录》《天下郡国利病书》《音学五书》《肇域志》《亭林诗文集》等。

阅读提示

"博学有文""行己有耻",既是顾炎武的为学宗旨和立身处世的为人之道,也是他崇实致用学风的出发点。所谓"行己有耻"就是要用羞恶廉耻之心来约束自己的言行,使之贯彻施行于"出入往来、辞受取与"等处世待人之道。有鉴于明亡后,士大夫纷纷改仕清朝,男学鲜卑语,女扮出塞妆,一时蔚然成风,气节荡然,士风败坏,他强调"士大夫之无耻,是谓国耻";他高扬"生无一锥土,常有四海心""君子之为学,以明道也,以救世也"的信念;他警示世人"不廉则无所不取,不耻则无所不为"的人格危机;他呼吁"拯斯人于涂炭,为万世开太平,此吾辈之任也。仁以为己任,死而后已"的历史责任感。

"廉耻"所在的《日知录》第十三卷中还有论"正始""名教""耿介""乡原""俭约""除贪""贵廉"等条目,都涉及了责任与担当的主题,尤其在"正始"中提到:"有亡国,有亡天下,亡国与亡天下奚辨?曰:易姓改号,谓之亡国。仁义充塞而至于率兽食人,人将相食,谓之亡天下……是故知保天下,然后知保其国。保国者,其君其臣,肉食者谋之;保天下者,匹夫之贱,与有责焉耳矣。"更是振聋发聩,奏出了超越时代的思想强音。

思 考 题

1. 文中所引《颜氏家训》里的故事在你身边的现代中国社会生活中有没有类似的表现?你怎么评价?

2. 结合文中的观点,谈谈如何将个人的学习成长、进德修业与国家、时代的需要结合起来。

看微课

3. 张中丞传后叙

唐·韩愈

元和二年〔1〕四月十三日夜,愈与吴郡张籍〔2〕阅家中旧书,得李翰〔3〕所为《张巡传》。翰以文章自名〔4〕,为此传颇详密。然尚恨有阙者:不为许远〔5〕立传,又不载雷万春〔6〕事首尾。

远虽材若不及巡者,开门纳巡〔7〕。位本在巡上,授之柄〔8〕而处其下,无所疑忌。竟与巡俱守死,成功名。城陷而虏,与巡死先后异耳。〔9〕两家子弟材智下〔10〕,不能通知〔11〕二父志。以为巡死而远就虏,疑畏死而辞服于贼。远诚畏死,何苦守尺寸之地,食其所爱之肉〔12〕,以与贼抗而不降乎?当其围守时,外无蚍蜉蚁子〔13〕之援,所欲忠者,国与主耳。而贼语以国亡主灭惧〔14〕之。远见救援不至,而贼来益众,必以其言为信。外无待〔15〕而犹死守,人相食且尽,虽愚人亦能数日而知死处矣,远之不畏死亦明矣。乌有城坏而其徒俱死,独蒙愧耻求活?虽至愚者不忍为。呜呼!而谓远之贤而为之邪?

说者又谓远与巡分城而守,城之陷自远所分始,〔16〕以此诟远。此又与儿童之见无异。人之将死,其藏腑必有先受其病者;引绳而绝之,绝必有处。观者见其然,从而尤之,其亦不达于理矣。小人之好议论,不乐成人之美如是哉!如巡、远之所成就如此卓卓,犹不得免,其他则又何说!

当二公之初守也,宁能知人之卒不救?弃城而逆遁,苟此不能守,虽避之他处何益?及其无

---

〔1〕 元和二年:公元807年。元和,唐宪宗李纯的年号(806—820)。
〔2〕 张籍(约767—约830):字文昌,唐代著名诗人,韩愈的学生。
〔3〕 李翰:字子羽,官至翰林学士。与张巡友善,客居睢阳时,曾亲见张巡战守事迹。张巡死后,有人诬其降贼,因撰《张巡传》上肃宗,并有《进张中丞传表》。
〔4〕 以文章自名:《旧唐书·文苑传》:翰"为文精密,用思苦涩"。自名,自许。
〔5〕 许远(709—757):字令威,唐代名臣。"安史之乱"时,任睢阳太守,后与张巡合守孤城,城陷被执,送洛阳被杀。
〔6〕 雷万春:唐代忠臣,张巡部下勇将。"安史之乱"时,跟随张巡把守雍丘和睢阳,城陷遇害。按:此当是"南霁云"之误,如此方与后文相应。
〔7〕 开门纳巡:唐肃宗至德二年(757)正月,叛军安庆绪部将尹子奇带兵十三万围睢阳,许远向张巡告急,张巡自宁陵率军入睢阳城(见《资治通鉴》卷二一九)。
〔8〕 柄:权柄。
〔9〕 "城陷"二句:此年十月,睢阳陷落,张巡、许远被虏。张巡与部将被斩,许远被送往洛阳邀功。
〔10〕 "两家"句:据《新唐书·许远传》载,"安史之乱"平定后,大历年间,张巡之子张去疾轻信小人挑拨,上书代宗,谓城破后张巡等被害,唯许远独存,是屈降叛军,请追夺许远官爵。诏令去疾与许远之子许岘及百官议此事。"两家子弟"即指张去疾、许岘。
〔11〕 通知:通晓。
〔12〕 "食其"句:尹子奇围睢阳时,城中粮尽,军民以雀鼠为食,最后只得以妇女与老弱男子充饥。当时,张巡曾杀爱妾、许远曾杀奴仆以充军粮。
〔13〕 蚍蜉(pí fú):一种大蚁,色灰,头大。蚁子:幼蚁。
〔14〕 惧:通"误"。
〔15〕 外无待:睢阳被围后,河南节度使贺兰进明等皆拥兵观望,不来相救。
〔16〕 "说者"二句:张巡和许远分兵守城,张守东北,许守西南。城破时叛军先从西南处攻入,故有此说。

救而且穷也,将其创残饿羸[1]之余,虽欲去,必不达。二公之贤,其讲之精矣。[2] 守一城,捍天下。以千百就尽之卒,战百万日滋之师,蔽遮江淮,沮遏[3]其势。天下之不亡,其谁之功也？当是时,弃城而图存者不可一二数,擅疆兵坐而观者相环也。不追议此,而责二公以死守,亦见其自比于逆乱,设淫辞而助之攻也。

　　愈尝从事于汴、徐二府[4],屡道于两州间,亲祭于其所谓双庙[5]者。其老人往往说巡、远时事,云：南霁云[6]之乞救于贺兰也。贺兰嫉巡、远之声威功绩出己上,不肯出师救。爱霁云之勇且壮,不听其语,彊留之。具食与乐,延霁云坐。霁云慷慨语曰："云来时,睢阳之人不食月余日矣！云虽欲独食,义不忍；虽食,且不下咽。"因拔所佩刀断一指,血淋漓,以示贺兰。一座大惊,皆感激为云泣下。云知贺兰终无为云出师意,即驰去。将出城,抽矢射佛寺浮图,矢著其上砖半箭。曰："吾归破贼,必灭贺兰！此矢所以志也。"愈贞元中过泗州[7],船上人犹指以相语。城陷,贼以刃胁降巡,巡不屈。即牵去,将斩之。又降云,云未应。巡呼云曰："南八[8],男儿死耳,不可为不义屈！"云笑曰："欲将以有为也。公有言,云敢不死！"即不屈。

　　张籍曰：有于嵩者,少依于巡。及巡起事,嵩常[9]在围中。籍大历中于和州乌江县见嵩[10],嵩时年六十余矣。以巡,初尝得临涣县尉[11],好学,无所不读。籍时尚小,粗问巡、远事,不能细也。云：巡长七尺余,须髯若神。尝见嵩读《汉书》,谓嵩曰："何为久读此？"嵩曰："未熟也。"巡曰："吾于书读不过三遍,终身不忘也。"因诵嵩所读书,尽卷不错一字。嵩惊,以为巡偶熟此卷,因乱抽他帙[12]以试,无不尽然。嵩又取架上诸书试以问巡,巡应口诵无疑。嵩从巡久,亦不见巡常读书也。为文章操纸笔立书,未尝起草。初守睢阳时,士卒仅万人,城中居人亦且数万。巡因一见,问其姓名,其后无不识者。

　　巡怒,须髯辄张。及城陷,贼缚巡等数十人坐,且将戮。巡起旋,其众见巡起,或起或泣。巡曰："汝勿怖！死,命也。"众泣不能仰视。巡就戮时,颜色不乱,阳阳如平常。远宽厚长者,貌如其心。与巡同年生,月日后于巡,呼巡为兄,死时年四十九。"

　　嵩贞元初死于亳宋[13]间。或传嵩有田在亳宋间,武人夺而有之。嵩将诣州讼理,为其所杀。嵩无子,张籍云。

(选自《韩愈选集》,上海古籍出版社,2013年)

---

〔1〕羸(léi)：瘦弱。
〔2〕"二公"二句：谓二公功绩前人已有精当的评价。此指李翰《进张中丞传表》所云："巡退军睢阳,扼其咽领,前后拒守,自春徂冬,大战数十,小战数百。以少击众,以弱制强,出奇无穷,制胜如神,杀其凶丑凡九十余万。贼所以不敢越睢阳而取江淮,江淮所以保全者,巡之力也。"
〔3〕沮(jǔ)遏：阻止。
〔4〕"愈尝"句：韩愈曾先后在汴州(治所在今河南开封)、徐州(治所在今江苏徐州)任推官之职。唐称幕僚为从事。
〔5〕双庙：张巡、许远死后,后人在睢阳立庙祭祀,称为双庙。
〔6〕南霁云(？—757)：魏州顿丘(今河南濮阳清丰县西南)人。安禄山反叛,被遣至睢阳与张巡议事,为张所感,遂留为部将。贺兰：复姓,指贺兰进明。时为御史大夫、河南节度使,驻节于临淮一带。
〔7〕贞元：唐德宗李适年号。泗州：唐属河南道,州治在临淮(今江苏泗洪东南),当年贺兰进明屯兵于此。
〔8〕南八：南霁云排行第八,故称。
〔9〕常：通"尝",曾经。
〔10〕大历：唐代宗李豫年号。和州乌江县：在今安徽和县东北。
〔11〕"以巡"二句：张巡死后,朝廷封赏他的亲戚、部下,于嵩因此得官。临涣,故城在今安徽宿州西南。
〔12〕帙(zhì)：书套,也指书本。
〔13〕亳(Bó)：亳州,治所在今安徽亳州。宋：宋州,治所在睢阳。

 **作者风采**

韩愈(768—824),字退之,河内河阳(今河南孟州)人。唐代著名文学家、思想家、政治家,历史转折时期的文化伟人。自称"郡望昌黎",世称"韩昌黎""昌黎先生"。唐代古文运动的倡导者,苏轼称他"文起八代之衰",为"唐宋八大家"之首,与柳宗元并称"韩柳",有"文章巨公"和"百代文宗"之名。著有《韩昌黎集》等。

 **阅读提示**

"安史之乱"初期,叛军恶势汹涌,中原沦陷,潼关失守,玄宗西避,长安告急,各军迁延观望,千里江山遭累卵之危。当此之际,张巡与许远合守睢阳,孤军奋战,以少击众,扼其咽喉,挫其锐气,坚持一年之久,为以后官军全面反攻、收复失地创造了条件。终因寡不敌众、粮尽援绝而城破身死。戡平叛乱之后,唐王朝出现军阀割据的苗头,当时朝中便有奸佞之人借张巡、许远后人的幼稚无知,肆意中伤、诋毁张、许二人的英雄形象和历史功绩,为割据势力张目,阴谋破坏国家统一。韩愈愤而挥笔写下本文,以明真相、扬正气、黜邪恶。

本文议论与叙事紧密结合,各臻化境,议论为纲,叙事为证。赞美英雄,斥责小人,气薄云霄,凛凛光明。尤其"守一城,捍天下。以千百就尽之卒,战百万日滋之师,蔽遮江淮,沮遏其势,天下之不亡,其谁之功也"一段文字,议论风发,义正词严,激情鼓荡,震撼人心,即便懦夫闻之,也能振奋起担当天下兴亡之重任的情志,充分体现了韩文高超卓绝的艺术魅力。

 **思考题**

1. 关于文中"食其所爱之肉"的事,背景是当时城中粮尽,军民以雀鼠为食,绝境之中,为坚持守城,张巡、许远皆曾杀妾仆以充军粮。你怎么看待此事?

2. 人的生命和人所坚持的信仰,在特殊的条件下,可能会出现只能选择其一的局面;个人的生命财产和国家民族的利益,在特殊的条件下,可能会出现只能选择其一的局面。如果面对这种局面,我们将以什么样的价值观决定我们的选择?请同学们展开讨论。

4. 后汉书·班超传(节选)

南朝·范晔

　　班超字仲升,扶风平陵人[1],徐令彪[2]之少子也。为人有大志,不修细节,然内孝谨,居家常执勤苦,不耻劳辱。有口辩,而涉猎书传。永平五年[3],兄固被召诣校书郎[4],超与母随至洛阳[5]。家贫,常为官佣书[6]以供养。久劳苦,尝辍业投笔叹曰:"大丈夫无它志略,犹当效傅介子、张骞立功异域[7],以取封侯,安能久事笔研[8]间乎?"左右皆笑之。超曰:"小子安知壮士志哉!"其后行诣相者,曰:"祭酒[9],布衣诸生耳,而当封侯万里之外。"超问其状。相者指曰:"生燕颔虎颈[10],飞而食肉,此万里侯相也。"久之,显宗[11]问固:"卿弟安在?"固对:"为官写书,受直[12]以养老母。"帝乃除超为兰台令史[13]。后坐事免官。

　　十六年[14],奉车都尉窦固[15]出击匈奴,以超为假司马[16],将兵别击伊吾[17],战于蒲类海[18],多斩首虏而还。固以为能,遣与从事[19]郭恂俱使西域。

　　超到鄯善[20],鄯善王广奉超礼敬甚备,后忽更疏懈。超谓其官属曰:"宁觉广礼意薄乎?

---

　　[1] 扶风:汉郡名,辖区相当于今陕西咸阳、扶风一带。平陵:扶风下属县名,故城在今咸阳东北。按:据《后汉书·班彪传》,班超应为安陵(今河南舞阳县北)人。
　　[2] 徐令:徐县县令。徐县,当时属临淮郡,在今安徽泗县西北。彪:即班彪,班固和班超的父亲,史学家。性"沉重好古",汉光武帝时举茂才,拜徐令。后以病免,遂专心史籍。《汉书》是从他开始编写的。
　　[3] 永平五年:公元62年。永平为东汉明帝年号。
　　[4] 固:班固,字孟坚,博贯载籍,曾历时二十余年,著《汉书》一百二十卷(其中"八表"及《天文志》为班昭续作)。永元四年(92),因窦宪被控"图谋弑逆"案,牵连入狱,并死于狱中。诣(yì):到。这里指赴任。校书郎:管理书籍的官。
　　[5] 洛阳:东汉首都。
　　[6] 为官佣书:受官府雇用抄写书籍。
　　[7] 傅介子:西汉时期著名外交家,年幼好学,曾弃笔而叹曰:"大丈夫当立功绝域,何能坐事散儒!"遂从军。昭帝时奉命出使西域,因楼兰(即下文之"鄯善")帮助匈奴反对汉朝,他"愿往刺之",杀楼兰王而还,被封为义阳侯。张骞:西汉杰出的外交家、旅行家,曾应募出使月氏,经匈奴时被留居十余年,逃归后拜太中大夫,随大将军卫青击匈奴,封博望侯,是武帝时代首先打通西域的探险家。
　　[8] 久事笔研:以舞文弄墨为生。研,通"砚"。
　　[9] 祭酒:犹言先辈。古代酹酒祭神,每由坐中尊长率先举酒以祭,后遂称位尊或年长者为祭酒。
　　[10] 燕颔虎颈:下巴颏像燕子,头颈像老虎一般肥硕粗健。这是相士的迷信说法。
　　[11] 显宗:东汉明帝的庙号。汉代皇帝有在谥号外别具庙号者,如明帝全称是"显宗孝明皇帝",其中"显宗"是庙号,"孝明皇帝"是谥号。
　　[12] 直:通"值",报酬。
　　[13] 除:任命。兰台:皇室藏珍秘图书的地方。令史:官名,掌报表文书事。据《续汉志》:"兰台令史六人,秩百石,掌书劾奏及印主文书。"
　　[14] 十六年:指汉明帝永平十六年。
　　[15] 奉车都尉:官名,掌管皇帝御乘舆车,是皇帝的高级侍从。窦固:字孟孙,窦融之侄,汉光武帝之婿。好览书传,尤喜兵法,中元初封显亲侯,明帝时拜奉车都尉。窦固与班超是同乡,窦氏家族因班彪劝而归附汉光武帝,故二人交好。
　　[16] 假司马:次于军司马的官职。汉制,大将军营凡五部,每部设校尉、军司马各一人,又有军假司马一人为副。
　　[17] 伊吾:西域地名,在今新疆哈密一带,汉取此以通西域。
　　[18] 蒲类海:湖泊名。
　　[19] 从事:幕僚一类的文职官员。
　　[20] 鄯善:古西域国名,原称"楼兰",汉元凤四年(前77)改称鄯善。在今新疆中东部、吐鲁番盆地东部。

此必有北虏[1]使来,狐疑[2]未知所从故也。明者睹未萌,况已著耶!"乃诏侍胡[3]诈之曰:"匈奴使来数日,今安在乎?"侍胡惶恐,具服其状[4]。超乃闭[5]侍胡,悉会其吏士三十六人,与共饮,酒酣,因激怒之曰:"卿曹与我俱在绝域[6],欲立大功,以求富贵。今虏使到裁[7]数日,而王广礼敬即废;如今鄯善收吾属送匈奴,骸骨长[8]为豺狼食矣。为之奈何?"官属皆曰:"今在危亡之地,死生从司马。"超曰:"不入虎穴,不得虎子。当今之计,独有因[9]夜以火攻虏,使彼不知我多少,必大震怖,可殄[10]尽也。灭此虏,则鄯善破胆,功成事立矣。"众曰:"当与从事议之。"超怒曰:"吉凶决于今日。从事文俗吏[11],闻此必恐而谋泄,死无所名,非壮士也!"众曰:"善。"初夜,遂将吏士往奔虏营。会天大风,超令十人持鼓藏虏舍后,约曰:"见火然[12],皆当鸣鼓大呼。"余人悉持兵弩[13]夹门而伏。超乃顺风纵火,前后鼓噪。虏众惊乱,超手格杀三人,吏兵斩其使及从士三十余级,余众百许人悉烧死。明日乃还告郭恂,恂大惊,既而色动。超知其意,举手曰:"掾[14]虽不行,班超何心独擅[15]之乎?"恂乃悦。超于是召鄯善王广,以虏使首示之,一国震怖。超晓告抚慰,遂纳子为质[16]。还奏于窦固,固大喜,具上超功效,并求更选使使西域。帝壮超节[17],诏固曰:"吏如班超,何故不遣而更选乎?今以超为军司马[18],令遂前功[19]。"超复受使,固欲益[20]其兵,超曰:"愿将本所从三十余人足矣。如有不虞[21],多益为累。"

是时于阗王广德新攻破莎车[22],遂雄张南道[23],而匈奴遣使监护其国。超既西,先至于阗。广德礼意甚疏。且其俗信巫[24]。巫言:"神怒何故欲向汉?汉使有騧马[25],急求取以祠

---

[1] 北虏:指匈奴。
[2] 狐疑:犹豫不决。
[3] 侍胡:服侍汉使的胡人。
[4] 具服其状:把实情都招供了。服,通"伏",有"伏罪"之意。
[5] 闭:指关押。
[6] 卿曹:你们。曹,辈。绝域:离中原极远的地方。
[7] 裁:通"才"。
[8] 长:永远。
[9] 因:趁着。
[10] 殄(tiǎn):灭绝。
[11] 文俗吏:平庸的文官。
[12] 然:通"燃"。
[13] 弩:用机关放射的弓。这里泛指弓箭。
[14] 掾(yuàn):古代官府属员的通称,这里指从事。
[15] 独擅:此指独占(功劳)。
[16] 纳:派遣。质:人质。古代外国为表示臣服,每遣其子弟到中国来作人质抵押,表示不会背叛汉朝。
[17] 壮:称赞,嘉许。节:此指为人行事。
[18] 军司马:汉代大将军下属部将,率部卒三千。
[19] 遂:完成。前功:指通西域。
[20] 益:增加。
[21] 不虞:不测,意料不到的情况。
[22] 于阗(tián):古西域国名,故地在今新疆西南部。于阗国在鄯善国以西,当时较强大,有十三个小国服从它。其北是大沙漠,不易行走。莎车:古西域国名,故地在今新疆西南部、塔里木盆地西部、叶尔羌河中游。
[23] 雄张:谓声威大振。南道:据《汉书·西域传》载,西域南北有大山,中央有河。出玉门关向西,由鄯善傍南山沿河西行至莎车为南道,由车师前王庭傍北山傍河西行至疏勒则为北道。
[24] 巫:为人祈祷求神的人。
[25] 騧(guā)马:黑嘴的黄马。

我。"广德乃遣使就超请马。超密知其状,报许之,而令巫自来取马。有顷,巫至,超即斩其首以送广德,因辞让[1]之。广德素闻超在鄯善诛灭房使,大惶恐,即令攻杀匈奴使者而降超。超重赐其王以下,因镇抚焉。

时龟兹[2]王建为匈奴所立,倚恃房威,据有北道,攻破疏勒[3],杀其王,而立龟兹人兜题为疏勒王。明年春,超从间道至疏勒。去兜题所居槃橐城[4]九十里,逆[5]遣吏田虑先往降之。敕[6]虑曰:"兜题本非疏勒种,国人必不用命。若不即降,便可执之。"虑既到,兜题见虑轻弱,殊无降意。虑因其无备,遂前劫缚兜题。左右出其不意,皆惊惧奔走。虑驰报超,超即赴之,悉召疏勒将吏,说以龟兹无道之状,因立其故王兄子忠为王,国人大悦。忠及官属皆请杀兜题,超不听,欲示以威信,释而遣之。疏勒由是与龟兹结怨。

十八年,帝崩。焉耆[7]以中国大丧,遂攻没都护陈睦[8]。超孤立无援,而龟兹、姑墨数发兵攻疏勒[9]。超守槃橐城,与忠为首尾,士吏单少,拒守岁余。肃宗[10]初即位,以陈睦新没,恐超单危不能自立,下诏征超。超发还,疏勒举国忧恐。其都尉[11]黎弇曰:"汉使弃我,我必复为龟兹所灭耳。诚不忍见汉使去。"因以刀自刭[12]。超还至于阗,王侯以下皆号泣曰:"依汉使如父母,诚不可去。"互抱超马脚,不得行。超恐于阗终不听其东,又欲遂本志,乃更还疏勒。疏勒两城自超去后,复降龟兹,而与尉头[13]连兵。超捕斩反者,击破尉头,杀六百余人,疏勒复安。

建初三年[14],超率疏勒、康居、于阗、拘弥[15]兵一万人攻姑墨石城,破之,斩首七百级。超欲因此叵[16]平诸国,乃上疏请兵。曰:"臣窃见先帝[17]欲开西域,故北击匈奴[18],西使外国[19],鄯善、于阗即时向化。今拘弥、莎车、疏勒、月氏、乌孙、康居复愿归附[20],欲共并力破灭

---

[1] 让:责备。
[2] 龟兹(Qiūcí):古西域国名,故地在今新疆库车。
[3] 疏勒:古西域国名,国都在今新疆喀什。与莎车国相邻,居"丝绸之路"要冲。其后为莎车、于阗所并。
[4] 槃橐(tuó)城:即《后汉书·西域传》所记之"槃橐城",其址未详。
[5] 逆:预先。
[6] 敕(chì):告诫。
[7] 焉耆(qí):古西域国名,位于龟兹以东,国都在今新疆焉耆西南四十里城子镇附近。
[8] 都护:汉朝驻西域负责监督保护西域国家和东西交通的最高行政和军事长官。始置于西汉宣帝朝,并护南北道使者,故称。按:陈睦为都护时,郭恂为副校尉;睦驻地被攻陷,战死,恂亦被杀。
[9] 姑墨:古西域国名,故地在今新疆温宿、阿克苏一带。数(shuò):屡次。
[10] 肃宗:东汉章帝刘炟的庙号。
[11] 都尉:西域官名,其职次于将军。
[12] 自刭(jǐng):割颈自杀。
[13] 尉头:古西域国名,故地在今新疆阿合奇县西哈拉奇一带。
[14] 建初:汉章帝刘炟年号。
[15] 康居:古西域国名,约在今巴尔喀什湖和咸海之间,不属汉都护所辖范围。拘弥:一称"扜弥",古西域国名,在今新疆于田克里雅河以东地区。
[16] 叵(pǒ):遂;就。
[17] 先帝:指汉明帝刘庄。
[18] 北击匈奴:指窦固击匈奴事。
[19] 西使外国:即遣班超与郭恂出使西域。
[20] 月氏(zhī):古族名。汉文古籍常将大月氏略写作月氏。秦汉之际游牧于敦煌、祁连间。西汉时为匈奴所击,西迁至今新疆伊犁河流域,后又迁徙到中亚大夏故地。西迁的月氏人称"大月氏";少数没有西迁的人入南山(今祁连山),与羌人杂居,称"小月氏"。乌孙:古族名。西汉文帝三年(前177)为大月氏所破,附匈奴。文帝后元三年(前161)西迁今伊犁河和伊塞克湖一带。

龟兹,平通汉道。若得龟兹,则西域未服者百分之一耳。臣伏自惟念[1],卒伍小吏,实愿从谷吉[2]效命绝域,庶几[3]张骞弃身旷野。昔魏绛[4]列国大夫,尚能和辑诸戎,况臣奉大汉之威,而无铅刀一割[5]之用乎?前世议者皆曰取三十六国[6],号为断匈奴右臂。今西域诸国,自日之所入[7],莫不向化[8],大小欣欣,贡奉不绝,唯焉耆、龟兹独未服从。臣前与官属三十六人奉使绝域,备遭艰厄。自孤守疏勒,于今五载,胡夷情数[9],臣颇识之。问其城廓小大,皆言"倚汉与依天等"。以是效[10]之,则葱领[11]可通,葱领通则龟兹可伐。今宜拜龟兹侍子[12]白霸为其国王,以步骑数百送之,与诸国连兵。岁月之间,龟兹可禽[13]。以夷狄[14]攻夷狄,计之善者也。臣见莎车、疏勒田地肥广,草牧饶衍[15],不比敦煌、鄯善间也。兵可不费中国而粮食自足。且姑墨、温宿[16]二王,特[17]为龟兹所置,既非其种,更相厌苦,其势必有降反。若二国来降,则龟兹自破。愿下臣章,参考行事,诚有万分,死复何恨。臣超区区,特蒙神灵[18],窃冀未便僵仆[19],目见西域平定、陛下举万年之觞[20],荐勋[21]祖庙,布大喜于天下。"书奏,帝知其功可成,议欲给兵。平陵人徐幹[22]素与超同志,上疏愿奋身佐超。五年,遂以幹为假司马,将弛刑及义从千人就超[23]。

先是莎车以为汉兵不出,遂降于龟兹,而疏勒都尉番辰[24]亦复反叛。会徐幹适至,超遂与幹击番辰,大破之,斩首千余级,多获生口。超既破番辰,欲进攻龟兹。以乌孙兵强,宜因其

---

[1] 伏:自谦之词。惟念:思量。
[2] 谷吉:西汉谷永之父,长安人。元帝时为卫司马,曾奉命出使西域,为匈奴郅支单于所杀。
[3] 庶几:近似,差不多。表希望。
[4] 魏绛:春秋时晋国大夫。据《左传》载,晋悼公时,山戎曾使孟乐至晋,因绛纳虎豹之皮请和诸戎,悼公遂使绛与诸戎结盟,从而使晋国免遭戎族国家的侵犯骚扰。
[5] 铅刀一割:铅制之刀,利不如宝剑,一割即失其锋。这里是班超自喻才力微薄的自谦之词。
[6] 取:联合。三十六国:指西域诸国,均位于匈奴之西、乌孙之南,后逐渐分裂为五十五国,乃至百余国。按:匈奴在中国北方,坐北朝南向,西域处其右,它经常胁迫、利用西域,视为己之右臂。
[7] 日之所入:谓日落之处的国家,极言其西、其远。《后汉书·西域传》:"自条支国乘水西行,可百余日,近日所入。"
[8] 向化:归服,顺服。
[9] 情数:犹情况。
[10] 效:检验。
[11] 葱领:天山、喀喇昆仑山脉之交汇处,在今新疆西南部。据《西河旧事》:"葱领山,其上多葱,因以为名。"领,通"岭"。
[12] 侍子:为表示臣服而派往汉朝作人质的外国王子。
[13] 禽:通"擒"。
[14] 夷狄:对边地民族的泛称。夷,古代东部少数民族。狄,亦作"翟",北方少数民族。
[15] 草牧饶衍:水草丰茂,牧业兴旺。衍,繁衍。
[16] 温宿:汉为姑墨国地。唐置姑墨州。
[17] 特:只是,不过是。
[18] 特蒙神灵:敬语,意谓只不过托天子的洪福罢了。
[19] 未便:还不至于。僵仆:死亡。
[20] 举万年之觞:意谓举杯祝贺天下长治久安。觞,酒杯。
[21] 荐勋:进献功劳。
[22] 平陵:古县名,在今咸阳西北。徐幹:字伯张,擅书法,与班超志同道合。
[23] 弛刑:除去刑具。此指解除束项铁圈及脚镣的罪犯。义从:自愿从军者。
[24] 番(pān)辰:疏勒都尉名。

力[1],乃上言:"乌孙大国,控弦[2]十万,故武帝妻以公主[3],至孝宣皇帝[4],卒得其用[5]。今可遣使招慰,与共合力。"帝纳之。八年,拜超为将兵长史[6],假鼓吹幢麾[7]。以徐幹为军司马,别遣卫侯[8]李邑护送乌孙使者,赐大小昆弥[9]以下锦帛。

　　李邑始到于阗,而值龟兹攻疏勒,恐惧不敢前,因上书陈西域之功不可成,又盛毁[10]超拥爱妻,抱爱子,安乐外国,无内顾心。超闻之叹曰:"身非曾参而有三至之谗[11],恐见疑于当时矣。"遂去其妻。帝知超忠,乃切责邑曰:"纵超拥爱妻,抱爱子,思归之士千余人,何能尽与超同心乎?"令邑诣超受节度[12]。诏超:"若邑任在外者,便留与从事。[13]"超即遣邑将乌孙侍子还京师。徐幹谓超曰:"邑前亲毁君,欲败西域[14],今何不缘[15]诏书留之,更遣它吏送侍子乎?"超曰:"是何言之陋也!以邑毁超,故今遣之。内省不疚,何恤人言![16]快意留之,非忠臣也。"

　　明年,复遣假司马和恭等四人将兵八百诣超,超因发疏勒、于阗兵击莎车。莎车阴通使疏勒王忠,啖[17]以重利,忠遂反从之,西保乌即城。超乃更立其府丞[18]成大为疏勒王,悉发其不反者以攻忠。积半岁,而康居遣精兵救之,超不能下。是时月氏新与康居婚,相亲,超乃使使多赍锦帛遗月氏王[19],令晓示康居王,康居王乃罢兵,执忠以归其国,乌即城遂降于超。

　　后三年,忠说康居王借兵,还居损中[20],密与龟兹谋,遣使诈降于超。超内知其奸而外伪许之。忠大喜,即从轻骑诣超。超密勒兵[21]待之,为供张[22]设乐。酒行,乃叱吏缚忠斩之。因击破其众,杀七百余人,南道于是遂通。

　　明年,超发于阗诸国兵二万五千人,复击莎车。而龟兹王遣左将军发温宿、姑墨、尉头合五

---

〔1〕 宜:理应。因:借助。
〔2〕 控弦:引弓待发,这里指强健的兵卒。
〔3〕 公主:名细君,汉景帝孙,江都王刘建之女。武帝以为公主,远嫁乌孙,赠送甚盛,乌孙以为右夫人。
〔4〕 孝宣皇帝:即汉宣帝刘询,武帝曾孙。汉宣帝本始三年(前71),汉朝曾联兵乌孙大败匈奴。
〔5〕 卒:终于。用:功效。
〔6〕 将兵长(zhǎng)史:汉代特置的驻防边郡的统兵长官。
〔7〕 鼓吹:军乐。《古今乐录》:"横吹,胡乐也。张骞入西域,传其法于长安,唯得《摩诃兜勒》一曲,李延年因之更造新声二十八解,乘舆以为武乐,后汉以给边将,万人将军得之。"幢(chuáng)麾:旌旗仪仗之类。按:这都是大将所有之仪式,班超不是统兵万人的大将,故言"假",即特准借用之意。
〔8〕 卫侯:官名,禁卫军中级军职。
〔9〕 昆弥:乌孙称王曰昆弥。老昆弥死,其子孙争王位,汉宣帝时遂令立大小两昆弥,各赐印绶。
〔10〕 盛毁:竭力诋毁。
〔11〕 曾参:孔子弟子,名参,字子舆。以孝著称。三至之谗:据《战国策·秦策》载,有与曾参同姓名者在外杀人,人告参母,其母不信,织布自若。不一会儿,又一人来告其母,参母仍织如故。一会儿,又第三者来告参母杀人,参母终于误信传闻,吓得下机翻墙逃走了。
〔12〕 受节度:接受(班超)指挥。
〔13〕 "若邑"二句:谓若李邑在外面倘能任职,便留他在那里从事(否则即遣送回国)。
〔14〕 欲败西域:要破坏打通西域的谋划。
〔15〕 缘:依据。
〔16〕 内省(xǐng)不疚:自我反省后,心里坦然,不感到负疚。疚,做了错事而感到内心痛苦。恤:忧虑。语本《论语·颜渊》:"内省不疚,夫何忧何惧?"
〔17〕 啖(dàn):引诱。
〔18〕 府丞:汉代西域各国王室之行政首长。
〔19〕 赍(jī):把东西送给别人。遗(wèi):赠送。
〔20〕 损中:或作"顿中""桢中"。《后汉书·西域传》载:灵帝建宁三年(170),凉州刺史孟佗曾发兵三万人,"攻桢中城"。
〔21〕 勒兵:治军,操练军队。勒,统率。
〔22〕 供张:陈设供宴会用的帷帐、用具、饮食等,即举行宴会。张,通"帐"。

万人救之。超召将校及于阗王议曰:"今兵少不敌,其计莫若各散去。于阗从是而东,长史亦于此西归,可须[1]夜鼓声而发。"阴缓[2]所得生口。龟兹王闻之大喜,自以万骑于西界遮[3]超,温宿王将八千骑于东界徼[4]于阗。超知二房已出,密召诸部勒兵,鸡鸣,驰赴莎车营,胡大惊乱奔走,追斩五千余级,大获其马畜财物。莎车遂降,龟兹等因各退散,自是威震西域。

(选自《后汉书》,中华书局,1965年)

作者风采

范晔(398—446),字蔚宗,顺阳(今河南淅川南)人。南朝宋著名史学家。曾任尚书吏部郎,元嘉初年为宣城太守。后迁左卫将军、太子詹事,掌管禁旅,参与机要。元嘉二十二年末(446年初),因孔熙先等谋迎立彭城王义康一案牵涉,被杀。曾删取各家关于东汉的史作,著《后汉书》,成纪传八十卷。另著有《汉书缵》《百官阶次》。

阅读提示

《后汉书》是"前四史"之一。其书正后汉一代之得失,推崇德义,贬抑权势,进处士,黜奸雄,宰相无多述而特表逸民,公卿不见采而唯尊独行,是一部有独特思想价值和广阔历史视野的史学名著。本书所选的《后汉书》中这篇著名的人物传记,详尽、生动地记述了班超在西域戎马倥偬、浴血奋战的一生。文字雅洁,叙事流利,头绪虽多而脉络不乱。人物形象鲜明,写来有声有色。这里节选的是传文的主要部分。

匈奴的不断入侵,是两汉时期国门之外的最大隐患。如何正确处理这个问题,关系到汉代政治经济的发展和与西域各国的经济文化交流。班超,班彪之少子,班固之弟,当之无愧一大丈夫也。少时为人有大志,不修细节。然而孝敬恭谨,居家不避勤苦,不辞劳辱。有辩才,而涉猎书传。后投笔从戎,封侯万里之外。以一人之力,威震西域三十余年,丝绸之路因此畅通。其间孤胆而入虎穴,匹马而定诸国,英雄事略,不可胜举。班超不仅维护了祖国的安全,而且加强了与西域各族的联系,为我国多民族国家的形成、巩固和发展,做出了卓越贡献。班超死不及数年,西域复乱,益见其超卓。语云:仁者不忧,知者不惑,勇者不惧。若班超者,以其所历之险,所任之大,可谓兼之矣。

思考题

1. 文中所写班超少时的行为志向与其后卓越非凡的作为担当存在什么关系?
2. 比较班超和苏武,谈谈他们的精神对当今时代有什么启示。

---

[1] 须:等待。
[2] 阴缓:暗中放松。
[3] 遮:阻挡,拦阻。
[4] 徼(yāo):截击。

5. 呵旁观者文

梁启超

天下最可厌、可憎、可鄙之人，莫过于旁观者。

旁观者，如立于东岸，观西岸之火灾，而望其红光以为乐；如立于此船，观彼船之沉溺，而睹其凫浴以为欢。若是者，谓之阴险也不可，谓之狠毒也不可，此种人无以名之，名之曰无血性。嗟乎，血性者，人类之所以生，世界之所以立也；无血性，则是无人类、无世界也。故旁观者，人类之蟊贼，世界之仇敌也。

人生于天地之间，各有责任。知责任者，大丈夫之始也；行责任者，大丈夫之终也；自放弃其责任，则是自放弃其所以为人之责也。是故人也者，对于一家而有一家之责任，对于一国而有一国之责任，对于世界而有世界之责任。一家之人各各自放弃其责任，则家必落。一国之人各各自放弃其责任，则国必亡；全世界之人各各自放弃其责任，则世界必毁。旁观云者，放弃责任之谓也。

中国词章家有警语二句："济人利物非吾事，自有周公孔圣人。"中国寻常人有熟语二句，曰："各人自扫门前雪，不管他人瓦上霜。"此数语者，实旁观派之经典也，口号也。而此种经典口号，深入于全国人之脑中，拂之不去，涤之不净。质而言之，即"旁观"二字，代表吾全国人之性质也。是即"无血性"三字为吾全国人所专有物也。呜呼，吾为此惧！

旁观者，立于客位之意义也。天下事不能有客而无主。譬之一家，大而教训其子弟，综核其财产；小而启闭其门户，洒扫其庭除，皆主人之事也。主人为谁？即一家之人是也。一家之人，各尽其主人之职而家以成。若一家之人各自立于客位，父诿之于子，子诿之于父，兄诿之于弟，弟诿之于兄；夫诿之于妇，妇诿之于夫，是之谓无主之家。无主之家，其败亡可立而待也。惟国亦然。一国之主人为谁？即一国之人是也。西国之所以强者，无他焉，一国之人各尽其主人之职而已。中国则不然，入其国，问其主人为谁，莫之承也。将谓百姓为主人欤？百姓曰：此官吏之事也，我何与焉。将谓官吏为主人欤？官吏曰：我之尸此位也，为吾威势耳，为吾利源耳，其他我何知焉？若是乎一国虽大，竟无一主人也。无主人之国，则奴仆从而弄之，盗贼从而夺之，固宜。《诗》曰："子有庭内，弗洒弗扫。子有钟鼓，弗鼓弗考。宛其死矣，他人是保。"此天理所必至也，于人乎何尤？

夫对于他人之家、他人之国而旁观焉，犹可言也。何也？我固客也。（侠者之义，虽对于他国他家，亦不当旁观。今姑置勿论。）对于吾家、吾国而旁观焉，不可言也。何也？我固主人也。我尚旁观，而更望谁之代吾责也？大抵家国之盛衰兴亡，恒以其家中、国中旁观者之有无多少为差。国人无一旁观者，国虽小而必兴。国人尽为旁观者，国虽大而必亡。今吾观中国四万万人，皆旁观者也。谓余不信，请征其流派：

一曰混沌派。此派者，可谓之无脑筋之动物也。彼等不知有所谓世界，不知有所谓国，不知何者为可忧，不知何者为可惧，质而论之，即不知人世间有应做之事也。饥而食，饱而游，困而睡，觉而起，户以内即其小天地，争一钱可以陨身命。彼等既不知有事，何所谓办与不办？既不知有国，何所谓亡与不亡？譬之游鱼居将沸之鼎，犹误为水暖之春江；巢燕处半火之堂，犹疑为照屋之出日。彼等之生也，如以机器制成者，能运动而不能知觉；其死也，如以电气殪毙者，有堕落而不有苦痛。蠕蠕然度数十寒暑而已。

彼等虽为旁观者,然曾不自知其为旁观者。吾命之为旁观派中之天民。四万万人中属于此派者,殆不止三万万五千万人。然此又非徒不识字、不治生之人而已。天下固有不识字、不治生之人而不混沌者,亦有号称能识字、能治生之人而实大混沌者。大抵京外大小数十万之官吏,应乡、会、岁、科试数百万之士子,满天下之商人,皆于其中有十有九属于此派者。

二曰为我派。此派者,俗语所谓遇雷打尚按住荷包者也。事之当办,彼非不知;国之将亡,彼非不知。虽然,办此事而无益于我,则我惟旁观而已;亡此国而无损于我,则我惟旁观而已。若冯道当五季鼎沸之际,朝梁夕晋,犹以五朝元老自夸;张之洞自言瓜分之后,尚不失小朝廷大臣,皆此类也。彼等在世界中,似是常立于主位而非立于客位者。虽然,不过以公众之事业,而计其一己之利害。若夫公众之利害,则彼始终旁观者也。吾昔见日本报纸中有一段,最能摹写此辈情形者,其言曰:

> 吾尝游辽东半岛,见其沿道人民,察其情态。彼等于国家存亡之危机,如不自知者;彼等之待日本军队,不见为敌人,而见为商店之主顾客;彼等心目中,不知有辽东半岛割归日本与否之问题,惟知有日本银色与纹银兑换补水几何之问题。

此实写出魑魅魍魉之情状,如禹鼎铸奸矣。推为我之蔽,割数千里之地,赔数百兆之款,以易其衙门咫尺之地,而曾无所顾惜,何也?吾今者既已六七十矣,但求目前数年无事,至一瞑之后,虽天翻地覆非所问也。明知官场积习之当改而必不肯改,吾衣领饭碗之所在也。明知学校科举之当变而不肯变,吾子孙出身之所由也。此派者,以老聃为先圣,以杨朱为先师,一国中无论为官、为绅、为士、为商,其据要津、握重权者皆此辈也,故此派有左右世界之力量。一国聪明才智之士,皆走集于其旗下,而方在萌芽孵卵之少年子弟,转率仿效之,如麻疯肺病者传其种于子孙,故遗毒遍于天下,此为旁观者中最有魔力者。

三曰呜呼派。何谓呜呼派?彼辈以咨嗟太息、痛哭流涕为独一无二之事业者也。其面常有忧国之容,其口不少哀时之语,告以事之当办,彼则曰诚当办也,奈无从办起何;告以国之已危,彼则曰诚极危也,奈已无可救何。再穷诘之,彼则曰:国运而已,天心而已。"无可奈何"四字是其口诀,"束手待毙"一语是其真传。如见火之起,不务扑灭,而太息于火势之炽炎;如见人之溺,不思拯援,而痛恨于波涛之澎湃。此派者,彼固自谓非旁观者也,然他人之旁观也以目,彼辈之旁观也以口。彼辈非不关心国事,然以国事为诗料;非不好言时务,然以时务为谈资者也。吾人读波兰灭亡之记,埃及惨状之史,何尝不为之感叹,然无益于波兰、埃及者,以吾固旁观也。吾人见菲律宾与美血战,何尝不为之起敬。然无助于菲律宾者,以吾固旁观也。所谓呜呼派者,何以异是! 此派似无补于世界,亦无害于世界者,虽然,灰国民之志气,阻将来之进步,其罪实不薄也。此派者,一国中号称名士者皆归之。

四曰笑骂派。此派者,谓之旁观,宁谓之后观。以其常立于人之背后,而以冷言热语批评人者也。彼辈不惟自为旁观者,又欲逼人使不得不为旁观者;既骂守旧,亦骂维新;既骂小人,亦骂君子;对老辈则骂其暮气已深,对青年则骂其躁进喜事;事之成也,则曰竖子成名;事之败也,则曰吾早料及。彼辈常自立于无可指摘之地,何也?不办事故无可指摘,旁观故无可指摘。已不办事,而立于办事者之后,引绳批根以嘲讽掊击,此最巧黠之术,而使勇者所以短气,怯者所以灰心也。岂直使人灰心短气而已! 而将成之事,彼辈必以笑骂沮之;已成之事,彼辈能以笑骂败之。故彼辈者，世界之阴人也。夫排斥人未尝不可，己有主义欲伸之，而排斥他人之主义，此西国政党所不讳也。然彼笑骂派果有何主义乎？譬之孤舟遇风于大洋，彼辈骂风、骂大洋、骂孤舟，乃至遍骂同舟之人，若问此船当以何术可达彼岸乎，彼等瞠然无对也。何也？彼辈借旁观以行笑骂，失旁观之地位，则无笑骂也。

五曰暴弃派。呜呼派者，以天下为无可为之事；暴弃派者，以我为无可为之人也。笑骂派者，常责人而不责己；暴弃派者，常望人而不望己也。彼辈之意，以为一国四百兆人，其三百九十九兆九亿九万九千九百九十九人中，才智不知几许，英杰不知几许，我之一人岂足轻重。推此派之极弊，必至四百兆人，人人皆除出自己，而以国事望诸其余之三百九十九兆九亿九万九千九百九十九人。统计而互消之，则是四百兆人，卒至实无一人也。夫国事者，国民人人各自有其责任者也。愈贤智则其责任愈大，即愚不肖亦不过责任稍小而已，不能谓之无也。他人虽有绝大智慧、绝大能力，只能尽其本身分内之责任，岂能有分毫之代我。譬之欲不食而使善饭者为我代食，欲不寝而使善睡者为我代寝，能乎否乎？夫我虽愚不肖，然既为人矣，即为人类之一分子也，既生此国矣，即为国民之一阿屯也。我暴弃己之一身，犹可言也，污蔑人类之资格，灭损国民之体面，不何言也。故暴弃者实人道之罪人也。

六曰待时派。此派者有旁观之实而不自居其名者也。夫待之云者，得不得未可当必之词也。吾待至可以办事之时然后办之。若终无其时，则是终不办也。寻常之旁观则旁观人事，彼辈之旁观则旁观天时也。且必如何然后为可以办事之时岂有定形哉？办事者，无时而非可办之时，不办事者，无时而非不可办之时。故有志之士，惟造时势而已，未闻有待时势者也。待时云者，欲觇风潮之所向，而从旁拾其余利，向于东则随之而东，向于西则随之而西，是乡愿[1]之本色，而旁观派之最巧者也。

以上六派，吾中国人之性质尽于是矣。其为派不同，而其为旁观者则同。若是乎，吾中国四万万人，果无一非旁观者也。吾中国四万万人，果无一主人也。以无一主人之国，而立于世界生存竞争最剧最烈、万鬼环瞰、百虎眈视之大舞台，吾不知其如何而可也。六派之中，第一派不知责任之人，以下五派为不行责任之人。知而不行，与不知等耳。且彼不知者犹有冀焉，冀其他日之知而即行也。若知而不行，则是自绝于天地也。故吾责第一派之人犹浅。责以下五派之人最深。

虽然，以阳明学知行合一之说论之，彼知而不行者，终是未知而已。苟知之极明，则行之必极勇。猛虎在于后，虽跛者或能跃数丈之涧；燎火及于邻，虽弱者或能运千钧之力。何也？彼确知猛虎、大火之一至，而吾之性命必无幸也。夫国亡种灭之惨酷，又岂止猛虎、大火而已。吾以为举国之旁观者直未知之耳，或知其一二而未知其究竟耳。若真知之，若究竟知之，吾意虽箝其手、缄其口，犹不能使之默然而息，块然而坐也。安有悠悠日月，歌舞太平，如此江山，坐付他族，袖手而作壁上之观，面缚[2]以待死期之至，如今日者耶？嗟呼！今之拥高位，秩厚禄，与夫号称先达名士有闻于时者，皆一国中过去之人也。如已退院之僧[3]，如已闭房之妇[4]，彼自顾此身之寄居此世界，不知尚有几年。故其于国也有过客之观，其苟且以偷逸乐，袖手以终余年，固无

---

[1] 乡愿：指外貌忠诚谨慎，而实际上与流俗合污、欺世盗名的伪善人。孔子斥为"乡愿，德之贼也"。
[2] 面缚：两手反绑。
[3] 退院之僧：指僧人脱离寺院。
[4] 闭房之妇：停止房事的妇女。

足怪焉。若我辈青年,正一国将来之主人也。与此国为缘之日正长。前途茫茫,未知所届。国之兴也,我辈实躬享其荣;国之亡也,我辈实亲尝其惨。欲避无可避,欲逃无可逃。其荣也非他人之所得攘,其惨也非他人之所得代。言念及此,夫宁可旁观耶?夫宁可旁观耶?吾岂好为深文刻薄之言以骂尽天下哉!毋亦发于不忍旁观区区之苦心,不得不大声疾呼,以为我同胞四万万人告也。

　　旁观之反对曰任。孔子曰:"天下有道,丘不与易也。"孟子曰:"如欲平治天下,当今之世,舍我其谁也!"任之谓也。

1900年2月20日
(选自《梁启超选集》,上海人民出版社,1984年)

作者风采

　　梁启超(1873—1929),字卓如,号任公,又号饮冰室主人,广东新会(今江门市新会区)人。中国近代维新派领袖、学者。1895年,赴北京参加会试,追随康有为发动公车上书。1898年入京,参与百日维新,以六品衔办京师大学堂、译书局。戊戌政变后逃亡日本。初编《清议报》,继编《新民丛报》,坚持立宪保皇,受到民主革命派批判。介绍西方资产阶级社会、政治、经济学说,对当时知识界有很大影响。早年所作政论文,流利畅达,感情奔放。晚年在清华学校(今清华大学)讲学。著述涉及政治、经济、哲学、历史、语言、宗教及文化艺术、文字音韵等。有《饮冰室合集》,今辑有《梁启超全集》。

阅读提示

　　鲁迅先生《〈呐喊〉自序》中提及的"许多站在左右,一样是强壮的体格,而显出麻木的神情"的看客,即是梁启超先生所痛斥的"天下最可厌、可憎、可鄙之人,莫过于旁观者"。泱泱中国面临亡国灭种的巨大危机,这些可厌、可憎、可鄙的旁观者,有虫豸般蠕蠕然无知一世的混沌派;有唯计一己之利害的为我派;还有貌似关心国运,实则毫无担当的呜呼派、笑骂派、暴弃派、待时派。凡此种种,皆是顾炎武所谓的坐待亡国亡天下的"无耻者"。

　　"人生于天地之间,各有责任。知责任者,大丈夫之始也;行责任者,大丈夫之终也。"任何时代,任何社会,无不需要知责任行责任的大丈夫。万物皆备于吾侪,不必迁怒于社会的不公,也不必埋怨时代的无情,只要反求诸己,善养浩然之气,博学有文,行己有耻,就可以成长为"一个高尚的人,一个纯粹的人,一个有道德的人,一个脱离了低级趣味的人,一个有益于人民的人"。

思考题

1. 对比读一下本文与《少年中国说》,诵读并赏析。

2. "人生于天地之间,各有责任。知责任者,大丈夫之始也;行责任者,大丈夫之终也。"联系前文《〈孟子〉二章》《日知录·廉耻》,谈谈你对这句话的理解。

 拓展阅读

1. 毛泽东著:《毛泽东书信选集》
2. 鲁迅著:《鲁迅经典杂文集》
3. 陈子展撰述:《楚辞直解》
4. 卢梭著:《社会契约论》
5. 宋一霖集录、译注:《儒家道义记》
6. 朱熹集注:《四书集注》
7. 范晔撰:《后汉书》
8. 张载著:《张载集》
9. 祝勇编:《知识分子应该干什么——一部关乎命运的争鸣录》

第五讲 和而不同

1. 《老子》二章
2. 晏子论和与同
3. 清华大学王观堂先生纪念碑铭
4. 当众人都哭时,应该允许有的人不哭
5. 我的世界观

本讲导读

看微课

"和而不同",这一古老而深邃的智慧之光,宛如一颗璀璨的明珠,在历史的长河中熠熠生辉,照亮着人类社会不断前行的道路。"和而不同",这一源自中国古代的哲思,不仅是中国文化的瑰宝,也是全球多元社会和谐共处的智慧之源。

正如孔子所言:"君子和而不同,小人同而不和。"这深刻地揭示了"和而不同"的真谛。"和",并非要求千篇一律、整齐划一,而是在尊重差异的基础上寻求和谐共处。"和而不同",简而言之,就是在尊重个体差异的基础上追求和谐共生。它教导我们,真正的和谐并非抹杀个性、追求统一,而是在多元中找到共通,于差异中寻求平衡。正如大自然中,百花齐放,各自展现独特的风姿,却共同构成了美丽的花园;群鸟争鸣,各自发出不同的声音,却合奏出了悦耳的乐章。同样,世界文化、思想、习俗的多样性,正是人类社会丰富多彩、充满活力的源泉。

"和而不同"体现了一种精妙的关系。"和"意味着和谐、融合,并非完全一致的单调,而是在差异中寻求共同的价值与目标。不同的个体、观点、文化如同色彩斑斓的拼图块,"和"将它们巧妙地组合在一起,构成丰富多彩的画面。"不同"是保持独特性与多样性的关键,正因为有不同,世界才充满活力与创造力。在"和而不同"的关系中,我们尊重差异,相互包容,共同追求和谐发展,既不失去自我,又能与他人和谐共生,从而达到"人类命运共同体"的理想坦途。

在社会层面,"和而不同"倡导的是包容与理解。我们生活在一个多元文化并存的社会,每个人都有自己的故事和价值观。面对差异,我们应该学会倾听,尊重他人的选择,通过对话与交流,寻求共同点,化解冲突。"海纳百川,有容乃大。"不同的文化、习俗、信仰在同一个社会中并存,相互交流、相互学习,才能使社会更加丰富多彩,充满活力。

和而不同,也是推动创新与进步的源泉。正是因为有了不同的思想碰撞,才会激发新的灵感和创造力。历史上,无数伟大的科学发现和文化成就,都是在不同观点的交锋与融合中诞生的。如果社会陷入单一思维的泥潭,那么进步的脚步必将停滞不前。

在团队合作与企业经营中,"和而不同"同样至关重要。团队成员背景各异,技能多样,正是这种多样性,使得团队能够从多角度思考问题,找到最佳解决方案。企业文化的包容性,能够吸引不同背景的人才,激发团队的创造力,推动企业持续发展。

"万物并育而不相害,道并行而不相悖""和羹之美,在于合异"以及"各美其美,美人之美,美美与共,天下大同"等中华优秀传统文化,引导我们要有包容的心态,以开放的视角看待不同的人和事,遇到分歧,以理性沟通代替争吵,求同存异,共同寻找解决方案。和谐多元的相处模式拓宽了我们的视野,丰富了我们的思维,提升了我们的修养。同时,多元、包容的环境,有助于推动交流与融合,促进社会的稳定与繁荣。

要实现"和而不同"的理想,需要我们培养开放的心态,摒弃偏见,勇于接受挑战。在这个过程中,我们或许会遇到误解与冲突,但只要我们坚持对话,保持耐心,总能在差异中找到和谐的可能。在这个全球化的时代,让我们共同秉持"和而不同"的理念,以开放的心态拥抱世界,以和谐的方式解决分歧。让我们携手并进,共同奏响一曲和谐共生、繁荣发展的美好乐章。

(曹爱华)

圆桌议题

1. 《老子》提出"有无相生,难易相成,长短相形,高下相倾"的思想,强调了事物间的相互依存与转化。晏子则通过厨师和羹、乐师调琴两个比喻,阐述了"和"与"同"的区别,认为"和"是多样性的和谐,而"同"则意味着单一性。请结合生活中的实例,讨论如何在多元文化、观点、生活方式中寻找和谐共存之道?在你看来,个人、社会乃至国家层面,如何实现"和而不同"?

2. 陈寅恪在《清华大学王观堂先生纪念碑铭》中强调"独立之精神,自由之思想",而莫言在《当众人都哭时,应该允许有的人不哭》中倡导尊重个性与选择的自由。结合这两篇文章,思考在追求个人独立精神和自由思想的同时,如何实现与他人的和谐相处?在当今社会,你认为个人的独立性与社会的和谐性之间应如何平衡?

3. 爱因斯坦的观点和晏子"和如羹焉"的比喻,都强调了多样性和包容性对创新的重要性。请结合你对"和而不同"理念的理解,讨论在创新过程中多样性与包容性的作用。你认为在学校教育、企业创新或社会发展中,如何利用"和而不同"的理念来促进创新?请举例说明在你的学习、工作或社区活动中,多样性与包容性是如何促进创新思维和解决问题的。

1.《老子》二章

老　子

天下皆知美之为美,斯恶[1]已[2];皆知善之为善,斯不善已。故有无[3]相生,难易相成[4],长短相形[5],高下相倾[6],音声相和[7],前后相随。是以圣人处无为之事,行不言之教。万物作焉而不辞[8]。生而不有[9],为而不恃[10],功成而弗居[11]。夫惟弗居,是以不去[12]。(《老子》第二章)

天之道[13],其犹张弓[14]乎?高者抑之[15],下者举之[16],有余者损之,不足者补之。天之道损有余而补不足,人之道[17]则不然,损不足以奉[18]有余。孰能有余以奉天下?唯有道者[19]。是以圣人为而不恃,功成而不处[20],其不欲见贤[21]。(《老子》第七十七章)

(选自《老子》,上海古籍出版社,2013年)

作者风采

老子,姓李名耳,字聃,楚国苦县(今河南鹿邑东)厉乡曲仁里人。春秋时期卓有影响的哲学家和思想家。曾任周朝守藏室之史(或称柱下史)。

---

[1] 恶:丑。
[2] 已:矣。
[3] 有:指万事万物。无:指道之本体,虚无而不可名状。
[4] 相成:相互生成。
[5] 形:比较。
[6] 相倾:相互倾斜依靠。
[7] 音:指单音。声:指混合之声。相和:构成和谐之音。
[8] 不为始:即不去凿空自造。原本作"不辞",据敦煌本改。
[9] 有:指据为己有。
[10] 不恃:指不自大而固执己见。
[11] 弗居:不居功自傲。
[12] 不去:不会失掉功业。
[13] 天之道:指自然的规律。
[14] 其犹张弓:就像拉开弓一样。
[15] 高者抑之:瞄准时,高过箭靶的,就让弓降低些。
[16] 下者举之:瞄准时,低于箭靶的,就让弓抬高些。此处所谓"高"与"低",均就"准"而言。
[17] 人之道:指人类社会的规则。
[18] 奉:供。
[19] 有道者:指圣贤及有道明君。
[20] 处:居功自傲。
[21] 见贤:表现贤能才干。见,通"现",显现。

老子是道家学派创始人,后世将他与庄子并称"老庄"。其思想核心是"道法自然",主张贵柔守雌,无为而治,向往"小国寡民"的理想社会。其学说对中国哲学发展具有深刻的影响。在道教中老子被尊为道祖。

老子存世的著作仅有《老子》(又称《道德经》)这一部道家学派的经典,是全球文字出版发行量最大的著作之一。

《老子》一书具有鲜明的个性特点,通篇充满朴素的辩证法思想,文约义丰。它使用韵文形式,句式长短搭配,语言质朴流畅;多用排比韵语,音调谐婉,节奏感强,便于记诵,具有深刻的哲理性与系统的思想性。

阅读提示

事物的存在都是相互依存、相互转化的,没有绝对的美与恶、善与不善,在一个和谐的社会中,不同的个体和群体应该相互尊重、相互包容,共同发展。《老子》以道为基础,提出了相对性的观念,让我们认识到世界的多样性和复杂性,也让我们学会以一种平和的心态去看待事物的差异。

在《老子》二章中,老子强调了对立统一的观念,他借美与丑、善与不善、有与无、难与易、长与短、高与下、高音与低音、先与后等日常生活中常见的事物与概念,来论述事物的相对性和相互依存性,确认了世间万物的对立统一性和"不同"存在的必然性。

《老子》二章,反映了老子的社会思想。"天之道,其犹张弓乎?"这里老子巧妙地借"张弓"喻指天道。弓弦高了就压低一些,弓弦低了就抬高一些;力量有余就减少一些,力量不足就补充一些。天道总是这样,减少有余来补充不足,即"天之道,损有余而补不足。"同时,他又指出人道与天道相反,往往是损不足而补有余,如贫富差距的扩大、资源的分配不均等现象。他将自然规律的"天之道"和社会规律的"人之道"进行对比,说明了社会规则是极不平等的,"损不足以奉有余"就是社会不公平现象的一种写照,老子反对这种不合理的现象,主张通过"损有余而补不足"来纠正社会的失衡状态,倡导"损有余而补不足",反对社会的两极分化,强调社会资源的合理流动和均衡配置,为我们提供了一种思考社会公平和谐的发展视角。

思考题

1. 什么是美?什么是丑?什么是善?什么是恶?美与丑、善与恶,是完全相对立的吗?请谈谈你的理解。

2. "损有余而补不足",体现了"天道"什么特点?"损不足以奉有余",说明了"人道"什么特点?

2. 晏子[1]论和与同

左丘明

齐侯至自田[2],晏子侍于遄台[3]。子犹驰而造焉[4]。公曰:"唯据与我和夫!"晏子对曰:"据亦同也,焉得为和?"公曰:"和与同异乎?"对曰:"异。和如羹焉,水火醯醢[5]盐梅,以烹鱼肉,燀[6]之以薪。宰夫[7]和之,齐[8]之以味,济[9]其不及,以泄[10]其过。君子食之,以平其心。君臣亦然。君所谓可而有否[11]焉,臣献其否以成其可[12]。君所谓否而有可焉,臣献其可以去其否。是以政平而不干[13],民无争心。故《诗》曰:'亦有和羹,既戒既平。鬷嘏无言,时靡有争。'[14]先王之济五味,和五声也,以平其心,成其政也。声亦如味,一气[15],二体[16],三类[17],四物[18],五声[19],六律[20],七音[21],八风[22],九歌[23],以相成也。清浊小大,短长疾徐,哀乐刚柔,迟速高下,出入周疏,以相济也。君子听之,以平其心,心平德和。故《诗》曰:'德音不瑕[24]。'今据不然。君所谓可,据亦曰可;君所谓否,据亦曰否。若以水济水,谁能食之?若琴瑟之专一,谁能听之?同之不可也如是。"

(选自《春秋左传注》,中华书局,1990年)

---

[1] 晏子:即晏婴(?—前500),字平仲,夷维(今山东高密)人,春秋时期齐国大夫,历佐灵公、庄公、景公三朝。世传有《晏子春秋》一书,应是战国时人搜集有关晏子言行而成。
[2] 齐侯:此指齐景公。至自田:从打猎场所归来。田,打猎。
[3] 遄(chuán)台:台名,在今山东淄博临淄区附近。
[4] 子犹:指梁丘据,春秋时期齐国大夫。驰而造焉:驱车过来。造,前往,到。
[5] 醯(xī):醋。醢(hǎi):肉酱。
[6] 燀(chǎn):炊。
[7] 宰夫:厨师。
[8] 齐(jì):调剂,调和。
[9] 济:救,此指增添。
[10] 泄:泄漏,减少。
[11] 所谓:所说的。可而有否:可行而其中有不可行的地方,与下文的"否而有可"意思相反。
[12] 献其否:指出其不可行之处。成其可:使其趋于完善可行。
[13] 不干(gān):指行为不违礼制。干,干犯,干扰。
[14] "亦有和羹"四句:为《诗经·商颂·烈祖》中的诗句,意为汤羹调和,滋味平和而适中,献羹神降不出声,秩序井然不争抢。戒,完备。鬷(zōng),通"奏",进,指献羹。嘏,原诗作"假"。
[15] 一气:首先气以动之。
[16] 二体:晋杜预认为是"舞有文、武"。
[17] 三类:指演奏《诗经》的《风》《雅》《颂》。
[18] 四物:杂四方器物而成其器。
[19] 五声:宫、商、角、徵、羽五音。
[20] 六律:指古代音乐十二律中黄钟、太簇、姑洗、蕤宾、夷则、无射等六个阳律。
[21] 七音:宫、商、角、徵、羽、变宫、变徵七音。
[22] 八风:八方之风。
[23] 九歌:晋杜预谓"九功之德皆可歌也,六府三事谓之九功"。
[24] 德音不瑕:为《诗经·豳风·狼跋》中的诗句,谓品德名声无瑕疵。瑕,瑕疵。

 ## 《左传》简介

　　《左传》,亦称《春秋左氏传》或《左氏春秋》。儒家经典。旧传春秋左丘明所撰。清今文经学家认为系刘歆改编。近人认为是战国初据各国史料编成。起于鲁隐公元年(前722),终于鲁悼公四年(前464)。书中保存了大量古代史料,为中国古代一部史学和文学名著。

　　《左传》的历史、文学、科技、军事价值不可估量,可以说是中国第一部大规模的叙事性作品,为历代史学家和文人所推崇。它把许多头绪纷杂、变化多端的历史大事件,都能处理得有条不紊、繁而不乱。其中关于战争的描写,尤其为后人称道。写得最为出色的,便是春秋时期著名的五大战役。作者善于将每一场战役都放在大国争霸的背景下展开,对战争的远因近因、各国关系的组合变化、战前策划、交锋过程以及战争影响等,都以简练而不乏文采的文笔一一交代清楚。这种叙事能力,无论对后来的历史著作还是文学著作,都具有极其重要的意义。

 ## 作者风采

　　左丘明(约前502—约前422),姓左,名丘明(一说复姓左丘,名明,也有说姓丘,名明),春秋末期史学家,曾任鲁太史。左丘明知识渊博,品德高尚,孔子、司马迁均尊其为"君子"。

　　左丘明是中国传统史学的创始人。史学界推左丘明为中国史学的开山鼻祖,被誉为"百家文字之宗,万世古文之祖"。

 ## 阅读提示

　　晏子关于"和"与"同"的论述,是中国古代哲学思想中的重要篇章。"和"与"同"这两个概念,体现了晏子对事物本质和关系的深刻洞察。

　　晏子认为"和"如做羹汤,用水、火、醋、酱、盐、梅来烹调鱼和肉,用柴火烧煮,厨师调和味道,使各种味道恰到好处,强调"和"是不同事物的协调配合,相互补充,从而达到和谐的状态。而"同"则如同以水调味水,单调乏味,意味着盲目附和,没有不同意见的交流碰撞。

　　晏子以生动的比喻阐释了"和而不同"的重要性。在社会中,人们应该追求"和",尊重彼此的差异,允许不同观点的存在,通过交流、协商达成和谐共处,共同推动社会的进步与发展。"和"强调的是多样性的统一与协调,是不同元素相互融合、相互补充所形成的一种和谐状态。它代表着一种包容、开放的思维方式,能够使各种差异得以共存,从而促进事物的发展与进步。而"同"则表示简单的一致、雷同,缺乏内在的丰富性和活力。正因为晏子懂得"和而不同"的道理,所以他在正确处理君臣关系的同时,既能遵从自己内心,保持自我独立人格,又能适当地发表自己的独特见解。

1. 什么是"和"？什么是"同"？为什么要"和而不同"？
2. 结合历史，谈谈"和而不同"的现实意义。

3. 清华大学王观堂先生纪念碑铭

陈寅恪

海宁王先生[1]自沉后二年,清华研究院同仁咸怀思不能自已。其弟子受先生之陶冶煦育者有年,尤思有以永其念。佥[2]曰:宜铭之贞珉[3],以昭示于无竟。因以刻石之词命寅恪,数辞不获已,谨举先生之志事,以普告天下后世。其词曰:士之读书治学,盖将以脱心志于俗谛[4]之桎梏,真理因得以发扬。思想而不自由,毋宁死耳。斯古今仁圣所同殉之精义,夫岂庸鄙之敢望。先生以一死见其独立自由之意志,非所论于一人之恩怨,一姓之兴亡。呜呼!树兹石于讲舍,系哀思而不忘。表哲人之奇节,诉真宰[5]之茫茫。来世不可知者也,先生之著述,或有时而不章。先生之学说,或有时而可商。惟此独立之精神,自由之思想,历千万祀,与天壤而同久,共三光[6]而永光。

(选自《金明馆丛稿二编》,生活·读书·新知三联书店,2001年)

作者风采

陈寅恪(1890—1969),中国历史学家。江西义宁(今修水)人。先后在德国柏林大学、瑞士苏黎世大学、法国巴黎政治学校和美国哈佛大学学习达十余年。1925年起,任清华大学、西南联合大学、岭南大学等校教授。中华人民共和国成立后,任中山大学教授、中央文史馆副馆长。对魏晋南北朝史、隋唐史、蒙古史,以及梵文、突厥文、西夏文等古文字和佛教经典,均有精湛研究,为国内外学者所推崇。著有《隋唐制度渊源略论稿》《唐代政治史述论稿》《元白诗笺证稿》《柳如是别传》《寒柳堂集》等。有《陈寅恪集》。

阅读提示

说起"独立之精神,自由之思想"这句话,大家或许都有所耳闻,只是少有人推究来源何处。在这篇碑铭中,你不但可以知其源,而且可以感受到陈寅恪先生的文辞古朴典雅,情感真挚深沉,饱含对王国维的缅怀与敬重。本篇高度概括了王国维的学术成就与人格魅力,展现了王国

---

[1] 海宁王先生:即王国维(1877—1927),字伯隅、静安,号观堂、永观,浙江嘉兴海宁人,清末秀才。我国近现代在文学、美学、史学、哲学、古文字学、考古学等方面成就卓著的学术巨子。生平著述60余种,批校的古籍逾200种,主要代表作有《红楼梦评论》、《人间词话》、《宋元戏曲考》(后易名为《宋元戏曲史》)、《殷周制度论》等。
[2] 佥(qiān):全、都。
[3] 贞珉:石刻碑铭的美称,犹如贞石。
[4] 俗谛:佛教名词,指世俗的道理。佛家的道理叫真谛。
[5] 真宰:天为万物的主宰,故称真宰。《庄子·齐物论》:"必有真宰,而特不得其朕。"杜甫有诗云:"吞声勿复道,真宰意茫茫。"
[6] 三光:日、月、星。《庄子·说剑》:"上法圆天,以顺三光。"又以日、月、五星合称"三光"。

维对真理的执着追求,见证了特定时代的学术辉煌与新旧交替下的文化困境。

关于王国维自沉,世间有种种妄测,但此碑铭以一种极高的境界解答了原因,用简洁明了的文字介绍了王国维先生的生平和学术贡献,称他"以一死见其独立自由之意志,非所论于一人之恩怨、一姓之兴亡",碑文字里行间皆情真意切。此碑随后点明思想之自由于人格之重要,一句"思想而不自由,毋宁死"堪为全文旨要所在。接着碑文以深沉的笔触,阐述了王国维先生的学术思想和人格精神,高度赞扬了他的"独立之精神,自由之思想",一句"惟此独立之精神,自由之思想,历千万祀,与天壤而同久,共三光而永光",不仅是对王国维先生文格与人格无双的赞扬,更是对所有学者的期许和勉励。于是,此碑文能成为无数学子心境发展的动力,乃至一生的座右铭。

陈寅恪出生于传统的书香门第,自幼便接受了系统的国学教育,对文言文有着深入的学习和理解,始终尊崇和热爱中国传统文化,坚持文言文写作,表达自己对自由、独立以及对学术尊严的坚守。在他看来,用文言文写作是不屈从于外界压力的体现。在陈寅恪所处的时代,政治和社会环境复杂多变,学术研究也容易受到各种因素的影响,但其不随波逐流、保持学术独立和精神自由的毕生追求,堪称为"独立思想与人格之担当"。

思 考 题

1. 在现代,如何理解"惟此独立之精神,自由之思想,历千万祀,与天壤而同久,共三光而永光"的含义?
2. 有人说"和而不同"之前提,乃"独立之精神,自由之思想",请谈谈你的看法?
3. 碑铭文体的语言常庄重典雅,情感颇为深沉真挚,主旨表达深刻凝练,结合本篇,找出相应特点的句子。

4. 当众人都哭时,应该允许有的人不哭

莫 言

近年来,国家拿出了基金,向海外推介中国的文学,好像已成立了好几个专门的班子,选出了一批向外推介的书目。终于由被别人选择变成由自己选择。任何选择都是偏颇的。鲁迅先生曾说:"选本所显示的,往往并非作者的特色,倒是选者的眼光。"一个人的选择必受到他的审美偏好的左右,一个班子的选择也必受到某种价值观念的左右,因此多一个班子就多一种眼光,多一种眼光就多一些发现,多一些发现就可能让海外的读者较为全面地了解中国文学的面貌。我看到有些报道里说我是被翻译成外文最多的中国当代作家,也是在海外知名度较高的中国当代作家之一,我想这个事实的形成有复杂的原因。这很可能是个历史性的错误。我深知中国当代有许多比我优秀的作家,我向西方翻译家推荐过的作家不少于二十人,我盼望着他们的作品尽快地更多地被翻译出去,将我这样的老家伙尽快覆盖。

文学作品被翻译成外文,在海外出版,实际上才是传播的真正开始。书被阅读,被感悟,被正读,被误读,被有的读者捧为圭臬,被有的读者贬为垃圾,在有的国家洛阳纸贵,在有的国家无人问津。对于一个作家,想象一下这种情景,既感到欣慰快乐,又感到无可奈何。俗话说:"儿大不由爷",书被翻译出去,就开始了它独自的历险,就像一个人有自己的命运一样,一本书也有自己的命运。上世纪30年代有人讽刺鲁迅,说拿了他的《呐喊》到露台上去大便。鲁迅说《呐喊》的纸张太硬,只怕有伤先生的尊臀,将建议书局,下次再版时,用柔软的纸张。

我这样的作家,自然不具备鲁迅的雅量。听说别人用我的小说当厕纸,嘴里不敢说,但心里还是不高兴。听到别人赞扬自己的小说,嘴里不好意思说,心里还是很舒坦。尽管我作为一个作者,根本无法干预西方读者对自己小说的解读,但总还是心存着一线希望,希望读者能从纯粹文学和艺术的角度来解读自己的作品。米兰·昆德拉[1]就他的新书《相遇》在台湾出版,特意写给台湾读者一封信,他说:"所有我小说的故事都发生在欧洲,也就是在一个台湾人所不能了解太多的政治与社会状况当中。但我更感幸运能由你们的语言出版,因为一个小说家最深的意图并不在于一个历史状况的描写。对他来说,没有比读者在他的小说中寻找对一个政治制度的批评来得更糟的。吸引小说家的是人,是人的谜,和他在无法预期的状态下的行为,直到存在迄今未知的面相浮现出来。这就是小说家为什么每每在远离他小说所设定的国家的地方得到最佳的理解。"

我不敢说在米兰·昆德拉之前我说过类似的话,尽管我确实说过类似的话。我不敢说米兰·昆德拉说出了我的心里话,只能说我同意米兰·昆德拉的话。我多次说过,文学不能脱离政治,但好的文学应该大于政治。好的文学能够大于政治的最重要的原因,就是因为好的文学是写人的,人的情感,人的命运,人的灵魂中的善与美,丑与恶,只有这样的东西才能引发读者的共鸣。政治问题能够激发作者的创作灵感,但作者最终关注的是在这个特殊的环境中的人。我

---

[1] 米兰·昆德拉:小说家,1929年生于捷克斯洛伐克布尔诺。1948年,到布拉格查理大学学习。1967年,他的第一部长篇小说《玩笑》出版,获得巨大成功。1975年移居法国。他的作品充满人生智慧,曾多次获得国际文学奖,并多次被提名为诺贝尔文学奖的候选人。主要作品有《笑忘录》《不能承受的生命之轻》《被背叛的遗嘱》《不朽》等。

知道有一些国外的读者希望从中国作家的小说里读出中国社会的政治、经济等种种现实,这是他们的自由,我们无权干涉。但我也相信,肯定会有很多的读者,是用文学的眼光来读我们的作品,如果我们的作品写得足够好,这些海外的读者会忘记我们小说中的环境,他们会从我们小说的人物身上,读到他自己的情感和思想。

推介是选择,翻译是选择,阅读也是选择。尽管作为作者我对读者有自己的希望,但也仅仅是希望而已。尊重别人的选择,是社会进步的一种表现。

我想讲一个小小的关于选择的故事。新年的时候,我回故乡去看我的父亲。我父亲告诉我,我的一个小学同学,因为跳到冰河里救一头小猪,自己却被淹死了。这个同学的死让我感到十分难过,因为我曾伤害过他。那是1964年春天,学校组织我们去公社驻地参观阶级教育展览馆,一进展览馆,一个同学带头号哭,所有的同学都跟着大放悲声。有的同学跺着脚哭,有的同学拍着胸膛哭。我哭出了眼泪,舍不得擦掉,希望老师们能够看到。在这个过程中,我偶一回头,看到我那位同学,瞪着大眼,不哭,用一种冷冷的目光在观察着我们。当时,我感到十分愤怒:大家都泪流满面,哭声震天,他为什么不流泪也不出声呢?参观完后,我把这个同学的表现向老师作了汇报。老师召集班会,对这个同学展开批评。你为什么不哭?你的阶级感情到哪里去了?你如果出身于地主富农家庭,不哭还可以理解,但你出身于贫农家庭啊!任我们怎么质问,这位同学始终一言不发。过了不久这位同学就退学了。我后来一直为自己的告密行为感到愧疚,并向老师表达过这种愧疚。老师说,来反映这件事的,起码有20个同学。因此这行为不能算告密,而是一种觉悟。老师还说,其实,有好多同学,也哭不出来,他们偷偷地将唾沫抹在脸上冒充眼泪。

我想说这个不哭的人就是作家的人物原型,就像我的小说《生死疲劳》里所描写的那个单干户蓝脸一样,当所有的人都加入了人民公社,只有他坚持单干,任何威逼、利诱、肉体打击、精神折磨都不能改变他。这两个人物,不哭的人和单干的人,都处在政治的包围之中,但他们战胜了政治,也战胜了那些骂他、打他、往他脸上吐唾沫的人。

文学可以告诉人们的很多,我想通过我的文学告诉读者的是:当众人都哭时,应该允许有的人不哭。

[选自《上海文汇报》,2010-04-03(7)]

作者风采

莫言,1955年生于山东高密,原名管谟业,中国当代著名作家。1978年开始文学创作生涯,以一系列乡土作品崛起于中国文坛。1986年毕业于解放军艺术学院文学系,同年发表中篇小说《红高粱》,在文坛引起轰动。1991年,获北京师范大学鲁迅文学院文艺学硕士学位。1997年,以长篇小说《丰乳肥臀》夺得中国有史以来最高额的"大家文学奖",从此屡获文学大奖。2011年,长篇小说《蛙》获第八届茅盾文学奖。2012年,莫言获得诺贝尔文学奖。

阅读提示

"当众人都哭时,应该允许有的人不哭",莫言的这句话如一道独特的光,照亮了我们对个性的思考。世界正因为个性真实,才充满光亮、五彩斑斓。文中提到的"选择"问题,既强调了个性的发展,也强调了"尊重别人的选择,是社会进步的一种表现"。莫言的作品常常关注社会现实和人性,这种风格也反映在他的文学创作中。他的作品中既有对历史、社会问题的揭示,也有对人性中善与恶、美与丑的深入挖掘,同时也尊重每个人物的独特性和他们在特定环境下的选择。

"选择",是每个人经常要面临的问题,"推介是选择,翻译是选择,阅读也是选择",多数人支持的选择或许是正确的,但会一直正确吗?莫言在提醒我们,世界是丰富多彩的,人的情感也是复杂多样的,我们不能强求所有人都按照同一种模式去感受和表达,我们应该尊重那些与众不同的声音和行为。当大家都在为成功欢呼雀跃时,也许有人会保持冷静,看到成功背后的隐患;当大家都在盲目跟风时,也许有人会坚守自己的信念,走一条不同的道路。

"不讲个性,只讲共性"的观点是极端的,我们庆幸自己没有生活在苛求"千篇一律"的社会,鲁迅的"掊物质而张灵明,任个人而排众数",在今天仍然给予我们启迪意义。

走进莫言的文章,我们会发现,他常以风格大胆、天马行空的想象,呈现荒诞历史与复杂人性,其语言泼辣鲜活,敢于触碰敏感题材,将一个独特而震撼的文学世界展现在我们面前。

思 考 题

1. 本文作者说,"文学不能脱离政治,但好的文学应该大于政治"。对于这句话,你是怎么看的?
2. 如何看待"当众人都哭时,应该允许有的人不哭"?

5. 我的世界观[1]

阿尔伯特·爱因斯坦

我们这些总有一死的人的命运是多么奇特呀！我们每个人在这个世界上都只作一个短暂的逗留；目的何在，却无所知，尽管有时自以为对此若有所感。但是，不必深思，只要从日常生活就可以明白：人是为别人而生存的——首先是为那样一些人，他们的喜悦和健康关系着我们自己的全部幸福；然后是为许多我们所不认识的人，他们的命运通过同情的纽带同我们密切结合在一起。我每天上百次地提醒自己：我的精神生活和物质生活都依靠着别人（包括生者和死者）的劳动，我必须尽力以同样的分量来报偿我所领受了的和至今还在领受着的东西。我强烈地向往着俭朴的生活。并且时常为发觉自己占用了同胞的过多劳动而难以忍受。我认为阶级的区分是不合理的，它最后所凭借的是以暴力为根据。我也相信，简单淳朴的生活，无论在身体上还是在精神上，对每个人都是有益的。

我完全不相信人类会有那种在哲学意义上的自由。每一个人的行为，不仅受着外界的强迫，而且还要适应内在的必然。叔本华[2]说："人虽然能够做他所想做的，但不能要他所想要的。"这句话从我青年时代起，就对我是一个真正的启示；在我自己和别人的生活面临困难的时候，它总是使我们得到安慰，并且永远是宽容的源泉。这种体会可以宽大为怀地减轻那种容易使人气馁的责任感，也可以防止我们过于严肃地对待自己和别人；它还导致一种特别给幽默以应有地位的人生观。

要追究一个人自己或一切生物生存的意义或目的，从客观的观点看来，我总觉得是愚蠢可笑的。可是每个人都有一定的理想，这种理想决定着他的努力和判断的方向。就在这个意义上，我从来不把安逸和享乐看作是生活目的本身——这种伦理基础，我叫它猪栏的理想。照亮我的道路，并且不断地给我新的勇气去愉快地正视生活的理想，是真、善和美。要是没有志同道合者之间的亲切感情，要不是全神贯注于客观世界——那个在艺术和科学工作领域里永远达不到的对象，那么在我看来，生活就会是空虚的。人们所努力追求的庸俗的目标——财产、虚荣、奢侈的生活——我总觉得都是可鄙的。

我对社会正义和社会责任的强烈感觉，同我显然地对别人和社会直接接触的淡漠，两者总是形成古怪的对照。我实在是一个"孤独的旅客"，我未曾全心全意地属于我的国家，我的家庭，我的朋友，甚至我最接近的亲人；在所有这些关系面前，我总是感觉到有一定距离并且需要保持孤独——而这种感受正与年俱增。人们会清楚地发觉，同别人的相互了解和协调一致是有限度的，但这不足惋惜。这样的人无疑有点失去他的天真无邪和无忧无虑的心境；但另一方面，他却能够在很大程度上不为别人的意见、习惯和判断所左右，并且能够不受诱惑要去把他的内心平衡在这样一些不可靠的基础之上。

我的政治理想是民主主义。让每一个人都作为个人而受到尊重，而不让任何人成为崇拜的

---

[1] 本文最初发表于1930年，原题《我的信仰》(What I Believe)。
[2] 叔本华(1788—1860)：德国哲学家，唯意志论的创始人和主要代表之一。曾在柏林大学任教。致力于柏拉图、康德哲学的研究，认为意志是宇宙的本质。

偶像。我自己受到了人们过分的赞扬和尊敬,这不是由于我自己的过错,也不是由于我自己的功劳,而实在是一种命运的嘲弄。其原因大概在于人们有一种愿望,想理解我以自己的微薄绵力通过不断的斗争所获得的少数几个观念,而这种愿望有很多人却未能实现。我完全明白,一个组织要实现它的目的,就必须有一个人去思考,去指挥,并且全面负担起责任来。但是被领导的人不应当受到压迫,他们必须有可能来选择自己的领袖。在我看来,强迫的专制制度很快就会腐化堕落。因为暴力所招引来的总是一些品德低劣的人,而且我相信,天才的暴君总是由无赖来继承,这是一条千古不易的规律。就是这个缘故,我总是强烈地反对今天我们在意大利和俄国所见到的那种制度。像欧洲今天所存在的情况,使得民主形势受到了怀疑,这不能归咎于民主原则本身,而是由于政府的不稳定和选举制度中与个人无关的特征。我相信美国在这方面已经找到了正确的道路。他们选出了一个任期足够长的总统,他有充分的权利来真正履行他的职责。另一方面,在德国的政治制度中,我所重视的是,它为救济患病或贫困的人做出了比较广泛的规定。在人生的丰富多彩的表演中,我觉得真正可贵的,不是政治上的国家,而是有创造性的、有感情的个人,是人格;只有个人才能创造出高尚的和卓越的东西,而群众本身在思想上总是迟钝的,在感觉上也总是迟钝的。[1]

讲到这里,我想起了群众生活中最坏的一种表现,那就是使我厌恶的军事制度。一个人能够洋洋得意地随着军乐队在四列纵队里行进,单凭这一点就足以使我对他轻视。他所以长了一个大脑,只是出于误会;单单一根脊髓就可满足他的全部需要了。文明国家的这种罪恶的渊薮,应当尽快加以消灭。由命令而产生的勇敢行为,毫无意义的暴行,以及在爱国主义名义下一切可恶的胡闹,所有这些都使我深恶痛绝[2]!在我看来,战争是多么卑鄙、下流!我宁愿被千刀万剐,也不愿参与这种可憎的勾当。尽管如此,我对人类的评价还是十分高的,我相信,要是人民的健康感情没有被那些通过学校和报纸而起作用的商业利益和政治利益蓄意进行败坏,那么战争这个妖魔早就该绝迹了。

我们所能有的最美好的经验是奥秘的经验。它是坚守在真正艺术和真正科学发源地上的基本感情。谁要体验不到它,谁要是不再有好奇心也不再有惊讶的感觉,他就无异于行尸走肉,他的眼睛是迷糊不清的。就是这样奥秘的经验——虽然掺杂着恐怖——产生了宗教。我们认识到有某种为我们所不能洞察的东西存在,感觉到那种只能以其最原始的形式为我们感受到的最深奥的理性和最灿烂的美——正是这种认识和这种情感构成了真正的宗教感情;在这个意义上,而且也只是在这个意义上,我才是一个具有深挚的宗教感情的人。我无法想象一个会对自己的创造物加以赏罚的上帝,也无法想象它会有像在我们自己身上所体验到的那样一种意志。[3]我不能也不愿去想象一个人在肉体死亡以后还会继续活着;让那些脆弱的灵魂,由于恐惧或者由于可笑的唯我论,去拿这种思想当宝贝吧!我自己只求满足于生命永恒的奥秘,满足于觉察现实世界的神奇的结构,窥见它的一鳞半爪,并且以诚挚的努力去领悟在自然界中显示出来的那个理性的一部分,即使只是其极小的一部分,我也就心满意足了。

[选自《爱因斯坦文集》(第三卷),商务印书馆,1979年]

---

〔1〕 个人:这里所指的个人,是指"有创造性的、有感情的个人,是人格",不是平庸、无情的个人。群众:这里所指的群众,是指"在思想上总是迟钝的,在感觉上也总是迟钝的"庸众。

〔2〕 深恶痛绝:以上这段议论,是作者对当时意大利墨索里尼、德国希特勒法西斯专制势力正企图掀起战争暴力和其他种种暴行的严厉斥责。

〔3〕 无法想象:这表明作者怀有的并不是一般意义上的宗教感情,而是深刻关怀人类福祉的那种挚爱之情。

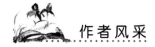 **作者风采**

阿尔伯特·爱因斯坦(Albert Einstein,1879—1955),美国和瑞士双国籍的犹太裔物理学家,相对论的创立者,20世纪最伟大的科学家之一,20世纪物理学革命的旗手、集大成者和奠基人,同时也是一位著名的思想家和哲学家。1921年获得诺贝尔物理学奖。1933年希特勒上台后,他因其犹太人身份受到迫害,赴美国任普林斯顿高等学术研究院教授。1940年加入美国籍,同时保留瑞士国籍。

20世纪初,爱因斯坦提出了一系列的科学理论,断言物质和能量的相对性,给空间、时间和引力都赋予了新概念,因而名闻天下。他所创建的相对论成为现代物理学的理论基础之一。爱因斯坦作为人类历史上一位伟大的科学家、创新天才,其伟大之处不仅在于他杰出的科学成就,更在于他恢宏的胸襟和崇高的人格。热爱真理,追求正义,深切关怀社会进步,是他无穷探索、一生奋斗的精神动力。除科学研究外,他还留下许多对政治、社会、人生感悟的文字,这些同样给世人以巨大且深刻的影响。著有《爱因斯坦文集》。

 **阅读提示**

在探寻爱因斯坦那深邃而广阔的心灵宇宙时,我们仿佛进入到一场关于生命真谛与宇宙奥秘的温柔对话。这位科学巨匠以他独有的方式,向我们娓娓道来他的人生观与世界观。文中,爱因斯坦坦诚地分享了对自己、他人生活方式的看法,追求民主、反对战争的坚守,同时也从哲学层面展现了其独特的"宇宙宗教情怀"和实践检验真理的科学研究方法。《我的世界观》阐述了爱因斯坦深邃的思想、坦荡的胸怀和高尚的人格,让我们看到了一个伟大科学家对人生、社会、科学等诸多方面的深刻思考和独特见解。在他的世界里,科学探索与人文精神交相辉映,共同构筑了他独特的精神家园。

爱因斯坦在文章开头就明白宣告——"人是为别人而生存的",这也是他的人生基本理念。这种观点促使他关心人类的福祉,积极参与社会事务,为推动社会的发展贡献自己的力量。他每日自省,深知无论是心灵的滋养还是物质的富足,皆源于他人的辛勤与奉献;他认同简朴的生活方式,认为物质的追求不应成为人生的主要目标;他主张对别人要足够宽容,理解和接纳每个人的优点和不足。

从青年时起,爱因斯坦就认同一个观点——"人虽然能够做他所想做的,但不能要他所想要的",在生活困顿时给予他慰藉,并且永远教导他怀宽容之心。虽能行己所愿,却未必能得己所求。这份清醒与自省,让他在纷扰的世界中保持了一份难能可贵的平和与宽容。

爱因斯坦的政治理想是民主主义,强调每个人都应该是独立的个体,应受到尊重,而不应将任何人奉为崇拜的偶像。他反对专制制度,认为强迫的专制制度会很快腐化堕落,因为暴力所招来的往往是品德低劣的人。他反对战争,对战争深恶痛绝,尤其是第二次世界大战期间,他积极呼吁和平,反对一切暴力和冲突。他认为战争给人类带来了巨大的痛苦和灾难,只有通过和平的方式才能解决国际的矛盾和问题。

1. 结合这篇文章,请你对爱因斯坦在科学研究和社会进步方面对人类的巨大贡献进行简要评价,并分析其成就与其世界观之间的关系。
2. 你认可爱因斯坦"人是为别人而生存的"观点吗?从中你可以看出他的什么精神?
3. 自然科学家是否要关心政治,追求真善美呢?政治、人性与科学家的关系是怎样的?各学科间的融汇、交流是否有必要呢?

1. 惠能著:《坛经》
2. 南怀瑾著:《老子他说》
3. 郭齐勇著:《中国文化精神的特质》
4. 亨德里克·威廉·房龙著:《宽容》
5. 伯特兰·罗素著:《西方的智慧》
6. 郑乐隽著:《逻辑的力量》

1. 张艺谋导演:电影《红高粱》
2. 迈克尔·莱德福导演:电影《威尼斯商人》

第六讲 我爱这土地

1. 炉中煤——眷念祖国的情绪
2. 雪落在中国的土地上
3. 祖国土
4. 听听那冷雨
5. 月是故乡明
6. 我们究竟应当不应当爱国

本讲导读

▶看微课

  中华优秀传统文化源远流长、博大精深，是中国人民在长期生产生活中积累的宇宙观、天下观、社会观、道德观的重要体现，更是中华文明的智慧结晶。而中华文明是基于农耕文明发展起来的。"农业和游牧或工业不同，它是直接取资于土地的。游牧的人可以逐水草而居，飘忽无定；做工业的人可以择地而居，迁移无碍；而种地的人却搬不动地，长在土里的庄稼行动不得，侍候庄稼的老农也因之像是半身插入了土里，土气是因为不流动而发生的。"(费孝通《乡土中国》)。中国因长期稳定的聚族而居形成了浓厚的家庭观念和强烈的乡土眷恋。思乡成为中国传统文化的一大主题，乡愁也成为积淀在中华民族性格深处的一种代代相传的文化基因。"为什么我的眼里常含泪水，因为我对这土地爱的深沉。"(艾青《我爱这土地》)

  乡关之恋可以是一种空间体验，是基于地理意义上的空间认同感。地球的每一寸土地都可以养育生命，但对于人来说，这个世界上，只有一个地方叫作故乡，那是人一生中最魂牵梦萦的地方。"每个人都有个故乡，人人的故乡都有个月亮"，但是"人人都爱自己的故乡的月亮"(季羡林《月是故乡明》)，不就是这样的空间认同吗？在中国语义中，"家"和"故乡"在很多时候是互通的。当我们为生存、为理想而背井离乡，漂泊他方的时候，常将满怀的思乡愁绪寄托于文字。古诗云："羁鸟恋旧林，池鱼思故渊。"对于离乡背井的人来说，身处异域，文化寻根就是对自己"文化身份"的一种追索。所以，余光中在《听听那冷雨》中聆听到的不仅仅是当下的离愁，还有远方故土传来呼唤游子归来的呢喃。这冷雨声中有乡音，这冷雨声中有乡土味，饱含着作者情系祖国大陆、思念故园的强烈情感。

  乡关之恋可以是一种时间感悟，是记忆碎片的钩沉，是对远去时光的依恋。人的认识是随着时间的推移而逐渐积累起来的。在年少时期，我们懵懂无知，在生我养我的故土度过的是无忧无虑的单纯的生活。所以，人们对乡土的观念大多来自于童年的记忆，故乡为人的成长提供了最原始的土壤。故乡的一草一木、世事变迁，都深深地影响着每一个人的成长。所以，童年的故乡是停留在记忆中，永远都抹不去的。当我们站在时间延长线的瞬间终点，穿过岁月的风尘，回首生于斯长于斯的土地，岁月的苍茫和物是人非的感慨往往堵在心头，酵变成相思的酒。"儿时家山，早已经不存在了，变成了我心灵中的一个虚无缥缈的梦境。"(高尔泰《寻找家园》)时空交错，人物变迁，最是游子所不愿看到的。

  乡关之恋可以是一方精神家园，是家国情怀在每一位中华儿女身上的烙印。乡土的观念在中国文化尤其是儒家文化的影响下升华为国家观念，内化为每个中国人的精神人格。每当国土危急、山河破碎之际，中华儿女的心中都会激起强烈的爱国热情，"怀乡的旋律与忧国的旋律……遂浑然为一，家亦国，国亦家，不复有区别，融汇为极悲壮深沉的时代音调"(胡晓明《中国诗学之精神》)。在中国文学童年时代的《诗经·采薇》中，虽然表达了徭役征战的艰苦，但我们更看到了战士征战沙场的责任感："靡室靡家，猃狁之故……岂不日戒？猃狁孔棘。"爱国的感情总是在民族危难时刻显得急切和澎湃。郭沫若《炉中煤——眷念祖国的情绪》中抒发了主人公对祖国的强烈思念，寄寓着诗人以身许国、积极进取的爱国精神，正是当时有识之士家国情怀的真实体现。而当民族危机的阴影笼罩在祖国大地上空时，当象征白色恐怖的"雪"落在中国的土地上时,艾青把自己满腔的爱国热情与劳苦大众紧密相连:"我的生命/也像你们的生命/一样的憔悴呀",即使诗人未能力挽狂澜,却依然希望能给国人带去"些许的温暖"。这是一个满怀正义和激愤之情的诗人所唱出的一支深沉而激越的爱国之歌(艾青《雪落在中国的土地上》)。

我们也应看到,当乡关之恋升华为爱国精神后,盲从与冲动,功利与私心,都可能在这里找到一个藏身之所。时局变化、风云际会之时,"爱国"两字更是容易被人利用,那么我们应该怎样去认识、怎样去表达我们的爱国情感?陈独秀在《我们究竟应不应当爱国》中告诉我们:"我以为若是用理性做感情冲动的基础,那感情才能够始终热烈坚固不可摇动。"

(李颖中)

圆桌议题

纵观中外文学,思乡恋土情结是各国文学家所钟情的主题,但在不同社会文化的影响下,中外文学在思乡恋土主题创作中呈现出不同的风格。请同学们结合自身阅读体验,交流其中的不同,并分析产生差异的原因。

1. 炉中煤——眷念祖国的情绪

郭沫若

啊,我年青的女郎!
我不辜负你的殷勤,
你也不要辜负了我的思量。
我为我心爱的人儿
燃到了这般模样!

啊,我年青的女郎!
你该知道了我的前身?
你该不嫌我黑奴卤莽?
要我这黑奴的胸中,
才有火一样的心肠。

啊,我年青的女郎!
我想我的前身
原本是有用的栋梁,
我活埋在地底多年,
到今朝总得重见天光。

啊,我年青的女郎!
我自从重见天光,
我常常思念我的故乡,
我为我心爱的人儿
燃到了这般模样!

一九二〇年一、二月间作
(选自《女神》,人民文学出版社,1958年)

作者风采

郭沫若(1892—1978),原名郭开贞,四川乐山人。中国现代著名诗人、剧作家、历史学家和考古学家。郭沫若在童年时期接触了大量古典文学作品,对诗歌产生了浓厚的兴趣。1914年赴日本留学,先就读于东京第一高等学校预科,后考入福冈九州帝国大学医学部。留学期间,郭沫若阅读了泰戈尔、歌德、雪莱等大量外国思想家和文学家的作品。其中的浪漫主义思想深刻地影响了郭沫若诗歌的主题倾向、艺术风格乃至整个审美观念。他的第一本诗集《女神》以崭新的内容和形式,开一代诗风,堪称中国现代新诗的奠基之作。

阅读提示

本文选自郭沫若第一部诗集《女神》,这部诗集完整地体现了诗人对"五四"精神的理解。五四运动以后的中国,在诗人眼里就像是年轻的女郎,而诗人则自拟为深埋地底多年的煤炭,用熊熊燃烧的炉火表达对祖国的真挚热爱。诗分四节,既有新诗的语言形式,又有古体诗的韵律与比兴,重章叠句,一唱三叹。

思 考 题

1. 这首诗歌描绘了怎样一个赤子的形象?
2. 闻一多评论说:"有人讲文艺作品是时代的产儿。《女神》不愧为时代的一个肖子。"请你谈谈"时代的肖子"应如何理解?

2. 雪落在中国的土地上

艾 青

雪落在中国的土地上,
寒冷在封锁着中国呀……

风,
像一个太悲哀了的老妇,
紧紧地跟随着
伸出寒冷的指爪
拉扯着行人的衣襟,
用着像土地一样古老的话
一刻也不停地絮聒着……

那丛林间出现的,
赶着马车的
你中国的农夫
戴着皮帽
冒着大雪
你要到哪儿去呢?

告诉你
我也是农人的后裔——
由于你们的
刻满了痛苦的皱纹的脸
我能如此深深地
知道了
生活在草原上的人们的
岁月的艰辛。

而我
也并不比你们快乐啊
——躺在时间的河流上
苦难的浪涛
曾经几次把我吞没而又卷起——
流浪与监禁
已失去了我的青春的

最可贵的日子,
我的生命
也像你们的生命
一样地憔悴呀

雪落在中国的土地上,
寒冷在封锁着中国呀……

沿着雪夜的河流,
一盏小油灯在徐缓地移行,
那破烂的乌篷船里
映着灯光,垂着头
坐着的是谁呀?

——啊,你
蓬发垢面的少妇,
是不是
你的家
——那幸福与温暖的巢穴——
已被暴戾的敌人
烧毁了么?
是不是
也像这样的夜间,
失去了男人的保护,
在死亡的恐怖里
你已经受尽敌人刺刀的戏弄?

咳,就在如此寒冷的今夜,
无数的
我们的年老的母亲
都蜷伏在不是自己的家里,
就像异邦人
不知明天的车轮
要滚上怎样的路程……
——而且
中国的路
是如此的崎岖
是如此的泥泞呀。

雪落在中国的土地上，
寒冷在封锁着中国呀……

透过雪夜的草原
那些被烽火所啮啃着的地域，
无数的，土地的垦殖者
失去了他们所饲养的家畜
失去了他们肥沃的田地
拥挤在
生活的绝望的污巷里；
饥馑的大地
朝向阴暗的天
伸出乞援的
颤抖着的两臂。

中国的苦痛与灾难
像这雪夜一样广阔而又漫长呀！

雪落在中国的土地上，
寒冷在封锁着中国呀……

中国，
我的在没有灯光的晚上
所写的无力的诗句
能给你些许的温暖么？

一九三七年十二月二十八日夜间
（选自《艾青诗选》，人民文学出版社，1997年）

作者风采

　　艾青（1910—1996），原名蒋正涵，号海澄，浙江省金华人，被认为是中国现代诗的代表诗人之一。笔名有莪加、克阿、林壁等，"艾青"是其发表《大堰河——我的保姆》时开始使用的笔名。1928年考入国立杭州西湖艺术学院绘画系，翌年赴法国留学。1932年年初回国，在上海加入中国左翼美术家联盟，从事革命文艺活动，不久被捕，在狱中正式开始诗歌创作，其中的《大堰河——我的保姆》发表后引起轰动，一举成名。1946年任华北联合大学文艺学院副院长。1949年任中央美术学院军代表。1957年被划为右派分子，先后在黑龙江北大荒和新疆农垦部生产建设兵团劳动，1979年回京重返诗坛。

　　出版有诗集《大堰河》《向太阳》《北方》《黎明的通知》等，笔触雄浑，感情强烈，倾诉了对祖国和人民的情感。

阅读提示

艾青是土地的歌者,"土地"是他诗中出现最多的两个意象之一(另一个是"太阳")。"土地"象征着生他养他而又多灾多难的祖国。对"土地"的热爱,是艾青作品咏唱不尽的旋律。本诗写于1937年12月的武汉,1937年是一个值得中华民族永远牢记的年份,日本侵略者发动了"七七事变",侵华的魔爪逐步伸向中国内地。诗人怀着急切想投入战斗的决心来到当时有"抗战中心"之称的武汉,却四处碰壁。失望之余,他在武昌一间阴冷的屋子里,写下了这首著名的诗篇。与《大堰河——我的保姆》中对"大堰河"这个母亲意象直白强烈的亲情宣泄所不同的是,艾青在本文中用"农夫""生活在草原上的人们""少妇""母亲"等这些"土地的垦殖者"的意象来抒发自己对祖国和人民遭受灾难时忧郁感伤的情怀,让人深切地体会到劳苦大众的苦痛与灾难。诗人虽然意识到"中国的路,是如此的崎岖,是如此的泥泞呀",但仍然没有丧失对黎明、光明、希望的向往与追求。他是在用诗歌捍卫自己的精神领地,用诗句去温暖可亲可爱的同胞。

思 考 题

1. 依据本诗的脉络,试论艾青这首诗歌的散文美。
2. 结合本诗谈谈诗人的忧患意识,阐释人生与现实的关系。

3. 祖国土

〔苏联〕安娜·安德烈耶夫娜·阿赫玛托娃

我们不用护身香囊把它带在胸口,
也不用激情的诗为它放声痛哭,
它不给我们苦味的梦增添苦楚,
它也不像是上帝许给的天国乐土。
我们心中不知它的价值何在,
我们也没想拿它来进行买卖,
我们在它上面默默地受难、遭灾,
我们甚至从不记起它的存在。

是的,对我们,这是套鞋上的污泥,
是的,对我们,这是牙齿间的沙砾,
我们把它践踏踩蹦,磨成齑粉——
这多余的,哪儿都用不着的灰尘!

但我们都躺进它怀里,和它化为一体,
因此才不拘礼节地称呼它:"自己的土地。"

1961 年作

(选自《苏联当代诗选》,外国文学出版社,1984 年)

作者风采

安娜·安德烈耶夫娜·阿赫玛托娃(1889—1966),原姓戈连科。苏联著名女诗人。1889 年 6 月 23 日出生于敖德萨一知识分子家庭。1912 年她的第一本诗集《黄昏》问世,1914 年又出版了第二本诗集《念珠》,给她带来了广泛的声誉。1922—1940 年,阿赫玛托娃的作品第一次被禁。1946 年阿赫玛托娃被苏共政治局书记日丹诺夫点名批判,随即被作家协会开除,失去了创作权利,四处漂泊长达六七年,只能靠翻译外国诗歌挣点微薄的稿酬维持生活。在这一时期,著名汉学家费德林与她合作,把中国伟大诗人屈原的《离骚》译成了俄语。到了 20 世纪 50 年代后期彻底恢复名誉,作品被译成多国文字出版。著有《安魂曲》《黄昏》《念珠》《车前草》等,被称为"卓越的苏联诗人"。

阅读提示

阿赫玛托娃在 1946 年被苏共中央批判,进而被剥夺了写作的权利,直到 20 世纪 50 年代后期才彻底恢复名誉。这首诗就发表在其被平反不久的时期。在这首诗中,我们不仅能感受到作者对祖国土地的深厚情感,更能体会作者历经苦难之后依然爱国的博大胸襟。"套鞋上的污泥""牙齿间的沙砾""践踏蹂躏""多余的,哪儿都用不着的灰尘"……诗人在这里以前所未有的独特视角揭示了泥土的双重性:既卑微又博大,既渺小又深沉,既轻贱又厚重。《祖国土》饱含了阿赫玛托娃对祖国土地挚爱终生的情感,在某种程度上代表着我们每一个人类个体对祖国土地深深的情感。

思 考 题

1. 伤痕文学容易出现在个人劫难之后的创作中,但本诗作者却在平反后表达了对祖国土地的深深热爱,请分析其中的原因。
2. 运用对比研究的方法,比较中外爱国主义诗歌的异同。

看微课

4. 听听那冷雨

余光中

惊蛰一过,春寒加剧。先是料料峭峭,继而雨季开始,时而淋淋漓漓,时而淅淅沥沥,天潮潮地湿湿,即连在梦里,也似乎把伞撑着。而就凭一把伞,躲过一阵潇潇的冷雨,也躲不过整个雨季。连思想也都是潮润润的。每天回家,曲折穿过金门街到厦门街迷宫式的长巷短巷,雨里风里,走入霏霏令人更想入非非。想这样子的台北凄凄切切完全是黑白片的味道,想整个中国整部中国的历史无非是一张黑白片子,片头到片尾,一直是这样下着雨的。这种感觉,不知道是不是从安东尼奥尼那里来的。不过那一块土地是久违了,二十五年,四分之一的世纪,即使有雨,也隔着千山万山,千伞万伞。二十五年,一切都断了,只有气候,只有气象报告还牵连在一起。大寒流从那块土地上弥天卷来,这种酷冷吾与古大陆分担。不能扑进她怀里,被她的裙边扫一扫吧也算是安慰孺慕之情。

这样想时,严寒里竟有一点温暖的感觉了。这样想时,他希望这些狭长的巷子永远延伸下去,他的思路也可以延伸下去,不是金门街到厦门街,而是金门到厦门。他是厦门人,至少是广义的厦门人,二十年来,不住在厦门,住在厦门街,算是嘲弄吧,也算是安慰。不过说到广义,他同样也是广义的江南人,常州人,南京人,川娃儿,五陵少年。杏花春雨江南,那是他的少年时代了。再过半个月就是清明。安东尼奥尼的镜头摇过去,摇过去又摇过来。残山剩水犹如是。皇天后土犹如是。纭纭黔首纷纷黎民从北到南犹如是。那里面是中国吗?那里面当然还是中国永远是中国。只是杏花春雨已不再,牧童遥指已不再,剑门细雨渭城轻尘也都已不再。然而他日思夜梦的那片土地,究竟在哪里呢?

在报纸的头条标题里吗?还是香港的谣言里?还是傅聪的黑键白键马思聪的跳弓拨弦?还是安东尼奥尼的镜底勒马洲的望中?还是呢,故宫博物院的壁头和玻璃橱内,京戏的锣鼓声中太白和东坡的韵里?

杏花。春雨。江南。六个方块字,或许那片土就在那里面。而无论赤县也好神州也好中国也好,变来变去,只要仓颉的灵感不灭,美丽的中文不老,那形象,那磁石一般的向心力当必然长在。因为一个方块字是一个天地。太初有字,于是汉族的心灵他祖先的回忆和希望便有了寄托。譬如凭空写一个"雨"字,点点滴滴,滂滂沱沱,淅沥淅沥淅沥,一切云情雨意,就宛然其中了。视觉上的这种美感,岂是什么 rain 也好 pluie 也好所能满足?翻开一部《辞源》或《辞海》,金木水火土,各成世界,而一入"雨"部,古神州的天颜千变万化,便悉在望中,美丽的霜雪云霞,骇人的雷电霹雹,展露的无非是神的好脾气与坏脾气,气象台百读不厌门外汉百思不解的百科全书。

听听,那冷雨。看看,那冷雨。嗅嗅闻闻,那冷雨。舔舔吧,那冷雨。雨在他的伞上,这城市百万人的伞上,雨衣上,屋上,天线上。雨下在基隆港,在防波堤,在海峡的船上,清明这季雨。雨是女性,应该最富于感性。雨气空濛而迷幻,细细嗅嗅,清清爽爽新新,有一点点薄荷的香味,浓的时候,竟发出草和树沐发后特有的淡淡土腥气,也许那竟是蚯蚓蜗牛的腥气吧,毕竟是惊蛰了啊。也许地上的地下的生命,也许古中国层层叠叠的记忆皆蠢蠢而蠕,也许是植物的潜意识和梦吧,那腥气。

第三次去美国,在高高的丹佛他山居了两年。美国的西部,多山多沙漠。千里干旱。天,蓝似安格罗·萨克逊人的眼睛,地,红如印第安人的肌肤,云,却是罕见的白鸟。落基山簇簇耀目的雪峰上,很少飘云牵雾。一来高,二来干,三来森林线以上,杉柏也止步,中国诗词里"荡胸生层云",或是"商略黄昏雨"的意趣,是落基山上难睹的景象。落基山岭之胜,在石,在雪。那些奇岩怪石,相叠互倚,砌一场惊心动魄的雕塑展览,给太阳和千里的风看。那雪,白得虚虚幻幻,冷得清清醒醒,那股皑皑不绝一仰难尽的气势,压得人呼吸困难,心寒眸酸。不过要领略"白云回望合,青霭入看无"的境界,仍须回来中国。台湾湿度很高,最饶云气氤氲雨意迷离的情调。两度夜宿溪头,树香沁鼻,宵寒袭肘,枕着润碧湿翠苍苍交叠的山影和万籁都歇的岑寂,仙人一样睡去。山中一夜饱雨,次晨醒来,在旭日未升的原始幽静中,冲着隔夜的寒气,踏着满地的断柯折枝和仍在流泻的细股雨水,一径探入森林的秘密,曲曲弯弯,步上山去。溪头的山,树密雾浓,蓊郁的水气从谷底冉冉升起,时稠时稀,蒸腾多姿,幻化无定,只能从雾破云开的空处,窥见乍现即隐的一峰半壑,要纵览全貌,几乎是不可能的。至少入山两次,只能在白茫茫里和溪头诸峰玩捉迷藏的游戏,回到台北,世人问起,除了笑而不答心自闲,故作神秘之外,实际的印象,也无非山在虚无之间罢了。云缭烟绕,山隐水迢的中国风景,由来予人宋画的韵味。那天下也许是赵家的天下,那山水却是米家的山水。而究竟,是米氏父子下笔像中国的山水,还是中国的山水上纸像宋画。恐怕是谁也说不清楚了吧?

雨不但可嗅,可观,更可以听。听听那冷雨。听雨,只要不是石破天惊的台风暴雨,在听觉上总有一种美感。大陆上的秋天,无论是疏雨滴梧桐,或是骤雨打荷叶,听去总有一点凄凉,凄清,凄楚,于今在岛上回味,则在凄楚之外,更笼上一层凄迷了,饶你多少豪情侠气,怕也经不起三番五次的风吹雨打。一打少年听雨,红烛昏沉。二打中年听雨,客舟中,江阔云低。三打白头听雨在僧庐下,这便是亡宋之痛,一颗敏感心灵的一生:楼上,江上,庙里,用冷冷的雨珠子串成。十年前,他曾在一场摧心折骨的鬼雨中迷失了自己。雨,该是一滴湿漓漓的灵魂,窗外在喊谁。

雨打在树上和瓦上,韵律都清脆可听。尤其是铿铿敲在屋瓦上,那古老的音乐,属于中国。王禹偁在黄冈,破如椽的大竹为屋瓦。据说住在竹楼上面,急雨声如瀑布,密雪声比碎玉,而无论鼓琴,咏诗,下棋,投壶,共鸣的效果都特别好。这样岂不像住在竹筒里面,任何细脆的声响,怕都会加倍夸大,反而令人耳朵过敏吧。

雨天的屋瓦,浮漾湿湿的流光,灰而温柔,迎光则微明,背光则幽暗,对于视觉,是一种低沉的安慰。至于雨敲在鳞鳞千瓣的瓦上,由远而近,轻轻重重轻轻,夹着一股股的细流沿瓦槽与屋檐潺潺泻下,各种敲击音与滑音密织成网,谁的千指百指在按摩耳轮。"下雨了",温柔的灰美人来了,她冰冰的纤手在屋顶抚弄着无数的黑键啊灰键,把晌午一下子奏成了黄昏。

在古老的大陆上,千屋万户是如此。二十多年前,初来这岛上,日式的瓦屋亦是如此。先是天黯了下来,城市像罩在一块巨幅的毛玻璃里,阴影在户内延长复加深。然后凉凉的水意弥漫在空间,风自每一个角落里旋起,感觉得到,每一个屋顶上呼吸沉重都覆着灰云。雨来了,最轻的敲打乐敲打这城市,苍茫的屋顶,远远近近,一张张敲过去,古老的琴,那细细密密的节奏,单调里自有一种柔婉与亲切,滴滴点点滴滴,似幻似真,若孩时在摇篮里,一曲耳熟的童谣摇摇欲睡,母亲吟哦鼻音与喉音。或是在江南的泽国水乡,一大筐绿油油的桑叶被啮于千百头蚕,细细琐琐屑屑,口器与口器咀咀嚼嚼。雨来了,雨来的时候瓦这么说,一片瓦说千亿片瓦说,说轻轻地奏吧沉沉地弹,徐徐地叩吧挞挞地打,间间歇歇敲一个雨季,即兴演奏从惊蛰到清明,在零落的坟上冷冷奏挽歌,一片瓦吟千亿片瓦吟。

在日式的古屋里听雨,听四月,霏霏不绝的黄梅雨,朝夕不断,旬月绵延,湿黏黏的苔藓从石阶下一直侵到他舌底,心底。到七月,听台风台雨在古屋顶上一夜盲奏,千罅海底的热浪沸沸被狂风挟来,掀翻整个太平洋只为向他的矮屋檐重重压下,整个海在他的蜗壳上哗哗泻过。不然便是雷雨夜,白烟一般的纱帐里听羯鼓一通又一通,滔天的暴雨滂滂沛沛扑来,强劲的电琵琶忐忐忑忑忐忐忑忑,弹动屋瓦的惊悸腾腾欲掀起。不然便是斜斜的西北雨斜斜,刷在窗玻璃上,鞭在墙上打在阔大的芭蕉叶上,一阵寒濑泻过,秋意便弥漫日式的庭院了。

在日式的古屋里听雨,春雨绵绵听到秋雨潇潇,从少年听到中年,听听那冷雨。雨是一种单调而耐听的音乐,是室内乐是室外乐,户内听听,户外听听,冷冷,那音乐。雨是一种回忆的音乐,听听那冷雨,回忆江南的雨下得满地是江湖,下在桥上和船上,也下在四川在秧田和蛙塘,下肥了嘉陵江下湿布谷咕咕的啼声。雨是潮潮润润的音乐下在渴望的唇上,舐舐那冷雨。

因为雨是最最原始的敲打乐从记忆的彼端敲起。瓦是最最低沉的乐器灰蒙蒙的温柔覆盖着听雨的人,瓦是音乐的雨伞撑起。但不久公寓的时代来临,台北你怎么一下子长高了,瓦的音乐竟成了绝响。千片万片的瓦翩翩,美丽的灰蝴蝶纷纷飞走,飞入历史的记忆。现在雨下下来下在水泥的屋顶和墙上,没有音韵的雨季。树也砍光了,那月桂,那枫树、柳树和擎天的巨椰,雨来的时候不再有丛叶嘈嘈切切,闪动湿湿的绿光迎接。鸟声减了啾啾,蛙声沉了阁阁,秋天的虫吟也减了唧唧。七十年代的台北不需要这些,一个乐队接一个乐队便遣散尽了。要听鸡叫,只有去诗经的韵里寻找。现在只剩下一张黑白片,黑白的默片。

正如马车的时代去后,三轮车的时代也去了。曾经在雨夜,三轮车的油布篷挂起,送她回家的途中,篷里的世界小得多可爱,而且躲在警察的辖区以外。雨衣的口袋越大越好,盛得下他的一只手里握一只纤纤的手。台湾的雨季这么长,该有人发明一种宽宽的双人雨衣,一人分穿一只袖子,此外的部分就不必分得太苛。而无论工业如何发达,一时似乎还废不了雨伞。只要雨不倾盆,风不横吹,撑一把伞在雨中仍不失古典的韵味。任雨点敲在黑布伞或是透明的塑胶伞上,将骨柄一旋,雨珠向四方喷溅,伞缘便旋成了一圈飞檐。跟女友共一把雨伞,该是一种美丽的合作吧。最好是初恋,有点兴奋,更有点不好意思,若即若离之间,雨不妨下大一点。真正初恋,恐怕是兴奋得不需要伞的,手牵手在雨中狂奔而去,把年轻的长发和肌肤交给漫天的淋淋漓漓,然后向对方的唇上颊上尝凉凉甜甜的雨水。不过那要非常年轻且激情,同时,也只能发生在法国的新潮片里吧。

大多数的雨伞想不会为约会张开。上班下班,上学放学,菜市来回的途中,现实的伞,灰色的星期三。握着雨伞,他听那冷雨打在伞上。索性更冷一些就好了,他想。索性把湿湿的灰雨冻成干干爽爽的白雨,六角形的结晶体在无风的空中回回旋旋地降下来,等须眉和肩头白尽时,伸手一拂就落了。二十五年,没有受故乡白雨的祝福,或许发上下一点白霜是一种变相的自我补偿吧。一位英雄,经得起多少次雨季?他的额头是水成岩削成还是火成岩?他的心底究竟有多厚的苔藓?厦门街的雨巷走了二十年与记忆等长,一座无瓦的公寓在巷底等他,一盏灯在楼上的雨窗子里,等他回去,向晚餐后的沉思冥想去整理青苔深深的记忆。前尘隔海。古屋不再。听听那冷雨。

一九七四年春分之夜
(选自《左手的掌纹》,江苏文艺出版社,2003 年)

 **作者风采**

余光中(1928—2017),中国诗人,散文家,评论家。原籍福建永春,生于南京。1950年赴台读书,1952年毕业于台湾大学外文系。1953年参与创办蓝星诗社。1958年赴美进修,翌年获艾奥瓦大学艺术硕士学位。回台湾后任教于台湾东吴大学、台湾师范大学、台湾大学、台湾政治大学等,1974年任香港中文大学教授,晚年担任中山大学外文系教授,兼任文学院院长和外文所所长。有诗集《白玉苦瓜》《天狼星》,散文集《记忆像铁轨一样长》《听听那冷雨》及《分水岭上:余光中评论文集》等。诗作《乡愁》,在海峡两岸有广泛影响。

 **阅读提示**

《听听那冷雨》是余光中的散文代表作,作者用诗化的语言向我们娓娓道来雨中的愁绪。行文之中,我们不见作者的脸庞,却在字里行间分明看见他的身影,浸透在每一个方块字的背后。文无定法,作者在本文中用诗意的手法将文字的美感价值传递到读者面前。细致入微的感官感受、信手拈来的古诗名句、参差有致的重言叠字,使我们进入一个唯美的意境。乡愁使我们认识了余光中,余光中也用他的诗歌和散文,使乡愁成为他的重要的文学主题,"他是厦门人,至少是广义的厦门人,二十年来,不住在厦门,住在厦门街,算是嘲弄吧,也算是安慰"。结合文中多处对江南、四川生活体验的追忆,自嘲之中让读者体会到天涯游子对故土的深深思念和一水相望却难以成行的无奈。

思 考 题

1. 文章通篇都是用第三人称的"他"引领全文,请你谈谈作者这么做的意图。
2. 这篇文章以写乡愁为主题,却无一字写"愁",那作者又是通过哪些办法来表现乡愁的呢?

5. 月是故乡明

季羡林

  每个人都有个故乡，人人的故乡都有个月亮。人人都爱自己故乡的月亮。事情大概就是这个样子。
  但是，如果只有孤零零一个月亮，未免显得有点孤单。因此，在中国古代诗文中，月亮总有什么东西当陪衬，最多的是山和水，什么"山高月小""三潭印月"等等，不可胜数。
  我的故乡是在山东西北部大平原上。我小的时候，从来没有见过山，也不知山为何物。我曾幻想，山大概是一个圆而粗的柱子吧，顶天立地，好不威风。以后到了济南，才见到山，恍然大悟：山原来是这个样子呀。因此，我在故乡里望月，从来不同山联系。像苏东坡说的"月出于东山之上，徘徊于斗牛之间"，完全是我无法想象的。
  至于水，我的故乡小村却大大地有。几个大苇坑占了小村面积一多半。在我这个小孩子眼中，虽不能像洞庭湖"八月湖水平"那样有气派，但也颇有一点烟波浩渺之势。到了夏天，黄昏以后，我在坑边的场院里躺在地上，数天上的星星。有时候在古柳下面点起篝火，然后上树一摇，成群的知了飞落下来。比白天用嚼烂的麦粒去粘要容易得多。我天天晚上乐此不疲，天天盼望黄昏早早来临。
  到了更晚的时候，我走到坑边，抬头看到晴空一轮明月，清光四溢，与水里的那个月亮相映成趣。我当时虽然还不懂什么叫诗兴，但也顾而乐之，心中油然有什么东西在萌动。有时候在坑边玩很久，才回家睡觉。在梦中见到两个月亮叠在一起，清光更加晶莹澄澈。第二天一早起来，到坑边苇子丛里去捡鸭子下的蛋，白白地一闪光，手伸向水中，一摸就是一个蛋。此时更是乐不可支了。
  我只在故乡待了六年，以后就离乡背井，漂泊天涯。在济南住了十多年，在北京度过四年，又回到济南待了一年，然后在欧洲住了近十一年，重又回到北京，到现在已经四十多年了。在这期间，我曾到过世界上将近三十个国家。我看过许许多多的月亮。在风光旖旎的瑞士莱芒湖上，在平沙无垠的非洲大沙漠中，在碧波万顷的大海中，在巍峨雄奇的高山上，我都看到过月亮，这些月亮应该说都是美妙绝伦的，我都异常喜欢。但是，看到它们，我立刻就想到我故乡中那个苇坑上面和水中的那个小月亮。对比之下，无论如何我也感到，这些广阔世界的大月亮，万万比不上我那心爱的小月亮。不管我离开我的故乡多少万里，我的心立刻就飞来了。我的小月亮，我永远忘不掉你！
  我现在已经年近耄耋。住的朗润园是燕园胜地。夸大一点说，此地有茂林修竹，绿水环流，还有几座土山，点缀其间。风光无疑是绝妙的。前几年，我从庐山休养回来，一个同在庐山休养的老朋友来看我。他看到这样的风光，慨然说："你住在这样的好地方，还到庐山去干吗呢！"可见朗润园给人印象之深。此地既然有山，有水，有树，有竹，有花，有鸟，每逢望夜，一轮当空，月光闪耀于碧波之上，上下空濛，一碧数顷，而且荷香远溢，宿鸟幽鸣，真不能不说是赏月胜地。荷塘月色的奇景，就在我的窗外。不管是谁来到这里，难道还能不顾而乐之吗？
  然而，每值这样的良辰美景，我想到的却仍然是故乡苇坑里的那个平凡的小月亮。见月思乡，已经成为我经常的经历。思乡之病，说不上是苦是乐，其中有追忆，有惆怅，有留恋，有惋惜。

流光如逝,时不再来。在微苦中实有甜美在。

月是故乡明。我什么时候能够再看到我故乡的月亮呀!我怅望南天,心飞向故里。

一九八九年十一月三日

(选自《季羡林散文》,浙江文艺出版社,1999 年)

作者风采

季羡林(1911—2009),中国语言学家、翻译家、学者。字希逋、齐奘,山东清平康庄(今属临清)人。1934 年毕业于清华大学,1941 年获德国格丁根大学哲学博士学位。1946 年回国后,任北京大学东方语言学系教授、系主任,副校长。中国敦煌吐鲁番学会、中国东方学会会长。中国科学院哲学社会科学部委员。精通梵、巴利、吐火罗等多种古文字,在佛教文化、印度历史与文化、中印文化关系史等领域颇有建树。著有《中印文化关系史论丛》《印度古代语言论集》《佛教与中印文化交流》等,译著有《沙恭达罗》《优哩婆湿》《罗摩衍那》《五卷书》等。在散文创作上亦有成绩,有回忆录《牛棚杂忆》《留德十年》等。有《季羡林文集》(24 卷)行世。

阅读提示

如文中所言,作者在家乡只度过了六年的童年时光,对应人生的长度而言,是非常短暂的,但就是这样短暂的童年时光,却在作者的一生中留下了永恒的回忆。文章通篇只写了一个简单的"月亮",它除了出现在故乡的空中和水中,还出现在世界的各个角落,"这些月亮应该说都是美妙绝伦的,我都异常喜欢"。但是,"这些广阔世界的大月亮,万万比不上我那心爱的小月亮"。作者忘不掉的岂是苇坑里那个平凡的小月亮,更多的是和月亮联系在一起的所有故乡的回忆。据季羡林在《我这一生》中叙述,他在山东省清平县(现临清市)度过的童年是非常穷苦的。但是,历经世事沧桑,童年的记忆早已褪去了苦涩的体验,留下的是纯真的欢乐和无尽的回忆。或许,故土的魂早已通过童年的所有过往融入作者的血液之中,伴随其一生。

思 考 题

1. 谈谈自己故乡的风土人情。
2. 当今社会给人的感觉是,生长在经济发达地区的人,创作的乡愁作品相对比较少。为何会出现这种现象?谈谈你的看法。

6. 我们究竟应当不应当爱国

陈独秀

爱国！爱国！这种声浪，近年以来几乎吹满了我们中国的各种社会。就是腐败官僚野蛮军人，口头上也常常挂着爱国的字样，就是卖国党也不敢公然说出不必爱国的话。自从山东问题发生，爱国的声浪更陡然高起十万八千丈，似乎"爱国"这两字，竟是天经地义，不容讨论的了。

感情和理性，都是人类心灵重要的部分，而且有时两相冲突。爱国大部分是感情的产物，理性不过占一小部分，有时竟全然不合乎理性（德国和日本的军人，就是如此）。人类行为，自然是感情冲动的结果。我以为若是用理性做感情冲动的基础，那感情才能够始终热烈坚固不可摇动。当社会上人人感情热烈的时候，他们自以为天经地义的盲动，往往失了理性，做出自己不能认识的罪恶（欧战时法国、英国市民打杀非战派，就是如此）。这是因为群众心理不用理性做感情的基础，所以群众的盲动，有时为善，有时也可为恶。因此我要在大家热心盲从的天经地义之"爱国"声中，提出理性的讨论，问问大家，我们究竟应当不应当爱国？

若不加以理性的讨论，社会上盲从欢呼的爱国，做官的用强力禁止我们爱国，或是下命令劝我们爱国，都不能做我们始终坚持有信仰的行为之动机。

要问我们应当不应当爱国，先要问国家是什么。原来国家不过是人民集合对外抵抗别人压迫的组织，对内调和人民纷争的机关。善人利用他可以抵抗异族压迫，调和国内纷争。恶人利用他可以外而压迫异族，内而压迫人民。

我们中华民族，自古闭关，独霸东洋，和欧美日本通商立约以前，只有天下观念，没有国家观念。所以爱国思想，在我们普遍的国民根性上，印象十分浅薄。要想把爱国思想，造成永久的非一时的，和自古列国并立的欧洲民族一样，恐怕不大容易。

欧洲民族，自古列国并立，国家观念很深，所以爱国思想成了永久的国民性。近来有一部分思想高远的人，或是相信个人主义，或是相信世界主义，不但窥破国家是人为的不是自然的，并且眼见耳闻许多对内对外的黑暗罪恶，都是在国家名义之下做出来的。他们既然反对国家，自然不主张爱国的了。在他们眼里看起来，爱国就是害人的别名。所以他们把爱国杀身的志士，都当作迷妄疯狂。

我们中国人无教育无知识无团结力，我们不爱国，和那班思想高远的人不爱国，决不是一样见解。官场阻止国民爱国运动，不用说更和那班思想高远的人用意不同。我现在虽不能希望我们无教育无知识无团结力的同胞都有高远思想，我却不情愿我们同胞长此无教育无知识无团结力。即是相信我们同胞从此有教育有知识有团结力，然后才有资格和各国思想高远的人共同组织大同世界。

我们中国是贫弱受人压迫的国家，对内固然造了许多罪恶，"爱国"二字往往可以用作搜刮民财压迫个人的利器，然后对外一时万没有压迫别人的资格。若防备政府利用国家主义和国民的爱国心，去压迫别国人，简直是说梦话。

思想高远的人反对爱国，乃是可恶野心家利用他压迫别人。我们中国现在不但不能压迫别人，已经被别人压迫得几乎没有生存的余地了。并非压迫别人，以为抵抗压迫自谋生存而爱国，无论什么思想高远的人，也未必反对。个人自爱心无论如何发达，只要不伤害他人生存，没有什么罪恶。

据以上的讨论,若有人问:我们究竟应当不应当爱国?我们便大声答道:

我们爱的是人民拿出爱国心抵抗被人压迫的国家,不是政府利用人民爱国心压迫别人的国家。

我们爱的是国家为人民谋幸福的国家,不是人民为国家做牺牲的国家。

[选自《陈独秀文集》(第一卷),人民出版社,2013年]

陈独秀(1879—1942),原名庆同,官名乾生,字仲甫,号实庵,安徽怀宁人。新文化运动的倡导者、发起者和主要旗手,"五四运动的总司令",中国共产党的主要创始人之一。早年毕业于"中西求是书院"(浙江大学前身),1901年至1915年,先后五次东渡日本求学或避难,接受资产阶级民主主义思想。1915年9月创办《青年杂志》(后改名《新青年》),1917年任北京大学文科学长。1918年和李大钊创办针砭时政的战斗性刊物《每周评论》,与《新青年》相互配合,协同作战。1920年,在共产国际的帮助下,首先在上海建立中国共产党早期组织,进行建党活动。1921年7月,在上海举行的中国共产党第一次全国代表大会上,被选为中央局书记,其后被选为第二、三届中央执行委员会委员长,第四、五届中央委员会总书记。1929年11月,被开除党籍。1932年10月,在上海被国民党政府逮捕,判刑后囚禁于南京。全面抗日战争爆发后,于1937年8月提前获释。之后,坚持发表抗日演说,写下大量抗日文章。1942年逝世于四川江津。主要著作收入《独秀文存》《陈独秀文章选编》等。

20世纪初的中国处于前所未有的时代巨变中,遭受了无数灾难和浩劫,曾面临亡国灭种的危机,爱国主义成为喧嚣尘上的口号。作为中国近代新思潮的领军人物,陈独秀大胆超越了狭隘民族主义或狭隘爱国主义的片面与极端,向我们彰显了真正意义上的爱国主义。爱国不等于盲从,感情的一时冲动不是真正意义上的爱国,陈独秀在文中说道:"我以为若是用理性做感情冲动的基础,那感情才能够始终热烈坚固不可摇动。"他提倡爱国要建立在理性分析的基础上,提倡伟大的思辨精神。正是因为有这样的"盗火者",中国才迎来了思想革新和国家变革,把我们带入思想的新纪元。

1. 爱国不仅仅体现在国家危难、民族生死存亡的关头,请谈谈在我们所处的时代应当如何爱国。

2. 结合陈独秀其他关于爱国主义的文章,综述其爱国思想。

拓展阅读

1. 余光中著:《余光中集》
2. 刘亮程著:《一个人的村庄》
3. 奥纳夫·古尔布兰生著:《童年与故乡》
4. 米哈伊尔·肖洛霍夫著:《静静的顿河》
5. 沈从文著:《湘行散记》
6. 汪曾祺著:《端午的鸭蛋》
7. 高尔泰著:《寻找家园》
8. 胡晓明著:《中国诗学之精神》
9. 费孝通著:《乡土中国》

影视推荐

李安导演:电影《推手》

第七讲 往事并不如烟

1) 贺新郎·读史
2) 词二首：临江仙·滚滚长江东逝水
   南乡子·登京口北固亭有怀
3) 诗二首：马嵬（其二）
   关山月
4) 狂人日记

 **本讲导读**

 看微课

具有五千多年文明史的中华民族，在历史上创造了无数辉煌，也经历过许多磨难。近代以后，中国逐步成为半殖民地半封建社会，饱受列强欺凌、四分五裂、战乱频繁、生灵涂炭之苦。中国共产党成立之后，紧紧团结带领全国各族人民，经过百年奋斗，洗雪民族耻辱，中国人民成为自己命运的主人，中华民族迎来了从站起来、富起来到强起来的伟大飞跃，中华民族伟大复兴进入了不可逆转的历史进程。[1]

伟大导师列宁说过，忘记过去就意味着背叛。面对这个命题，我们不禁要问：忘记的过去是什么？那又意味着背叛了什么？这两个问题里面其实都隐含着一个历史和人生的关系问题。历史总是映射现实人生，历史研究总是为了现实人生，历史总是以"当前"的现实生活为自己的坐标，离开这个坐标，历史就有可能失去意义。因此，意大利著名历史学家克罗齐说：一切历史都是当代史。梁启超说：(历史)记述人类赓续活动之体相，校其总成绩，求得其因果关系，以为现代一般人活动之资鉴者也。然而，历史也是有选择的，历史学家往往对人们的吃喝拉撒、谈恋爱等自然嗜欲的事实并不感兴趣，他们感兴趣的往往是人们在各种活动中用自己的思想所创立的社会习惯、集体经验以及其中的种种规律。因此，英国著名历史学家柯林伍德说：一切历史都是思想史。

为什么不能忘记历史？人们记录历史、审视历史、咀嚼历史、研究历史是为了什么？我们的答案是：为了认识人类自己。我们是什么？我们能做什么？这是对于整个人类至关重要的问题。我们认识我们能做什么的唯一线索就是我们曾经做过什么，而历史的价值就在于此。历史告诉我们，人已经做过什么，因此也就能告诉我们人是什么。

宇宙永恒，人生有限，江水不息，青山常在，历史远去，人世如何？与人生短暂虚幻相对的是超然世外的思想旷达和自然宇宙的永恒存在，"是非成败转头空，青山依旧在，几度夕阳红"。生命永恒的价值在哪里？中国古代诗歌中有大量的咏史诗、登临诗、怀古诗，感慨讽喻，寓意深广，其旨归往往不离借古讽今，反映现实，追问人生。崔颢诗云："黄鹤一去不复返，白云千载空悠悠。"这里有来者不见古人的怅惘。刘禹锡诗云："人世几回伤往事，山形依旧枕寒流。"这是英雄事业总成空的悲哀。后人哀之从而鉴之，则如杜牧诗云："胜败兵家事不期，包羞忍耻是男儿。江东子弟多才俊，卷土重来未可知。"后人哀之而不鉴之，则如龚自珍诗云："避席畏闻文字狱，著书都为稻粱谋。田横五百人安在，难道归来尽列侯？"

如何从历史中借鉴，以历史之光烛照现实？毛泽东的《贺新郎·读史》，教导了我们历史观和读史的方法。读史不是只相信史书的记载，而是要自觉地运用历史唯物主义来分析历史背后的逻辑，要用阶级分析的方法来评判历史人物的功与过、历史事件的是与非、历史成就的得与失。袁枚的《马嵬》诗，将李隆基和杨玉环的爱情悲剧放在民间百姓悲惨遭遇的背景下加以审视，强调广大民众的苦难远非帝妃可比，认为百姓的生离死别不胜枚举，李、杨二人的生离死别并不值得过度同情。陆游的《关山月》照射着朱门的歌舞，照射着前方战士的白发、尸骨，照射着

---

[1] 习近平：在第十四届全国人民代表大会第一次会议上的讲话[EB/OL].(2023-03-13)[2023-04-07]. http://www.npc.gov.cn/npc/kgfb/202303/a645007f36b14822894db0d1deac4a1e.shtml

沦陷区遗民的泪痕,在和戎诏下的 15 年来就这么一直照射着,而且在白云苍狗的近千年来就这么一直照射着。

中国的革命和改革,是我们正在践行的历史。对于中国,"民族""国家"这个概念是近代以来才有的一个现代性的概念。在中华民族要面对那个千年未有之变局的时候,如何在中国建立一个现代民主国家就成为救亡图存的核心问题。鲁迅早期的作品几乎都带有强烈的启蒙主义色彩。深受进化论影响的鲁迅借狂人之口对中国封建社会史下了判断:书写了"仁义道德"的历史无非是蒙昧的"吃人"史。

为此,请记住罗曼·罗兰的忠告:历史中那些伟大的心魂有如崇山峻岭,风雪吹荡它,云翳包围它;但人们在那里呼吸时,比别处更自由更有力……我不说普通的人类都能在高峰上生存。但一年一度他们应上去顶礼。在那里,他们可以变换一下肺中的呼吸,与脉管中的血流。在那里,他们将感到更迫近永恒。以后,他们再回到人生的旷野,心中充满了日常战斗的勇气。

(马国栋)

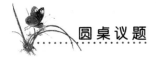

为什么历史可以帮助人类认识自己?人类为什么要认识自己?面对历史,生命永恒的价值在哪里?我们应该怎样认识历史?我们又该怎样借鉴历史?我们能够从历史中得到什么?克罗齐说"一切历史都是当代史",柯林伍德说"一切历史都是思想史",有句话叫作"活在当下",有论者说"活在历史中"。你怎样看待这些观点?

1. 贺新郎·读史

毛泽东

人猿相揖别[1]。只几个石头磨过[2],小儿时节。铜铁炉中翻火焰[3],为问何时猜得?不过几千寒热。人世难逢开口笑[4],上疆场彼此弯弓月。流遍了,郊原血。

一篇读罢头飞雪,但记得斑斑点点,几行陈迹。五帝三皇神圣事,骗了无涯过客。有多少风流人物?盗跖庄蹻流誉后,更陈王奋起挥黄钺[5]。歌未竟,东方白。

(选自《毛泽东诗词全编鉴赏》,中央文献出版社,2003 年)

作者风采

见第三讲《蝶恋花·答李淑一》。

阅读提示

毛泽东称这首词为《读史》,目的是教导我们怎样读史。

鲁迅在《灯下漫笔》中将古代中国分为两个时代:一、想做奴隶而不得的时代;二、暂时做稳了奴隶的时代。弥散着统治阶级意识形态的官方史书,常常会遮蔽住被压迫阶级的反抗事迹和阶级意识,读史不是相信史书的记载,从三皇五帝怎样神圣开头,那是会受骗的,而是要自觉地运用历史唯物主义来分析历史背后的逻辑,要用阶级分析的方法来评判历史人物的功与过。

---

[1] 人猿相揖别:指由猿变成人。揖别,作揖告别。

[2] "只几个"句:在旧石器时代、新石器时代,人都是磨石头做石器,是人类的"小儿时节"。

[3] "铜铁"句:指青铜器时代和铁器时代。青铜器和铁器都要用炉火来冶炼和翻铸。

[4] "人世"句:化用唐杜牧《九日齐山登高》诗句"尘世难逢开口笑"。杜牧曾做各处的幕僚和地方官,不尽得意,所以有在尘世难逢开口笑的感慨。这里借用此句,改"尘世"为"人世",就社会中人来说,人当然指阶级社会中多数的被压迫阶级中的人,那就更难逢开口笑了,突出阶级意涵。

[5] "盗跖"二句:用来概括中国几千年历史上被压迫人民的武装斗争。盗跖(zhí),跖被古代统治阶级污蔑为"盗",后来袭称盗跖,春秋时鲁国人,《庄子·盗跖》称他"从卒九千人,横行天下,侵暴诸侯"。庄蹻,战国时楚人,当时被压迫阶级的起义领袖。陈王,秦末农民起义领袖陈胜。挥黄钺(yuè),挥动饰以黄金的大斧。《史记·周本纪》曾说武王用黄钺斩商纣。

思 考 题

1. 我国古典诗歌创作中有许多咏史怀古的诗词,试从思想内容这一角度分析毛泽东这一首词的独见之处,并结合毛泽东的生平和思想分析其形成的原因。
2. 谈谈"一篇读罢头飞雪,但记得斑斑点点,几行陈迹"在承接上、下阕中所起的作用。

2. 词二首

临江仙·滚滚长江东逝水

明·杨慎

滚滚长江东逝水,浪花淘尽英雄。是非成败转头空。青山依旧在,几度夕阳红。
白发渔樵江渚上,惯看秋月春风。一壶浊酒喜相逢。古今多少事,都付笑谈中。

(选自《全明词》,中华书局,2004 年)

作者风采

杨慎(1488—1559),字用修,初号月溪、升庵,又号逸史氏、博南山人等,四川新都(今成都)人,祖籍庐陵(今江西吉安)。明代文学家、学者、官员,明代三才子之首,东阁大学士杨廷和之子。明正德六年(1511)状元及第,授翰林院修撰。嘉靖三年(1524),因"仪礼之争",违背明世宗意愿而受廷杖,被谪戍云南,流放终生。明代记诵之博,著作之富,杨慎为第一。除诗文有《升庵集》外,杂著多至一百余种。

阅读提示

这是一首咏史词,借叙述历史兴亡抒发人生感慨,豪放中有含蓄,高亢中有深沉。从全词看,基调慷慨悲壮,意味无穷,读来令人荡气回肠,不由得在心头平添万千感慨。在让我们感受苍凉悲壮的同时,这首词又营造出一种淡泊宁静的气氛,并且折射出高远的意境和深邃的人生哲理。作者试图在历史长河的奔腾与沉淀中探索永恒的价值,在成败得失之间寻找深刻的人生哲理,有历史兴衰之感,更有人生沉浮之慨,体现出一种高洁的情操、旷达的胸怀。我们在品味这首词的同时,仿佛感受到那奔腾而去的不是滚滚长江之水,而是无情的历史;仿佛倾听到一声历史的叹息,于是,在叹息中寻找生命永恒的价值。

与人生短暂虚幻相对的是超然世外的旷达和自然宇宙的永恒存在。宇宙永恒,人生有限,江水不息;青山常在。全词似怀古,似咏志。开篇从大处落笔,切入历史的洪流,四、五句在景语中富哲理,意境深邃。下阕则具体刻画了老翁形象,而这位老者不是一般的渔樵,而是通晓古今的高士,就更见他淡泊超脱的襟怀,这正是作者所追求的理想人格。在其生活环境、生活情趣中寄托自己的人生理想,从而表现出一种大彻大悟的历史观和人生观。

南乡子·登京口北固亭有怀[1]

宋·辛弃疾

何处望神州[2]？满眼风光北固楼。千古兴亡[3]多少事？悠悠[4]。不尽长江滚滚流。

年少万兜鍪[5]，坐断东南战未休[6]。天下英雄谁敌手[7]？曹刘[8]。生子当如孙仲谋[9]。

(选自《辛弃疾集编年笺注》，中华书局，2015年)

作者风采

辛弃疾(1140—1207)，原字坦夫，改字幼安，别号稼轩，历城(今山东济南)人。南宋将领、文学家、豪放派词人。历任湖北、江西、湖南、福建、浙东安抚使等职。他一生力主抗金，曾上《美芹十论》与《九议》，条陈战守之策，显示出其卓越的军事才能与爱国热忱。但他提出的抗金建议，均未被采纳，并遭到打击，曾长期落职闲居于江西上饶、铅山一带。辛弃疾继苏轼之后，大大开拓了词的思想意境，提高了词的文学地位，后人以"苏辛"并称之。著有《稼轩长短句》。今人辑有《辛稼轩诗文钞存》。

阅读提示

辛弃疾在宋嘉泰三年(1203)被起用为知绍兴府兼浙东安抚使后不久，即第二年的阳春三月，改派到镇江去做知府。镇江，在历史上曾是英雄用武和建功立业之地，此时成了与金人对垒的第二道防线。每当他登临京口(即镇江)北固亭时，触景生情，不胜感慨系之。

这首词通篇三问三答，互相呼应；即景抒情，借古讽今；风格明快，气魄阔大，情调乐观昂扬。此词蕴含着对苟且偷安、毫无振作的南宋朝廷的愤慨之情。

---

[1] 南乡子：词牌名。京口：今江苏镇江市。北固亭在镇江东北固山上，下临长江，三面环水。
[2] 望：眺望。神州：这里指中原地区。
[3] 兴亡：指国家兴衰，朝代更替。
[4] 悠悠：连绵不尽的样子。
[5] 兜鍪(móu)：原指古代作战时兵士所戴的头盔，这里代指士兵。
[6] 坐断：占据，割据。休：停止。
[7] 敌手：能力相当的对手。
[8] 曹刘：指曹操、刘备。
[9] 生子当如孙仲谋：裴松之注《三国志·吴书·吴主传》引吴历曰：(曹操)"见舟船器仗军伍整肃，喟然叹曰：'生子当如孙仲谋，刘景升(即刘表，字景升)儿子若豚犬(猪狗)耳！'"暗讽当时的朝廷不能与曹操、刘备抗衡的东吴，当时的皇帝也不如孙权。

1. 中国古代诗歌中有大量的咏史诗、怀古诗，感慨讽喻，寓意深广，其旨归往往不离借古讽今，反映现实。联系当下，你从这两首词中读到怎样的现实关怀？

2. 历史和现实人生有什么关系？

3. 诗二首

马嵬（其二）

清·袁枚

莫唱当年《长恨歌》，人间亦自有银河。
石壕村里夫妻别，泪比长生殿上多。

（选自《小仓山房诗集》，浙江古籍出版社，2015年）

作者风采

袁枚（1716—1798），字子才，号简斋、随园，浙江钱塘（今杭州）人。清文学家。乾隆进士，历任溧水、江浦、沭阳、江宁知县。辞官后侨居江宁，筑园林于小仓山。论诗主"性灵说"，强调"性情之外本无诗"，对于程朱理学和儒家"诗教"多所抨击，宣称《六经》尽糟粕。诗多写"自得之性情"，以新颖灵巧见长而独具个性。与赵翼、蒋士铨并称为"乾隆三大家"。又善文，骈散兼工。亦能作小说。著作宏富，有《小仓山房集》《随园诗话》《子不语》等。

阅读提示

唐玄宗李隆基与贵妃杨玉环之间悲欢离合的故事，不知引发了多少文人墨客的诗情文思。白居易著名的《长恨歌》，在揭示唐玄宗宠幸杨贵妃而造成政治悲剧的同时，也表达了对二人爱情悲剧的同情。袁枚此诗却能不落俗套，将李、杨爱情悲剧放在民间百姓悲惨遭遇的背景下加以审视，强调广大民众的苦难远非帝妃可比。《长恨歌》和《石壕吏》是为人所熟知的著名诗篇，其创作背景均为"安史之乱"。它们一以帝王生活为题材，一以百姓遭遇为主旨，恰好构成鲜明的对照。

《马嵬》是乾隆十七年（1752）袁枚赴陕西候补官缺，路过马嵬驿所作，共四首，这是其中一首。袁枚与爱妾分别，远赴陕西，实属身不由己，联想到白居易《长恨歌》所写李、杨情事，认为百姓的生离死别不胜枚举，李、杨二人的生离死别并不值得过度同情。这首诗最大的艺术特色是比照。全诗两组比照：一组是《长恨歌》与牛郎织女故事的比照。这一比照，突出了人间的"牛郎织女"才值得同情。另一组是石壕村与长生殿的比照。这一比照，暗示"村里泪"是由"殿上人"造成的，马嵬驿兵变，恶果自食，不值得同情，值得同情的应是劳动人民。两相配合，表达了作者民为贵、君为轻的民本思想。

关山月

宋·陆游

和戎诏[1]下十五年,将军不战空临边[2]。朱门沉沉按歌舞[3],厩马肥死[4]弓断弦。
戍楼刁斗催落月[5],三十从军今白发。笛里[6]谁知壮士心,沙头空照征人[7]骨!
中原干戈古亦闻,岂有逆胡传子孙。[8] 遗民忍死望恢复,几处今宵垂泪痕![9]

(选自《宋诗钞》,中华书局,1986年)

作者风采

陆游(1125—1210),字务观,号放翁,越州山阴(今浙江绍兴)人。南宋诗人。生当北宋灭亡之际,少年时即深受家庭中爱国思想的熏陶。南宋绍兴中应殿试,为秦桧所黜。宋孝宗时被起用,先后在王炎、范成大的幕中担任军职。主张坚决抗金,充实军备,要求"赋敛之事宜先富室,征税之事宜核大商"。晚年退居家乡,但收复中原的信念始终不渝。一生创作诗歌很多,今存九千余首,内容极为丰富。抒发政治抱负,反映人民疾苦,批判当时统治集团的屈辱投降,风格雄浑豪放,表现出渴望恢复国家统一的强烈爱国热情。

阅读提示

这首诗是以乐府旧题写时事,作于陆游被罢官闲居成都时。诗中痛斥了南宋朝廷文恬武嬉、不恤国难的态度,表现了爱国将士报国无门的苦闷以及中原百姓切望恢复的愿望,体现了诗人忧国忧民、渴望统一的爱国情怀。全诗共12句,每四句一转韵,表达一层意思,分别写了将军权贵、戍边战士和中原百姓。诗人构思非常巧妙,以月夜统摄全篇,将三个场景融成一个整体,

---

[1] 和戎诏:指宋王室与金人讲和的命令。戎,指金人。
[2] 空:徒然,白白地。边:边境,边塞。
[3] 朱门:指富豪之家。杜甫《自京赴奉先县咏怀五百字》中有"朱门酒肉臭"。沉沉:深沉。按歌舞:依照乐曲的节奏歌舞。
[4] 厩(jiù):马棚。肥死:马棚里的马不用渐渐死去。
[5] 戍楼:边境上的岗楼。刁斗:军中打更用的铜器。
[6] 笛里:指笛中吹出的曲调。《关山月》本是笛曲。唐代诗人王昌龄《从军行》:"更吹羌笛关山月,无那(奈)金闺万里愁。"
[7] 沙头:沙原上,沙场上。征人:出征戍守边塞的战士。
[8] "中原"二句:这两句是说,历史上少数民族也曾入侵过中原,但哪有让他们长期盘踞,以致传宗接代的?干戈,代指战争。亦,也。闻,听说。岂有,哪有。逆胡,对北方少数民族之蔑称。
[9] 遗民:指金占领区的原宋朝百姓。望恢复:盼望宋朝军队收复故土。这两句可参读陆游诗:"遗民泪尽胡尘里,南望王师又一年。"

构成一幅关山月夜的全景图。可以说,这是当时南宋社会的一个缩影。

同样的一轮明月,照射着朱门的歌舞,照射着前方战士的白发、尸骨,照射着沦陷区遗民的泪痕,而且在15年来就这么一直照射着。歌舞沉迷,白发益多,尸骨未收,泪痕依旧。借着月光的照射,诗人从历史到现实,把长期和戎不战的政治局面,作了鲜明真切的艺术概括,沉痛悲愤之情充溢于字里行间。语言凝练,一字褒贬,具有很强的表现力。

思 考 题

1. 这两首诗各自反映了作者怎样的思想感情?他们为什么会有这样的思想感情?
2. 马克思说过:"良心是由人的知识和全部生活方式来决定的。"结合这两首诗,谈谈你对这句话的理解。

4. 狂人日记[1]

鲁 迅

某君昆仲,今隐其名,皆余昔日在中学时良友;分隔多年,消息渐阙。日前偶闻其一大病;适归故乡,迂道往访,则仅晤一人,言病者其弟也。劳君远道来视,然已早愈,赴某地候补[2]矣。因大笑,出示日记二册,谓可见当日病状,不妨献诸旧友。持归阅一过,知所患盖"迫害狂"之类。语颇错杂无伦次,又多荒唐之言;亦不著月日,惟墨色字体不一,知非一时所书。间亦有略具联络者,今撮录一篇,以供医家研究。记中语误,一字不易;惟人名虽皆村人,不为世间所知,无关大体,然亦悉易去。至于书名,则本人愈后所题,不复改也。七年四月二日识。

一

今天晚上,很好的月光。

我不见他,已是三十多年;今天见了,精神分外爽快。才知道以前的三十多年,全是发昏;然而须十分小心。不然,那赵家的狗,何以看我两眼呢?

我怕得有理。

二

今天全没月光,我知道不妙。早上小心出门,赵贵翁的眼色便怪:似乎怕我,似乎想害我。还有七八个人,交头接耳的议论我,张着嘴,对我笑了一笑;我便从头直冷到脚根,晓得他们布置,都已妥当了。

我可不怕,仍旧走我的路。前面一伙小孩子,也在那里议论我;眼色也同赵贵翁一样,脸色也铁青。我想我同小孩子有什么仇,他也这样。忍不住大声说,"你告诉我!"他们可就跑了。

我想:我同赵贵翁有什么仇,同路上的人又有什么仇;只有廿年以前,把古久先生的陈年流水簿子[3],踹了一脚,古久先生很不高兴。赵贵翁虽然不认识他,一定也听到风声,代抱不平;约定路上的人,同我作冤对。但是小孩子呢?那时候,他们还没有出世,何以今天也睁着怪眼睛,似乎怕我,似乎想害我。这真教我怕,教我纳罕而且伤心。

我明白了。这是他们娘老子教的!

三

晚上总是睡不着。凡事须得研究,才会明白。

他们——也有给知县打枷过的,也有给绅士掌过嘴的,也有衙役占了他妻子的,也有老子娘被债主逼死的;他们那时候的脸色,全没有昨天这么怕,也没有这么凶。

最奇怪的是昨天街上的那个女人,打他儿子,嘴里说道,"老子呀!我要咬你几口才出气!"他眼睛却看着我。我出了一惊,遮掩不住;那青面獠牙的一伙人,便都哄笑起来。陈老五赶上前,硬把我拖回家中了。

---

〔1〕 本篇最初发表于1918年5月《新青年》第四卷第五号,作者首次采用"鲁迅"这一笔名。作者曾表示本篇"意在暴露家族制度和礼教的弊害"。

〔2〕 候补:清代官制,只有官衔而没有实际职务的中下级官员,由吏部抽签分发到某部或某省,听候委用,称为候补。

〔3〕 古久先生的陈年流水簿子:这里比喻中国封建主义统治的长久历史。

拖我回家,家里的人都装作不认识我;他们的脸色,也全同别人一样。进了书房,便反扣上门,宛然是关了一只鸡鸭。这一件事,越教我猜不出底细。

前几天,狼子村的佃户来告荒,对我大哥说,他们村里的一个大恶人,给大家打死了;几个人便挖出他的心肝来,用油煎炒了吃,可以壮壮胆子。我插了一句嘴,佃户和大哥便都看我几眼。今天才晓得他们的眼光,全同外面的那伙人一模一样。

想起来,我从顶上直冷到脚跟。

他们会吃人,就未必不会吃我。

你看那女人"咬你几口"的话,和一伙青面獠牙人的笑,和前天佃户的话,明明是暗号。我看出他话中全是毒,笑中全是刀。他们的牙齿,全是白厉厉的排着,这就是吃人的家伙。

照我自己想,虽然不是恶人,自从踹了古家的簿子,可就难说了。他们似乎别有心思,我全猜不出。况且他们一翻脸,便说人是恶人。我还记得大哥教我做论,无论怎样好人,翻他几句,他便打上几个圈;原谅坏人几句,他便说"翻天妙手,与众不同"。我那里猜得到他们的心思,究竟怎样;况且是要吃的时候。

凡事总须研究,才会明白。古来时常吃人,我也还记得,可是不甚清楚。我翻开历史一查,这历史没有年代,歪歪斜斜的每叶上都写着"仁义道德"几个字。我横竖睡不着,仔细看了半夜,才从字缝里看出字来,满本都写着两个字是"吃人"!

书上写着这许多字,佃户说了这许多话,却都笑吟吟的睁着怪眼看我。

我也是人,他们想要吃我了!

四

早上,我静坐了一会儿。陈老五送进饭来,一碗菜,一碗蒸鱼;这鱼的眼睛,白而且硬,张着嘴,同那一伙想吃人的人一样。吃了几筷,滑溜溜的不知是鱼是人,便把他兜肚连肠的吐出。

我说"老五,对大哥说,我闷得慌,想到园里走走。"老五不答应,走了;停一会,可就来开了门。

我也不动,研究他们如何摆布我;知道他们一定不肯放松。果然!我大哥引了一个老头子,慢慢走来;他满眼凶光,怕我看出,只是低头向着地,从眼镜横边暗暗看我。大哥说,"今天你仿佛很好。"我说"是的。"大哥说,"今天请何先生来,给你诊一诊。"我说"可以!"其实我岂不知道这老头子是刽子手扮的!无非借了看脉这名目,揣一揣肥瘠:因这功劳,也分一片肉吃。我也不怕;虽然不吃人,胆子却比他们还壮。伸出两个拳头,看他如何下手。老头子坐着,闭了眼睛,摸了好一会,呆了好一会;便张开他鬼眼睛说,"不要乱想。静静的养几天,就好了。"

不要乱想,静静的养!养肥了,他们是自然可以多吃;我有什么好处,怎么会"好了"?他们这群人,又想吃人,又是鬼鬼祟祟,想法子遮掩,不敢直截下手,真要令我笑死。我忍不住,便放声大笑起来,十分快活。自己晓得这笑声里面,有的是义勇和正气。老头子和大哥,都失了色,被我这勇气正气镇压住了。

但是我有勇气,他们便越想吃我,沾光一点这勇气。老头子跨出门,走不多远,便低声对大哥说道,"赶紧吃罢!"大哥点点头。原来也有你!这一件大发见,虽似意外,也在意中:合伙吃我的人,便是我的哥哥!

吃人的是我哥哥!

我是吃人的人的兄弟!

我自己被人吃了,可仍然是吃人的人的兄弟!

五

　　这几天是退一步想：假使那老头子不是刽子手扮的，真是医生，也仍然是吃人的人。他们的祖师李时珍做的"本草什么"[1]上，明明写着人肉可以煎吃；他还能说自己不吃人么？

　　至于我家大哥，也毫不冤枉他。他对我讲书的时候，亲口说过可以"易子而食"[2]；又一回偶然议论起一个不好的人，他便说不但该杀，还当"食肉寝皮"[3]。我那时年纪还小，心跳了好半天。前天狼子村佃户来说吃心肝的事，他也毫不奇怪，不住的点头。可见心思是同从前一样狠。既然可以"易子而食"，便什么都易得，什么人都吃得。我从前单听他讲道理，也糊涂过去；现在晓得他讲道理的时候，不但唇边还抹着人油，而且心里满装着吃人的意思。

六

　　黑漆漆的，不知是日是夜。赵家的狗又叫起来了。

　　狮子似的凶心，兔子的怯弱，狐狸的狡猾，……

七

　　我晓得他们的方法，直捷杀了，是不肯的，而且也不敢，怕有祸祟。所以他们大家连络，布满了罗网，逼我自戕。试看前几天街上男女的样子，和这几天我大哥的作为，便足可悟出八九分了。最好是解下腰带，挂在梁上，自己紧紧勒死；他们没有杀人的罪名，又偿了心愿，自然都欢天喜地的发出一种呜呜咽咽的笑声。否则惊吓忧愁死了，虽则略瘦，也还可以首肯几下。

　　他们是只会吃死肉的！——记得什么书上说，有一种东西，叫"海乙那"[4]的，眼光和样子都很难看；时常吃死肉，连极大的骨头，都细细嚼烂，咽下肚子去，想起来也教人害怕。"海乙那"是狼的亲眷，狼是狗的本家。前天赵家的狗，看我几眼，可见他也同谋，早已接洽。老头子眼看着地，岂能瞒得我过。

　　最可怜的是我的大哥，他也是人，何以毫不害怕；而且合伙吃我呢？还是历来惯了，不以为非呢？还是丧了良心，明知故犯呢？

　　我诅咒吃人的人，先从他起头；要劝转吃人的人，也先从他下手。

八

　　其实这种道理，到了现在，他们也该早已懂得，……

　　忽然来了一个人；年纪不过二十左右，相貌是不很看得清楚，满面笑容，对了我点头，他的笑也不像真笑。我便问他，"吃人的事，对么？"他仍然笑着说，"不是荒年，怎么会吃人。"我立刻就晓得，他也是一伙，喜欢吃人的；便自勇气百倍，偏要问他。

　　"对么？"

　　"这等事问他什么。你真会……说笑话。……今天天气很好。"

　　天气是好，月色也很亮了。可是我要问你，"对么？"

　　他不以为然了。含含胡胡的答道，"不……"

　　"不对？他们何以竟吃？！"

---

　　[1] "本草什么"：指明代李时珍的药物学著作《本草纲目》。该书曾经提到唐代陈藏器《本草拾遗》中以人肉医治痨的记载，并表示了异议。这里说李时珍的书"明明写着人肉可以煎吃"，当是"狂人"的"记中语误"。

　　[2] "易子而食"：语见《左传·宣公十五年》："敝邑易子而食，析骸而爨。"

　　[3] "食肉寝皮"：吃掉肉，拿毛皮做寝具。这是对待动物的方式。语出《左传·襄公二十一年》："然二者，譬于禽兽，臣食其肉而寝处其皮矣。"

　　[4] "海乙那"：英语 hyena 的音译，即鬣狗，产于非洲和亚洲，常跟在狮虎等猛兽之后，以它们吃剩的兽类的残尸为食。

"没有的事……"

"没有的事?狼子村现吃;还有书上都写着,通红崭新!"

他便变了脸,铁一般青。睁着眼说,"有许有的,这是从来如此……"

"从来如此,便对么?"

"我不同你讲这些道理;总之你不该说,你说便是你错!"

我直跳起来,张开眼,这人便不见了。全身出了一大片汗。他的年纪,比我大哥小得远,居然也是一伙;这一定是他娘老子先教的。还怕已经教给他儿子了;所以连小孩子,也都恶狠狠的看我。

九

自己想吃人,又怕被别人吃了,都用着疑心极深的眼光,面面相觑。……

去了这心思,放心做事走路吃饭睡觉,何等舒服。这只是一条门槛,一个关头。他们可是父子兄弟夫妇朋友师生仇敌和各不相识的人,都结成一伙,互相劝勉,互相牵掣,死也不肯跨过这一步。

十

大清早,去寻我大哥;他立在堂门外看天,我便走到他背后,拦住门,格外沉静,格外和气的对他说,

"大哥,我有话告诉你。"

"你说就是,"他赶紧回过脸来,点点头。

"我只有几句话,可是说不出来。大哥,大约当初野蛮的人,都吃过一点人。后来因为心思不同,有的不吃人了,一味要好,便变了人,变了真的人。有的却还吃,——也同虫子一样,有的变了鱼鸟猴子,一直变到人。有的不要好,至今还是虫子。这吃人的人比不吃人的人,何等惭愧。怕比虫子的惭愧猴子,还差得很远很远。

"易牙[1]蒸了他儿子,给桀纣吃,还是一直从前的事。谁晓得从盘古开辟天地以后,一直吃到易牙的儿子;从易牙的儿子,一直吃到徐锡林[2];从徐锡林,又一直吃到狼子村捉住的人。去年城里杀了犯人,还有一个生痨病的人,用馒头蘸血舐。

"他们要吃我,你一个人,原也无法可想;然而又何必去入伙。吃人的人,什么事做不出;他们会吃我,也会吃你,一伙里面,也会自吃。但只要转一步,只要立刻改了,也就是人人太平。虽然从来如此,我们今天也可以格外要好,说是不能!大哥,我相信你能说,前天佃户要减租,你说过不能。"

当初,他还只是冷笑,随后眼光便凶狠起来,一到说破他们的隐情,那就满脸都变成青色了。大门外立着一伙人,赵贵翁和他的狗,也在里面,都探头探脑的挨进来。有的是看不出面貌,似乎用布蒙着;有的是仍旧青面獠牙,抿着嘴笑。我认识他们是一伙,都是吃人的人。可是也晓得他们心思很不一样,一种是以为从来如此,应该吃的;一种是知道不该吃,可是仍然要吃,又怕别

---

[1] 易牙:春秋时齐国人,齐桓公宠臣,善于调味。据《管子·小称》:"夫易牙以调和事公(按指齐桓公),公曰惟烝(蒸)婴儿之未尝,于是烝(蒸)其首子而献之公。"桀、纣各为中国夏朝和商朝的最后一代君主,易牙和他们不是同时代人。这里说的"易牙蒸了他儿子,给桀纣吃",也是"狂人""语颇错杂无伦次"的表现。

[2] 徐锡林:隐指徐锡麟(1873—1907),字伯荪,浙江绍兴人,清末革命团体光复会的重要成员。1907年与秋瑾准备在浙、皖两省同时起义。7月6日,他以安徽巡警处会办兼巡警学堂监督身份为掩护,乘学堂举行毕业典礼之机刺死安徽巡抚恩铭,率领学生攻占军械局,弹尽被捕,当日惨遭杀害,心肝被恩铭的卫队挖出炒食。

人说破他,所以听了我的话,越发气愤不过,可是抿着嘴冷笑。

这时候,大哥也忽然显出凶相,高声喝道,"都出去!疯子有什么好看!"

这时候,我又懂得一件他们的巧妙了。他们岂但不肯改,而且早已布置;预备下一个疯子的名目罩上我。将来吃了,不但太平无事,怕还会有人见情。佃户说的大家吃了一个恶人,正是这方法。这是他们的老谱!

陈老五也气愤愤的直走进来。如何按得住我的口,我偏要对这伙人说,"你们可以改了,从真心改起!要晓得将来容不得吃人的人,活在世上。

"你们要不改,自己也会吃尽。即使生得多,也会给真的人除灭了,同猎人打完狼子一样!——同虫子一样!"

那一伙人,都被陈老五赶走了。大哥也不知那里去了。陈老五劝我回屋子里去。屋里面全是黑沉沉的。横梁和椽子都在头上发抖;抖了一会,就大起来,堆在我身上。

万分沉重,动弹不得;他的意思是要我死。我晓得他的沉重是假的,便挣扎出来,出了一身汗。可是偏要说,"你们立刻改了,从真心改起!你们要晓得将来是容不得吃人的人,……"

十一

太阳也不出,门也不开,日日是两顿饭。

我捏起筷子,便想起我大哥;晓得妹子死掉的缘故,也全在他。那时我妹子才五岁,可爱可怜的样子,还在眼前。母亲哭个不住,他却劝母亲不要哭;大约因为自己吃了,哭起来不免有点过意不去。如果还能过意不去,……妹子是被大哥吃了,母亲知道没有,我可不得而知。

母亲想也知道;不过哭的时候,却并没有说明,大约也以为应当的了。记得我四五岁时,坐在堂前乘凉,大哥说爷娘生病,做儿子的须割下一片肉来,煮熟了请他吃[1],才算好人;母亲也没有说不行。一片吃得,整个的自然也吃得。但是那天的哭法,现在想起来,实在还教人伤心,这真是奇极的事!

十二

不能想了。

四千年来时时吃人的地方,今天才明白,我也在其中混了多年;大哥正管着家务,妹子恰恰死了,他未必不和在饭菜里,暗暗给我们吃。

我未必无意之中,不吃了我妹子的几片肉,现在也轮到我自己,……有了四千年吃人履历的我,当初虽然不知道,现在明白,难见真的人!

十三

没有吃过人的孩子,或者还有?

救救孩子……

一九一八年四月。

(小说原载 1918 年 5 月 15 日《新青年》第 4 卷第 5 期;本版本选自《鲁迅全集》,人民文学出版社,1983 年)

---

〔1〕 大哥说……煮熟了请他吃:指"割股疗亲",即割取自己的肉煎药,以医治父母的重病。这是封建社会的一种愚孝行为。《宋史·选举志一》:"上以孝取人,则勇者割股,怯者庐墓。"

作者风采

鲁迅(1881—1936),原名周樟寿,后改名周树人,浙江绍兴人。伟大的文学家、思想家,新文化运动的重要参与者,中国现代文学的奠基人之一。

鲁迅诞生在浙江绍兴的一个没落的封建大家庭里,自小受到传统文化和民间文化的熏陶。1898年,鲁迅到南京求学,后去日本留学,留学期间广泛接触到西方文化和日本等国文化,于19世纪末逐渐形成了自己的独立思想。

鲁迅在文学、翻译、美术等诸多领域均有重大贡献,并留下了大量作品,如小说集《呐喊》《彷徨》《故事新编》,散文集《朝花夕拾》,散文诗集《野草》,杂文集《热风》《华盖集》《坟》《二心集》,翻译作品《苦闷的象征》《毁灭》等。鲁迅无疑是最具原创性与源泉性的现代中国的思想家与文学家,也是现代中国最引人注目的知识分子,可以说,鲁迅宝贵的思想资源影响了一代又一代的知识分子。

阅读提示

鲁迅早期的作品几乎都带有强烈的启蒙主义色彩,正如鲁迅自己在《我怎么做起小说来》谈及自己的著作:"说到'为什么'做小说罢,我仍抱着十多年前的'启蒙主义',以为必须是'为人生',而且要改良这人生。我深恶先前的称小说为'闲书',而且将'为艺术的艺术',看作不过是'消闲'的新式的别号。所以我的取材,多采自病态社会的不幸的人们中,意思是在揭出病苦,引起疗救的注意。"从这个角度出发,我们似乎能够理解狂人最后"救救孩子"的呼唤,那是铁屋中的呐喊,深受进化论影响的鲁迅借狂人之口对中国封建社会史下了判断:书写了"仁义道德"的历史无非是蒙昧的"吃人"史。这是一位有良知的知识分子对民族爱之深、责之切的警醒之语,而先驱者被称作狂人,被置于"吃"与"被吃"的困境之中,这种反讽又给作品抹上了来源于历史语境的荒诞色彩。

另一方面,由于鲁迅的启蒙立场和其作为启蒙主义知识分子的形象,造成了读者与文本间的紧张距离,使读者常常忽视了鲁迅作品中的美学因素。事实上,作为中国第一篇现代白话小说,《狂人日记》大量采用了现代小说的表现方式,如横截面的小说结构、意识流的表现、浓郁的象征主义色彩,这些小说技巧及其带来的美学效果同样值得细细品味。

思 考 题

1. 狂人是"真"疯还是"假"疯?谈谈你的看法。
2. 作为第一篇现代白话小说,《狂人日记》的正文采用了白话语体,但作者又精心设计了一个文言体的"小序"。你对此有何理解?

拓展阅读

1. 司马光著:《资治通鉴》
2. 托克维尔著:《旧制度与大革命》
3. 葛剑雄著:《统一与分裂——中国历史的启示》
4. 池田大作、阿·汤因比著:《展望21世纪——汤因比与池田大作对话录》
5. 黄仁宇著:《万历十五年》
6. 刘小枫著:《这一代人的怕与爱》
7. 葛兆光著:《中国思想史》
8. 崔瑞德、费正清编:《剑桥中国史》
9. 殷海光著:《中国文化的展望》

影视推荐

史蒂文·斯皮尔伯格导演:电影《辛德勒的名单》

第八讲 敬畏自然

1. 春江花月夜
2. 旷野与城市
3. 敬畏生命
4. 蚂蚁大战
5. 大自然在反抗（节选）

本讲导读

看微课

党的二十大报告指出："提升生态系统多样性、稳定性、持续性""加快实施重要生态系统保护和修复重大工程""实施生物多样性保护重大工程""推行草原森林河流湖泊湿地休养生息,实施好长江十年禁渔,健全耕地休耕轮作制度"。同时,报告还强调"人与自然和谐共生的现代化"是"中国式现代化"的内涵之一。

何为自然?三国魏王弼在《老子·五章》中注:"天地任自然,无为无造,万物自相治理。"自然又曰自尔,亦曰法尔,任运天然。自然就是天然,非人为的;是因果有定,是得失随缘。自然就像一块晶莹剔透的玉,天然雕琢,质朴高雅;自然就像刚出清水的芙蓉花,高洁明媚,毫无修饰,给人清新脱俗、赏心悦目的感觉。自然是一束阳光,可以给人无限温暖;自然是一阵清风,可以给人无限清凉;自然是一缕月色,可以给人无限的冷艳。自然是蓝天高远缘无雨,白云出岫本无心。自然是青山绿水平常事,落花飞蝶随时见。

辽阔的草原是自然的。一望无际的草海,自由自在的云朵,自生自灭的野花,悠然闲适的羊群……美得纯粹而生动,没有一丝人工的痕迹,原始天然,宁静祥和,清新安逸。浩瀚的沙漠是自然的。大漠孤烟直,长河落日圆。无边的沙海,无边的寂静,没有人烟的污染,没有世俗的尘埃,一切都那么静,那么天然。静得只听得见自己的心跳,天然的只有上帝的足迹。野外绽放的野花是自然的。人迹罕至的深谷、无人攀登的悬崖是自然的。几丛小野花静静地开放,不在意有没有人观赏,不在意尘世喧嚣的浮华。只把阳光融进心灵,只把风雨融进生命里,在寂然里绽放最美的刹那……

自然好像一首诗,一首无忧无虑的诗,每个字符都带着快乐和自由,每个字节都带着欢快的步伐,每个句子都带有向往和宁静,笔韵略微精密,却丝毫不失流动感,这首诗总写大自然的风光,这首诗使读者沉浸于大自然的笔画,思索着自然令人沉醉的真谛。自然好像一首曲,一首无边无际的曲,每个音符都带有动听的音律,每个音节都带着欢快的节奏,每个音段都带有柔美和安适,歌曲自然而不失感点,多似水中游动的鱼儿,自由、欢快。这首曲载着倾听者无虑的梦想,使倾听者感受曲中大自然的鸟语花香,大自然的多彩芬芳,思绪沉沦在大自然如此令人向往之中。自然之声,鬼斧神工的大自然创造了多少奇妙的乐曲,清幽的山谷鸟鸣之声,溪泉的潺潺流水之声,微风拂过的树叶摇曳之声,蒙蒙烟雨飘过的瑟瑟之声……大自然的美妙音色是任何音乐都无法比拟的。林籁泉韵,生灵初啼,空谷回音,百啭千声,聆听那些仿佛来自灵魂之初的声音,是人生莫大的享受。聆听,是亲近自然的方式;聆听,是净化心灵的艺术。静静聆听这亲近大自然的声音身临其境,采撷的大自然音符滋润心灵,沁人心脾,放松感官,去感受大自然的缥缈与空灵,一尘不染的仙境之音。自然之美,巧夺天工的大自然创造了多少奇妙的风景,春日的草地百花盛开、争奇斗妍,夏日的山上树木葱茏、苍翠欲滴,秋日的山坡落叶遍地、枝干疏朗,冬日的山峰盖雪铺霜、庄重沉寂,让我们感受到大自然的风光,赞叹大自然的美好。百花争艳,姹紫嫣红,崇山峻岭,锦绣山河,大自然是一幅画。置身于自然之中,用心去感受,让疲惫的身心在自然中得到放松。让自己融入大自然,让一切的不快与烦恼随风而逝,让美丽的大自然洗涤我们的心肺,让大自然的美丽净化灵魂,这就是大自然给予人类的恩赐。

是的,自然如诗,在辽阔无垠的土地上,抒发独有的情怀;自然如画,在缤纷的色彩中,胜却人间无数;自然如歌,伴随着花开花落,四季流转,在悄悄更换的年华里,唱响它的美。但,这首自然之诗的诗韵正变得浑浊,这幅自然之画的色彩正变得暗淡,这首自然之歌的旋律正变得低沉,因为人类的"进军",因为人类的"无所畏惧",因为人类的贪婪和自私。于是,泥石流、荒漠化、沙尘暴、雾霾等,向人类一波波袭来,那是"大自然在反抗",那是大自然对狂妄且无知的人类进行惩罚。当我们痴迷于将自然改造得更适合我们时,自然根本就不屑和我们争辩,而一旦我们侵犯到它的尊严,它不费吹灰之力就能将我们彻底摧毁。我们不断推倒自然界前面的多米诺骨牌,以为这样更适合我们,殊不知我们就是多米诺骨牌中的一张,而且我们还并非最后一张。人类逐渐遗忘了自然的无私。自然无私,为我们带来了丰富多彩的美景,为我们创造了成千上万的生灵。自然赋予我们许许多多的浪漫,让心情游走在自然之中。看着缓缓升起的朝阳,迎接着新一天的开始;漫步于小河边,感受落日时的晚霞,让疲惫的心境在晚霞里宁静。在紧张的工作之后,我们不畏路途遥远,从繁华的都市,涌向郊野、奔向高山大海,在浪水的冲洗、绿叶的遮护,以及森林淙淙流水与虫鸣的安谧祥和中,尽情地呼吸大自然的气息,获得生命的放松并汲取心灵智慧,在大自然中寻求力量的源泉。然而,我们忘记了:回归自然,就要先让自然回归。因为我们要的是那令古人们惊叹不已的自然,是令疲惫的人类留恋的"春江花月夜",是"你踏上了林中小路,阳光通过树梢照进了路面,鸟儿在歌唱,许多昆虫欢乐地嗡嗡叫"(《敬畏生命》)。而不是那被践踏得可怜的草坪,那掉发得光秃秃的山林,那不见鲜活生命的河流,那干涸见底的湖泊。由此,习近平总书记指出:"人与自然是生命共同体。"

在大自然面前,我们人类很多时候是无知者,哪怕是面对小小的昆虫。"我们总是很少知晓这种由昆虫的天然敌人所提供的保护作用。我们中间的许多人生活在世界上,却对这个世界视而不见,察觉不到它的美丽、它的奇妙和正生存在我们周围的各种生物的奇怪的、有时是令人震惊的强大能力。"(《大自然在反抗》)在大自然面前,我们如何选择?

大哲学家康德曾说,有两种东西,我们越是经常不断地思索它们,它们就越是唤起一种始终新颖和日益增长的赞叹和敬畏充溢我们的心灵,它们就是我头顶上的星空和我心中的道德律令。当我们凝视着灿烂的星空,当我们漂游于静美的湖泊,当我们穿行于浩渺的森林;当我们为花的鲜美而感动,当我们为根的拔节而沉思,当我们为水的清澈而欣喜,当我们为山的苍茫而陶醉……大自然这些与伦比的美与力,难道不会引起你心灵的震撼和敬畏吗?让我们在那些"敬畏自然"的文字中去感受那些心存敬畏的心灵的跳动吧。

(明飞龙)

圆桌议题

文学艺术创作者们,无一不在培育着人类对自然的赞美和希冀,人与自然能否和睦相处、同存共荣,与人类自身的生存质量息息相关。敬畏自然,表达了人类对于生命根基的敬重和对于客观规律的尊重。对此,你有什么看法?根据是什么?有兴趣的同学还可以组成小组,搜集资料,并出一期"人与自然"的专刊。

看微课

1. 春江花月夜[1]

唐·张若虚

春江潮水连海平,海上明月共潮生。
滟滟[2]随波千万里,何处春江无月明。
江流宛转绕芳甸[3],月照花林皆似霰[4]。
空里流霜[5]不觉飞,汀[6]上白沙看不见。
江天一色无纤尘[7],皎皎空中孤月轮。
江畔何人初见月?江月何年初照人?
人生代代无穷已[8],江月年年望相似。
不知江月待何人,但见长江送流水。
白云一片去悠悠[9],青枫浦[10]上不胜愁。
谁家今夜扁舟子?何处相思明月楼?[11]
可怜楼上月徘徊[12],应照离人妆镜台[13]。
玉户[14]帘中卷不去,捣衣砧[15]上拂还来。
此时相望不相闻,愿逐月华流照君[16]。
鸿雁长飞光不度[17],鱼龙潜跃水成文[18]。

---

[1] 春江花月夜:乐府旧题,属《清商曲辞·吴声歌曲》,相传创自南朝陈后主陈叔宝。这一旧题,经张若虚之手,焕发异彩,获得了不朽的艺术生命。
[2] 滟(yàn)滟:波光闪动的样子。
[3] 芳甸(diàn):遍生花草的原野。
[4] 霰(xiàn):天空中降落的白色不透明的小冰粒。
[5] 流霜:飞霜,古人以为霜和雪一样,是从空中落下来的,所以叫流霜。这里比喻月光皎洁,悄悄泻满大地。
[6] 汀(tīng):水中或水边平地,此指江畔沙滩。
[7] 纤尘:微细的灰尘。
[8] 无穷已:没有止境。已,止。
[9] 白云:此喻游子。悠悠:渺茫、深远。
[10] 青枫浦:一名双枫浦,故址在今湖南浏阳境内。此指离别场所。
[11] "谁家"二句:"谁家""何处",互文见义。扁(piān)舟子:指漂泊江湖的游子。明月楼:月夜下的闺楼。这里指思妇的闺楼。
[12] 月徘徊:指月光缓缓移动。
[13] 离人:此处指思妇。妆镜台:梳妆台。
[14] 玉户:形容楼阁华丽,以玉石镶嵌。此指思妇居室。
[15] 捣衣砧(zhēn):捣衣时的垫石。
[16] 逐:追随。月华:月光。
[17] 鸿雁:此指信使。《汉书·苏武传》记有鸿雁为被扣留的苏武传递书信之事。光不度:谓鸿雁飞得再远,也不能逾越月光。
[18] 鱼龙:此处偏意在鱼,指鱼书。古诗《饮马长城窟行》:"客从远方来,遗我双鲤鱼。呼儿烹鲤鱼,中有尺素书。"文:同"纹",波纹。又有双关意,指文字。

昨夜闲潭梦落花[1],可怜[2]春半不还家。
江水流春去欲尽,江潭落月复西斜。
斜月沉沉藏海雾,碣石潇湘无限路[3]。
不知乘月几人归,落月摇情满江树。

[选自《全唐诗》(卷一百十七),中华书局,1985年]

作者风采

张若虚(约660—约720),字、号均不详,扬州人。初唐诗人,与贺知章、张旭、包融并称为"吴中四士"。他的诗仅存两首于《全唐诗》中。最早收录他的《春江花月夜》的本子,是宋人郭茂倩的《乐府诗集》,最早提及张若虚及其诗的诗话,是成书于明万历年间的胡应麟《诗薮》。清末学者王闿运谓之"孤篇横绝,竟为大家",民国学者闻一多评它"这是诗中的诗,顶峰上的顶峰"。现在文学批评界一般认为《春江花月夜》结构严谨、字雕句琢,形式与内容完美结合;词清语丽、韵调优美、脍炙人口,乃千古绝唱。它沿用陈隋乐府旧题,抒写真挚动人的离情别绪及富有哲理意味的人生感慨,把个人生命经验上升到对宇宙意识的哲学思考。全诗语言清新优美,韵律宛转悠扬,洗净了宫体诗的浓脂艳粉,给人以澄澈空明、清丽自然之感,被誉为唐诗开山之作,享有"一词压两宋,孤篇盖全唐"之美誉。

阅读提示

春、江、花、月、夜同生共出,一江浩浩春水与广袤无垠的大海相接,一轮皎皎明月与摇曳动荡的海潮共"生",月光伴随着万里江波逐浪闪烁,一时间,整个漆黑的春夜骤然出现处处光明、处处生机勃勃的景象。这些景象使我们看到了江海浩荡的动态美,天宇无垠的静幽美,月儿东升的明媚美,以及三者互动而产生的映衬美、色彩美、对比美和变幻美。这种广济无涯似梦非梦的春夜景色闪闪涌来,使诗中的自然美充满了无穷的魅力。一幅春江水涨、明月涌潮、光照万里的幽美壮阔图呈现在我们眼前。诗歌在卷首以整段的诗句来展现艺术美的意境,营造艺术美的氛围,由此掀开整个诗章的动人的序幕。同时,"月"作为全诗的主脉而统摄各种不同的群像。在诗中,"月"字总共出现15次之多。不论是明媚的初月、皎洁的高月,还是迷离的斜月、缠绵的落月,都是作者以高超的艺术手法,从不同层面、不同角度来状写月的光辉。楼上月的徘徊,镜中月的清影以及珠帘上月的流照、砧石上落月的余晖等,组成了内涵各不相同的意象群,而诗歌的节奏感和音韵美,则读来悠扬有致,这种臻美的艺术构思使全诗自始至终都漫浸着曼妙的音乐,使整首诗仿佛一首月光小夜曲,含蓄,隽永,柔媚似水,幽雅婉转。全诗随着诗人内心感情的

---

[1] 闲潭梦落花:即梦见花落闲潭,意味着春天即将逝去。
[2] 可怜:可惜。怜,原作"非",据《全唐诗》改。
[3] 碣石潇湘:此处泛指天南地北。碣石,山名,故址在今河北省。潇湘,湘江与潇水,在今湖南省。

摇曳回荡,韵律相应地扬抑回旋。而当诗人面对皎月当空、江天无尘与辽阔江天的一轮孤月时,他不禁神思飞扬而情不自禁地叩问:有限的个体生命能够超越时间的规定而获得永恒无限的价值吗？于是,诗人在与自然、心灵的对话中,寻觅到了有限与无限的平衡,丰富与单调的平衡,诗化的语言,诗化的时间,诗化的哲理,让我们读懂了诗人的诗句,也明白了生命的意义。由此,《春江花月夜》以江月起笔,以江月落笔,在仰观孤月、俯察江海的诗化巨大时空中使宇宙意识和人间情怀展示出美好的境界,在感悟人生有限和追寻人生归宿无限的心灵叩问中成就一种艺术的永恒。

1. 有人认为,这首诗的情感基调是"哀而不伤"。请谈谈你的感受和认识。
2. "月光"是否是全诗的灵魂？为什么？
3. 本诗哪些地方用了暗示手法？

2. 旷野与城市

毕淑敏

城市是一粒粒精致的银扣,缀在旷野的黑绿色大氅上,不分昼夜地熠熠闪光。

我听说的旷野泛指崇山峻岭,河流海洋,湖泊森林,戈壁荒漠……一切人烟罕至保存原始风貌的地方。

旷野和城市,从根本上讲,是对立的。

人们多以为和城市相对应的那个词,是乡村。比如常说"城乡差别""城里人乡下人",其实乡村不过是城市发育的低级阶段。再简陋的乡村,也是城市的一脉兄长。

唯有旷野与城市永无声息地对峙着。城市侵袭了旷野昔日的领地,驱散了旷野原有的驻民,破坏了旷野古老的风景,越来越多地以井然有序的繁华,取代我行我素的自然风光。

城市是人类所有伟大发明的需求地、展览厅、比赛场、评判台。如果有一双慧眼从宇宙观看夜晚的地球,他一定被城市不灭的光芒所震撼。旷野是舒缓的,城市是激烈的。旷野是宁静的,城市喧嚣不已。旷野对万物具有强大的包容性,城市几乎是人的一统天下……

人们为了从一个城市,越来越快地到达另一个城市,发明了各种各样的交通工具。人们用最先进的通信手段联结一座座城市,使整个地球成为无所不包的网络。可以说,人们离开广义上的城市已无法生存。

我读过一则登山报道,一位成功地攀上了珠穆朗玛峰的勇敢者,在返回营地的途中,遭遇暴风雪,被困,且无法营救。人们只能通过卫星,接通了他与家人的无线电话。冰暴中,他与遥距万里的城市内的妻子,讨论即将出生的孩子的姓名,飓风为诀别的谈话伴奏。几小时后,电话再次接通主峰,回答城市呼唤的是旷野永恒的沉默。

我以为这凄壮的一幕,具有几分城市和旷野的象征。城市是人们用智慧和心血、勇气和时间,一代又一代堆积起来的庞然大物,在城市里,到处文明的痕迹,以至于后来的人们,几乎以为自己被甲执兵,无坚不摧。但在城市以外的广袤大地,旷野无声地统治着苍穹,傲视人寰。

人们把城市像巨钉一样,楔入旷野,并以此为据点,顽强地繁衍着后代,创造出溢光流彩的文明。旷野在最初,漠然置之,甚至是温文尔雅的接受着。但旷野一旦反扑,人就一筹莫展了。玛雅古城、庞贝古城……一系列历史上辉煌的城郭名字,湮灭在大地的皱褶里。

人们建造了越来越多越来越大的城市,以满足种种需要,旷野日益退缩着。但人们不应忽略旷野,漠视旷野,而要寻觅出与其相亲相守的最佳间隙。善待旷野就是善待人类自身。要知道,人类永远不可能以城市战胜旷野,旷野是大自然的肌肤。

皮之不存,毛将焉附?!

(选自《毕淑敏散文精选》,长江文艺出版社,2013年)

作者风采

毕淑敏,女,1952年出生于新疆伊宁,中国最具影响力的女作家之一,被王蒙称为"文学界的白衣天使",以精细、平实的文风和春风化雨般的济世情怀著称,多年来一直深受读者喜爱。国家一级作家,著名心理咨询师,内科主治医师。曾获百花文学奖、庄重文文学奖、当代文学奖等各种文学奖三十余次。著有《毕淑敏文集》十二卷。

毕淑敏的散文不仅能让人感受到一般女性的细腻情感,有些篇章还能让人感受到一般女作家少有的豪爽、大气。她往往将笔触停留在现实生活中,灵活驾驭语言以及各种艺术形式,于妙趣横生中见哲理。

阅读提示

医生、作家、心理咨询师的多重身份,使得毕淑敏有一种冷静客观审视自然和人生的视角与叙事方式,她的散文感悟天地自然,体察物性人性,为受伤的生命和脆弱的心灵开出一剂剂良方。她引导人们感悟大自然,保持生命的本色,启迪人们如何让生命的存在变得更有意义。她的作品充分体现了对生命的关照、对精神家园的呵护。毕淑敏有一颗仁慈博爱之心,她珍爱自然,善待万物,关注人类的生存与发展、前途与命运。她抒写大自然的散文,揭示了人类与自然之间只能相互尊重、相互感应、和谐共存的哲学观,启迪人类只有找准自己的位置,寻觅与自然相亲相守的最佳间隙,才能正确处理好涉及人类生存和发展的各种矛盾,谋求人类更好的前途,以免在盲目挑战自然的同时,也给人类带来灭顶之灾,从而更好地引导人们树立正确的自然观、宇宙观、人生观和价值观。

《旷野与城市》是一篇精美的短文。在作者笔下,旷野是舒缓的,城市是激烈的;旷野是宁静的,城市喧嚣不已。旷野与城市的对峙其实是自然与文明的对垒。现代文明侵蚀了自然环境,旷野日益退缩着。旷野有强大的包容性,它起初温文尔雅地接受着人类的掠夺和毁坏,以至于后来的人们,几乎以为自己披甲执兵,无坚不摧,但在城市以外的广袤大地,旷野无声地统治着苍穹,傲视人寰。作为一位怀有崇高人文精神的作家,毕淑敏在慨叹自然的同时,将读者的目光引向了玛雅古城、庞贝古城,并以这些历史名城作为参照系,提出自己的反思,借文字传导出她对人类命运的慈悲忧虑和对现代文明的批判性思考。它启迪我们,人类如果一味地向自然宣战,破坏了自然,也破坏了我们自己生存的环境,最终只能导致人类自身的毁灭。我们应该努力寻找旷野与城市的最佳距离,努力寻找自然与文明的最佳状态,让人与自然在和谐中发展。作者敏锐的思辨力和悲天悯人的情怀深深地打动了我们,同时也给人类敲响了警钟:善待自然,善待我们的家园,就是善待我们人类自身。

思考题

读完本文后,谈谈你对"旷野是大自然的肌肤"的理解。

3. 敬畏生命

〔法〕阿尔贝特·施韦泽

善是保存和促进生命,恶是阻碍和毁灭生命。如果我们摆脱自己的偏见,抛弃我们对其他生命的疏远性,与我们周围的生命休戚与共[1],那么我们就是道德的。只有这样,我们才是真正的人;只有这样,我们才会有一种特殊的、不会失去的、不断发展的和方向明确的德性。

敬畏生命、生命的休戚与共是世界中的大事。自然不懂得敬畏生命。它以最有意义的方式产生着无数生命,又以毫无意义的方式毁灭着它们。包括人类在内的一切生命等级,都对生命有着可怕的无知。他们只有生命意志,但不能体验发生在其他生命中的一切;它们痛苦,但不能共同痛苦。自然抚育的生命意志陷于难以理解的自我分裂之中。生命以其他生命为代价才得以生存下来。自然让生命去干最可怕的残忍事情。自然通过本能引导昆虫,让它们用毒刺在其他昆虫身上扎洞,然后产卵于其中;那些由卵发育而成的昆虫靠毛虫过活,这些毛虫则应被折磨至死。为了杀死可怜的小生命,自然引导蚂蚁成群结队地去攻击它们。看一看蜘蛛吧!自然教给它们的手艺多么残酷。

从外部看,自然是美好和壮丽的,但认识它则是可怕的。它的残忍毫无意义!最宝贵的生命成为最低级生命的牺牲品。例如,一个儿童感染了结核病菌。接着,这种最低级生物就在儿童的最高贵机体内繁殖起来,结果导致这个儿童的痛苦和夭亡。在非洲,每当我检验昏睡病人的血液时,我总是感到吃惊。为什么这些人的脸痛苦得变了形并不断呻吟:我的头,我的头!为什么他们必须彻夜哭泣并痛苦地死去?这是因为,在显微镜下人们可以看见0.01~0.04毫米的白色细菌;即使它们数量很少,以至于为了找到一个,有时得花上几个小时。

由于生命意志神秘的自我分裂,生命就这样相互争斗,给其他生命带来痛苦或死亡。这一切尽管无罪,却是有过的。自然教导的是这种残忍的利己主义。当然,自然也教导生物,在它需要时给自己的后代以爱和帮助。只是在这短暂的时间内,残忍的利己主义才得以中断。但是,更令人惊讶的是,动物能与自己的后代共同感受,能以直至死亡的自我牺牲精神爱它的后代,但拒绝与非其属类的生命休戚与共。

受制于盲目的利己主义的世界,就像一条漆黑的峡谷,光明仅仅停留在山峰之上。所有生命都必然生存于黑暗之中,只有一种生命能摆脱黑暗,看到光明。这种生命是最高的生命,人。只有人能够认识到敬畏生命,能够认识到休戚与共,能够摆脱其余生物苦陷其中的无知。

这一认识是存在发展中的大事。真理和善由此出现于世,光明驱散了黑暗,人们获得了最深刻的生命概念。共同体验的生命,由此在其存在中感受到整个世界的波浪冲击,达到自我意识,结束作为个别的存在,使我们之外的生存涌入我们的生存。

我们生存在世界之中,世界也生存于我们之中。这个认识包含着许多奥秘。为什么自然律和道德律如此冲突?为什么我们的理性不赞同自然中的生命现象,而必然形成与其所见尖锐对立的认识?为什么它必须在自身中发现完全不同于支配世界的规律?为什么在它发挥善的概念的地方,它就必须与世界作斗争?为什么我们必须经历这种冲突,而没有有朝一日调和它的

---

[1] 休戚与共:比喻双方关系密切,利害与共。

希望？为什么不是和谐而是分裂？等等。上帝是产生一切的力量。为什么显示在自然中的上帝否定一切我们认为是道德的东西，即自然同时是有意义地促进生命和无意义地毁灭生命的力量？如果我们已能深刻地理解生命，敬畏生命，与其他生命休戚与共；那么我们怎样使作为自然力的上帝，与我们所必然想象的作为道德意志的上帝、爱的上帝统一起来？

我们不能在一种完整的世界观和统一的上帝概念中坚定我们的德性，我们必须始终使德性免受世界观矛盾的损害，这种矛盾像毁灭性的巨浪一样冲击着它。我们必须建造一条大堤，它能保存下来吗？

危及我们休戚与共的能力和意志的是日益强加于人的这种考虑：这无济于事！你为防止或减缓痛苦、保存生命所做的和能做的一切，和那些发生在世界上和你周围，你又对之无能为力的一切比较起来，是无足轻重的。确实，在许多方面，我们是多么的软弱无力，我们本身也给其他生物带来了多少伤害，而不能停止。想到这一点，真是令人害怕。

你踏上了林中小路，阳光通过树梢照进了路面，鸟儿在歌唱，许多昆虫欢乐地嗡嗡叫。但是，你对此无能为力的是：你的路意味着死亡。被你踩着的蚂蚁在那里挣扎，甲虫在艰难地爬行，而蠕虫则蜷缩起来。由于你无意的罪过，美好的生命之歌中也出现了痛苦和死亡的旋律。当你想行善时，你感受到的则是可怕的无能为力，不能如你所愿地帮助生命。接着你就听到诱惑者的声音：你为什么自寻烦恼？这无济于事。不要再这么做，像其他人一样，麻木不仁，无思想、无感情吧。

还有一种诱惑：同情就是痛苦。谁亲自体验了世界的痛苦，他就不可能在人所意愿的意义上是幸福的。在满足和愉快的时刻，他不能无拘束地享受快乐，因为那里有他共同体验的痛苦。他清楚地记着他所看见的一切。他想到他所遇见的穷人，看见的病人，认识到这些人的命运残酷性，阴影出现在他的快乐的光明之中，并越来越大。在快乐的团体中，他会突然心不在焉。那个诱惑者又会对他说，人不能这样生活。人必须能够无视发生在他周围的事情，不要这么敏感。如果你想理性地生活，就应当有铁石心肠。穿上厚甲，变得像其他人一样没有思想。最后，我们竟然会为我们还懂得伟大的休戚与共而惭愧。当人们开始成为这种理性化的人时，我们彼此隐瞒，并装着好像人们抛弃的都是些蠢东西。

这是对我们的三大诱惑，它不知不觉地毁坏着产生善的前提。提防它们。首先，你对自己说，互助和休戚与共是你的内在必然性。你能做的一切，从应该被做的角度来看，始终只是沧海一粟。但对你来说，这是能赋予你生命以意义的唯一途径。无论你在哪里，你都应尽你所能从事救助活动，即解救由自我分裂的生命意志给世界带来的痛苦；显然，只有自觉的人才会从事这种救助活动。如果你在任何地方减缓了人或其他生物的痛苦和畏惧，那么你能做的即使较少，也是很多。保存生命，这是唯一的幸福。

另一个诱惑，共同体验发生在你周围的不幸，对你来说是痛苦，你应这样认识：同甘与共苦的能力是同时出现的。随着对其他生命痛苦的麻木不仁，你也失去了同享其他生命幸福的能力。尽管我们在世间见到的幸福是如此之少；但是，以我们本身所能行的善，共同体验我们周围的幸福，是生命给予我们的唯一幸福。最后，你根本没有权利这么说：我要这么生存，因为你认为，你比其他生命幸福。你必须如你必然所是地做一个真正自觉的人，与世界共同生存的人，在自身中体验世界的人。你是否因此按流行的看法比较幸福，这是无所谓的。我们内心神秘的声音并不需要幸福的生存——听从它的命令，才是唯一能使人满足的事情。

我这样和你们说，是为了不让你们麻木不仁，保持清醒的头脑！这与你们的灵魂有关。如果这些表达了我内心思想的话语,能使在座的诸位撕碎世上迷惑你们的假象,能使你们不再无思想地生存,不再害怕由于敬畏生命和必然认识到共同体验的重要而失去自己,那么,我就感到满足,而我的行为也将被人赞赏……

(选自《敬畏生命——五十年来的基本论述》,上海社会科学院出版社,2003 年)

作者风采

阿尔贝特·施韦泽(Albert Schweitzer,1875—1965),被称为"非洲之子",是 20 世纪人道主义精神划时代的伟人,德国著名学者、人道主义者。具备哲学、医学、神学、音乐四种不同领域的才华,提出了"敬畏生命"的伦理学思想,于 1952 年获得诺贝尔和平奖。他著有《音乐家诗人约翰·塞巴斯提安·巴赫》《德国和法国的管风琴制造艺术与演奏家》等,他的其他著作还有《康德的宗教哲学》《耶稣的弥赛亚和受难的秘迹》《在原始森林的边缘》《文明的衰败与复兴》《文明与伦理》《文化哲学》等。"敬畏生命"是施韦泽生命伦理学的基石。施韦泽把伦理的范围扩展到一切动物和植物,认为不仅对人的生命,而且对一切植物和动物的生命,都必须保持敬畏的态度。施韦泽指出,对一切生命负责的根本理由是对自己负责,如果没有对所有生命的尊重,人对自己的尊重也是没有保障的。任何生命都有自己的价值,谁习惯于随便把某种生命看作是没有价值的,他就会陷于认为人的生命也是没有价值的危险之中。

阅读提示

"敬畏生命"伦理思想由阿尔贝特·施韦泽创造性提出,引发了伦理学的理论革命,将伦理学带入了新的发展阶段,并为现代生态伦理学的提出奠定了理论基础。"敬畏生命"作为施韦泽伦理思想的核心范畴,其中"生命"一词包含了动物、植物在内的一切生命,而"敬畏"一词具有"崇敬"和"畏惧"的双重意义,表达的是对生命的一种虔诚。因此,敬畏生命是一种心理特征,也是行为方式,这是施韦泽对其伦理学最基本也是最深刻的道德要求。敬畏生命不仅是要求敬畏人的生命,而且要求敬畏所有动物、植物的生命。人并不是孤立存在的,我们与存在于我们范围之内的一切生物有着联系,我们的生存必然依托于世界其他物质,我们人类与其他生命不可分割。世界上万物都是相互关联的,就像血液把我们身体的各个部分联结在一起。生命之网并非由人类所编织,人类不过是这个网络中的一根线、一个结。但人类所做的一切,最终会影响到这个网络,也影响到人类本身。因此,对一切生命予以尊重,关心它们的命运,使人与自然达到和谐相处的最佳状态。然而,自然本身是一个自发的过程,其并不懂得敬畏生命。"它以最有意义的方式产生着无数生命,又以毫无意义的方式毁灭着它们。"如此,生命陷于生命意志的自我分裂之中,包括人在内的所有生命都无法避免自然律的必然性。由此,道德的意义也就凸显出来。它能够引导人们在自然教导的利己主义的生存竞争中,认识到敬畏生命,认识到休戚与共,能够摆脱其余生物苦陷其中的无知。就像施韦泽所说的,敬畏生命的人,只是出于不可避免的必然性才伤害和毁灭生命,但从来不会由于疏忽而伤害和毁灭生命。施韦泽的敬畏生命伦理思想对于调整人与人、人与其他生命之间的关系,以及人与自然的关系有重要的现实意义,它指向生命深处,指向人之所以为人的最本质的地方。

1. 结合本文,谈谈施韦泽所主张的生命伦理学的基本特色。
2. 应该怎样理解"我们生存在世界之中,世界也生存于我们之中"?
3. 本文作者所希望的"自然律与道德律"的理想关系是什么?

4. 蚂蚁大战[1]

〔美〕亨利·戴维·梭罗

森林并非总是一片歌舞升平的和平景象。我还是一场战争的见证人。一天,我出门到我的木材堆去,更准确地说,堆树根之处,我瞥见两只蚂蚁,一只红的,另一只是黑的,后者比前者大得多,差不多有半英寸之长。两只蚂蚁缠斗不已。一交上手,谁也不退却,推搡着,撕咬着,在木片上翻滚起伏。放眼远望,我惊叹不已,木材堆上到处都有这样奋力厮杀的勇士,看来不是单挑决斗,而是一场战争,两个蚂蚁王国的大决战。红蚂蚁与黑蚂蚁势不两立,通常是两红对一黑。木材堆上都是这些能征善战的弥尔弥冬军团。地上躺满已死和将死者,红黑混杂一片。这是我目睹的唯一一场大决战,我亲临激战的中心地带。相互残杀的恶战啊,红色的共和党和黑色帝王派展开你死我活的拼杀,虽没听到声声呐喊,但是人类之战却从未如此奋不顾身。

在一片阳光照射下的木片"小山谷"中,一对武士相互死死抱住对方,现在正是烈日当空,它们准备血拼到底,或魂归天国。那精瘦的红色斗士像老虎钳一样紧紧咬住死敌的额头不放。尽管双方在战场上滚来滚去,但红色斗士却一刻不停地噬住对手的一根触须的根部,另一根触须已被咬断。而胖大的斗士,举起对手撞来撞去。我凑近观战,发现红蚂蚁的躯体好些已被咬掉,它们比斗犬厮杀更惨烈。双方都不让分毫,显然他们的战争信念是"不战胜,毋宁死"。

在小山谷顶上出现一个荷戟独彷徨的红蚂蚁,看来它斗志正盛,不是已击毙一个对手,就是刚刚投入战场——据我分析是后者,因为它还没有缺胳膊少腿。它的母亲要它举着盾牌凯旋,或躺在盾牌上由战友抬回故里。也许它是阿喀琉斯[2]的一般的猛将,独在热火朝天的战场外生闷气,现在来救生死之交的帕特洛克罗斯[3]了,或者为这位不幸战死的亡友来报仇雪恨,它从远处瞅见这场势不均力不敌的搏斗——黑蚂蚁比红蚂蚁庞大近一倍——它奔驰过来,离开那对生死之搏的战斗者约半英寸处,看准战机,奋不顾身地扑向黑武士,一口咬住对方的前腿根,不管对手会在自己身上哪一块反咬一口;三个战斗者为了生存黏在一起,好像已经产生出一种新的粘胶剂,让任何锁链和水泥相形见绌。

这时,如果看到它们各自的军乐队,在各方突起的木片上排成方阵,威武雄壮地高奏国歌,以振奋前仆后继的前线将士,并激励起那些奄奄一息的光荣斗士,我不会感到诧异。我自己是热血沸腾,仿佛它们是人。

你越深究下去,越觉得它们与人类并无两样。起码在康科德的地方史志中,暂且不谈美国历史,当然是没有一场战争能与之并驾齐驱。无论从投入的总兵力,还是所激发的爱国主义和英雄主义,都无法相提并论。就双方参战数量和惨烈程度,这是一场奥斯特利茨大决战[4],或

---

[1] 本文选自《瓦尔登湖》的"邻居:野性难驯"一章,标题为编者所拟。
[2] 阿喀琉斯:古希腊英雄,作战勇猛无敌,在特洛伊之战中杀死特洛伊主将赫克托耳。后因脚踵中箭而死。
[3] 帕特洛克罗斯:古希腊勇士,阿喀琉斯最要好的朋友,穿着阿喀琉斯的盔甲与赫克托尔交战,被赫克托尔杀死。后阿喀琉斯为他复仇。
[4] 奥斯特利茨大决战:1805年12月2日,拿破仑统帅的法军与俄奥联军在奥地利的奥斯特利茨(今捷克境内)进行的一次决战,以法军大胜告终。

鏖兵于德累斯顿的大血战[1]。嘿！康科德之战！爱国志士死了两个，而路德·布朗夏尔受了重伤！啊，这里的每一个蚂蚁都是一个波特林克，大呼着——开火，为上帝而战。开火！——千百个生命却像戴维斯和胡斯曼一样杀身成仁。没有一个雇佣兵，我不怀疑，它们是为真理而斗争，正如我的父辈一样，并非为了区区三便士[2]茶叶税的缘故，当然，这场决战对双方来说是何等重大，将载入史册，永志不忘，犹如我们的邦克山战役一样。

我特别关注三位武士的混战，便把它们决战其上的木片端进小木屋，放在我的窗台上，罩上一个反扣的玻璃杯，以观战况。我用放大镜观察最初提到的红蚂蚁，看到它狠狠咬住敌方的前腿上部，且咬断了对方剩下的触须，可自己的胸部却被黑武士撕开了，露出了内脏，而黑武士的胸甲太结实，无法刺穿。这痛苦的红武士暗红的眸子发出战争激发出的凶光。它们在杯子下又缠斗了半小时，当我再次观战时，那黑武士已使敌人身首异处，但那两个依然有生命的脑袋，挂在它身体的两侧，犹如悬吊在马鞍边的两个恐怖的战利品，两个红蚂蚁头仍死咬住不放。黑蚂蚁微弱地挣扎着，它没有触须，且剩下唯一的腿也已残缺不全，浑身伤痕累累，它用尽力气要甩掉它们。这件事半小时后总算完成。我拿起罩杯，它一瘸一拐爬过窗台。经过这场恶战，它能否活下来，能否把余生消磨在荣军院中，我并不清楚。我想以后它不能再挑起什么重担了。我不清楚谁是胜利的一方，也不知大战的起因。但因目击这一场大血战，而整天陷入亢奋和失落的情绪之中，就像在我的大门前经过一场惊心动魄的战争。

吉尔贝和斯宾塞[3]告诉我们，蚂蚁战争长久以来就受到人们的敬重，彪炳史册，战争的日期也有明确的记载，尽管据他们声称，近代作家中大约只有胡贝尔曾考察了蚂蚁大战。他们说，"对战事发生在一棵梨树干上的蚂蚁大战有过描述，这是一场大蚂蚁对小蚂蚁的难度极大的攻坚战"。之后他们加上注解——"'这场苦战发生在教皇尤琴尼斯四世[4]治下，目击者为著名律师尼古拉斯·毕斯托利安西斯，他的记录忠实可信。'另有一场规模相当的大蚂蚁和小蚂蚁之战，由俄拉乌斯·玛格纳斯记录在案，结果小蚂蚁以弱胜强。据说战后它们掩埋了自己的烈士，让大蚂蚁的尸首曝尸荒野，任飞鸟去啄食。这场战争发生于残暴的克利斯蒂安二世[5]被逐出瑞典之前"。至于我目睹的这场大决战，发生于总统波尔克[6]任内，时间在韦伯斯特制订的逃亡奴隶法案[7]通过前5年。

(选自《瓦尔登湖》，当代世界出版社，2003年)

---

[1] 德累斯顿的大血战：1813年8月26日、27日拿破仑统帅的法军与普鲁士等国组成的反法联军在德累斯顿(今德国境内)进行的一次大战，法军获胜。

[2] 便士：英国货币单位，旧时12便士合1先令，20先令合1英镑。

[3] 斯宾塞：英国文艺复兴时期的著名诗人，毕业于剑桥大学。其诗体称"斯宾塞体"，对英诗格律的影响很大。有长诗《仙女王》等。

[4] 教皇尤琴尼斯四世：罗马教皇，1431年登位，1447年去世。

[5] 克利斯蒂安二世：最后一个以卡尔马联合名义统治北欧三国丹麦、挪威、瑞典的君主，后被贵族推翻囚禁。他被逐出瑞典是16世纪20年代的事。

[6] 波尔克：美国政治家，律师，1845年至1849年任美国第11任总统。在任时向西部扩张，曾发动对墨西哥的战争。

[7] 逃亡奴隶法案：美国国会1850年通过的一项法案，宣布包括北方白人在内的所有公民有责任协助执法机关将逃亡奴隶送交原主人，南方奴隶主可以到北方自由州追捕逃亡奴隶，协助奴隶逃亡者要受罚。

# 作者风采

亨利·戴维·梭罗（Henry David Thoreau，1817—1862），美国作家、哲学家，超验主义代表人物，也是一位自然主义者，提倡回归本心，亲近自然。1845年，他在瓦尔登湖畔隐居两年，自耕自食，体验简朴和接近自然的生活，以此为题材写成的长篇散文《瓦尔登湖》（又译为《湖滨散记》），成为超验主义经典作品。梭罗才华横溢，一生共创作了20多部一流的散文集，被称为自然随笔的创始者，其文简练有力，朴实自然，富有思想性，在美国19世纪散文中独树一帜。而《瓦尔登湖》在美国文学中被公认为最受读者欢迎的非虚构作品，成为构建美国精神史的一本著作。

# 阅读提示

有人说，《瓦尔登湖》是一本寂寞的、静静的书，只有寂寞的人在寂寞的时刻才能读出它的深味。的确如此，它是一本必须让全身心安静下来才能读进去的书；也只有这样，才可能在瓦尔登湖清澈的湖面上寻找到接近梭罗的途径，并且从中领悟生活的最高原则与感受生命的芬芳。在那些静美的文字中，梭罗从"生活艺术化"的角度对审美文化进行了艺术实践，对艺术化的人生境界进行了诗性阐释。文章有小说的精彩故事、散文的诗意绵绵、哲学的睿智思考。你会发现，他阅读，不只是阅读书本，还阅读森林和四季；他倾听，不仅倾听山林和流水的声响，还倾听自己内心思想的脚步；他孤独自处，但不感寂寞，因为他坚信，人最有价值的东西不在其外表，个人独处可以使自己安静下来，与自然融为一体。于是，我们看到了他笔下的"蚂蚁大战"。在这些文字里，有生动的描绘、仔细的观察、丰富的联想、精彩的议论，也有梭罗那颗不灭童心洋溢出的生趣。在场面描写中，作者采取了以点带面的手法，着重描写红黑三个"武士"的生死鏖战，从而让人透过典型细部而通览全局，这是处理复杂场面的有效途径，这也是梭罗在细微中观察世界艺术精神的呈现。而蚂蚁大战与人类战争的类比，则使蚂蚁大战成为人类战争的象征，凸显了文章的社会人生大义。同时，作者拟人化的语调，赋予蚂蚁以人的行为、举止、神态和心理，使蚂蚁的形象十分鲜活生动，蚂蚁成为梭罗亲爱的朋友。这是梭罗在与大自然和谐共处中获得的"艺术生活"，以及在这种"艺术生活"中展现的诗意人生：像瓦尔登湖的湖水那样清澈透明，像瓦尔登湖畔的花朵那样朴实而美好。平凡、宁静、温润、幸福。

思考题

1. 梭罗说："将生活驾驭到一个角落，让它降到一个最卑贱的地步。"这是梭罗的人生哲思，随后便践行这样的生活哲学。我们主动选择这样一种生活方式与被动选择这样一种生活方式，有什么区别？结果将会如何？

2. 我们阅读梭罗笔下的蚂蚁之战,多多少少有某种悲凉、悲壮、悲哀的感觉,哪些地方让我们产生了这样的感觉?

3. 梭罗的文字自然、流动,他的写作朴实无华,没有任何的做作。我们阅读梭罗的文章,可以感受到他的一颗自然而平和的心。思考梭罗是如何叙述他的所见所闻的?假如是你,又会如何去描写所见到的一切?

5. 大自然在反抗(节选)

〔美〕蕾切尔·卡逊

我们冒着极大的危险竭力把大自然改造得适合我们的心意,但却未能达到目的,这确实是一个令人痛心的讽刺。然而看来这就是我们的实际情况。虽然很少有人提及,但人人都可以看到的真情实况是,大自然不是这样容易被塑造的,而且昆虫也能找到窍门巧妙地避开我们用化学药物对它们的打击。

荷兰生物学家C.J.波里捷说:"昆虫世界是大自然中最惊人的现象。对昆虫世界来说,没有什么事情是不可能的;通常看来最不可能发生的事情也会在昆虫世界里出现。一个深入研究昆虫世界的奥秘的人,他将会为不断发生的奇妙现象惊叹不已。他知道在这里任何事情都可能发生,完全不可能的事情也会经常出现。"

这种"不可能的事情"现在正在两个广阔的领域内发生。通过遗传选择,昆虫正在发生应变以抵抗化学药物,这一问题将在下一章进行讨论。不过现在我们就要谈到的一个更为广泛的问题是,我们使用化学物质的大举进攻正在削弱环境本身所固有的、阻止昆虫发展的天然防线。每当我们把这些防线击破一次,就有一大群昆虫涌现出来。

报告从世界各地传来,它们很清楚地揭示了一个情况,即我们正处于一个非常严重的困境之中。在彻底地用化学物质对昆虫进行了十几年控制之后,昆虫学家们发现那些被他们认为已在几年前解决了的问题又回过头来折磨他们。而且还出现了新的问题,只要出现一种哪怕数量很不显眼的昆虫,它们也一定会迅速增长到严重成灾的程度。由于昆虫的天赋本领,化学控制已搬起石头砸了自己的脚。由于设计和使用化学控制时未曾考虑到复杂的生物系统,化学控制方法已被盲目地投入了反对生物系统的战斗。人们可以预测化学物质对付少数个别种类昆虫的效果,但却无法预测化学物质袭击整个生物群落的后果。

现今在一些地方,无视大自然的平衡成了一种流行的做法;自然平衡在比较早期的、比较简单的世界上是一种占优势的状态,现在这一平衡状态已被彻底地打乱了,也许我们已不再想到这种状态的存在了。一些人觉得自然平衡问题只不过是人们的随意臆测,但是如果把这种想法作为行动的指南将是十分危险的。今天的自然平衡不同于冰河时期的自然平衡,但是这种平衡还存在着:这是一个将各种生命联系起来的复杂、精密、高度统一的系统,再也不能对它漠然不顾了,它所面临的状况好像一个正坐在悬崖边沿而又盲目蔑视重力定律的人一样危险。自然平衡并不是一个静止固定的状态;它是一种活动的、永远变化的、不断调整的状态。人也是这个平衡中的一部分。有时这一平衡对人有利,有时它会变得对人不利。当这一平衡受人本身的活动影响过于频繁时,它总是变得对人不利。

现代,人们在制订控制昆虫的计划时忽视了两个重要事实。第一是,对昆虫真正有效的控制是由自然界完成的,而不是人类。昆虫的繁殖数量受到限制是由于存在一种被生态学家们称为环境防御作用的东西,这种作用从第一个生命出现以来就一直存在着。可利用的食物数量、气候和天气情况、竞争生物或捕食性生物的存在,这一切都是极为重要的。昆虫学家罗伯特·麦特卡夫说:"防止昆虫破坏我们世界安宁的最重大的一个因素是昆虫在它们内部进行的自相残杀的战争。"然而,现在大部分化学药物被用来杀死一切昆虫,无论是我们的朋友还是我们的敌人都一律格杀勿论。

第二个被忽视的事实是，一旦环境的防御作用被削弱了，某些昆虫的真正具有爆炸性的繁殖能力就会复生。许多种生物的繁殖能力几乎超出了我们的想象力，尽管我们现在和过去也曾有过省悟的瞬间。从学生时代起我就记得一个奇迹：在一个装着干草和水的简单混合物的罐子里，只要再加进去几滴取自含有原生动物的成熟培养液中的物质，这个奇迹就会被做出来。在几天之内，这个罐子中就会出现一群旋转着的、向前移动的小生命——亿万个数不清的鞋子形状的微小动物草履虫[1]。每一个小得像一颗灰尘，它们全都在这个温度适宜、食物丰富、没有敌人的临时天堂里不受约束地繁殖着。这种景象使我一会儿想起了使得海边岩石变白的藤壶[2]已近在眼前，一会儿又使我想起了一大群水母正在游过的景象，它们一里一里地移动着，它们那看来无休止颤动着的鬼影般的形体像海水一样的虚无缥缈。

....

生物学家们常持有一种假想：如果发生了一场不可思议的大灾难，自然界的抑制作用都丧失了，而有一个单独种类的生物却全部生存繁殖起来，那时将会发生什么事情。一个世纪之前，托马斯·修克思勒曾计算过一个单独的雌蚜虫（它具有不要配偶就能繁殖的稀奇能力）在一年时间中所能繁殖的蚜虫的总量相当于一个世纪之前的中华帝国人口总量的四分之一。

幸亏这种极端情况仅仅是在理论上才存在，但是这一由失常的大自然自己所造成的可怕结果曾被动物种群的研究者们所见识。畜牧业者们消灭郊狼的热潮已造成了田鼠成灾的结果，而以前，郊狼[3]是田鼠的控制者。在这方面，经常重演的那个关于亚利桑那[4]的凯白勃鹿的故事是另外一个例子。有一个时期，这种鹿与其环境处于一种平衡状态。一定数量的食肉兽——狼、美洲豹[5]和郊狼——限制着鹿的数量不超过它们的食物供给量。后来，人们为了"保存"这些鹿而发起一个运动去杀掉鹿的敌人——食肉兽。于是，食肉兽消逝了，鹿惊人地增多起来，这个地区很快就没有足够的草料供它们吃了。由于它们采食树叶，树木上没有叶子的地方也愈来愈高了，这时许多鹿因饥饿而死亡，其死亡数量超过了以前被食肉兽杀死的数量。另外，整个环境也被这种鹿为寻找食物所进行的不顾一切的努力而破坏了。

田野和森林中捕食性的昆虫起着与凯白勃地区的狼和郊狼同样的作用。杀死了它们，被捕食的昆虫的种群就会汹涌澎湃地发展起来。

没有一个人知道在地球上究竟有多少种昆虫，因为还有很多的昆虫尚未被人们认识。不过，已经记录在案的昆虫已超过70万种。这意味着，根据种类的数量来看，地球上的动物有70%～80%是昆虫。这些昆虫的绝大多数都在被自然力量控制着，而不是靠人的任何干涉。如果情况真是这样，那么就很值得怀疑任何巨大数量的化学药物（或任何其他方法）怎么能压制住昆虫的种群数量。

糟糕的是，往往在这种天然保护作用丧失之前，我们总是很少知晓这种由昆虫的天然敌人所提供的保护作用。我们中间的许多人生活在世界上，却对这个世界视而不见，察觉不到它的

---

[1] 草履虫：一种单细胞原生动物，可在显微镜下观察到，形状如草鞋，故名。
[2] 藤壶：一种甲壳纲动物，体外有六片大壳板，壳口有四片小壳板组成的盖，固定附着于海滨岩石、船身、软体动物或其他大型甲壳动物上生活。
[3] 郊狼：一种犬科动物，生活在美洲，体似狼而比狼小。
[4] 亚利桑那：美国西南部的一个州，南与墨西哥接壤，州首府菲尼克斯。
[5] 美洲豹：又名美洲虎，西半球最大的猫科动物，产于北美西南部和中、南美洲，栖于丛林、草原，夜间猎食。

美丽、它的奇妙和正生存在我们周围的各种生物的奇怪的、有时是令人震惊的强大能力。这就是人们对捕食昆虫和寄生生物的活动能力几乎一无所知的原因。也许我们曾看到过在花园灌木上的一种具有凶恶外貌的奇特昆虫,并且朦胧地意识到去祈求这种螳螂来消除其他昆虫。然而,只有当我们夜间去花园散步,并且用手电筒瞥见到处都有螳螂向着它的捕获物悄悄爬行的时候,我们才会理解我们所看到一切;到那时,我们就会理解由这种凶手和受害者所演出的这幕戏剧的含义;到那时,我们就会开始感觉到大自然借以控制自己的那种残忍的压迫力量的含义。

捕食者——那些杀害和削弱其他昆虫的昆虫——是种类繁多的。其中有些是敏捷的,快速得就像燕子在空中捕捉猎物一样。还有些一面沿着树枝费力地爬行,一面摘取和狼吞虎咽那些不移动的像蚜虫一样的昆虫。黄蚂蚁捕获这些蚜虫,并且用它的汁液去喂养幼蚁。泥瓦匠黄蜂在屋檐下建造了柱状泥窝,并且用昆虫充积在窝中,黄蜂幼虫将来以这些昆虫为食。这些房屋的守护者黄蜂飞舞在正在吃料的牛群的上空,它们消灭了使牛群受罪的吸血蝇。大声嗡嗡叫的食蚜虻蝇,人们经常把它错认为蜜蜂,它们把卵产在蚜虫出没的植物叶子上;而后孵出的幼虫能消灭大量的蚜虫。瓢虫,又叫"花大姐",也是一个最有效的蚜虫、介壳虫和其他吃植物的昆虫的消灭者。毫不夸张地讲,一个瓢虫可消耗几百个蚜虫以燃起自己小小的能量之火,瓢虫需要这些能量去生产一群卵。

习性更加奇特的是寄生性昆虫。寄生昆虫并不立即杀死它们的宿主,它们用各种适当的办法去利用受害者作为它们自己孩子的营养物。它们把卵产在它们的俘虏的幼虫或卵内,这样,它们自己将来孵出的幼虫就可以靠消耗宿主而得到食物。一些寄生昆虫把它们的卵用黏液粘贴在毛虫身上;在孵化过程中,出生的寄生幼虫就钻入到宿主的皮肤里面。其他一些寄生昆虫靠着一种天生伪装的本能把它们的卵产在树叶上,这样吃嫩叶的毛虫就会不幸地把它们吃进肚去。

在田野上,在树篱笆中,在花园里,在森林中,捕食性昆虫和寄生性昆虫都在工作着。在一个池塘上空,蜻蜓飞掠着,阳光照射在它们的翅膀上发出了火焰般的光彩。它们的祖先曾经是在生活着巨大爬行类的沼泽中过日子的。今天,它们仍像古时候一样,用锐利的目光在空中捕捉蚊子,用它那形成一个篮子状的几条腿兜捕蚊子。在水下,蜻蜓的幼蛹(又叫"小妖精")捕捉水生阶段的蚊子孑孓和其他昆虫。

在那儿,在一片树叶前面有一只不易察觉的草蜻蛉,它带着绿纱的翅膀和金色的眼睛,害羞地躲躲闪闪。它是一种曾在二叠纪[1]生活过的古代种类的后裔。草蜻蛉的成虫主要吃植物花蜜和蚜虫的蜜汁,并且时时把它的卵都产在一个长茎的柄根,把卵和一片叶子连在一起。从这些卵中生出了它的孩子———一种被称为"蚜狮"的奇怪的、直竖着的幼虫,它们靠捕食蚜虫、介壳虫或小动物为生。它们捕捉这些小虫子,并把它们的体液吸干。在草蜻蛉循环不已的生命做出白色丝茧以度过其蛹期之前,每个草蜻蛉都能消灭几百个蚜虫。

许多蜂和蝇也有同样的能力,它们完全依靠寄生作用来消灭其他昆虫的卵及幼虫而生存。一些寄生卵极小的蝶类,由于它们的巨大数量和它们巨大的活动能力,它们制止了许多危害庄稼的昆虫的大量繁殖。

所有这些小小的生命都在工作着——在晴天时,在下雨时,在白天,在夜晚,甚至当隆冬严寒使生命之火被扑灭得只留下灰烬的时候,这些小生命仍一直在不间断地工作着。不过在冬天

---

[1] 二叠纪:古生代的最后一个纪,约在2.9亿~2.5亿年前。

时,这种生气勃勃的力量仅仅是在冒着烟,它等待着当春天唤醒昆虫世界的时候,才再重新闪耀出巨大活力。在这期间,在雪花的白色绒毯下面,在被严寒冻硬了的土壤下面,在树皮的缝隙中,在隐蔽的洞穴里,寄生昆虫和捕食性昆虫都找到了地方使自己躲藏起来以度过这个寒冷的季节。

  ………

  这样,由于存在着这样的昆虫生活特点和我们所需要的天然特性,所有这一切都一直是我们在保持自然平衡使之倾倒到对我们有利一面的斗争中的同盟军。但是,现在我们却把我们的炮口转向了我们的朋友。一个可怕的危险是,我们已经粗心地轻视了它们在保护我们免受黑潮般的敌人的威胁方面的价值[1],没有它们的帮助,这些敌人就会猖獗起来危害我们。

  杀虫剂逐年数量增大,种类繁多,毁坏力加强;随之,环境防御能力的全面持续降低正在日益明显地变成无情的现实。随着时间的流逝,我们可以预料昆虫的骚扰会逐渐更加严重,有的种类传染疾病,有的种类毁坏农作物,其种类之多将超出我们已知的范围。

  "然而,这不过只是纯理论性的结论吧?"你会问:"这种情况肯定不会真正发生——无论如何,在我这一辈子里将不会发生。"但是,它正在发生着,就在这儿,就在现在。科学期刊已经记载下了在1958年约50例自然平衡的严重错乱。每一年都有更多的例子发现。对这一问题进行的一次近期回顾,参考了215篇报告和讨论,它们都是谈由于农药所引起的昆虫种群平衡灾害性失常的。

  有时喷洒化学药物后,那些本来想通过喷药来加以控制的昆虫反而惊人地增多起来。如安大略[2]的黑蝇在喷药后,其数量比喷药前增加了16倍。另外,在英格兰,随着喷洒一种有机磷化学农药而出现了白菜蚜虫的严重爆发——这是一种没有见过类似记载的大爆发。

  ………

  所有这些例子谈的都是侵害农作物的昆虫,而带来疾病的那些昆虫又怎么样呢?这方面已经有了不少警告。一个例子是在南太平洋的尼桑岛上,第二次世界大战期间,那儿一直在大量地进行喷药,不过在战争快结束的时候喷药就停止了。很快,大群传染疟疾的蚊子重新入侵该岛,当时所有捕食蚊子的昆虫都已被杀死了,而新的群体还没来得及发展起来,因此蚊子的大量爆发是极易想见的。马歇尔·莱尔德描述了这一情景,他把化学控制比作一个踏车:一旦我们踏上,因为害怕后果我们就不能停下来。

  世界上一部分疾病可能以一种很独特的方式与喷药发生关系。有理由认为,像蜗牛这样的软体动物看来几乎不受杀虫剂的影响。这一现象已被多次观察到。在佛罗里达州东部对盐化沼泽喷药所造成的、通常的大量生物死亡中,唯有水蜗牛幸免。这种景象如同人们所描述的是一幅可怖的图画——它很像是由超现实主义[3]画家的刷子创作出来的那种东西。在死鱼和气息奄奄的螃蟹身体中间,水蜗牛在一边爬动着,一边吞食着那些被致命毒雨害死的受难者。

  然而,这一切有什么重要意义呢?这一现象之所以重要,是因为许多蜗牛可以作为许多寄生性蠕虫的宿主,这些寄生虫在它们的生活循环中,一部分时间要在软体动物中度过,一部分时

---

  [1] 黑潮:也叫日本暖流,在北太平洋西部,因流经海面水呈蓝黑色,故名。
  [2] 安大略:加拿大东部的一个省,省会多伦多。
  [3] 超现实主义:现代西方文艺思潮,起于第一次世界大战时期,在绘画方面多通过色彩、光线、阴影、形态的组合,表现荒诞杂乱的感觉和印象。代表画家有米罗、达利、马格里特等。

间要在人体中度过。血吸虫病就是一个例子,当人们在喝水或在被感染的水中洗澡时,它可以透过皮肤进入人体,引起人的严重疾病。血吸虫是靠钉螺宿主而进入水体的。这种疾病尤其广泛地分布在亚洲和非洲地区。在有血吸虫的地方,助长钉螺大量繁殖的昆虫控制办法似乎总导致严重的后果。

当然,人类并不是钉螺所引起的疾病的唯一受害者。牛、绵羊、山羊、鹿、麋、兔和其他各种温血动物中的肝病都可以由肝吸虫引起,这些肝吸虫的生活史有一段是在淡水钉螺中度过的。受到这些蠕虫传染的动物肝脏不适宜再作为人类食物,而且照例要被没收。这种损失每年要浪费美国牧牛人大约 350 万美元。任何引起钉螺数量增长的活动都会明显地使这一问题变得更加严重。

在过去的十年中,这些问题已投下了一个长长的暗影,然而我们对它们的认识却一直十分缓慢。大多数有能力去钻研生物控制方法并协助付诸实践的人却一直过分地在实行化学控制的更富有刺激性的小天地中操劳。1960 年报道,在美国仅有 2% 的经济昆虫学家在从事生物控制的现场工作,其余 98% 的主要人员都被聘去研究化学杀虫剂。

情况为什么会这样？一些主要的化学公司正在把金钱倾倒到大学里以支持在杀虫剂方面的研究工作。这种情况产生了吸引研究生的奖学金和有吸引力的职位。而在另一方面,生物控制研究却从来没有人捐助过——原因很简单,生物控制不可能许诺给任何人那样一种在化学工业中出现的运气。生物控制的研究工作都留给了州和联邦的职员们,在这些地方的工资要少得多了。

这种状况也解释了这样一个不那么神秘的事实,即某些杰出的昆虫学家正在领头为化学控制辩护。对这些人中某些人的背景进行的调查披露出他们的全部研究计划都是由化学工业资助的。他们的专业威望、有时甚至他们的工作本身都要依靠着化学控制方法的永世长存,毫不夸张地说,难道我们能期待他们去咬那只给他们喂食物的手吗？

在为化学物质成为控制昆虫的基本方法的普遍欢呼声中,偶尔有少量研究报告被少数昆虫学家提出,这些昆虫学家没有无视这一事实,即他们既不是化学家,也不是工程师,他们是生物学家。

……………

他们的那个规划进行得怎么样呢？在诺瓦·斯克梯雅,遵照毕凯特博士修订的喷药计划的果园种植者们和使用强毒性化学药物的种植者一样,正在生产出大量的头等水果,另外,他们获得上述成绩其实际花费却是较少的。在诺瓦·斯克梯雅苹果园中,用于杀虫剂的经费只相当于其他大多数苹果种植区经费总数的 10%～20%。

比得到这些辉煌成果更为重要的一个事实是,由诺瓦·斯克梯雅昆虫学家们所执行的这个修改过的喷药计划是不会破坏大自然的平衡的。整个情况正在向着由加拿大昆虫学家 G.C. 尤里特十年前所提出的那个哲学观点的方向顺利前进,他曾说:"我们必须改变我们的哲学观点,放弃我们认为人类优越的态度,我们应当承认我们能够在大自然实际情况的启发下发现一些限制生物种群的设想和方法,这些设想和方法要比我们自己搞出来的更为经济合理。"

(选自《寂静的春天》,吉林人民出版社,1997 年)

作者风采

蕾切尔·卡逊(Rachel Carson,1907—1964),美国海洋生物学家。她的作品《寂静的春天》引发了美国以至于全世界的环境保护事业。另外,她还著有《我们周围的海洋》《海的边缘》《在海风的吹拂下》等作品。美国著名刊物《时代》在20世纪最后一期上将蕾切尔·卡逊评选为20世纪最有影响的100个人物之一。在纽约大学新闻学院评选的20世纪100篇最佳新闻作品中,《寂静的春天》名列第二。她对公众和政府加强对环境的关注和爱护的呼吁,最终导致了美国国家环境保护局的建立和"世界地球日"的设立。美国前副总统艾尔·戈尔说,《寂静的春天》的影响可以与《汤姆叔叔的小屋》媲美,两本珍贵的书都改变了我们的社会。

阅读提示

美国海洋生物学家和作家蕾切尔·卡逊于1962年出版的《寂静的春天》不仅被认为是世界文学的经典之作,而且也被评为20世纪最具影响力的书之一。这本经过卡森详细的调查研究,历时四年完成的,奠定了她"环保圣母"地位的生态文学著作一问世,犹如旋风般席卷美国乃至全世界,它不仅唤醒了无数美国人的环保意识,而且开启了人类历史上的环保时代,卡逊也因此成为了世界上最早提出环境问题的学者、环境保护运动的先驱及倡导者。这部划时代的作品犹如旷野中的一声呐喊,用它深切的感受、全面的研究和雄辩的论点改变了历史的进程,扭转了人类思想的方向,引发了一场世界范围内的环境革命。

在《寂静的春天》中,卡逊揭露了人类滥用杀虫剂、除草剂等人工化合物对自然生态环境产生的恶劣影响。卡逊列举出大量惊人的事实来警示人们,自然是按照一定的规律自我维持和不断发展,从而实现自身的演变和发展的。她认为"在自然界没有任何孤立存在的东西",所有生命形式是联系在一起的。自然界作为生命共同体的自我维持系统,对各个生命的出现、进化和发展有着不可替代的作用。在她看来,自然客观存在的内在价值正是我们人类最容易忽视的,人们以往总是以自我为中心,从人类中心主义的角度来看待人与自然之间的关系、人与其他生物体之间的关系,这种价值观念导致了人类肤浅地将大自然和其他生物体的作用工具化。她的一切描写、分析和论证非常具有批判性。在她的文中不时透露出对人类以自我为中心,肆意地征服、控制、利用自然的强烈反对和谴责。作为一个热爱自然、献身自然的生物学家,她对自然的体验和理解无疑是深刻的。《大自然在反抗》集中地体现了卡逊的这种生态伦理思想,在昆虫世界生存链条的环环相扣中,在狼与鹿相互敌对又相互依存的关系中,在一切细微生命的世界里,作者那种生动形象的文学性描绘,使我们看到这个生生不息的世界是如此多情和美丽,也正是这种多情与美丽让我们彻骨地体验到大自然生态环境恶化带来的疼痛。但愿人类在这疼痛中反思、清醒,并行动!

思 考 题

1. 课文中谈到,人们在制订控制昆虫繁衍计划时忽视了两个重要事实,是哪两个?这造成了怎样的后果?
2. 作者理想中人与自然应该是一种怎样的关系?其中包蕴了怎样的人文精神?
3. 尝试分析:课文是如何把严谨扎实的科学论证与生动形象的文学描写结合起来的。

拓展阅读

1. 亨利·戴维·梭罗著:《瓦尔登湖》
2. 米·普里什文著:《大自然的日历》
3. 约翰·巴勒斯著:《醒来的森林》
4. 蕾切尔·卡逊著:《寂静的春天》
5. 德富芦花著:《自然与人生》

影视推荐

1. 弗兰克·马歇尔导演:电影《南极大冒险》(又名《零下八度》)
2. 陆川导演:电影《可可西里》
3. 宫崎骏导演:电影《龙猫》
4. 吕克·雅克导演:《帝企鹅日记》
5. 雅克·贝汉导演:"天地人三部曲"(《喜马拉雅》《迁徙的鸟》《微观世界》)

第九讲 诗意地栖居

1) 『慢慢走,欣赏啊!』——人生的艺术化(节选)
2) 诗二首:问刘十九 / 自题金山画像
3) 《世说新语》选——魏晋风流:阮籍、嵇康、刘伶、王子猷
4) 蟹
5) 秋爽斋偶结海棠社

本讲导读

  人生漫漫,岁月悠悠,说长不长,说短也不短,我们到底该如何度过?选择或者创造哪种活法呢?是做一天和尚撞一天钟,还是"生当作人杰,死亦为鬼雄"?是独善其身,还是兼济天下?是同流合污,还是"出淤泥而不染"?是明哲保身,还是"明知山有虎,偏向虎山行"?是随波逐流,还是奋发有为?是追名逐利,还是淡泊名利?是玩世不恭、醉生梦死,还是积极入世、绽放自我?……到底哪一种才是人生理想的生存方式呢?德国哲学家海德格尔在对德国诗人荷尔德林的诗歌《在可爱的蓝色中》(一译《在柔媚的湛蓝中》)进行哲学阐释时强调:人应该"诗意地栖居"。那么,"诗意地栖居"是否可能呢?

  在海德格尔看来,"诗意地栖居"是人之为人的本质规定性,是人作为此在的应然状态。我们今天的栖居之所以看上去毫无诗意可言,是因为我们被功利之眼遮蔽了,一味地在尘世的喧嚣中苦苦钻营,乃至把人之本性给遗忘了。如果我们能把神性作为度量他在大地之上、天空之下的尺度,在自行揭露中让那些自行遮蔽的东西显现出来,重新发现"作诗乃是人之栖居的基本能力",人就可以恢复到"诗意地栖居"状态。海德格尔认为,人作为此在是终有一死者,他的死是必然的,是不可避免的,是他人无法替代的。当他能坦然地面对死,向死而生时,他就会把自己从常人中拯救出来,避免沉沦,从而积极地去筑造,在操心中绽放自己的美丽。

  朱光潜认为,人生是一种较广义的艺术,每个人的生命史就是他自己的作品。人生应该如诗,具有艺术化的色彩,要像创造艺术一样来创造自己的精彩人生。在当今高节奏的社会中更应该"慢慢走,欣赏啊",这样才能在平凡的生活中发现美,与美共舞,舞出艺术人生。因此,一方面,我们应认真,认真对待每一件事,把每一件事都做到极致,"在认真时见出他的严肃",这是入世的事业;另一方面,我们应超脱,要率性而为,让生命自由舒展,"在摆脱时见出他的豁达",这是出世的态度。一句话,以出世的态度做入世的事业,在一定程度上就是人生的艺术化。

  苏东坡可以说是以出世的态度做入世的事业的代表。他为人天真,在王安石变法期间,他跳出来反对,认为新法不能便民,对手以"文字毁谤君相"的罪名,将他抓捕入狱;宋哲宗即位后,重新启用旧党司马光为相,苏东坡也因此平步青云,官至翰林学士知制诰,可他不仅不感恩,反而在目睹旧党拼命压制王安石集团、尽废新法后,又对旧党的腐败进行抨击,落得个两头不讨好。他的一生因此而充满悲剧色彩,屡屡遭贬。可是,无论陷入怎样的窘境,他都能坦然面对,以"一蓑烟雨任平生"的态度,"吟啸且徐行"。不管他到哪里,他都秉持"为官一任,造福一方"的为政原则,政绩显赫,深得民心,留存至今的西湖苏堤,就是历史的见证。怪不得林语堂如此评价:"苏东坡是个秉性难改的乐天派,是悲天悯人的道德家,是黎民百姓的好朋友,是散文作家,是新派的画家,是伟大的书法家,是酿酒的实验者,是工程师,是假道学的反对派,是瑜伽术的修炼者,是佛教徒,是士大夫,是皇帝的秘书,是饮酒成癖者,是心肠慈悲的法官,是政治上的坚持己见者,是月下的漫步者,是诗人,是生性诙谐爱开玩笑的人。"[1]

  如果说,苏东坡葆有认真的精神的话,那么,魏晋士人则不乏洒脱的态度。他们用自己的言

---

[1] 林语堂.苏东坡传[M].张振玉,译.天津:百花文艺出版社,2000:原序 5—6.

行、诗文、艺术使自己的人生艺术化,高谈阔论不绝,觥筹交错不止,吟诗作赋,笑傲王侯,用清谈巩固其志气,以药与酒陶冶其趣味,好一个魏晋风流,艳羡了多少人!某种程度上,晚年的白居易有几分酷似魏晋名士,呼朋引伴,在觥筹交错之中实现心与心的交流,平静地对待人生的悲欢离合,但多了几许隐士之气。

相比较而言,李渔等人的生活方式更具人间烟火气。他把看似平淡而寡味的日常生活弄得风生水起,美轮美奂,充满诗情画意。无论是词曲,还是演唱;无论是化妆,还是装修;无论是器玩,还是饮食;无论是种植,还是养生,李渔都非常投入,格外讲究,力求做到极致,做出完美。《蟹》文中李渔对蟹的吃法的讲究,一定让你大开眼界。由此可见,日常生活的审美化,同样是诗意的,甚至是更接地气、触手可及的诗意栖居。

不管哪一种诗意人生,我们的人生都少不了诗,少不了文学,少不了艺术。从这个角度来说,贾宝玉、林黛玉、贾探春、李纨他们一帮"闲人",兴高采烈地结社,热热闹闹地赛诗,就是放飞自己的心灵,施展自己的才华,让人生充满诗情画意的最好方式了。细心的读者不仅能从中见出他们各自的性情,也肯定能洞悟到人生三昧。

我的大学生朋友,从以上诸多的诗意阐释中,你是否品味出了一点什么呢?你的人生是否有了诗意的描画呢?

(刘汉波)

圆桌议题

1. 人活着的目的到底是什么?是金钱地位?是名誉声望?还是活出自我,活得精彩?为什么?

2. 朱光潜在《"慢慢走,欣赏啊!"——人生的艺术化》一文中认为,晋代清流大半只知道豁达而不知道严肃,宋朝理学又大半只知道严肃而不知道豁达,只有陶渊明和杜甫才兼有严肃与豁达,才算得上是"诗意地栖居"。你同意他的看法吗?为什么?

3. 本讲展示了众多人的活法,介绍了各种各样的诗意人生,你认同哪一个(群)人的哪一种生存方式?为什么?

1. "慢慢走,欣赏啊!"——人生的艺术化(节选)

朱光潜

我在开章明义时就着重美感态度和实用态度的分别,以及艺术和实际人生之中所应有的距离,如果话说到这里为止,你也许误解我把艺术和人生看成漠不相关的两件事。我的意思并不如此。

人生是多方面而却相互和谐的整体,把它分析开来看,我们说某部分是实用的活动,某部分是科学的活动,某部分是美感的活动,为正名析理起见,原应有此分别;但是我们不要忘记,完满的人生见于这三种活动的平均发展,它们虽是可分别的而却不是互相冲突的。"实际人生"比整个人生的意义较为窄狭。一般人的错误在把它们认为相等,以为艺术对于"实际人生"既是隔着一层,它在整个人生中也就没有什么价值。有些人为维护艺术的地位,又想把它硬纳到"实际人生"的小范围里去。这般人不但是误解艺术,而且也没有认识人生。我们把实际生活看作整个人生之中的一片段,所以在肯定艺术与实际人生的距离时,并非肯定艺术与整个人生的隔阂。严格地说,离开人生便无所谓艺术,因为艺术是情趣的表现,而情趣的根源就在人生;反之,离开艺术也便无所谓人生,因为凡是创造和欣赏都是艺术的活动,无创造、无欣赏的人生是一个自相矛盾的名词。

人生本来就是一种较广义的艺术。每个人的生命史就是他自己的作品。这种作品可以是艺术的,也可以不是艺术的,正犹如同是一种顽石,这个人能把它雕成一座伟大的雕像,而另一个人却不能使它"成器",分别全在性分与修养。知道生活的人就是艺术家,他的生活就是艺术作品。

过一世生活好比做一篇文章。完美的生活都有上品文章所应有的美点。

第一,一篇好文章一定是一个完整的有机体,其中全体与部分都息息相关,不能稍有移动或增减。一字一句之中都可以见出全篇精神的贯注。比如陶渊明的《饮酒》诗本来是"采菊东篱下,悠然见南山",后人把"见"字误印为"望"字,原文的自然与物相遇相得的神情便完全丧失。这种艺术的完整性在生活中叫作"人格",凡是完美的生活都是人格的表现。大而进退取与,小而声音笑貌,都没有一件和全人格相冲突。不肯为五斗米折腰向乡里小儿,是陶渊明的生命史中所应有的一段文章,如果他错过这一个小节,便失其为陶渊明。下狱不肯脱逃,临刑时还叮咛嘱咐还邻人一只鸡的债,是苏格拉底的生命史中所应有的一段文章,否则他便失其为苏格拉底。这种生命史才可以使人把它当作一幅图画去惊赞,它就是一种艺术的杰作。

其次,"修辞立其诚"是文章的要诀,一首诗或是一篇美文一定是至性深情的流露,存于中然后形于外,不容有丝毫假借。情趣本来是物我交感共鸣的结果。景物变动不居,情趣亦自生生不息。我有我的个性,物也有物的个性,这种个性又随时地变迁而生长发展。每人在某一时会所见到的景物,和每种景物在某一时会所引起的情趣,都有它的特殊性,断不容与另一人在另一时会所见到的景物,和另一景物在另一时会所引起的情趣完全相同。毫厘之差,微妙所在。在这种生生不息的情趣中我们可以见出生命的造化。把这种生命流露于语言文字,就是好文章;把它流露于言行风采,就是美满的生命史。

文章忌俗滥,生活也忌俗滥。俗滥就是自己没有本色而蹈袭别人的成规旧矩。西施患心病,常捧心颦眉,这是自然的流露,所以愈增其美。东施没有心病,强学捧心颦眉的姿态,只能引人嫌恶。在西施是创作,在东施便是滥调。滥调起于生命的干枯,也就是虚伪的表现。"虚伪的表现"就是"丑",克罗齐已经说过。"风行水上,自然成纹",文章的妙处如此,生活的妙处也是如此。在什么地位,是怎样的人,感到怎样情趣,便现出怎样言行风采,叫人一见就觉其和谐完整,这才是艺术的生活。

俗语说得好:"唯大英雄能本色",所谓艺术的生活就是本色的生活。世间有两种人的生活最不艺术,一种是俗人,一种是伪君子。"俗人"根本就缺乏本色,"伪君子"则竭力遮盖本色。朱晦庵有一首诗说:"半亩方塘一鉴开,天光云影共徘徊。问渠那得清如许?为有源头活水来。"艺术的生活就是有"源头活水"的生活。俗人迷于名利,与世浮沉,心里没有"天光云影",就因为没有源头活水。他们的大病是生命的干枯。"伪君子"则于这种"俗人"的资格之上,又加上"沐猴而冠"的伎俩。他们的特点不仅见于道德上的虚伪,一言一笑、一举一动,都叫人起不美之感。谁知道风流名士的架子之中掩藏了几多行尸走肉?无论是"俗人"或是"伪君子",他们都是生活中的"苟且者",都缺乏艺术家在创造时所应有的良心。像柏格森所说的,他们都是"生命的机械化",只能作喜剧中的角色。生活落到喜剧里去的人大半都是不艺术的。

艺术的创造之中都必寓有欣赏,生活也是如此。一般人对于一种言行常欢喜说它"好看""不好看",这已有几分是拿艺术欣赏的标准去估量它。但是一般人大半不能彻底,不能拿一言一笑、一举一动纳在全部生命史里去看,他们的"人格"观念太淡薄,所谓"好看""不好看"往往只是"敷衍面子"。善于生活者则彻底认真,不让一尘一芥妨碍整个生命的和谐。一般人常以为艺术家是一班最随便的人,其实在艺术范围之内,艺术家是最严肃不过的。在锻炼作品时常呕心呕肝,一笔一画也不肯苟且。王荆公作"春风又绿江南岸"一句诗时,原来"绿"字是"到"字,后来由"到"字改为"过"字,由"过"字改为"入"字,由"入"字改为"满"字,改了十几次之后才定为"绿"字。即此一端可以想见艺术家的严肃了。善于生活者对于生活也是这样认真。曾子临死时记得床上的席子是季路的,一定叫门人把它换过才瞑目。吴季札心里已经暗许赠剑给徐君,没有实行徐君就已死去,他很郑重地把剑挂在徐君墓旁树上,以见"中心契合死生不渝"的风谊。像这一类的言行看来虽似小节,而善于生活者却不肯轻易放过,正犹如诗人不肯轻易放过一字一句一样。小节如此,大节更不消说。董狐宁愿断头不肯掩盖史实,夷齐饿死不愿降周,这种风度是道德的也是艺术的。我们主张人生的艺术化,就是主张对于人生的严肃主义。

艺术家估定事物的价值,全以它能否纳入和谐的整体为标准,往往出于一般人意料之外。他能看重一般人所看轻的,也能看轻一般人所看重的。在看重一件事物时,他知道执着;在看轻一件事物时,他也知道摆脱。艺术的能事不仅见于知所取,尤其见于知所舍。苏东坡论文,谓如水行山谷中,行于其所不得不行,止于其所不得不止。这就是取舍恰到好处,艺术化的人生也是如此。善于生活者对于世间一切,也拿艺术的口胃去评判它,合于艺术口胃者毫毛可以变成泰山,不合于艺术口胃者泰山也可以变成毫毛。他不但能认真,而且能摆脱。在认真时见出他的严肃,在摆脱时见出他的豁达。孟敏堕甑,不顾而去,郭林宗见到以为奇怪。他说:"甑已碎,顾之何益?"哲学家斯宾诺莎宁愿靠磨镜过活,不愿当大学教授,怕妨碍他的自由。王徽之居山阴,有一天夜雪初霁,月色清朗,忽然想起他的朋友戴逵,便乘小舟到剡溪去访他,刚到门口便把船划回去。他说:"乘兴而来,兴尽而返。"这几件事彼此相差很远,却都可以见出艺术家的豁达。伟大的人生和伟大的艺术都要同时并有严肃与豁达之胜。晋代清流大半只知道豁达而不知道严肃,宋朝理学又大半只知道严肃而不知道豁达。陶渊明和杜子美庶几算得恰到好处。

一篇生命史就是一种作品,从伦理的观点看,它有善恶的分别,从艺术的观点看,它有美丑的分别。善恶与美丑的关系究竟如何呢?

就狭义说,伦理的价值是实用的,美感的价值是超实用的;伦理的活动都是有所为而为,美感的活动则是无所为而为。比如仁义忠信等等都是善,问它们何以为善,我们不能不着眼到人群的幸福。美之所以为美,则全在美的形象本身,不在它对于人群的效用(这并不是说它对于人群没有效用)。假如世界上只有一个人,他就不能有道德的活动,因为有父子才有慈孝可言,有朋友才有信义可言。但是这个想象的孤零零的人还可以有艺术的活动,他还可以欣赏他所居的世界,他还可以创造作品。善有所赖而美无所赖,善的价值是"外在的",美的价值是"内在的"。

不过这种分别究竟是狭义的。就广义说,善就是一种美,恶就是一种丑。因为伦理的活动也可以引起美感上的欣赏与嫌恶。希腊大哲学家柏拉图和亚理士多德讨论伦理问题时都以为善有等级,一般的善虽只有外在的价值,而"至高的善"则有内在的价值。这所谓"至高的善"究竟是什么呢? 柏拉图和亚理士多德本来是一走理想主义的极端,一走经验主义的极端,但是对于这个问题,意见却一致。他们都以为"至高的善"在"无所为而为的玩索"(disinterested contemplation)。这种见解在西方哲学思潮上影响极大,斯宾诺莎、黑格尔、叔本华的学说都可以参证。从此可知西方哲人心目中的"至高的善"还是一种美,最高的伦理的活动还是一种艺术的活动了。

"无所为而为的玩索"何以看成"至高的善"呢? 这个问题涉及西方哲人对于神的观念。从耶稣教盛行之后,神才是一个大慈大悲的道德家。在希腊哲人以及近代莱布尼兹、尼采、叔本华诸人的心目中,神却是一个大艺术家,他创造这个宇宙出来,全是为着自己要创造,要欣赏。其实这种见解也并不减低神的身份。耶稣教的神只是一班穷叫化子中的一个肯施舍的财主老,而一般哲人心中的神,则是以宇宙为乐曲而要在这种乐曲之中见出和谐的音乐家。这两种观念究竟是哪一个伟大呢? 在西方哲人想,神只是一片精灵,他的活动绝对自由而不受限制,至于人则为肉体的需要所限制而不能绝对自由。人愈能脱肉体需求的限制而作自由活动,则离神亦愈近。"无所为而为的玩索"是唯一的自由活动,所以成为最上的理想。

这番话似乎有些玄渺,在这里本来不应说及。不过无论你相信不相信,有许多思想却值得当作一个意象悬在心眼前来玩味玩味。我自己在闲暇时也喜欢看看哲学书籍。老实说,我对于许多哲学家的话都很怀疑,但是我觉得他们有趣。我以为穷到究竟,一切哲学系统也都只能当做艺术作品去看。哲学和科学穷到极境,都是要满足求知的欲望。每个哲学家和科学家对于他自己所见到的一点真理(无论它究竟是不是真理)都觉得有趣味,都用一股热忱去欣赏它。真理在离开实用而成为情趣中心时就已经是美感的对象了。"地球绕日运行","勾方加股方等于弦方"一类的科学事实,和《密罗斯爱神》或《第九交响曲》一样可以摄魂震魄。科学家去寻求这一类的事实,穷到究竟,也正因为它们可以摄魂震魄。所以科学的活动也还是一种艺术的活动,不但善与美是一体,真与美也并没有隔阂。

艺术是情趣的活动,艺术的生活也就是情趣丰富的生活。人可以分为两种,一种是情趣丰富的,对于许多事物都觉得有趣味,而且到处寻求享受这种趣味。一种是情趣干枯的,对于许多事物都觉得没有趣味,也不去寻求趣味,只终日拼命和蝇蛆在一块争温饱。后者是俗人,前者就是艺术家。情趣愈丰富,生活也愈美满,所谓人生的艺术化就是人生的情趣化。

"觉得有趣味"就是欣赏。你是否知道生活,就看你对于许多事物能否欣赏。欣赏也就是"无所为而为的玩索"。在欣赏时人和神仙一样自由,一样有福。

阿尔卑斯山谷中有一条大汽车路，两旁景物极美，路上插着一个标语牌劝告游人说："慢慢走，欣赏啊！"许多人在这车如流水马如龙的世界过活，恰如在阿尔卑斯山谷中乘汽车兜风，匆匆忙忙地急驰而过，无暇一回首流连风景，于是这丰富华丽的世界便成为一个了无生趣的囚牢。这是一件多么可惋惜的事啊！

朋友，在告别之前，我采用阿尔卑斯山路上的标语，在中国人告别习用语之下加上三个字奉赠：

"慢慢走，欣赏啊！"

光潜
1932 年夏，莱茵河畔。

［选自《朱光潜全集》（第二卷），安徽教育出版社，1987 年］

作者风采

朱光潜（1897—1986），字孟实，安徽桐城人。我国现当代美学家、文艺理论家、教育家、翻译家，北京大学教授。我国现代美学的奠基人和开拓者之一。主要著作有《文艺心理学》《悲剧心理学》《谈美》《诗论》《谈文学》《克罗齐哲学述评》《西方美学史》《美学批判论文集》《谈美书简》《美学拾穗集》等，并翻译了《歌德谈话录》、柏拉图的《文艺对话集》、莱辛的《拉奥孔》、黑格尔的《美学》、克罗齐的《美学》、维柯的《新科学》等。

阅读提示

1932 年，远在欧洲的朱光潜继《给青年的十二封信》之后，又写了第十三封信，后来单独结集为《谈美》。本文是《谈美》的最后一篇。《谈美》一书以"谈美"为"免俗""人心净化"的目标，顺着美从哪里来、美是什么及美的特点这一脉络层层展开，娓娓道来，抒发了这位美学大家的人格理想、审美理想，提出了他的美学研究的理想目标——"人生的艺术化"。该书渗透了朱光潜对艺术与人生关系的深刻体悟。他以一种对老友交谈的语气平淡道出，其瑰丽思想在清新质朴的文字中缓缓流淌，有如"风行水上，自然成纹"。

《"慢慢走，欣赏啊！"——人生的艺术化》借阿尔卑斯山路上的标语传达了人生艺术化的人生理想。在朱光潜看来，人生应该放慢脚步，用心去欣赏周边的风景，体味生活的滋味，而不必来也匆匆，去也匆匆，辜负了人生的美好。为此，要对世界持"无所为而为的玩索"态度，既要超脱豁达，更要认真严肃，"在看重一件事物时，他知道执着；在看轻一件事物时，他也知道摆脱"，懂得取舍之道。这样的人生才充满诗意，富有情趣。全文不惜引用了古今中外大量名人的事迹来证明二者相辅相成的道理，这些伟岸的人格也就成了我们学习的榜样与范本。阅读时，既要注意领会文章的意旨，也要注意学习其左右逢源、涉笔成趣、娓娓道来、吐珠纳玉的写法。

思 考 题

1. 你认同"人生本来就是一种较广义的艺术"这个观点吗？为什么？

2. 你的生活节奏快吗？你是否觉得生活节奏的快慢与人生的诗意与否有必然的关系？为什么？

3. 学了朱光潜的这篇文章后，你对生活有了什么新的认识与体验？不妨把它们写下来，作为诗意生活的开端。

2. 诗二首

问刘十九[1]

唐·白居易

绿蚁[2]新醅[3]酒,
红泥小火炉。
晚来天欲雪[4],
能饮一杯无[5]?

(选自《白居易诗集校注》(第3册),中华书局,2006年)

见第三讲《长恨歌》。

《问刘十九》作于唐元和十二年(817),白居易被贬江州的第三年。全诗描写诗人在一个风雪飘飞的傍晚邀请朋友前来喝酒,共叙衷肠的情景。寥寥20字,没有深远寄托,没有华丽辞藻,字里行间却洋溢着热烈欢快的色调和温馨炽热的情谊,表现了温暖如春的诗情。善于选择意象并巧妙安排,合理搭配色彩以及用问句结尾,是本诗的艺术特色,请细加体会。

自题金山画像[6]

宋·苏轼

心似已灰之木,
身如不系[7]之舟。

---

[1] 刘十九:刘禹锡的堂兄刘禹铜,在同辈族人中排行十九,故称"刘十九",系洛阳一富商,与白居易常有应酬。
[2] 绿蚁:指浮在新酿的没有过滤的米酒上的酒渣,色微绿,细如蚁,称为"绿蚁"。
[3] 醅(pēi):没有过滤的酒。
[4] 雪:下雪,这里作动词用。
[5] 无:表示疑问的语气词,相当于"么"或"吗"。
[6] 据《金山志》载:李龙眠画子瞻照,留金山寺,后东坡自题云云。
[7] 系(jì):打结,扣。

问汝平生功业,

黄州[1]惠州[2]儋州[3]。

[选自《苏轼诗集》(第八册),中华书局,1982年]

作者风采

苏轼(1037—1101),字子瞻,号东坡居士,眉州眉山(今属四川)人。北宋文学家、书画家。神宗时曾任职史馆,因反对王安石新法而求外职,任杭州通判,知密州、徐州、湖州。后以作诗"谤讪朝廷"罪贬谪黄州,史称"乌台诗案"。哲宗时任翰林学士,曾出知杭州、颍州等,官至礼部尚书。后又贬谪惠州、儋州。北还后第二年病死常州。与父洵、弟辙,合称"三苏",俱被列入"唐宋八大家"。诗清新豪健,善用夸张比喻,在艺术表现方面独具风格。词开豪放一派,对后代很有影响。诗文有《东坡七集》等。词集有《东坡乐府》。存世书法作品有《答谢民师论文帖》《祭黄幾道文》《前赤壁赋》《黄州寒食诗帖》等。画作有《枯木怪石图》《竹石图》等。

阅读提示

苏轼的一生颇为坎坷,宋神宗元丰二年(1079)因"乌台诗案"被贬谪至黄州,哲宗绍圣元年(1094)被贬至惠州,绍圣四年被贬儋州,屡次遭贬,个中酸楚不言而喻,怎么不让人心如死灰?当风烛残年的苏轼从海南岛儋州贬所北归途经润州(镇江)时,在金山寺看到李公麟(北宋名画家,苏轼好友)所画东坡像,回顾一生,心潮难平,感慨万千,写下了这首《自题金山画像》,以自嘲而又自豪的戏言对自己一生的功业作了切中肯綮的评论。两个月后,一代文豪病逝于常州,这首诗竟成了诗人的自挽之词。《自题金山画像》既是苏轼一生经历的写照,也是其人生态度的宣言书。对于政治的失意、人生的打击,苏轼却能坦然面对,这种进退自如、超然人生的达观态度反而成就了一种伟大的人格。

思考题

1. 白居易的晚年诗歌与前期诗歌有什么不同?请试加比较,并思考个中原因。
2. 为什么心似已灰之木的苏轼,还大谈特谈平生功业?你认同苏轼的人生态度吗?

---

[1] 黄州:宋元丰二年,苏轼因为作诗讽刺新法遭遇"乌台诗案",出狱以后降职为黄州(今湖北黄冈)团练副使。

[2] 惠州:宋绍圣元年,苏轼被贬至惠州(今广东惠州)任宁远军节度副使。

[3] 儋(Dān)州:宋绍圣四年,苏轼被贬至天涯海角——儋州(今海南),其处罚仅次于满门抄斩罪。

3.《世说新语》选——魏晋风流：阮籍、嵇康、刘伶、王子猷

晋·刘义庆

阮籍不拘礼法

阮籍嫂尝还家，籍见与别。或讥之〔1〕，籍曰："礼岂为我辈设也！"

阮公邻家妇，有美色，当垆酤酒。阮与王安丰〔2〕常从妇饮酒，阮醉，便眠其妇侧。夫始殊疑之，伺察，终无他意。

嵇康不畏权贵

钟士季〔3〕精有才理，先不识嵇康，钟要〔4〕于时贤俊之士，俱往寻康。康方大树下锻，向子期为佐鼓排〔5〕。康扬槌不辍，傍〔6〕若无人，移时不交一言。钟起去，康曰："何所闻而来？何所见而去？"钟曰："闻所闻而来，见所见而去。"

刘伶纵酒放达

刘伶恒纵酒放达，或脱衣裸形在屋中。人见讥之，伶曰："我以天地为栋宇，屋室为裈〔7〕衣，诸君何为入我裈中！"

王子猷雪夜访戴

王子猷〔8〕居山阴〔9〕，夜大雪，眠觉〔10〕，开室命酌酒，四望皎然。因起仿偟〔11〕，咏左思〔12〕《招隐诗》，忽忆戴安道〔13〕。时戴在剡〔14〕，即便〔15〕夜乘小船就之。经宿方至，造〔16〕门不前〔17〕而返。人问其故，王曰："吾本乘兴而行，兴尽而返，何必见戴！"

[选自《世说新语校笺》（下册），中华书局，1984年；题目为编者所加]

---

〔1〕 或讥之：按礼制，叔嫂不通问，所以人们认为阮籍不遵礼法而指责他。
〔2〕 王安丰：即王戎，字濬冲，琅琊临沂（今山东临沂北）人。"竹林七贤"之一。官至司徒，封安丰县侯，故名"王安丰"。
〔3〕 钟士季：即钟会，字士季，三国时魏国谋士、将领，曹魏大臣钟繇之子，为司马昭献策阻止了曹髦的夺权企图，得以成为司马氏的亲信。曾献策杀害嵇康。
〔4〕 要：通"邀"。
〔5〕 排：同"鞴（音 bài）"，即风箱，一种皮革制成的鼓风吹火器。
〔6〕 傍：通"旁"。
〔7〕 裈（kūn）：裤子。
〔8〕 王子猷（yóu）：即王徽之，字子猷，王羲之的儿子。
〔9〕 山阴：旧县名，即今浙江绍兴。
〔10〕 觉：醒。
〔11〕 仿偟：徘徊，来回地走。
〔12〕 左思：字太冲，西晋文学家，所作《招隐诗》旨在歌咏隐士清高的生活。《招隐诗》曰："杖策招隐士，荒涂横古今。岩穴无结构，丘中有鸣琴。白云停阴冈，丹葩曜阳林。"
〔13〕 戴安道：即戴逵，字安道，谯郡铚县（今安徽濉溪西南）人。学问广博，隐居不仕。
〔14〕 剡（Shàn）：指剡县，古县名，治所在今浙江嵊（Shèng）州。
〔15〕 即便：立即。
〔16〕 造：造访，到达。
〔17〕 前：进见。

 **作者风采**

刘义庆(403—444),字季伯,彭城(今江苏徐州)人。南朝宋文学家。宋宗室,袭封临川王,曾任南兖州刺史、都督加开府仪同三司。爱好文学,喜招纳文士。撰有《世说新语》,记述汉末、魏、晋士大夫的言行。另有志怪小说《幽明录》,已散佚,鲁迅《古小说钩沉》中辑得二百余则。原有集,已失传。

 **阅读提示**

《世说新语》是魏晋南北朝时期"志人小说"的代表作,依内容可分为"德行""言语""政事""文学"等36类,每类收有若干则,全书共1000多则,每则文字长短不一,有的数行,有的三言两语,由此可见笔记小说"随手而记"的诉求及特性。《世说新语》记载了自东汉后期至魏晋士大夫的言谈、行事,反映了当时士族阶层的生活方式、精神面貌及清谈放诞的风气。其中最为有名的是"竹林七贤",即嵇康、阮籍、山涛、向秀、阮咸、王戎和刘伶七人,他们放荡不羁,常于竹林下酣歌纵酒。鲁迅称这部书为"名士底教科书"。

《世说新语》语言简练,文字生动鲜活,善用对照、比喻、夸张与描绘的文学技巧。它对后世笔记小说的发展有着深远的影响,而仿照此书体例而写成的作品更不计其数,在古小说中自成一体。书中不少故事,或成为后世戏曲小说的素材,或成为后世诗文常用的典故,在中国文学史上具有重要地位。结合上文,细心体会《世说新语》作为笔记体小说的艺术特色。

思考题

1. 从本篇所选的四位名士身上,你能看出魏晋风流具有什么样的特点?你欣赏这种生活方式吗?

2. 为什么魏晋时期会出现这样一批名士?他们的出现有什么意义?

4. 蟹

清·李渔

予于饮食之美，无一物不能言之，且无一物不穷其想象、竭其幽渺[1]而言之；独于蟹螯一物，心能嗜之，口能甘之，无论终身一日皆不能忘之，至其可嗜可甘与不可忘之故，则绝口不能形容之。此一事一物也者，在我则为饮食中之痴情，在彼则为天地间之怪物矣。予嗜此一生。每岁于蟹之未出时，即储钱以待，因家人笑予以蟹为命，即自呼其钱为"买命钱"。自初出之日始，至告竣之日止，未尝虚负一夕，缺陷一时。同人知予癖蟹，召者饷者皆于此日，予因呼九月、十月为"蟹秋"。虑其易尽而难继，又命家人涤瓮酿酒，以备糟之醉之之用。糟名"蟹糟"，酒名"蟹酿"，瓮名"蟹瓮"。向有一婢，勤于事蟹，即易其名为"蟹奴"，今亡之矣。蟹乎！蟹乎！汝于吾之一生，殆相终始者乎！所不能为汝生色者，未尝于有螃蟹无监州处作郡[2]，出俸钱以供大嚼，仅以悭囊易汝[3]。即使日购百筐，除供客外，与五十口家人分食，然则入予腹者有几何哉？蟹乎！蟹乎！吾终有愧于汝矣。

蟹之为物至美，而其味坏于食之之人。以之为羹者，鲜则鲜矣，而蟹之美质何在？以之为脍[4]者，腻则腻矣，而蟹之真味不存。更可厌者，断为两截，和以油、盐、豆粉而煎之，使蟹之色、蟹之香与蟹之真味全失。此皆似嫉蟹之多味，忌蟹之美观，而多方蹂躏，使之泄气而变形者也。世间好物，利在孤行。蟹之鲜而肥，甘而腻，白似玉而黄似金，已造色、香、味三者之至极，更无一物可以上之。和以他味者，犹之以爝火助日，掬水益河，[5]冀其有裨也，不亦难乎？

凡食蟹者，只合全其故体，蒸而熟之，贮以冰盘，列之几上，听客自取自食。剖一筐，食一筐，断一螯，食一螯，则气与味纤毫不漏。出于蟹之躯壳者，即入于人之口腹，饮食之三昧，再有深入于此者哉？凡治他具，皆可人任其劳，我享其逸，独蟹与瓜子、菱角三种，必须自任其劳。旋剥旋食则有味，人剥而我食之，不特味同嚼蜡，且似不成其为蟹与瓜子、菱角，而别是一物者。此与好香必须自焚，好茶必须自斟，僮仆虽多，不能任其力者，同出一理。讲饮食清供之道者，皆不可不知也。宴上客者势难全体，不得已而羹之，亦不当和以他物，惟以煮鸡鹅之汁为汤，去其油腻可也。

瓮中取醉蟹，最忌用灯，灯光一照，则满瓮俱沙，此人人知忌者也。有法处之，则可任照不忌。初醉之时，不论昼夜，俱点油灯一盏，照之入瓮，则与灯光相习，不相忌而相能，任凭照取，永无变沙之患矣。（此法都门有用之者）

[选自《闲情偶寄》（下），中华书局，2014年]

---

[1] 幽渺：幽深细密之处。
[2] 有螃蟹无监州处：出产螃蟹而没有设监督官员的地方。作郡：指做郡官。
[3] 悭（qiān）囊：即扑满。口小肚大，可供储零钱用。此处指作者仅是靠攒些小钱买蟹。易：换，买。汝：你（指螃蟹）。
[4] 脍（kuài）：切得很细的肉或鱼。
[5] 爝（jué）火助日，掬水益河：用小火把增加太阳的光亮，掬一捧水增加河的水量。爝火，小火，火把。

 作者风采

李渔(1611—1680),字笠鸿、谪凡,号笠翁,浙江兰溪人。明末清初文学家、戏曲家。初寄寓杭州,又迁居金陵,以所居芥子园开设书铺,又率家养戏班走江湖卖艺。工诗文,尤以戏曲、小说名世。有诗文集《笠翁一家言》,戏曲集《笠翁十种曲》,小说集《十二楼》《无声戏》等。另有杂著《闲情偶寄》,其中《词曲部》和《演习部》专论戏曲创作和演出,为古典戏曲理论的重要文献,后人曾专刊为《李笠翁曲话》行世。今人辑有《李渔全集》。

 阅读提示

《闲情偶寄》是中国最早的系统的戏曲论著,是李渔最为满意的著作,包括词曲、演习、声容、居室、器玩、饮馔、种植、颐养等八个部分,论及戏曲理论、妆饰打扮、园林建筑、器玩古董、饮食烹调、竹木花卉、养生医疗等诸多方面的问题。清代的余怀在其序言中如此评价:"其言近,其旨远,其取情多而用物闳。潆潆乎,缅缅乎,汰者读之旷,塞者读之通,悲者读之愉,拙者读之巧,愁者读之忻且舞,病者读之霍然兴。"林语堂等人也十分推崇此书,称其文字清新,思想超然,议论独到。

《蟹》是《闲情偶寄·饮馔部·肉食第三》中的一篇,集中反映了以李渔为代表的士大夫高度精致的艺术化生活。明末清初,随着个性解放思潮的兴起,广大士人逐渐摆脱传统思想的禁锢,热衷于在日常生活中寻找情趣,他们蓄声伎,好歌舞,游山水,筑园林,嗜茶酒,谙美食,着羡衣,披僧袍,读闲书,做雅事,过着悠闲快适的诗意生活。《蟹》文中所写李渔对吃蟹的讲究,就是他们诗意人生的写照。李渔努力让平淡的日子泛出诗意的光芒的生活方式,在某种程度上就是日常生活的审美化的代表。李渔以其审美化实践告诉我们,不管人在什么样的情况下,都可以活出人生的精彩与诗意。

 思 考 题

1. 有人认为李渔对蟹的迷恋实际上是玩物丧志的表现,而有人却认为李渔是美食家,懂得享受人生。你的观点呢?
2. 日常生活的审美化到底是好事还是坏事?为什么?

5. 秋爽斋偶结海棠社

清·曹雪芹

单表宝玉自贾政起身之后,每日在园中任意纵性游荡,真把光阴虚度,岁月空添。这日甚觉无聊,便往贾母王夫人处来混了一混,仍旧进园来了。刚换了衣裳,只见翠墨进来,手里拿着一幅花笺,送与他。宝玉因道:"可是我忘了。要瞧瞧三妹妹去的,可好些了?你偏走来。"翠墨道:"姑娘好了,今儿也不吃药了,不过是凉着一点儿。"

宝玉听说,便展开花笺看时,上面写道:

妹探谨启

二兄文几:前夕新霁,月色如洗,因惜清景难逢,未忍就卧,漏已三转,犹徘徊桐槛之下,竟为风露所欺,致获采薪之患。昨亲劳抚嘱,已复遣侍儿问切,兼以鲜荔并真卿墨迹见赐,抑何惠爱之深耶!今因伏几处默,忽思历来古人,处名攻利敌之场,犹置些山滴水之区,远招近揖,投辖攀辕,务结二三同志,盘桓其中,或竖词坛,或开吟社,虽因一时之偶兴,每成千古之佳谈。妹虽不才,幸叨陪泉石之间,兼慕薛林雅调。风庭月榭,惜未宴及诗人;帘杏溪桃,或可醉飞吟盏。孰谓雄才莲社,独许须眉;不教雅会东山,让余脂粉耶?若蒙造雪而来,敢请扫花以俟。谨启。

宝玉看了,不觉喜的拍手笑道:"倒是三妹妹高雅,我如今就去商议。"……一面说,一面同翠墨往秋爽斋来。只见宝钗、黛玉、迎春、惜春已都在那里了。

众人见他进来,都大笑说:"又来了一个。"探春笑道:"我不算俗,偶然起了个念头,写了几个帖儿试一试,谁知一招皆到。"宝玉笑道:"可惜迟了,早该起个社的。"黛玉说道:"此时还不算迟,也没什么可惜;但只你们只管起社,可别算我,我是不敢的。"迎春笑道:"你不敢,谁还敢呢?"宝玉道:"这是一件正经大事,大家鼓舞起来,别你谦我让的;各有主意,只管说出来,大家评论。宝姐姐也出个主意,林妹妹也说句话儿。"宝钗道:"你忙什么,人还不全呢。"一语未了,李纨也来了,进门笑道:"雅得很呀!要起诗社,我自举我掌坛。前儿春天,我原有这个意思的,我想了一想,我又不会做诗,瞎闹些什么!因而也忘了,就没有说,既是三妹妹高兴,我就帮着你作兴起来。"

黛玉道:"既然定要起诗社,咱们就是诗翁了,先把这些'姐妹叔嫂'的字样改了,才不俗。"李纨道:"极是!何不起个别号,彼此称呼倒雅。我是定了'稻香老农',再无人占的。"探春笑道:"我就是'秋爽居士'罢。"宝玉道:"'居士''主人',到底不确,又累赘。这里梧桐芭蕉尽有,或指桐蕉起个倒好。"探春笑道:"有了。我是喜芭蕉的,就称'蕉下客'罢。"众人都道:"别致有趣。"

黛玉笑道:"你们快牵了他去,炖了肉脯子来吃酒!"众人不解,黛玉笑道:"庄子云'蕉叶覆鹿',他自称'蕉下客',可不是一只鹿么?快做了鹿脯来!"众人听了,都笑起来。探春因笑道:"你别忙使巧话来骂人,我已替你想了个极当的美号了。"又向众人道:"当日娥皇女英洒泪在竹上成斑,故今斑竹又名湘妃竹;如今他住的是潇湘馆,他又爱哭,将来他那竹子想来也是要变成斑竹的,以后都叫他做'潇湘妃子'就完了。"大家听说,都拍手叫妙。黛玉低了头,也不言语。李纨笑道:"我替薛大妹妹也早已想了个好的,也只三个字。"众人忙问:"是什么?"李纨道:"我是封他为'蘅芜君',不知你们以为如何?"探春道:"这个封号极好。"

宝玉道:"我呢? 你们也替我想一个。"宝钗笑道:"你的号早有了,'无事忙'三字恰当得很。"李纨道:"你还是你的旧号'绛洞花主'就是了。"宝玉笑道:"小时候干的营生,还提他做什么?"探春道:"你的号多得很,又起什么? 我们爱叫你什么,你就答应着就是了。"宝钗道:"还得我送你个号罢,有最俗的一个号,却于你最当。天下难得的是富贵,又难得的是闲散,这两样再不能兼有,不想你兼有了,就叫你'富贵闲人'也罢了。"宝玉笑道:"当不起,当不起!倒是随你们混叫去罢。"

李纨道:"二姑娘,四姑娘,起个什么?"迎春道:"我们又不大会诗,白起个号做什么!"探春道:"虽如此,也起个才是。"宝钗道:"他住的是紫菱洲,就叫他'菱洲';四丫头在藕香榭,就叫他'藕榭'就完了。"

李纨道:"就是这样好。但序齿我大,你们都要依我的主意,管教说了,大家合意。我们七个人起社,我和二姑娘四姑娘都不会做诗,须得让出我们三个人去。我们三个人各分一件事。"探春笑道:"已有了号,还只管这样称呼,不如不有了。以后错了,也要立个罚约才好。"李纨道:"立定了社,再定罚约。我那里地方大,竟在我那里作社。我虽不能做诗,这些诗人竟不厌俗,容我做个东道主人,我自然也清雅起来了;若是推我做社长,我一个社长,自然不够,必要再请两位副社长,就请菱洲藕榭二位学究来,一位出题限韵,一位誊录监场。亦不可拘定了我们三个不做,若遇见容易些的题目韵脚,我们也随便做一首。你们四个却是要限定的。若如此便起,若不依我,我也不敢附骥了。"

迎春惜春本性懒于诗词,又有薛林在前,听了这话,便深合己意,二人皆说:"是极。"探春等也知此意,见他二人悦服,也不好强,只得依了。因笑道:"这话罢了。只是自想好笑:好好的我起了个主意,反叫你们三个来管起我来了。"宝玉道:"既这样,咱们就往稻香村去。"李纨道:"都是你忙。今日不过商议了,等我再请。"宝钗道:"也要议定几日一会才好。"探春道:"若只管会多,又没趣了。一月之中,只可两三次。"宝钗说道:"一月只要两次就够了。拟定日期,风雨无阻。除这两日外,倘有高兴的,他情愿加一社的,或请到他那里去,或附就了来,亦可使得,岂不活泼有趣?"众人都道:"这个主意最好。"

探春道:"这原系我起的意,我须得先做个东道主人,方不负我这兴。"李纨道:"既这样说,明日你就先开一社如何?"探春道:"明日不如今日,就是此刻好。你就出题,菱洲限韵,藕榭监场。"迎春道:"依我说,也不必随一人出题限韵,竟是拈阄公道。"李纨道:"方才我来时,看见他们抬进两盆白海棠来,倒是好花。你们何不就咏起他来呢?"迎春道:"都还未赏,先倒做诗?"宝钗道:"不过是白海棠,又何必定要见了才做。古人的诗赋,也不过都是寄兴寓情耳;要等见了做,如今也没这些诗了。"

迎春道:"既如此,待我限韵。"说着,走到书架前,抽出一本诗来,随手一揭,这首诗竟是一首七言律,递与众人看了,都该做七言律。迎春掩了诗,又向一个小丫头道:"你随口说个字来。"那丫头正倚门立着,便说了个"门"字,迎春笑道:"就是'门'字韵,'十三元'了。这头一个韵定要'门'字。"说着又要了韵牌匣子过来,抽出"十三元"一屉,又命那小丫头随手拿四块。那丫头便拿了"盆""魂""痕""昏"四块来。

宝玉道:"这'盆''门'两个字不大好做呢!"侍书一样预备下四分纸笔,便都悄然各自思索起来。独黛玉或抚弄梧桐，或看秋色，或又和丫鬟们嘲笑。迎春又命丫鬟点了一支"梦甜香"。原来这"梦甜香"只有三寸来长，有灯草粗细，以其易烬，故以此为限；如香烬未成，便要受罚。

一时探春便先有了，自己提笔写出，又改抹了一回，递与迎春。因问宝钗："蘅芜君，你可有了？"宝钗道："有却有了，只是不好。"宝玉背着手在回廊上踱来踱去，因向黛玉说道："你听他们都有了。"黛玉道："你别管我。"宝玉又见宝钗已誊写出来。因说道："了不得！香只剩下一寸了，我才有了四句！"又向黛玉道："香要完了，只管蹲在那潮地下做什么？"黛玉也不理。宝玉道："我可顾不得你了，好歹也写出来罢。"说着，也走在案前写了。

李纨道："我们要看诗了。若看完了还不交卷，是必罚的。"宝玉道："稻香老农虽不善作，却善看，又最公道，你就评阅优劣，我们都服的。"众人都道："自然。"于是先看探春的稿上写道：

咏白海棠

斜阳寒草带重门，苔翠盈铺雨后盆。
玉是精神难比洁，雪为肌骨易销魂。
芳心一点娇无力，倩影三更月有痕。
莫谓缟仙能羽化，多情伴我咏黄昏。

大家看了，称赏一回，又看宝钗的道：

珍重芳姿昼掩门，自携手瓮灌苔盆。
胭脂洗出秋阶影，冰雪招来露砌魂。
淡极始知花更艳，愁多焉得玉无痕？
欲偿白帝宜清洁，不语婷婷日又昏。

李纨笑道："到底是蘅芜君。"说着，又看宝玉的道：

秋容浅淡映重门，七节攒成雪满盆。
出浴太真冰作影，捧心西子玉为魂。
晓风不散愁千点，宿雨还添泪一痕。
独倚画栏如有意，清砧怨笛送黄昏。

大家看了，宝玉说探春的好。李纨终要推宝钗："这诗有身分。"因又催黛玉。黛玉道："你们都有了？"说着，提笔一挥而就，掷与众人。李纨等看他写道：

半卷湘帘半掩门，碾冰为土玉为盆。

看了这句，宝玉先喝起彩来，只说："从何处想来！"又看下面道：

偷来梨蕊三分白，借得梅花一缕魂。

众人看了，也都不禁叫好，说："果然比别人又是一样心肠。"又看下面道：

月窟仙人缝缟袂，秋闺怨女拭啼痕。娇羞默默同谁诉？倦倚西风夜已昏。

众人看了，都道："是这首为上。"李纨道："若论风流别致，自是这首；若论含蓄浑厚，终让蘅稿。"探春道:"这评的有理,潇湘妃子当居第二。"李纨道:"怡红公子是压尾,你服不服?"宝玉道:"我的那首原不好,这评的最公。"又笑道:"只是蘅潇二首,还要斟酌。"李纨道:"原是依我评论,不与你们相干。再有多说者必罚。"

宝玉听说,只得罢了。李纨道:"从此后,我定于每月初二、十六这两日开社;出题限韵,都要依我。这其间你们有高兴的,只管另择日子补开,那怕一个月每天都开社,我也不管。只是到了初二、十六这两日,是必往我那里去。"宝玉道:"到底要起个社名才是。"探春道:"俗了又不好,忒新了刁钻古怪也不好,可巧才是海棠诗开端,就叫'海棠诗社'罢。虽然俗些,因真有此事,也就不碍了。"说毕,大家又商议了一回,略用些酒果,方各自散去,也有回家的,也有往贾母王夫人处去的。当下无话。

(选自《红楼梦》,中华书局,2001年)

作者风采

曹雪芹(约1715或1721—约1764),名霑(zhān),字梦阮,号雪芹、芹圃、芹溪。清代小说家。内务府正白旗出身,江宁织造曹寅之孙。他爱好广泛,金石、诗书、绘画、园林、中医、织补、工艺、饮食,无一不晓,尤工于小说。他"披阅十载,增删五次",创作出了"字字看来皆是血,十年辛苦不寻常"的传世名作《红楼梦》,只一部就足以让世人瞩目。另有《废艺斋集稿》。

阅读提示

《红楼梦》,原名《石头记》,书成于清乾隆年间。共一百二十回,前八十回为曹雪芹作,后四十回一般认为系高鹗所续。全书以贾、史、王、薛四大家族的兴衰为背景,以贾宝玉与林黛玉、薛宝钗的恋爱经历以及其他红楼女子的生活经历为中心线索,真实而深入地描写了日益丰富的人性与生存环境(由社会制度、家族结构和礼教等构成)的冲突、人性被压抑的痛苦以及要求人性解放而进行的挣扎或反抗,生动地塑造了贾宝玉、林黛玉、王熙凤、薛宝钗、尤三姐、晴雯等许多具有鲜明个性的艺术形象。作品规模宏大,结构完整严密,白话运用纯熟自如,具有高度的思想性和卓越的艺术成就,达到中国古代长篇小说中写实主义的高峰。此外,它还展示了丰富多彩的民风民俗、花样百出的社会图景、千姿百态的建筑金石、美不胜收的文学艺术等方方面面,具有很高的历史文化价值,被誉为"我国封建社会的百科全书"。

《秋爽斋偶结海棠社》节选自《红楼梦》第三十七回,在贾探春的提议下,贾宝玉、林黛玉、李纨等一干富贵闲人结成了海棠诗社,从此隔三差五地吟诗作赋,畅享人生。海棠诗社的活动,既是"大观园闲人"才华的展露,也是他们各自性情的表现,从中不难捕捉到充满诗意的红楼世界,感受到才情横溢的作者本人。当然,也可以把它作为考察贾府兴衰荣辱的晴雨表。标题"偶结海棠社",结社看似偶然,实则必然,既是贾府有闲阶级情趣的自然流露,又是作者人为设置的考察线索。

 思 考 题

1. 你从本文中看出了大观园这些富贵闲人各有什么样的性情？你喜欢哪一个角色？为什么？
2. 《红楼梦》的艺术特色是草蛇灰线，你从本文中可以看出哪些地方与前文呼应，哪些地方为后文埋下了伏笔吗？
3. 不妨仿照海棠诗社的做法，也在班上开展限题作对联、写诗或即兴作文的活动。

 拓展阅读

1. 马丁·海德格尔著：《海德格尔文集——荷尔德林诗的阐释》
2. 杨柳桥撰：《庄子译注》
3. 陶渊明著：《陶渊明集》
4. 刘义庆撰：《世说新语校笺》
5. 苏轼著：《苏轼选集》
6. 张岱撰：《陶庵梦忆》
7. 李渔著：《闲情偶寄》
8. 林语堂著：《苏东坡传》
9. 莫砺锋著：《诗意人生》
10. 朱光潜著：《谈美书简》

影视推荐

1. 陈传兴导演：电影《掬水月在手》
2. 克里斯托夫·巴拉蒂导演：电影《放牛班的春天》

第十讲　美丽的中文不老

1) 教中文（三首）
2) 现代汉语再认识（节选）
3) 在母语中生存
4) 救救中文

本讲导读

看微课

自我们来到人世起,那些整齐、美丽的方块字便如影随形,似一位慈爱的母亲,伴我们度过成长中的每一天。美丽的中文开启了我们蒙昧的心门,美丽的中文抚慰着我们躁动的生命,美丽的中文伴随我们前行的旅程。美丽的中文是我们的精神家园。

但是很长一段时间以来我们并没有意识到这一点。或许是由于生活在本土,家园对于我们来说除了母语,还包括亲人、房子、村镇、城市等,语言虽然也是重要的内容,却不是唯一的,因此往往被我们所忽视。倒是那些海外的游子,当他们远离了故土、远离了亲朋时,骤然发现母语真正是他们生存意义上的家园,而且是"唯一"的。在非母语的背景下,母语的意义在他们心中澄明了,母语的美妙之处在他们眼前栩栩如生了,他们"重新认识"了自己的母语。最简单、最朴素的一个方块字在他们的笔下也能演绎成一首小诗。熊秉明因为在巴黎教初级中文的关系,特别能够体会简单的字句、语法的奇异魔力,《教中文》诗集就得自其教授之余。读他的这些如此素朴的诗,你会咀嚼到语言源起的美妙,你会感觉到中文的纯粹,你会体悟到中文的魅力。当然,魅力的源头在于诗人对母语充满着浓郁的感情。因为对母语饱蕴感情,诗人一站在黑板前,拿起粉笔,面对金发碧眼的西方学生时,心头就涌出难以遏制的念头:"我是中国人"(《黑板·粉笔·中国人》);在教很简单的"的"字时,他也体会到这个字的美妙之处,用这一个又一个"的"字把阻隔的时空连接起来,最后连接上的是"旧毛衣",这一意象的出现一下子让"的"字有了沉甸甸的分量;而在教"这儿""那儿"这些简单的指示代词时,诗人的中国情怀也在不经意间流露出来,拨动着我们感受的琴弦。

相较于无比挚爱母语的他们,身在此山中的我们对于母语倾注的感情显然不够。环顾我们周围,乱用、滥用、乱改、胡改汉字的现象比比皆是,词不达意、语焉不详的现象更是司空见惯。我们身处的时代诚如作家韩少功所言是"一个语言危机的时代,是语言垃圾到处泛滥的时代"。汉语不仅受到网络和流行文化的扭曲和伤害,而且还受到商业文化的冲击。我们这个时代的年轻人特别是未成年人,已经把网聊、网游、动漫、影视变成认识世界的主要方式,他们的生活充满了刺激,缺少诗意;他们的认知陷入了一种误导,而缺少介入。精神的营养不良,常常使他们缺少想象力,缺少基本的道德准则,缺少责任、担当、协作等必备的要素。未成年人对汉语的漠视使得他们缺少必要的阅读与思考,而这又直接影响了他们智力的发育,特别是想象力和逻辑能力受到了严重的冲击。

所幸的是,随着我们对西方语言文字、汉语言文字和西方的语言理论的了解不断深入,认识不断深化,汉语和汉字的独特魅力也越来越清晰地呈现在我们面前。韩少功在为清华大学和华东师范大学的大学生们所做的演讲《现代汉语再认识》中,就以作家特有的敏锐目光审视现代汉语,提出了重新认识现代汉语的几个发人深省的问题。他从词汇量的掌握、输入的速度、理解的方便、语种的规模等方面说明,"汉语至少不是一无是处,汉语是很有潜力甚至很有优势的语言"。他以事实依据说明"以前一味向表音文字看齐"存在着"理论盲区",他要求我们每一个人说话都要"入情入理",做到"智性和感性的统一"。

作家们对汉语的了解如此之深,对汉语的感情如此之深,自然与他们敏感的心性有关,与他们在汉语写作中获得的幸福感有关。母语对于作家来说有着根本性的意义,母语让作家的生存变得更加坚实。散文家彭程的《在母语中生存》更是深刻地揭示了这一点。他在文中写了一批名作家离开母语环境后的尴尬处境。比如张爱玲离开中国赴美后,她"亮丽的歌喉便遽然喑哑",因为"英语的子民听不懂更不要听那些弄堂深宅里旧式家庭的悲欢恩怨",没有了听众,她只能缄默,一代才女的艺术生命就此终结,令人唏嘘不已。有相似境遇的作家还有布罗茨基、托马斯·曼、康拉德、蒲宁、爱伦堡、茨维塔耶娃以及屠格涅夫,他们从母语中离去后,也是黯淡失色,难以获得写作的幸福感,难以找寻相视莫逆的知音。其实有这种感受的又何止是作家呢?在生育我们的母语面前,我们哪一个普通子民不是如此呢?我们思考,我们言说,我们生活用的都是母语,当我们能自如地指挥汉字们去冲锋陷阵,并不断变换着阵形时,我们更是感受到一种恒久的快乐。也正因如此,面对母语,我们每个人都该扪心自问,我们做得如何?我们珍惜母语了吗?我们爱它吗?而这也正是历史学家周振鹤在《救救中文》中所呼吁的,他不希望我们把中文水准的下降,一味地归结于这个原因、那个原因,就是忘了反躬自问。要救中文,先要救的就是我们自己。糟蹋中文的,恰恰就是每时每刻使用它的人,而能够救治中文的,也是这些使用者。如何做?只能从自己做起,从现在做起。

既然如此,就让我们从现在开始,照亮久被遮蔽的心,深深地爱上美丽的中文吧!让我们一起吟哦诗词歌赋,领略汉语的唯美;让我们一起研读汉语经典哲学著作,体会人生的智慧;让我们一起细品典范的白话文,感触思想的烛光;让我们一起创造优质的汉语,让美丽的中文永远不会老去!

(程箐)

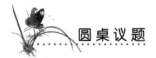
圆桌议题

美丽的中文曾经滋养了一代又一代的华人,美丽的中文也曾养育了诸多的文学大师,汉语经典琳琅满目,千百年来,承担着开启国人心智、陶冶国人德行的重任。而今,在国际化的趋向中,在杂语时代、影像时代的冲击下,中文的韵味、节奏、语调却被挤到了一个非常狭小的空间,人们对汉语的信心也被讲究"视觉冲击力"的"读图"所解构。我们这个时代的很多年轻人连读一些简略汉字的耐心都没有了,说出来的话语和写出来的文章更是苍白无味。面对这种情形,作为中国人的我们是任其沦为弱势语言,还是勇敢地担当起重建的责任呢?我们应该为我们的母语做些什么呢?我们如何才能让美丽的中文不会老去呢?

看微课

1. 教中文(三首)

熊秉明

黑板·粉笔·中国人
十年以前我站在黑板旁边
说了一遍又一遍
"这是黑板
这是粉笔
我是中国人"
九年以前我站在黑板旁边
说了一遍又一遍
"这是黑板
这是粉笔
我是中国人"
八年以前
七年以前
……
三年以前
……
昨天我站在黑板旁边
说了一遍又一遍
"这是黑板
这是粉笔
我是中国人"
我究竟还有多少中国人呢
我似乎一天一天地更不像中国人了
又似乎一天一天地更像中国人了

但有一件事是我确实知道的那是
我的头发一天一天
从黑板的颜色
变成粉笔的颜色
而且像粉笔一样渐渐
短了　断了
短成可笑的模样
请你告诉我
我究竟一天一天更像中国人呢
一天一天更不像中国人呢

"这是黑板
这是粉笔
我是中国人"
　　　　　的
翻出来一件
隔着冬雾的
隔着雪原的
隔着山隔着海的
隔着十万里路[1]的
别离了四分之一世纪[2]的
母亲亲手
为孩子织的
沾着箱底的樟脑香
的
旧毛衣

　　　这儿和北京
这是桌子
一张桌子
我的桌子
这儿　那儿
这儿是我的桌子
桌子上有我的书
我的中国书
一本　两本　三本
大大小小的中国书
古古今今的中国书
厚厚薄薄的中国书
那儿　那边儿
那儿是　那边儿是
天的那边儿是
北京
北京的天
蓝色的天　黄色的天　红色的天
夏天　秋天　冬天　春天
十个春天

---

[1] 十万里路：诗人在法国，母亲在中国，极言路途之远。
[2] 四分之一世纪：是实指，诗人1947年考取公费留法，到1972年正好是四分之一世纪。

十五个春天
二十个春天　二十五个春天
那边母亲心里数着的
（选自《熊秉明文集4——诗与诗论》，文汇出版社，1999年）

作者风采

熊秉明（1922—2002），祖籍云南，生于南京，著名法籍华人艺术家、哲学家，中国数学家熊庆来之子。集哲学、文学、绘画、雕塑、书法修养于一身，旅居法国50年。主要著作有《张旭与草书》（法文）、《中国书法理论体系》、《诗三篇》、《展览会观念或者观念的展览会》、《回归的雕塑》等。

阅读提示

《教中文》是一部诗集，付印于1972年，是熊秉明先生在巴黎第三大学东方语言文化学院中文系教授汉语所得，用他的话来说，他无意作诗，而是诗找上门来的。他曾表示，在巴黎教西方学生汉语，十年后一日忽觉母语出口有似天籁，最简单的语句即是音乐、即是美文、即是诗，遂作《教中文》组诗二十余首。《教中文》共收二十多首小诗，本书节选了其中三首。熊秉明的小诗，虽语言简单、诗质朴素，但却语情丰沛、别生意境，读后让人深感中文的纯粹之美。《黑板·粉笔·中国人》写的是日常的教书生活。诗人在海外常年教中文，每当站在黑板前面，拿起粉笔，就油然而生"我是中国人"的念头。诗作以编年体式的结构，从"十年以前""九年以前""八年以前""七年以前""三年以前"写到"昨天"，次第点出生命虽在默默地计算中流逝，头发虽渐渐变白、变短，但是"我是中国人"的赤子情怀却始终未变。《的》一诗尽显诗人的语言天赋，他将一个简单无比的中文"的"字，演绎得美妙无比。一个又一个"的"字，连缀起的不仅是"十万里路的"空间，"四分之一世纪的"时间，更是万水千山隔不断的亲情，岁月流逝化不开的乡愁。沾着浓浓乡愁的"旧毛衣"这一中心意象的最后出现，让诗歌骤然之间有了分量。诚如诗人所言，"就像一粒水珠在气温降到零度时突然化成一片六角的雪花"。《这儿和北京》也是一首再简单不过的小诗，全诗不过用了几个数词、名词、指示代词，就好像把对外汉语的初级课本照搬上来了。然而当你多念几遍之后，你会发现，这就是诗，最单纯朴素的诗。这首单纯朴素的诗因为诗人的中国心而变得韵味无比，因着这颗中国心，诗歌在桌子、书等日常意象之后依次突现为"我的中国书""北京的天"，并最终落脚于"母亲心里"，读后让你不禁为之动情。

思考题

1. 读了熊秉明如此朴素的小诗，同学们对母语有没有新的认识呢？这些简单的语言和文字，到底有什么奇异的魔力呢？
2. 请模仿熊秉明的小诗，用简单朴素的语言创作一首中文诗。

2. 现代汉语再认识(节选)

韩少功

汉语眼下处于一个什么样的处境？外来语、民间语以及古汉语这三大块资源，在白话文运动以来发生了怎样的变化？包括文言文的资源是否需要走出冷宫从而重新进入我们的视野？这些都是问题。眼下，电视、广播、手机、互联网、报纸图书，各种语言载体都在实现爆炸式的规模扩张，使人们的语言活动空前频繁和猛烈。有人说这是一个语言狂欢的时代。其实在我看来也是一个语言危机的时代，是语言垃圾到处泛滥的时代。我们丝毫不能掉以轻心。

走出弱势的汉语

来这里之前，我和很多作家在法国参加书展，看到很多中国文学在法国出版。我没有详细统计，但估计有一两百种之多。这是一个相当大的数量。我们很多中国作家在那里出书，一本、两本、三本、四本法文的书。这个翻译量，完全可以与法国文学在中国的翻译量相比。虽然在翻译质量上，在读者以及评论界对作品的接受程度上，中法双向交流可能还不够对等，但就翻译量而言，中国不一定有赤字。这已经是一个惊人的现实。以前我多次去过法国，知道这种情况来之不易。以前在法国书店的角落里，可能有一个小小的亚洲书柜。在这个书柜里有个更小的角落，可能放置了一些中国书，里面可能有格非也可能有韩少功等。很边缘呵。但现在出现了变化。这次书展足以证明，中国文学已开始引起世界瞩目。有些法国朋友告诉我，一般来说，这样的专题书展一过，相关出版就会有个落潮。但他们估计，这次中国书展以后，中国文学可能还会持续升温。

所谓中国文学，就是用中国文字写成的文学。中国文学在法国以及在西方的影响，也是中国文字在世界范围内重新确立重要地位的过程。汉语，在这里指的是汉文、华文或者中文，是中国最主要的文字。

大家如果没有忘记的话，在不久以前，汉语是一个被很多人不看好的语种。在我们东边，日本以前也是用汉语的，后来他们语言独立了，与汉语分道扬镳。在座的王中忱老师是日语专家，一定清楚这方面的情况。同学们读日文，没有学过的大概也可以读懂一半，因为日文里大约一半是汉字。另一半呢，是假名，包括平假名和片假名，是一种拼音文字。平假名的历史长一些，是对他们本土语的拼音和记录。片假名则是对西语的拼音，里面可能有荷兰语的成分，也有后来英语、法语的音译。在有些中国人看来，日文就是一锅杂生饭，一半是中文，一半是西文(众笑)。当然，日本朋友曾告诉我：你不要以为日本的汉字就是你们中国的汉字，不对，有时候用字虽然一样，但在意义方面和用法方面，有很多细微而重要的差异。我相信这种说法是真实的。但他们借用了很多汉字是一个事实。日语逐渐与汉语分家也是一个不争的事实。

我们再看韩文。韩国人在古代也是大量借用汉字，全面禁用汉字才一百多年的历史，是甲午战争以后的事。在那以前，他们在15世纪发明了韩文，叫"训民正音"，但推广得很慢，实际运用时也总是与汉语夹杂不清。我在北京参加过一个中韩双方的学者对话，发现我能听懂韩国朋友的一些话。比方韩国有一个很著名的出版社，叫"创作与批评"，发音差不多是 chong zhuo ga pei peng(众笑)。你看，你们也都听懂了。还有"30年代""40年代""50年代"等，我不用翻译也能听个八九不离十。韩文也是拼音化的，是表音的，不过书写形式还用方块字，没有拉丁化。对于我们中国人来说,日文是有一部分的字好认,但发音完全是外文;韩文相反,有一部分的音易懂,但书写完全是外文。这就是说,它们或是在发音方面或是在书写方面,与汉语还保持了或多或少的联系。

我们环视中国的四周,像日本、韩国、越南这些民族国家,以前都大量借用汉字,从某种意义上来说,构成了汉语文化圈的一部分,正如他们在政治上构成了中央帝国朝贡体系的一部分。但后来随着现代化运动的推进,随着民族国家的独立浪潮,他们都觉得汉语不方便,甚至很"落后",纷纷走上了欧化或半欧化的道路。其中越南人经历了法国殖民时期,吃了法国面包,喝了法国咖啡,革命最先锋,一步实现了书写的拉丁化。日语和韩语的欧化多少还有点拖泥带水和左右为难。这是一种偶然的巧合吗?当然不是。其实,不要说别人,我们中国人自己不久以前对汉语也是充满怀疑的,甚至完全丧失了自信心。早在民国时期,国民党政府就成立了文字改革委员会,提出了拼音化与拉丁化的改革方向。你们也许都知道,改来改去的最大成果,只是公布和推广了两批简体字。第三批简体字公布以后受到的非议太多,很快就收回,算是胎死腹中。

汉语到底应不应该拼音化和拉丁化?汉语这种方块字是不是落后和腐朽得非要废除不可?这是一个问题。我们这里先不要下结论,还是先看一看具体的事实。

学英语的同学可能知道,英语的词汇量相当大,把全世界各种英语的单词加起来,大约五十万。刚才徐葆耕老师说我英语好,只能使我大大地惭愧。五十万单词!谁还敢吹牛皮说自己的英语好?你们考 TOEFL,考 GRE,也就是两三万单词吧?《纽约时报》统计,最近每年都有一到两万英语新单词出现,每年都可以编出一本新增词典。你学得过来吗?记得过来吗?相比之下,汉语的用字非常俭省。联合国用五种文字印制文件,中文本一定是其中最薄的。中国扫盲标准是认一千五百个字。一个中学生掌握两千多字,读四大古典文学名著不成问题。像我这样的作家写了十几本书,也就是掌握三千多字。但一个人若是不记住三万英语单词,《时代》周刊就读不顺,更不要说去读文学作品了。汉语的长处是可以以字组词,创造一个新概念,一般不用创造新字。"激光",台湾译成"镭射",就是旧字组新词。"基因","基"本的"因",也是旧字组新词,对于英文 gene 来说,既是音译又是意译,译得非常好,小学生也可猜个大意。英语当然也能以旧组新,high-tech,high-way,就是这样的。但是比较而言,汉语以旧字组新词的能力非常强,为很多其他语种所不及,构成了一种独特优势。同学们想一想,如果汉语也闹出个五十万的用字量,你们上大学可能要比现在辛苦好几倍。

第二点,说说输入的速度。因特网刚出现的时候,有人说汉语的末日来临,因为汉语的键盘输入速度比不上英语。在更早的电报时代,否定汉语的一个重要理由,也是说西语字母比较适合电报机的编码,而汉语这么多字,要先转换成数字编码,再转换成机器的语言,实在是太麻烦,太消耗人力和时间。在当时,很多人认为:现代化就是机器化,一切不能机器化的东西都是落后的东西,都应该淘汰掉。我们先不说这一点有没有道理。我们即便接受这个逻辑前提,也不需要急着给汉语判死刑。不久前,很多软件公司,包括美国的微软,做各种语言键盘输入速度的测试,最后发现汉语输入不但不比英语输入慢,反而更快。据说现在还有更好的输入软件,就是你们清华大学发明的,什么智能码,比五笔字型软件还好,使汉语输入效率根本不再是一个问题。

第三点,说说理解的方便。西语基本上都是表音文字,刚才说到的日语假名、韩语、越语等也是向表音文字靠拢,但汉语至今是另走一路。这种表意文字的好处,是人们不一定一见就能开口,但一见就能明白。所谓"望文生义",如果不作贬义的解释,很多时候不是什么坏事。有日本朋友同我说,日语中"电脑"有两个词,一个是汉字"电脑",发音大致是 den no;另一个是片假名,是用英语 computer 的音译。这个日本朋友说,他们现在越来越愿意用"电脑",因为"电脑"一望便知,电的脑么,很聪明的机器么,还能是别的什么东西? 至于 computer,你只能"望文生音",读出来倒是方便,但一个没有受到有关教育和训练的人,如何知道这个声音的意思? 有一个长期生活在美国的教师还说过,有一次,他让几个教授和大学生用英语说出"长方体",结果大家都蒙了,没人说得出来。在美国,你要一般老百姓说出"四环素""变阻器""碳酸钙""高血压""肾结石""七边形",更是强人所难。奇怪吗? 不奇怪。表音文字就是容易读但不容易理解,不理解也就不容易记住,日子长了,一些专业用词就出现生僻化和神秘化的趋向。西方人为什么最崇拜专家? 为什么最容易出现专家主义? 不光是因为专家有知识,而且很多词语只有专家能说。你连开口说话都没门,不崇拜行吗?

第四点,说说语种的规模。汉语是一个大语种,即便在美国,第一英语,第二西班牙语,第三就是汉语了。我曾到过蒙古。我们的内蒙古用老蒙文,竖着写的。蒙古用新蒙文了,是用俄文字母拼写。你看他们的思路同我们也一样,西方好,我们都西化吧,至少也得傍上一个俄国。在他们的书店里,要找一本维特根斯坦的哲学,要找一本普鲁斯特的《追忆似水年华》,难啦。蒙古总共两百多万人,首都乌兰巴托就住了一百万,是全国人口的一半。你们想一想,在一个只有两百万人的语种市场,出版者能干什么? 他们的文学书架上最多的诗歌,因为牧人很热情,很浪漫,喜欢唱歌。诗歌中最多的又是儿歌,因为儿歌是一个少有的做得上去的市场。他们的作家都很高产,一见面,说他出了五十多或者八十多本书,让我吓了一跳,惭愧万分。但我后来一看,那些书大多是薄薄的,印几首儿歌(众笑)。但不这样又能怎么样? 你要是出版《追忆似水年华》,一套就一大堆,卖个几十本几百本,出版者不亏死了? 谁会做这种傻事? 这里就有语种规模对文化生产和文化积累的严重制约。同学们生活在一个大语种里,对这一点不会有感觉,你们必须去一些小语种国家才会有比较。我还到过一个更小的国家,冰岛,三十多万人口。他们有很强的语言自尊,不但有冰岛语,而且冰岛语拒绝任何外来词。bank 是"银行",差不多是个国际通用符号了,但冰岛人就是顶住不用,要造出一个冰岛词来取而代之。我们必须尊重他们对自己语言的热爱。但想一想,在这样一个小语种里,怎么写作? 怎么出版? 绝大多数冰岛作家都得接受国家补贴,不是他们不改革,不是他们贪恋大锅饭,是实在没有办法。相比之下,我们身处汉语世界应该感到幸福和幸运。世界上大语种本来就不多,而汉语至少有十三亿人使用。其中百分之一的人打算读书[1],也是个天文数字。其中百分之一的人再打算读好书[2],也是天文数字。这个出版条件不是每一个国家都有的。

综上所述,从用字的俭省、输入的速度、理解的方便、语种的规模这四个方面来看,汉语至少不是一无是处,或者我们还可以说,汉语是很有潜力甚至很有优势的语言。我记得西方有一个语言学家说过,衡量一个语种的地位和能量有三个量的指标: 首先是人口,即使用这种语言的人口数量。在这一点上,我们中国比较牛,至少有十多亿。第二个指标是典籍,即使用这种语言所产生的典籍数量。在这一点上我们的汉语也还不错。近百年来我们的翻译界和出版界干了天大的好事,翻译了国外的很多典籍,以至没有多少重要的著作从我们的眼界里漏掉,非常有利于我们向外学习。这更不谈汉语本身所拥有的典籍数量,一直受到其他民族羡慕。远在汉代,中国的司马迁、班固、董仲舒、扬雄他们,用的是文言文,但动笔就是几十万言,乃至数百万言,以

---

[1] 此处原文为"打算其中百分之一的人读书"。——编者注
[2] 此处原文为"再打算其中百分之一的人读好书"。——编者注

致我们作家今天用电脑都赶不上古人,惭愧呵。第三个指标:经济实力,即这种语言使用者的物质财富数量。我们在这第三点还牛不起来。中国在两百年前开始衰落,至今还是一个发展中国家。正因为如此,汉语在很多方面还可能受到挤压,有时候被人瞧不起。英美人购买力强,所以软件都用英文写。这就是钱在起作用。中国香港比较富,所以以前粤语很时髦,发了财的商人们都可能说几句粤式普通话。后来香港有经济危机了,需要内地"表叔"送银子来,开放旅游,开放购物,于是普通话又在香港开始吃香。这种时尚潮流的变化后面,也是钱在起作用。

以上这三个量的指标,在我来看有一定的道理。正是从这三个指标综合来看,汉语正由弱到强,正在重新崛起的势头上。我们对汉语最丧失自信心的一天已经过去了,提倡拼音化和拉丁化的改革,作为一次盲目的文化自卑和自虐,应该打上句号了。

来自文言的汉语

前面我们是展开汉语外部的比较角度,下面我们进入汉语内部的分析,着重回顾一下汉语的发展过程。

我们常常说,现代汉语是白话文。其实,这样说是不够准确的。要说白话文,要说平白如话或者以话为文,世界上最大的白话文是西文,比如说英文。英文是语言中心主义,文字跟着语言走,书写跟着读音走,那才够得上所谓"以话为文"的标准定义。从这一点看,现代汉语顶多是半个白话文。

我们的老祖宗是文字中心主义:语言跟着文字走。那时候四川人、广东人、山东人等各说各的方言,互相听不懂,怎么办?只好写字,以字为主要交流工具。秦始皇搞了个"书同文",没有搞"话同音"。一个字的发音可能五花八门,但字是稳定的、统一的,起主导作用的。你看过电视剧《孙中山》吗?孙中山跑到日本,不会说日本话,但同日本人可以用写字来交谈。不是言谈,是笔谈。那就是文字中心主义的遗留现象。

古代汉语叫"文言文","文"在"言"之前,主从关系表达得很清楚。从全世界来看,这种以文字为中心的特点并不多见。为什么会是这样?我猜想,这与中国的造纸有关系。一般的说法是,公元105年,东汉的蔡伦发明造纸。现在有敦煌等地的出土文物,证明公元前西汉初期就有了纸的运用,比蔡伦还早了几百年。有了纸,就可以写字。写字多了,字就成了信息活动的中心。欧洲的情况不一样。他们直到13世纪,经过阿拉伯人的传播,才学到了中国的造纸技术,与我们有一千多年的时间差。在那以前,他们也有纸,但主要是羊皮纸。我们现在到他们的博物馆去看看,看他们的圣经,他们的希腊哲学和几何学,都写在羊皮纸上,这么大一摞一摞的,翻动起来都很困难,也过于昂贵。据说下埃及人发明过一种纸草,以草叶为纸,也传到过欧洲,但为什么没有传播开来,为什么没有后续的技术改进,至今还是一个谜。

我们可以设身处地地想一想,如果没有纸,人们怎么交流思想和情感呢?如果文字在生活中不能方便地运用,那些古代欧洲的游牧民族骑在马背上到处跑,怎么可能保证文字的稳定、统一和主导性呢?正是在这种情况下,欧洲的语言不是以纸为凭和以字为凭,大多只能随嘴而变:这可能就是语言中心主义产生的背景,也是他们语言大分裂的重要原因。你们看看地图:他们北边是日耳曼语系,包括丹麦语、瑞典语、荷兰语、爱沙尼亚语、德语等,原来是一家,随着人口的流动,你到了这里,我到了那里,说话的语音有变化,文字也跟着变化,互相就不认识字了,就成为不同的语种了。他们南边是拉丁语系,包括意大利语、西班牙语、葡萄牙语、法语等,原来也是一家,但一旦扩散开来,在没有录音和通讯等技术设备的条件下,要保持大范围内读音的统一是不可能的,要让他们的表音文字保持统一也是不可能的,于是也只好闹分家。

有一个专家对我说过,阿拉伯语在这一点上类似汉语。比如伊拉克人与沙特阿拉伯人,使用同一个字时可能有不同的发音,但含义上相通。我在这方面只是听说。

中国有个研究历史的老先生叫钱穆,十多年前在台湾去世。钱老先生号称"国学大师",在谈到中国为何没有像欧洲那样分裂的时候,谈了很多原因,文字就是重要的一条。在他看来,正因为有了"书同文"的汉语,中央王朝和各地之间才有了稳定的信息网络,才保证了政治、军事以及经济的联系,尽管幅员广阔交通不便,但国土统一可以用文字来予以维系。欧洲就没有这个条件。语言一旦四分五裂,政治上相应的分崩离析也就难免。现在他们成立欧盟,就是来还这一笔历史欠账。

汉语不但有利于共同体的统一,还有利于文化的历史传承。我们现在读先秦和两汉的作品,还能读懂,没有太大障碍,靠的就是文字几千年不变。一个"吃"字,上古音读qia,中古音读qi,现代音读chi,读音多次变化,但文字没有变化,所以我们现在还能读懂这个"吃"。如果我们换上一种表音文字,就不会有几千年不变的"吃"。同学们可能知道,莎士比亚时代的英语,乔叟时代的英语,现在的欧美人都读不懂,说是古英语,其实不过是16世纪和14世纪的事,在我们看来并不太古。这更不要说作为英语前身的那些盖尔语、凯尔特语、威尔士语等,今天的广大欧美人民就更没法懂了。这是因为表音文字有一种多变的特征,不仅有跨空间的多变,还有跨时间的多变,使古今难以沟通。

当然,中国人不能永远生活在古代,不能永远生活在农业文明的历史里。随着生活的变化,尤其是随着18世纪以后的现代工业文明浪潮的到来,汉语也表现出僵化、残缺、不够用的一面。以文字为中心的语言,可能有利于继承,但可能不利于创新和追新;可能有利于掌握文字的贵族阶层,但一定不利于疏远文字的大众,不利于这个社会中、下层释放出文化创造的能量。这样,从晚清到五四运动,一些中国知识分子正是痛感文言文的弊端,发出了改革的呼声。

那时候发生了什么情况呢?第一,当时很多西方的事物传到了中国,同时也就带来了很多外来语,这些外来语不合适用文言文来表达。文言文的词,一般是单音节或者双音节,所以我们以前有五言诗、七言诗,就是方便这种音节的组合。但外来语常常是三音节、四音节乃至更多音节。"拿破仑""马克思",你还可勉强压缩成"拿氏"和"马翁",但"资本主义"和"社会主义",你不好缩写成"资义"和"社义"吧?碰上"二氧化碳"和"社会达尔文主义",碰上"弗拉基米尔乌里扬诺夫依里奇",你怎么缩写?能把它写进五言诗或者七言诗吗(众笑)?想想当年,鲁迅留学日本,胡适留学美国。这些海归派带回来很多洋学问,肯定觉得文言文不方便表达自己的思想和情感,语言文字的改革势在必行。

第二,文言文也不大利于社会阶级结构的变化。大家知道,白话文并不是现代才有的。宋代大量的"话本",就是白话进入书面形式的开始,与当时市民文化的空前活跃有密切关系。活字印刷所带来的印刷成本大大降低,也可能发挥了作用。那么在宋代以前,白话作为一种人民大众的口语,同样可能存在,只是不一定被书写和记录。我们现在看一些古典戏曲,知道戏台上的老爷、太太、小姐、相公,讲话就是用文言,而一些下人,包括丫鬟、农夫、士卒、盗贼,都是说白话。这很可能是古代中国语言生态的真实图景,就是说:白话是一种下等人的日常语言。到了晚清以后,中国处在巨大社会变革的关头,阶级结构必须改变。新的阶级要出现,老的阶级要退出舞台。在这个时候,一种下等人的语言要登上大雅之堂,多数人的口语要挑战少数人的文字,当然也在所难免。

所以,从某种意义上来说,"五四"前后出现的白话文运动,一方面是外来语运动,另一方面是民间语运动。外来语与民间语,构成了那一场革命的两大动力。现代文学也依托了这两大动力。比如我们有一些作家写得"洋腔洋调",徐志摩先生、郭沫若先生、巴金先生、茅盾先生,笔下有很多欧化和半欧化的句子。当时生活在都市的新派人物说起话来可能也真是这个样子,作者写都市题材,不这样"洋"可能还不行。另有一些作家写得"土腔土调",像赵树理先生、老舍先生、沈从文先生、周立波先生,还有其他从解放区出来的一些工农作家。他们从老百姓的口语中汲取营养,运用了很多方言和俗语,更多地依托了民间资源。这两种作家都写出了当时令人耳目一新的作品,给白话文增添的虎虎生气和勃勃生机。鲁迅是亦土亦洋,外来语和民间语兼而有之,笔下既有吴方言的明显痕迹,又有日语和西语的影响。

外来语运动与民间语运动,构成了白话文革命的大体方位,使汉语由此获得了一次新生,表达功能有了扩充和加强。我们以前没有"她"这个字,"她"是从英语中的 she 学来的。当时还出现过"妳",但用了一段时间以后,有人可能觉得,英语第二人称不分性别,那么我们也不用了吧(众笑)。当时就是这么亦步亦趋跟着西方走,包括很多词汇、语法、语气、句型结构等,都脱胎于西文。"观点",point of view;"立场",position;都是外来语。"一方面……又一方面",来自 on this side… on other side;"一般地说","坦率地说","预备……走"等,也都来自直译。同学们现在说这些习以为常:这没有什么,这就是我们中国话么。但我们中国古人不是这样说的,这些话原本都是洋话。如果我们现在突然取消这些移植到汉语里的洋话,现代汉语至少要瘫痪一半,大部分的研究、教学、新闻、文学都可能无法进行。

当然,大规模的群体运动都会出现病变,没有百分之百的功德圆满。外来语丰富了汉语,但也带来一些毛病,其中有一种,我称之为"学生腔"或者"书生腔"。这种语言脱离现实生活,是从书本上搬来的,尤其是从洋书本上搬来的,对外来语不是去粗取精,而是生吞活剥、半生不熟,甚至去精取粗、不成人话。刚才徐老师说我现在每年有半年生活在农村,这是事实。我在农村,觉得很多农民的语言真是很生动,也很准确,真是很有意思。今天时间有限,没法给大家举很多例子。同学们可能有很多是从农村来的,或者是去过农村的,肯定有这种体验。同农民相比,很多知识分子说话真是没意思,听起来头痛,烦人。中国现代社会有两大思想病毒,一是极左的原教旨共产主义,二是极右的原教旨资本主义。它们都是洋教条,其共同的语言特点就是"书生腔",与现实生活格格不入,与工人农民格格不入。因为这些"洋腔"或者"书生腔",是从我们一味崇俄或者一味崇美的知识体制中产生的,是图书馆的产物,不是生活的产物。"在党的十大精神光辉照耀之下,在全国人民深入开展革命大批判的热潮之中,在大江南北各条战线捷报频传凯歌高奏的大好时刻,我们清华大学今天开学了(众笑)!"这种绕来绕去的语言,就是当时常见的套话。

在"文化大革命"前后那一段,我们经历了一个白话文非常黯淡的时期。有人可能说,那一个时期离我们比较远了,我们同学们都是新一代,说话也不会是党八股了,但是这个问题其实并没有完全解决,甚至会以新的形式出现恶化。这些年,我常常听到一些大人物说话,发现他们还是满嘴废话,哪怕是谈一个厕所卫生的问题,也要搭建一个"平台",建立一个"机制",来一个"系统工程",完成一个"动态模型",还要与 WTO 或者 CEPA 挂起钩来。这些大话都说完了,厕所问题还是不知道从何着手,让听众如何不着急?这是不是一种新八股?

我们再来看看民间语运动可能发生的病变。老百姓并不都是语言天才,因此民间语里有精华,也会有糟粕,甚至有大量糟粕。口语入文一旦搞过了头,完全无视和破坏文字规范的积累性成果,就可能造成语言的粗放、简陋、混乱以及贫乏。在这方面不能有语言的群众专政和民主迷信。比方说,我们古人说打仗,是非常有讲究的。打仗首先要师出有名,要知道打得有没有道理。打得有道理的,叫法不一样;打得没道理的,叫法又不一样。皇帝出来打仗,国与国之间的开战,叫"征",皇上御驾亲"征"呵。打土匪,那个土匪太低级了,对他们不能叫"征",只能叫"荡",有本书不是叫《荡寇志》吗?就是这个用法。"征""伐""讨""平""荡",是有等级的,如何用,是要讲究资格和身份的。孔子修《春秋》,每一个字都用得很用心,注入了很多意义和感觉的含量,微言大义呵。但现在的白话文粗糙了。比如说,打仗打得轻松,叫作"取"。打得很艰难,叫作"克"。力克轻取么。虽然只是两个动词,但动词里隐含了形容词。但现在白话文经常不注意这个区别,一律都"打"。这同样是不对的。与"打"相类似的万能动词还有"搞":"搞"革命,"搞"生产,"搞"教学,"搞"卫生。总而然之,汉语中的很多动词正在失传,汉语固有的一些语法特色,包括名词、动词、形容词互相隐含和互相包容的传统,也正在失传。这不是一件好事。

口语入文搞过了头,汉语还可能分裂。这个情况在广东和香港已经出现了。香港有些报纸,开辟了粤语专页,一个版或者两个版,用的是粤语文,是记录粤语发音的汉字,包括很多生造汉字,我们一看就傻眼,基本上看不懂。但他们可以看懂。如果我们确立了以话为文的原则,文字跟语言走的原则,为什么不能承认他们这种粤语书面化的合法性呢?没有这种合法性,粤语中很多精神财富就可能无法表达和记录,普通话霸权可能就压抑了粤语文化特色。但如果承认了这种合法性,那么福建话、上海话、四川话、湖南话、江西话等是不是也要书面化?是不是也要形成不同的文字?中国是不是也应该像古代欧洲一样来个语言的大分家?闹出几十个独立的语种?这确实是一个很难办的事,事关语言学原理,也事关政治和社会的公共管理。有一个英国的语言学家对我说过:mandarin is the language of army,意思是:普通话是军队的语言。确实,所有的普通话都具有暴力性、压迫性、统制性,不过是因偶然的机缘,把某一种方言上升为法定的官方语言,甚至变成了国语——而且它一定首先在军队中使用。普通话剥夺了很多方言书面化的权利,使很多方言词语有音无字。这就是很多粤语人士深感不满的原因,是他们忍不住要生造汉字的原因。但从另一方面看,如果所有的方言都"造反"有理,如果所有的口语都书面化有理,世界上所有的大语种都要分崩离析。即便有表面上的统一,也没有什么实际意义。英语就是这样的。有人估计:再过三十年,英语单词量可能是一百万。到那个时候,任何人学英语都只能学到沧海之一粟,各个地方的英语互不沟通或只有少许沟通,那还叫英语吗?再想一想,如果英语、汉语、西班牙语等这些大语种解体了,人类公共生活是不是也要出现新的困难?

看来,语言主导文字,或者文字主导语言,各有各的好处,也各有各的问题。最可行的方案可能是语言与文字的两元并举,是两者的相互补充与相互制约。这是我们以前一味向表音文字看齐时的理论盲区。

创造优质的汉语

希腊语中有一个词:barbro,既指野蛮人,也指不会说话的结巴。在希腊人眼里,语言是文明的标志——我们如果没有优质的汉语,就根本谈不上中华文明。那么什么是优质的汉语?在我看来,一种优质语言并不等于强势语言,并不等于流行语言。优质语言一是要有很强的解析能力,二是要有很强的形容能力。前者支持人的智性活动,后者支持人的感性活动。一个人平时说话要"入情入理",就是智性与感性的统一。

我当过多年的编辑,最不喜欢编辑们在稿签上写大话和空话。"这一篇写得很好""这一篇写得很有时代感""这一篇写得很有先锋性"。什么意思?什么是"好"?什么叫"时代感"或者"先锋性"?写这些大话的人,可能心有所思,但解析不出来;可能心有所感,但形容不出来,只好随便找些大话来敷衍。一旦这样敷衍惯了,他的思想和感觉就会粗糙和混乱,就会钝化和退化。

一旦某个民族这样敷衍惯了,这个民族的文明就会衰竭。我对一些编辑朋友说过:你们不是最讨厌某些官僚在台上讲空话吗?如果你们自己也习惯于讲空话,你们与官僚就没有什么区别。我们可以原谅一个小孩讲话时大而化之笼而统之:不是"好"就是"坏",不是"好人"就是"坏人"。但一个文明成熟的人,一个文明成熟的民族,应该善于表达自己最真切和最精微的心理。语言就是承担这个职能的。

我们不能要求所有的人都说得既准确又生动。陈词滥调无处不在,应该说是一个社会的正常状况。但知识分子代表着社会文明的品级高度,应该承担一个责任,使汉语的解析能力和形容能力不断增强。正是在这一点上,我们不能说白话文已经大功告成。白话文发展到今天,也许只是走完了第一步。

至少,我们很多人眼下还缺少语言的自觉。我们对汉语的理性认识还笼罩在盲目欧化的阴影之下,没有自己的面目,更缺乏自己的创造。现代汉语语法奠基于《马氏文通》,而《马氏文通》基本上是照搬英语语法。这个照搬不能说没有功劳。汉语确实从英语中学到了不少东西,不但学会了我们前面说到的"她",还学会了时态表达方式,比如广泛使用"着""了""过":"着"就是进行时,"了"就是完成时,"过"就是过去时。这样一用,弥补了汉语的逻辑规制的不足,把英语的一些优点有限地吸收和消化了。这方面的例子还很多。但汉语这只脚,并不完全适用英语语法这只鞋。我们现在的大多数汉语研究还在削足适履的状态。我们看看报纸上的体育报道:"中国队大胜美国队",意思是中国队胜了,"中国队大败美国队",意思也是中国队胜了。这一定让老外犯糊涂:"胜"与"败"明明是一对反义词,在你们这里怎么成了同义词(众笑)?其实,这种非语法、反语法、超语法的现象,在汉语里很多见。汉语常常是重语感而轻语法,或者说,是以语感代替语法。比如在这里,"大"一下,情绪上来了,语感上来了,那么不管是"胜"是"败",都是胜了(众笑),意思不会被误解。

又比方说,用汉语最容易出现排比和对偶。你们到农村去看,全中国最大的文学活动就是写对联,应该说是世界一绝。有些对联写得好哇,你不得不佩服。但英语理论肯定不会特别重视对偶,因为英语单词的音节参差不齐,不容易形成对偶。英语只有所谓重音和轻音的排序,也没有汉语的四声变化。据说粤语里还有十三声的变化,对我们耳朵形成了可怕的考验。朦胧诗有一位代表性诗人多多。有一次他对我说:他曾经在英国伦敦图书馆朗诵诗,一位老先生不懂中文,但听得非常激动,事后对他说,没想到世界上有这么美妙的语言。这位老先生是被汉语的声调变化迷住了,觉得汉语的抑扬顿挫简直就是音乐。由此我们不难理解,西方语言理论不会对音节对称和声律变化有足够的关心,不会有这些方面的理论成果。如果我们鹦鹉学舌,在很多方面就会抱着金饭碗讨饭吃。

还有成语典故。我曾经写过一篇文章,说成语典故之多是汉语的一大传统。一个农民也能出口成章言必有典,但是要口译员把这些成语典故译成外语,他们一听,脑袋就大了(众笑),根本没法译。应该说,其他语种也有成语,但汉语因为以文字为中心,延绵几千年没有中断,所以形成了成语典故的巨大储存量,其他语种无法与之比肩。每一个典故是一个故事,有完整的语境,有完整的人物和情节,基本上就是一个文学作品的浓缩。"邻人偷斧""掩耳盗铃""刻舟求剑""削足适履""拔苗助长"……这些成语几乎都是讽刺主观主义的,但汉语不看重什么主义,不看重抽象的规定,总是引导言说者避开概念体系,只是用一个个实践案例,甚至一个个生动有趣的故事,来推动思想和感觉。这样说是不是有点啰嗦?是不是过于文学化?也许是。但这样说照顾了生活实践的多样性和具体语境的差异性,不断把抽象还原为具象,把一般引向个别。在这一点上,汉语倒像是最有"后现代"哲学风格的一种语言,一种特别时髦的前卫语言。

今天晚上,我们对汉语特性的讨论挂一漏万。但粗粗地想一下,也可以知道汉语不同于英语,不可能同于英语。因此,汉语迫切需要一种合身的理论描述,需要用一种新的理论创新来解放自己和发展自己。其实,《马氏文通》也只是取了英语语法的一部分。我读过一本英文版的语法书,是一本小辞典。我特别奇怪的是:在这本专业辞典里面,"象征主义""浪漫主义""现实主义""典型环境和典型性格"等,都列为词条。这也是一些语法概念吗?为什么不应该是呢?在语言活动中,语法、修辞、文体,三者之间是无法完全割裂的,是融为一体的。语法就是修辞,就是文体,甚至是语言经验的总和。这种说法离我们的很多教科书的定义距离太远,可能让我们绝望,让很多恪守陈规的语法专家们绝望:这浩如烟海的语言经验总和从何说起?但我更愿意相信:要创造更适合汉语的语法理论,一定要打倒语法霸权,尤其要打倒既有的洋语法霸权,解放我们语言实践中各种活的经验。中国历史上浩如烟海的诗论、词论、文论,其实包含了很多有中国特色的语言理论,但这些宝贵资源一直被我们忽视。

瑞士有个著名的语言学家索绪尔,写了一本《普通语言学教程》,对西方现代语言学有开创性贡献,包括创造了很多新的概念。他不懂汉语,虽然提出过汉语,但搁置不论,留有余地,所以在谈到语言和文字的时候,他着重谈语言;在谈语言的共时性和历时性的时候,他主要是谈共时性。他认为"语言易变,文字守恒"。那么世界上最守恒的语言是什么?当然是汉语。如果汉语不能进入他的视野,不能成为他的研究素材,他就只能留下一块空白。有意思的是:我们很多人说起索绪尔的时候,常常不注意这个空白。在他的《普通语言学教程》以后,中国人最应该写一本《普通文字学教程》,但至今这个任务没有完成。

索绪尔有个特点,在文章中很会打比方。比如他用棋盘来比喻语境。他认为每一个词本身并没有什么意义,这个意义是由棋盘上其他的棋子决定的,是由棋子之间的关系总和来决定的。"他"在"它"出现之前,指代一切事物,但在"它"出现之后,就只能指代人。同样,"他"在"她"出现之前,指代一切人,但在"她"出现之后,就只能指代男人。如此等等。这就是棋子随着其他棋子的增减而发生意义和功能的改变。在这里,棋局体现共时性关系,棋局的不断变化则体现历时性关系。这是个非常精彩的比喻,让我们印象深刻。那么汉语眼下处于一个什么样的棋局?外来语、民间语以及古汉语这三大块资源,在白话文运动以来发生了怎样的变化?在白话文运动以后,在经过了近一个多世纪文化的冲突和融合以后,这三种资源是否有可能得到更优化的组合与利用?包括文言文的资源是否需要走出冷宫从而重新进入我们的视野?这些都是问题。眼下,电视、广播、手机、因特网、报纸图书,各种语言载体都在实现爆炸式的规模扩张,使人们的语言活动空前频繁和猛烈。有人说这是一个语言狂欢的时代。其实在我看来也是一个语言危机的时代,是语言垃圾到处泛滥的时代。我们丝毫不能掉以轻心。我昨天听到有人说:"我好好开心呵""我好好感动呵"。这是从台湾电视片里学来的话吧?甚至是一些大学生也在说的话吧?实在是糟粕。"好好"是什么意思?"好好"有什么好?还有什么"开开心心",完全是病句。"第一时间",比"尽快""从速""立刻"更有道理吗?"做爱"眼下也流行很广,实在让我不以为然。这还不如文言文中的"云雨"(众笑)。做工作、做销售、做物流、做面包,"爱"也是这样揣着上岗证忙忙碌碌 make 出来的(众笑)?

我有一个朋友,中年男人,是个有钱的老板。他不久前告诉我:他有一天中午读了报上一篇平淡无奇的忆旧性短文,突然在办公室里哇哇大哭了一场。他事后根本无法解释自己的哭,不但没有合适的语言来描述自己的感情,而且一开始就没有语言来思考自己到底怎么了,思绪纷纷之际,只有一哭了之。我想,他已经成了一个新时代的 barbro,一天天不停地说话,但节骨眼上倒成了个哑巴。就是说,他对自己最重要、最入心、最动情的事,反而哑口无言。事情上,我们都要警惕:我们不要成为文明时代的野蛮人,不要成为胡言乱语或有口难言的人。

(选自《天涯》,2005 年第 2 期)

作者风采

韩少功,1953 年出生于湖南,中国当代著名作家,2018 年被聘为湖南大学特聘教授。曾获全国优秀短篇小说奖、法国文化部颁发的"法兰西文艺骑士勋章"、鲁迅文学奖等。主要著作有《韩少功文集》。

阅读提示

韩少功是著名作家,不但小说写得好,各类文章也很有影响。近年来他尤其关注语言问题,发表了不少论述。本文是他 2004 年在清华大学人文学院的演讲。在此次演讲中作者以作家特有的敏锐目光审视现代汉语,提出了重新认识现代汉语的几个发人深省的问题。演讲共分三个部分。第一部分提出了"走出弱势的汉语"的问题。很长一段时间以来,我们总是妄自菲薄,自认为汉语是一种弱势语言。韩少功在演讲中,从用字的俭省、输入的速度、理解的方便、语种的规模四个方面及人口、典籍、经济三个指标来论证汉语的潜力和优势,他观察和体会到,"汉语正由弱到强,正在重新崛起的势头上。我们对汉语最丧失自信心的一天已经过去了"。他希望我们能看到自己汉语的强势,走出弱势语言的心理阴影。第二部分对"现代汉语是白话文"提出了质疑。作者从语言和文字的关系、"书同文"和"话同音"、汉字的巨大功能、汉语的特殊表达方式等方面论证了"语言主导文字"和"文字主导语言"的不同,认为"以前一味向表音文字看齐"存在着"理论盲区"。第三部分提出了"创造优质的汉语"的问题。作者认为汉语在语法上,在规范性、纯洁性上都有问题,我们要克服这些问题,"创造优质的汉语"。作者在文中也给出了优质汉语的标准,那就是:有很强的解析能力,有很强的形容能力,是智性和感性的结合。文中最后作者提及要创造优质的现代汉语,还需要我们长期自觉的努力,否则,我们有可能沦为文明时代的野蛮人,胡言乱语或者有口难言的人。

思考题

1. 你认为汉语到底是一种优势语言还是一种弱势语言?
2. 创造优质的现代汉语,和你,和一个普通的中国人,有什么关系?

3. 在母语中生存

彭 程

　　20世纪重要的英语诗人奥登,在评论叶芝时说过一句著名的话:"疯狂的爱尔兰驱策你进入诗歌。"这句诗化语言意味深长。仔细思量,这里的爱尔兰,应该不但指的是叶芝的地域意义上的祖国,更主要是指文化意义上的故乡。这个幅员不大的、曾以其强调民族传统的文艺复兴运动著称的国家,是一块文学沃土,先后诞生了乔伊斯、贝克特、希尼等巨匠大师。这归根到底是文化的赐予。

　　奥登的话揭示了文化的强大制约力。对于一个作家,他接受制约的方式,以及他的作品对读者的影响,最初和最终这两端,都和语言相连,都依赖于语言,准确地讲是他所使用的语言,是母语。一种语言的最高成就,它的节奏和韵律,幽微和曲折,它的本质和秘密,也是通过最优秀的作家作品体现的。在俄语,是普希金、托尔斯泰;在德语,是荷尔德林、里尔克;英语世界不能忘记莎士比亚和哈代,爱默生和爱伦·坡,而在汉语的天空,最亮的星辰是屈原和李白,是曹雪芹和鲁迅。

　　一位作家,不管是诗人,还是散文作家,他由写作中获得的幸福感,首先应该是他确信,有人分担他的思想和情感,他的喃喃自语正被千万只同一种语言的耳朵倾听。共同的生存境遇,让他和他的读者有共同关注的重心,明白什么样的声音连着最深的疼痛,什么样的话语常在心和喉之间往返。而共同的文化背景,则使他们能够听得出哪是正色厉声,哪是弦外之音,哪些静默不亚于洪钟大吕,哪些笑声其实是变形的哽咽。他与他们之间,不需要解释,暗示即是全体,相比条陈缕述,更多的是相视莫逆。

　　从这个意义上可以说,作家最可怕的情形之一,便是从母语中离去。不论是主动的出走,还是被动的放逐,他作为一个作家的生命往往就此终结,至少是黯然失色。这是汉语的张爱玲的悲哀:一从去国赴美,她亮丽的歌喉遽然暗哑,因为英语的子民听不懂更不要听那些弄堂深宅里旧式家庭的悲欢恩怨,那些畸形的心理,微妙的龃龉,残酷的报复,看不分明也不耐烦看。那些变幻的月色,霉绿斑斓的铜香炉,那些自几千年历史深处生长出来的东西,对于他们,这种距离不会比横亘两大洲之间的那片水面更近。在看管公寓的美国老太太眼中,张爱玲只是一个孤僻的房客,"好像有(精神)病"。这便是英语世界里她存在的意义。她将全部精力倾注于《红楼梦研究》,想来一定会体味到"白茫茫一片大地真干净"的肃杀悲凉,既从书里,更从书外。她被迫缄默,因为没有听众。

　　这同样是俄语的布罗茨基胸中不去的郁积:被逐出俄语天地的诗人,在飘扬的星条旗下安了家,却无法进入它的语言。"语言起初是他的剑,接着成为他的盾,最终变成了他的宇宙舱。"宇宙舱隔绝了人与太空,在异质的语言环境中隐退于母语的诗人同周围人群疏离。无话可讲每每意味着无路可走。所以他要给当时苏共最高领导人物勃列日涅夫写信:"我属于俄国,属于俄罗斯文化。"尽管他后来也尝试用英语写作,但诗人的情绪和潜意识做出的反应却远非美国式的。

　　这也是德语的托马斯·曼心中难解的纠结:为躲避纳粹迫害,他远走美国。日耳曼文化的骄子,诺贝尔奖的得主,合众国欢迎的客人,却也感到巨大的失落。"我的作品只是一个译本,影子一样的存在,而我的族人连一行也没读过。"他对自己小说的英文本毫不在乎,对德文版却字字计较。他对人讲:"我喜欢这房子和花园,但是要死的话,我还是宁可死在瑞士。"因为瑞士毕竟是德语文化区,既然有家归不得,能够在德语氛围中安顿一颗倦旅之心,也总算是聊以自慰。那种无奈,令人想起唐代诗人贾岛的"无端更渡桑乾水,却望并州是故乡"。

很难找出例外。康拉德算是一个？这位波兰人的后裔,以一系列瑰丽深邃的海洋和丛林小说,赢得一片英语的喝彩声,但不要忘记,他曾在英国轮船上做水手长达十几年,早在写作之前就已是英语的臣民了。相比之下,倒是他的同胞显克微支的小说《灯塔看守人》中的那个老人更有代表性。他飘零异国,孤苦无依,日日同海浪涛声相伴,一册偶然得到的诗集成了最深沉的抚慰,因为它是用祖国波兰的语言写成的。那么,是纳博科夫？这个俄国人倒是以其魔术般的文体而成为英语文学的一代巨擘,但不要忘记,这位沙皇司法大臣的孙子,童年即能说一口流利英语,同样也是在其生命的生长期,就移植进了另一块文化的土壤,有充足的时间完成一次文化的重组与再造,磨合和融汇。相比之下,更真实的是他的英语成名作《普宁》里那个流亡的俄国老教授,温厚善良却处处碰壁,只好躲进俄罗斯古代文化中寻求安慰；更普遍的是比他更年长的俄国流亡作家,从蒲宁到爱伦堡再到茨维塔耶娃,在法语的巴黎,他们出版俄文报纸和文学杂志,以此维系和那片土地的关联。当一切联络都被切断,剩下的就只有语言了。而只要还有语言,就不能说最悲惨。都德的《最后一课》之所以震撼人心,便是由于侵略者不但占领土地,还禁止被征服者使用自己的语言,企图借此抹杀一个民族的记忆,那才是最彻底的劫掠和杀戮。

因此,一个优秀的作家,首先必定是为他的同胞而写作,以赢得他们的赞誉为目标,此外的其他动机都是可疑的。尽管今天的信息高速公路已将全球连成一个村庄,尽管一部作品可能进入不同语言,面对不同文化背景的读者。但即使如此,有些深处的东西仍然无法传达,无法获得对等的理解。它们涉及的是一个民族的集体意识,一种文化的深层编码。它们都被封存在母语里,对一些人会敞开,对其余人却长久缄默。我们如何使美国人懂得为什么"欲说还休,却道天凉好个秋"？同样,一个精通所谓处世智慧、每每以"世路如今已惯,此心到处悠然"相夸示的汉语读者,又在多大程度上能够理解俄语中对苦难和献身的一往情深？作为一种衡量尺度,语言的可靠性甚至远在肤色之上。余光中问得尖锐:"当你的情人已改名玛丽,你怎能送她一首《菩萨蛮》？"

我们只能在母语中生存。一个汉语写作者,与其孜孜于让外国人说好喝彩,梦寐以求登上斯德哥尔摩的领奖台,不如潜心倾听他生息其上的那片土地的歌哭,用母语的音符谱写一部部交响乐或者一支支小夜曲。晚年寓居巴黎的屠格涅夫曾写下这样的话:"在疑惑不安的日子里,在痛苦的思念着我的祖国的命运的日子里,给我鼓舞和支持的,只有你啊,伟大的,有力的,真实的,自由的俄罗斯语言！"只有对母语抱着这样的爱,才能够把握那一支族系的血脉,贴近那片土地的秘密,从而成功地记录、描绘和抒写,使自己的生命借助作品得到延长和扩大,使生存变得坚实。

[选自《中国当代文化书系·旷世的忧伤》(下),大众文艺出版社,2000年]

彭程,1963年出生,河北衡水人。现为光明日报报业集团《书摘》杂志社主编,高级编辑。2021年1月,散文《隐去的背影》获得第三届丰子恺散文奖。著有散文集《红草莓》《镜子和容貌》《漂泊的屋顶》和《急管繁弦》等。

彭程的《在母语中生存》是一篇足以打动人心、发人深省的优秀作品。文章从多位中外作家的经历中,揭示出母语对于写作者的根本性的意义。从张爱玲、布罗茨基、托马斯·曼的晚年际遇,到康拉德、纳博科夫作品中的人物,再从蒲宁到爱伦堡、茨维塔耶娃,还有屠格涅夫……他们的情形虽各有不同,但都有着被迫远离母语的遭际。文章以极敏感又细腻的笔触道出了这些名作家徘徊于母语和"外"语之间的尴尬、迷惘、痛苦、怀想、无奈的心境,引发了我们未曾有过的关注和思考。不仅如此,文章也是对我们所有操持汉语母语者的提醒。虽说作家、诗人对语言格外敏感,但是细想起来,在母语面前,我们哪个个体不是如此?母语既是我们生活、言说、思考的载体,也是我们体会写作快乐和幸福感的源泉,同时更是我们失意时拥有的唯一使我们保持尊严的能力和财富。然而,面对母语,我们又做得如何呢?我们珍惜她吗?我们爱她吗?面对母语,我们每个人真的都应该好好思考,给出自己的答案。

还值得一说的是该文的语言,整篇文章既有民族古典语言的精简、温婉之美,同时也兼具西方文学语言的通脱、率真之美,说理寓于感性,抒情不忘省身。读之如甘果入喉,耐人寻味。

思 考 题

1. 文中所提及的张爱玲、布罗茨基、康拉德等作家的经历和遭遇,给了你怎样的启示?
2. 读了此文后,你对母语有何新的认识?

4. 救救中文

周振鹤

一件事做错了就是做错了,不能因为许多人共同做一件错事,这件事就不错了。

并非翻译败坏了中文,也不是文言搞乱了白话,恰恰是没有用好的中文来理解外文,恰恰是不懂文言而写不好白话。现在呼吁注意中文纯洁性的人多数出错了拳头。"鸡不可失"不成问题,谐音打趣是历来,而且是各种语言通用的游戏文字与制造广告语的手段之一;高楼成了广场固然令人不快,但也不是大问题;夹杂英文字眼也不打紧,鲁迅主张过化学元素直接用外文,WTO 比世界贸易组织简单,大家都懂了用用有何妨。欧化的句式也不必看得太严重,只要看得明白就行。甚至网络语言也没有败坏中文,因为不大可能流行到正式的文字当中。

问题在于我们自己因为知识缺乏,讲不好中国话,不照规矩讲,而且连简单的话都会讲错。曾看到有一篇论文,其副标题是"英雄不问出身低"。我们可以讲"英雄不问出身高低",或者更简单的"英雄不问出身",但就是不宜讲"英雄不问出身低",这在逻辑上不大通。我虽然不提倡现今的语言教学方法,要写段落大意,写全文提要,也不主张过度地改病句,因为可能会挫伤小孩子的创造性。但有三条我还是很在意,一要读对音,二要写对字。也就是要先识字。现在电视电影字幕一塌糊涂,几乎没有不错的。甚至字幕与演员一起错,衮衮诸公真的读成写成袁袁诸公,一点不是笑话。第三则是要句子符合逻辑。

在语言文字发展史上,有时真是有九斤老太之叹,一代比一代的功夫差。但大家再忙,也要先学会说话,再学会作文。每个人都做到这一点,话就说利索了,文章说写漂亮了。现在呢,报纸上出现了这样的句子:"我要为我的父母颐养天年""一只大章鱼爬满了她的背上"。颐养天年是自己的事,不能由别人来代替,子女只能奉养双亲,不能颐养父母。许多章鱼才能爬满她的背,一只章鱼再大,至多也只能趴满在她的背上。

要识字,尤其是识很普通的多音字,标识 biaozhi 现在几乎都被读成 biaoshi 了。要知成语的本意典故,明日黄花是用了苏东坡诗句,不要错用成昨日黄花。

生造词头要谨慎,"一直"就是长期以来的意思,"一直以来"就是不通的话,但现在已经习非成是了。吕叔湘先生已逝去太久,他在的时候很少人敢乱说话,因为有他常在纠正,至今三十岁以上的人还受过他的影响,知道有人管着他们的说话与作文。现在则权威已去,肆无忌惮,胡言乱语了。不但是胡言乱语,还要说是有创造性,那就真是难了。

救中文要靠自己,不要等到哪一天,让洋人来纠正你:"拜托,是明日黄花,不是昨日黄花耶!"一方面我们对主持人的普通话苛刻要求,一方面我们对中文的混乱却熟视无睹。词义会有递嬗,由褒而贬或由贬而褒,但基本意思并不改变。

"千方百计"在 20 世纪 50 年代初还是贬义,现在是褒义了。我们这一代是亲眼见它转变的,在 1958 年高举三面红旗时,"千方百计完成 1070 万吨钢产指标"是一句响亮的口号。而在此之前,千方百计却有挖空心思的意思。"如蚁附膻"现在是贬义,但在晚清却是褒义,说明许多人专心致志于某事。但"千方百计"不管怎么样都是努力想办法的意思,"如蚁附膻"是对许多人同时追逐一个目标的形容。

现在,以七月流火形容天气炎热,明明是无知的误用,却还要继续错下去,就不应该了。试想,如果我们现在都用七月流火来表示酷热,我们以后怎么教下一代读《诗经》?我们怎么对他们说"七月流火"的意思是天气要转凉了?他们必定要以为是我们说胡话了。

《咬文嚼字》是一个很好的杂志,多年来正是它在起着"卫道士"的作用,纠正错别字,纠正乱用典故。但最近,它却明确表示支持以七月流火来表示炎热,说老实话,我看了真觉得有些悲哀。

一件事做错了就是做错了,不能因为许多人共同做一件错事,这件事就不错了。杂志与报纸都负有为人表率的职责,千万不要做无知的尾巴,而应该做正确的先导,在纯洁中文方面更应该如此。

(选自《新京报》,2005-12-25)

作者风采

周振鹤,1941年出生,福建厦门人。复旦大学文科资深教授。著有《中国历史文化区域研究》、《方言与中国文化》(合著)、《逸言殊语》、《随无涯之旅》、《周振鹤自选集》等。

国人中文水准的下降已是不争的事实。很多人也就此展开过讨论,认为这与英文的热捧、文言的被冷落、网络语言的流行以及方言的逐渐消逝有着切实的关系。而此文却提出了与众不同、切中肯綮的观点。文中认为,造成中文危机的根本原因,可能就在读写中文的我们自己。这个提醒很有益处,它促使我们反躬自问、反求诸己。作者提出的读对音、写对字、句子符合逻辑这三条对策,也很对症。要救中文,首先需要救救的,就是我们自己。糟蹋中文的,恰恰就是每时每刻使用它的人,而能够救治中文的,也是这些使用者。如何做?只能从自己做起,从现在做起。

1. 你同意文中的观点吗?
2. 对照文中所举出的错用字、词、句的例子,作小结和归纳,看看自己是否犯有同样的错误,如有请改之。

1. 康正果著:《生命的嫁接》

2. 林西莉著:《汉字王国》
3. 潘文国著:《危机下的中文》
4. 蒋勋著:《汉字书法之美》
5. 史仲文著:《汉语是这样美丽的》
6. 董桥著:《文字是肉做的》
7. 白川静著:《汉字百话》
8. 陈晓宁主编:《十字街头的语言文字》
9. 唐汉著:《发现汉字》

影视推荐

1. 纪录片:《文学的故乡》
2. 纪录片:《汉字五千年》
3. 纪录片:《史说汉字》
4. 文学教育片:《唐之韵》

第十一讲 邂逅文学,悦读阅美

1 略论语言形式美(节选)

2 风雨如晦 鸡鸣不已

3 魏晋风度及文章与药及酒之关系——九月间在广州夏期学术演讲会讲

4 王安忆讲《呼啸山庄》

5 《人间词话》十则

6 《边城》——沈从文先生作

7 重复

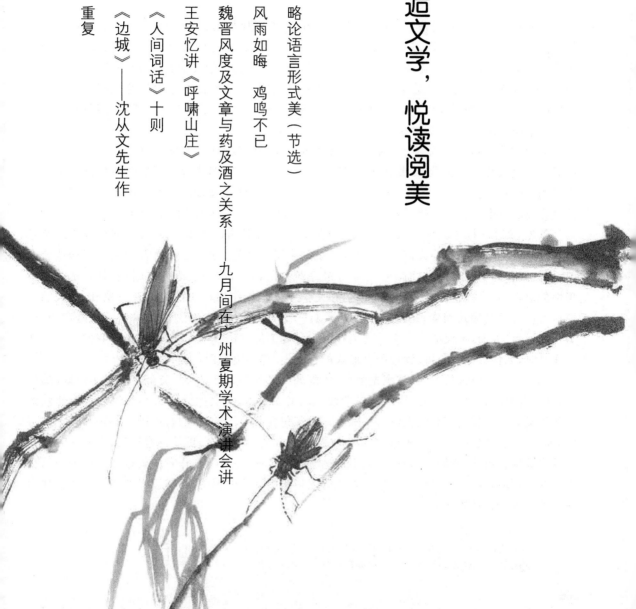

本讲导读

在我们的一生中,每个人所做、所喜爱做的事各不相同,但文学阅读却是大多数人会有的。阅读文学作品,不仅学习文化知识,更可以增加生活情趣,甚至得到人生中不可或缺的心灵抚慰。早在中国古代,陶渊明就为我们描摹出阅读之愉悦:

> 孟夏草木长,绕屋树扶疏。众鸟欣有托,吾亦爱吾庐。
> 既耕亦已种,时还读我书。穷巷隔深辙,颇回故人车。
> 欢然酌春酒,摘我园中蔬。微雨从东来,好风与之俱。
> 泛览周王传,流观山海图。俯仰终宇宙,不乐复何如?

诗人吃着亲手栽种的蔬菜,饮一壶家酿的春酒,在微风如雨、草木生长的时节,寂静独处,细细品读书籍,何等惬意!既然文学阅读的感觉如此美妙,人人心向往之,却又如何能得此乐趣?美国文论家克林斯·布鲁克斯、罗伯特·潘·华伦在合著的大学文学教材《小说鉴赏》的序言中说:"一个真正懂得足球或是棒球的看客观看一场比赛,自然要比一个对比赛规则一窍不通的人更能欣赏。"[1]中国同样有句话叫作:"外行看热闹,内行看门道。"这些都告诉我们,要掌握一些文学阅读的方法,才能真正体味文学之美。

刘勰在《文心雕龙·知音》中说:"夫缀文者情动而辞发,观文者披文以入情,沿波讨源,虽幽必显。世远莫见其面,觇文辄见其心。"[2]这里的"观文者"即读者。刘勰向我们指明了一条文学阅读的路径:披览文字,从文字表达的"波"追溯作家内心的那个"源",进入作家描绘的生活世界和心理世界。我们就沿着刘勰的指引,来探索一下文学阅读的心路历程。

首先,文学不同于其他艺术的独特之处在于,文学是语言的艺术,是语言构筑的充满神奇魅力的世界。文学作品的构成,是一个由表及里的多层次审美结构。文学作品首先呈现于读者面前、供其阅读的,就是语言层面。在文学作品系统中的语言,与一般语言有明显不同,是一种审美性的语言,具有独特的艺术价值。语言在文学中的审美作用却往往被读者忽视,因为人们习惯认为语言只是形式因素,是传达思想的工具。王力先生的《略论语言形式美》,从语言的"声美"和"形美"方面,不仅证明了文学之美在很大程度上仰仗语言的形式美,更指导我们在阅读文学作品时,如何具体去分析、领略语言形式的整齐美、抑扬美和回环美。

同样对文学语言的关注,林庚先生在《风雨如晦 鸡鸣不已》中对《诗经·郑风·风雨》的解读,又呈现另一种风景。如果说语言包括音、形、义三要素,此文的阅读重心显然放在了诗歌语言的语义上。一首语言看似直白、素朴的诗歌,却包含着层次丰富、曲折深婉的心理和情感;《诗经》那种一唱三叹、回环往复的结构,不但加强了诗歌的情感力量,更使诗意层层递进,达到意在言外之效果。由此,我们可以看出,文学传达着"诗味"或"诗意",创作者的关键在于能否使语言深入这一领域,寻觅最为恰切的语言,表达诗人最为个性化的感受;而阅读者的任务则要品评出文学的这种语言精妙之美。

---

[1] 布鲁克斯,华伦.小说鉴赏:上册[M].主万,等译.北京:中国青年出版社,1986:序1.
[2] 周振甫.文心雕龙今译[M].北京:中华书局,1986:432—433.

文学不仅是语言的艺术，文学还是人学，是用语言艺术表现的人学。古今中外优秀的文学作品，都以这样或那样的方式表现人的生存；在中外文学史上，都有类似于"为人生"的文学主张。很难想象，一部文学作品或一种理论主张，可以挣脱人生，可以超脱于人与自我、人与他人、人与社会、人与自然的关系之外。不但如此，文学作为一种精神活动，更是将人学的探头触向人类深层次的精神世界，在人类无限宽广、丰富的精神领域，展示着人类心灵与情感世界最隐秘之处的悸动与嬗变。

鲁迅对魏晋文人和魏晋文学的阐发，王安忆对《呼啸山庄》的讲解，就引领着我们在文学阅读中，去追寻作品中关于精神世界的建构。不同的是，《魏晋风度及文章与药及酒之关系——九月间在广州夏期学术演讲会讲》是外部切入式的，鲁迅用社会历史分析的方法，书写魏晋文学的心灵史；而王安忆更多的是回到文学本身，用柔软和富于弹性的文学触觉，为读者解剖艾米莉·勃朗特的心灵世界。

如果你学会并爱上阅读，在享受语言盛宴的同时，经由作品熏陶而使语言能力得以提高，就可以用语言更准确、更生动地表达自己的思想观点，增强社会人际交往能力。因为语言就是人类的生存之"家"，语言的边界就是世界的边界。而经典的文学创作又在精神上抚慰着人类的心灵，滋养着人类的生命。通过阅读，精神力量完成了"作家—作品—读者"的传承、交接仪式，一代又一代人的精神力量得以进一步强化。正如诺贝尔文学奖获得者、诗人布罗茨基所言："我敢断言，一个阅读诗歌的人比不阅读诗歌的人更难战胜。"[1]

当然，文学是复数而非单数，文学思想、文学观念同样也是复数。虽然文学阅读从通常意义而言，可以从文学是"语言的艺术""文学是人学"两个层面进行，但具体的方式是多样的。大家在中学阶段已经积累了一定的文学常识，如诗歌、小说、散文、戏剧文学等基本文体特征。这些当然是文学阅读必需的知识准备，但文学阅读水平更多地还是要在对大量作品精微的阅读和感受当中提高。面对浩如烟海的文学经典，我们选取了一些名家解读作为范本，希望同学们能通过这些范例举一反三。除去前面已提到的四篇——它们本身也就是一种阅读示范，如鲁迅先生的《魏晋风度及文章与药及酒之关系——九月间在广州夏期学术演讲会讲》，堪称社会历史批评的典范；本单元的另外三篇选文，分别提供了王国维代表的、中国传统直感点悟式阅读法，李健吾所代表的中国现代印象主义整体感知法，以及英国学者戴维·洛奇式的文本语言"细读"法等多元化阅读途径，供同学们学习借鉴。

真正的文学佳作，"视之则锦绘，听之则丝簧，味之则甘腴，佩之则芬芳"（《文心雕龙》）。期待同学们能与之邂逅，悦读阅美，快意人生！

（邵滢）

圆桌议题

文学阅读，特别是对待经典作品，应该重在阅读文本本身。现在早就进入了所谓"读图时代"，短视频等也以汹涌澎湃之势冲击着人们的听觉和视觉，而人们语言文字的阅读能力却普遍呈现出一种衰落的趋势。不仅中国是这样，外国也是这样。你如何看待这种现象？你认为怎样才能葆有年轻一代阅读语言文字的能力？

---

[1] 布罗茨基.从彼得堡到斯德哥尔摩[M].王希苏,常晖,译.桂林：漓江出版社,1990：545.

1. 略论语言形式美(节选)

王 力

语言的形式之所以能是美的,因为它有整齐的美、抑扬的美、回环的美。这些美都是音乐所具备的,所以语言的形式美也可以说是语言的音乐美。在音乐理论中,有所谓"音乐的语言";在语言形式美的理论中,也应该有所谓"语言的音乐"。音乐和语言不是一回事,但是二者之间有一个共同点:音乐和语言都是靠声音来表现的,声音和谐了就美,不和谐就不美。整齐、抑扬、回环,都是为了达到和谐的美。在这一点上,语言和音乐是有着密切的关系的。

语言形式的美不限于诗的语言;散文里同样可以有整齐的美、抑扬的美和回环的美。从前有人说,诗是从声律最优美的散文中洗练出来的;也有人意识到,具有语言形式美的散文却又正是从诗脱胎出来的。其实在这个问题上讨论先有鸡还是先有蛋是没有意义的;只要是语言,就可能有语言形式美存在,而诗不过是语言形式美的集中表现罢了。

一、整齐的美

在音乐上,两个乐句构成一个乐段。最整齐匀称的乐段是由长短相等的两个乐句配合而成的,当乐段成为平行结构的时候,两个乐句的旋律基本上相同,只是以不同的终止来结束。这样就形成了整齐的美。同样的道理应用在语言上,就形成了语言的对偶和排比。对偶是平行的、长短相等的两句话;排比则是平行的、但是长短不相等的两句话,或者是两句以上的、平行的、长短相等的或不相等的话。

远在二世纪,希腊著名历史学家普鲁塔克就以善用排比的语句为人们所称道。直到现在,语言的排比仍然被认为是修辞学的重要手段之一。但是,排比作为修辞手段虽然是人类所共有的,对偶作为修辞手段却是汉语的特点所决定的。古代汉语以单音词为主。现代汉语虽然双音词颇多,但是这些双音词大多数都是以古代单音词作为词素的,各个词素仍旧有它的独立性。这样就很适宜于构成音节数量相等的对偶。对偶在文艺中的具体表现就是骈体文和诗歌中的偶句。

骈偶的来源很古。《易·乾卦·文言》说:"同声相应,同气相求。"《左传·僖公三十三年》说:"武夫力而拘诸原,妇人暂而免诸国。"《诗·召南·草虫》说:"喓喓[1]草虫,趯趯阜螽[2]。"《邶风·柏舟》说:"觏闵[3]既多,受侮不少。"《小雅·采薇》说:"昔我往矣,杨柳依依;今我来思,雨雪霏霏。"这种例子可以举得很多。

六朝的骈体文并不是突然产生的,也不是由谁规定的,而是历代文人的艺术经验的积累。秦汉以后,文章逐渐向骈俪的方向发展。例如曹丕《与朝歌令吴质书》说:"高谈娱心,哀筝顺耳。驰骋北场,旅食南馆。浮甘瓜于清泉,沉朱李于寒水。"又说:"节同时异,物是人非。"这是正向着骈体文过渡的一个证据。从骈散兼行到全部骈俪,就变成了正式的骈体文。

对偶既然是艺术经验的积累,为什么骈体文又受韩愈等人排斥呢?骈体文自从变成一种文

---

[1] 喓(yāo)喓:虫叫的声音。
[2] 趯(tì)趯:跳跃的样子。螽(zhōng):虫名。
[3] 觏(gòu):遭遇。闵:忧患。

体以后，就成为一种僵化的形式，缺乏灵活性，从而损害了语言的自然。骈体文的致命伤还在于缺乏内容，言之无物。作者只知道堆砌陈词滥调，立论时既没有精辟的见解，抒情时也没有真实的感情。韩愈所反对的也只是这些，而不是对偶和排比。他在《答李翊书》里说"惟陈言之务去"，又在《南阳樊绍述墓志铭》里说"惟古于词必己出，降而不能乃剽贼"；他并没有反对语言中的整齐的美。没有人比他更善于用排比了；他能从错综中求整齐，从变化中求匀称。他在《原道》里说"博爱之谓仁，行而宜之之谓义，由是而之焉之谓道，足乎己无待于外之谓德"，又说："是故君者出令者也，臣者行君之令而致之民者也，民者出粟米麻丝、作器皿、通货财，以事其上者也。"这样错综变化，就能使文气更畅。尽管是这样，他也还不肯放弃对偶这一个重要的修辞手段。他的对偶之美，比之庾信、徐陵，简直是有过之无不及。试看他在《送李愿归盘谷序》所写的"坐茂树以终日，濯清泉以自洁"；在《进学解》所写的"纪事者必提其要，纂言者必钩其玄"；在《答李翊书》所写的"养其根而竢其实，加其膏而希其光。根之茂者其实遂，膏之沃者其光晔"。哪一处不是文质彬彬、情采兼备的呢？

总之，如果我们能够做到整齐而不雷同，匀称而不呆板，语言中的对偶和排比，的确可以构成形式的美。在对偶这个修辞手段上，汉语可以说是"得天独厚"，这一艺术经验是值得我们继承的。

二、抑扬的美

在音乐中，节奏是强音和弱音的周期性的交替，而拍子则是衡量节奏的手段。譬如你跳狐步舞，那是四拍子，第一拍是强拍，第三拍是次强拍，第二、四两拍都是弱拍；又譬如你跳华尔兹舞，那是三拍子，第一拍是强拍，第二、三两拍都是弱拍。

节奏不但音乐里有，语言里也有。对于可以衡量的语音单位，我们也可以有意识地让它们在一定时隙中成为有规律的重复，这样就构成了语言中的节奏。诗人常常运用语言中的节奏来造成诗中的抑扬的美。西洋的诗论家常常拿诗的节奏和音乐的节奏相比，来说明诗的音乐性。在这一点上说，诗和音乐简直是孪生兄弟了。

由于语言具有民族特点，诗的节奏也具有民族特点。音乐的节奏只是强弱的交替，而语言的节奏却不一定是强弱的交替；除了强弱的交替之外，还可以有长短的交替和高低的交替。……

汉语和西洋语言更不相同了。西洋语言的复音词很多，每一个复音词都是长短音相间或者是轻重音相间的，便于构成长短律或轻重律；汉语的特点不容许有跟西洋语言一样的节奏。那么，汉语的诗是否也有节奏呢？

从传统的汉语诗律学上说，平仄的格式就是汉语诗的节奏。这种节奏，不但应用在诗上，而且还应用在后期的骈体文上，甚至某些散文作家在他们的作品中也灵活地用上了它。

平仄格式到底是高低律呢，还是长短律呢？我倾向于承认它是一种长短律。汉语的声调和语音的高低、长短都有关系，而古人把四声分为平仄两类，区别平仄的标准似乎是长短，而不是高低。但也可能既是长短的关系，又是高低的关系。由于古代汉语中的单音词占优势，汉语诗的长短律不可能跟希腊诗、拉丁诗一样。它有它自己的形式。这是中国诗人们长期摸索出来的一条宝贵的经验。

汉语诗的节奏的基本形式是平平仄仄、仄仄平平。这是四言诗的两句。上句是两扬两抑格、下句是两抑两扬格。平声长，所以是扬；仄声短，所以是抑。上下两句抑扬相反，才能曲尽变化之妙。《诗·周南·关雎》诗中的"参差荇菜，左右流之"，就是合乎这种节奏的。每两个字构成一个单位,而以下字为重点,所以第一字和第三字的平仄可以不拘。《诗·卫风·伯兮》诗中的"岂无膏沐?谁适为容!"同样是合乎这种节奏的。在《诗经》时代,诗人用这种节奏,可以说是偶合的,不自觉的,但是后来就渐渐变为自觉的了。……

有了平仄的节奏,这就是格律诗的萌芽。这种句子可以称为律句。五言律句是四言律句的扩展;七言律句是五言律句的扩展。由此类推,六字句、八字句、九字句、十一字句,没有不是以四字句的节奏为基础的。

…………

从五言律诗到七言律诗,问题很简单;只消在每句前面加上平仄相反的两个字就成了。从此以后,由唐诗到宋词,由宋词到元曲,万变不离其宗,总不外是平仄交替这个调调儿。七减四成为三字句,二加四成为六字句,三加五成为八字句,四加五或二加七成为九字句,如此等等,可以变出许多花样来。甚至语言发展了,声调的种类起了变化,而平仄格式仍旧不变。试看马致远的《秋思》:"利名竭,是非绝。红尘不向门前惹,绿树偏宜屋角遮,青山正补墙头缺。更那堪竹篱茅舍!"这个曲调是《拨不断》,头两句都要求收音于平声,第五句要求收音于仄声,按《中原音韵》,"竭"和"绝"在当时正是读平声,"缺"字在当时正是读仄声(去声)。当时的入声字已经归到平上去三声去了,但是按照当代的读音仍旧可以谱曲。

直到今天,不少的民歌,不少的地方戏曲,仍旧保存着这一个具有民族特点的、具有抑扬的美的诗歌节奏。汉语的声调是客观存在的,利用声调的平衡交替来造成语言中的抑扬的美,这也是很自然的。

有人把意义的停顿和语言的节奏混为一谈,那当然是不对的。但是,它们二者之间却又是有密切关系的。

先说意义的停顿和语言的节奏的分别。任何一句话都有意义的停顿,但并不是每一句话都有节奏;正如任何人乱敲钢琴都可以敲出许多不同的声音并造成许多停顿,但是我们不能说乱敲也能敲出节奏来。再说,意义的停顿和语言的节奏也有不一致的时候。例如杜甫《宿府》的"永夜角声悲自语,中天月色好谁看",意义的停顿是"角声悲"和"月色好",语言的节奏是"悲自语"和"好谁看"。

再说意义的停顿和语言的节奏的关系。这是更重要的一方面。这对于我们理解骈体文和词曲的节奏是有着极其重要的意义的。

…………

在骈体文中,虚词往往是不算在节奏之内的。自从节奏成为骈体文的要素之后,对偶就变成了"对仗"。对仗的特点是上句和下句的平仄要相反,两句在同一个位置上的字不能雷同(像"同声相应,同气相求"就只算对偶,不算对仗)。律诗在这一点上受了骈体文的影响,因为律诗的中间两联一般是用对仗的。骈体文的对仗和律诗的对仗稍有不同;骈体文在对仗的两句中,虚词是可以雷同的。字的雷同意味着平仄的雷同。由于虚词不算在骈体文的节奏之内,所以这种雷同是可以容许的。骆宾王《为徐敬业讨武氏檄》最后两句不应该分成"请看/今日/之域/中,竟是/谁家/之天/下",而应该分成"请看/今日/之域中,竟是/谁家/之天下",它的平仄格式是(平)平(仄)仄(平)平,(仄)仄(平)平(仄)仄("看"字读平声),正是节奏和谐的句子……

在词曲中,同样地必须凭意义的停顿去分析节奏。柳永《雨霖铃》的"更那堪冷落清秋节",必须吟成上三下五,然后显得后面是五言律句的平仄。马致远《寿阳曲》的"断桥头卖鱼人散",必须吟成上三下四,然后显得后面是仄平平仄的四字句,而这种平仄正是词曲所特有的。

曲中有衬字。衬字也是不算节奏的,而且比骈体文中的虚词更自由。例如关汉卿《窦娥冤》第三折《耍孩儿》的后半段:"[我不要]半星热血红尘洒,[都只在]八尺旗枪素练悬。[等他四下里]皆瞧见,[这就是咱]苌弘化碧,望帝啼鹃。"方括弧内的字都是不入节奏的。

新诗的节奏不是和旧体诗词的节奏完全绝缘的。特别是骈体文和词曲的节奏,可以供我们借鉴的地方很多。已经有些诗人在新诗中成功地运用了平仄的节奏。现在试举出贺敬之同志《桂林山水歌》开端的四个诗行来看:

> 云中的神啊,雾中的仙,
> 神姿仙态桂林的山!
> 情一样深啊,梦一样美,
> 如情似梦漓江的水!

这四个诗行同时具备了整齐的美、抑扬的美、回环的美。整齐的美很容易看出来,不必讨论了;回环的美下文还要讲到,现在单讲抑扬的美。除了衬字("的"字)不算,"神姿仙态桂林山"和"如情似梦漓江水"十足地是两个七言律句。我们并不是说每一首新诗都要这样做;但是,当一位诗人在不妨碍意境的情况下能够锦上添花地照顾到语言形式美,总是值得颂扬的。

不但诗赋骈体文能有抑扬的美,散文也能有抑扬的美,不过作家们在散文中把平仄的交替运用得稍为灵活一些罢了。我从前曾经分析过王安石的《读孟尝君传》,认为其中的腔调抑扬顿挫,极尽声音之美。例如"孟尝君/特/鸡鸣/狗盗/之雄(耳),岂足/以言/得士",这两句话的平仄交替是那样均衡,决不是偶合的。前辈诵读古文,摇头摆脑,一唱三叹,逐渐领略到文章抑扬顿挫的妙处,自己写起文章来不知不觉地也就学会了古文的腔调。我们今天自然应该多作一些科学分析,但是如果能够背诵一些现代典范白话文,涵泳其中,抑扬顿挫的笔调,也会是不召自来的。

三、回环的美

回环,大致说来就是重复和再现。在音乐上,再现是很重要的作曲手段。再现可以是重复,也可以是模进。重复是把一个音群原封不动地重复一次,模进则是把一个音群移高或移低若干度然后再现。不管是重复或者是模进,所得的效果都是回环的美。

诗歌中的韵,和音乐中的再现颇有几分相像。同一个音(一般是元音,或者是元音后面再带辅音)在同一个位置上(一般是句尾)的重复,叫作韵。韵在诗歌中的效果,也是一种回环的美。当我们听人家演奏舒伯特或托赛利的小夜曲的时候,翻来覆去总是那么几个音群,我们不但不觉得讨厌,反而觉得很有韵味;当我们听人家朗诵一首有韵的诗的时候,每句或每行的末尾总是同样的元音(有时是每隔一句或一行),我们不但不觉得单调,反而觉得非常和谐。

依西洋的传统说法,韵脚是和节奏有密切关系的。有人说,韵脚的功用在于显示诗行所造成的节奏已经完成了一个阶段。这是从另一个角度来看问题。这种看法是以西洋诗为根据的,对汉语诗来说不尽适合,因为汉语诗不都是有节奏的,也不一定每行、每句都押韵。但是,从诗的音乐性来看韵脚,这一个大原则是和我们的见解没有矛盾的。

散文能不能有韵?有人把诗歌称为韵文,与散文相对立,这样,散文似乎就一定不能有韵语了。实际上并不如此。在西洋,已经有人注意到卢梭在他的《新爱洛伊丝》里运用了韵语。在中国,例子更是不胜枚举。《易经》和《老子》大部分是韵语,《庄子》等书也有一些韵语。古医书《黄帝内经》《素问》《灵枢》）充满了韵语。在先秦时代,韵语大约是为了便于记忆,而不是为了艺术的目的。到了汉代以后,那就显然是为了艺术的目的了。如果骈体文中间夹杂着散文叫作"骈散兼行"的话,散文中间夹杂着韵语也可以叫作"散韵兼行"。读者如果只看不诵,就很容易忽略过去;如果多朗诵几遍,韵味就出来了。……

……

韵脚的疏密和是否转韵,也有许多讲究。《诗经》的韵脚是很密的:常常是句句用韵,或者是隔句用韵。即以句句用韵来说,韵的距离也不过像西洋的八音诗。五言诗隔句用韵,等于西洋的十音诗。早期的七言诗事实上比五言诗的诗行更短,因为它句句押韵(所谓"柏梁体"),事实上只等于西洋的七音诗。从鲍照起,才有了隔句用韵的七言诗,韵的距离就比较远了。我想这和配不配音乐颇有关系。词的小令最初也配音乐,所以韵也很密。曲韵原则上也是很密的,只有衬字太多的时候,韵才显得疏些。直到今天的京剧和地方戏,还保持着密韵的传统,就是句句用韵。在传唱较久的京剧或某些地方戏曲中,还注意到单句押仄韵,双句押平韵(如京剧《四郎探母》和《捉放曹》等),这大约也和配音乐有关。一韵到底是最占势力的传统韵律。两句一换韵比较少见,必须四句以上换韵才够韵味,而一韵到底则最合人民群众的胃口。……在西洋,一韵到底的诗是相当少的。可见一韵到底也表现了汉语诗歌的民族风格。

双声、叠韵也是一种回环的美。这种形式美在对仗中才能显示出来。有时候是双声对双声,如白居易《自河南经乱……》"田园零落干戈后,骨肉流离道路中",以"零落"对"流离",又如李商隐《落花》"参差连曲陌,迢递送斜晖",以"参差"对"迢递";有时候是叠韵对叠韵,如杜甫《秋日荆南述怀》"苍茫步兵哭,展转仲宣哀",以"苍茫"对"展转",又如李商隐《春雨》"远路应悲春婉晚,残宵犹得梦依稀",以"婉晚"对"依稀";又有以双声对叠韵的,如杜甫《咏怀古迹》第一首"支离东北风尘际,漂泊西南天地间",以"支离"对"漂泊",又如李商隐《过陈琳墓》"石麟埋没藏春草,铜雀荒凉对暮云",以"埋没"对"荒凉"。双声、叠韵的运用并不限于联绵字,非联绵字也可以同样地构成对仗。杜甫是最精于此道的。现在随手举出一些例子。《野人送朱樱》"数回细写愁仍破,万颗匀圆讶许同",以"细写"对"匀圆";《吹笛》"风飘律吕相和切,月傍关山几处明",以"律吕"对"关山";《咏怀古迹》第二首"怅望千秋一洒泪,萧条异代不同时",以"怅望"对"萧条"("萧条"是联绵字,但"怅望"不是联绵字),第三首"一去紫台连朔漠,独留青冢向黄昏",以"朔漠"对"黄昏";第四首"翠华想像空山里,玉殿虚无野寺中",以"想像"对"虚无"。这都不是偶然的。

……

上面所说的语言形式的三种美——整齐的美,抑扬的美,回环的美——总起来说就是声音的美,音乐性的美。由此可见,有声语言才能表现这种美,纸上的文字并不能表现这种美。文字对人类文化贡献很大,但是我们不要忘记它始终是语言的代用品,我们要欣赏语言形式美,必须回到有声语言来欣赏它。不但诗歌如此,连散文也是如此。叶圣陶先生给我的信里说:"台从将为文论诗歌声音之美,我意宜兼及于文,不第言古文,尤须多及今文。今文若何为美,若何为不美,若何则适于口而顺于耳,若何则仅供目treat,违于口耳,倘能举例而申明之,归纳为若干条,诚如流行语所称大有现实意义。盖今人为文,大多数说出算数,完篇以后,惮于讽诵一二遍,声音之美,初不存想,故无声调节奏之可言。试播之于电台,或诵之于会场,其别扭立见。台从恳切言之,语人以此非细事,声入心通,操觚者必须讲求,则功德无量矣。"叶先生的话说得对极了,可惜我担不起这个重任,希望有人从这一方面进行科学研究,完成这个"功德无量"的任务。

朱自清先生说过这样的一段话:"过去一般读者大概都会吟诵,他们吟诵诗文,从那吟诵的声调或吟诵的音乐得到趣味或快感,意义的关系很少……民间流行的小调以音乐为主,而不注重词句,欣赏也偏重在音乐上,跟吟诵诗文也正相同。感觉的享受似乎是直接的、本能的,即使是字面儿的影响所引起的感觉,也还多少有这种情形,至于小调和吟诵,更显然直接诉诸听觉,难怪容易唤起普遍的趣味和快感。至于意义的欣赏,得靠综合诸感觉的想象力,这个得有长期的修养才成。"我看利用语言形式美来引起普遍的趣味和快感,这是非常重要的一件事。不注重词句自然是不对的,但重视语言的音乐性也是非常应该的。我们应该把内容和形式很好地统一起来,让读者既能欣赏诗文的内容,又能欣赏诗文的形式。

....

〔选自《龙虫并雕斋文集》(一),中华书局,2015年〕

作者风采

王力(1900—1986),字了一,广西博白县人。中国语言学家、教育家、翻译家、散文家、诗人,中国现代语言学奠基人之一。代表作有《中国音韵学》《中国现代语法》等。

阅读提示

文学是语言的艺术。文学之美,在很大程度上要由文学语言的形式美来决定。语言具有音、形、义三要素,文学的语言美也就具有声文之美、形文之美和意义之美三个方面。前两项即属于语言形式美。在文学欣赏中,人们很容易因为形式而忽略了文学语言的音美和形美。在这篇选文中,王力先生论述了语言形式的整齐美、抑扬美和回环美。整齐美,是指由对偶和排比等整齐形式所产生的语言之美;抑扬美,是指由音韵的平仄变化所产生的语言之美;回环美,是指韵脚复叠等产生的语言之美。

因为语言体系的不同,各民族语言之美有同有异,但文学对"声美"和"形美"的追求却是共同的目标。中国文学在漫长的历史长河中,作家们凭借细腻的语言感受力,根据汉字的独特性,将文学创作中的语言形式美展示得淋漓尽致。诗歌是语言美最为集中的代表,当然散文等其他文体,只要是语言的艺术,就一定会具有语言形式美。细细体味语言形式之美,涵养语言的美感能力,就能在文学阅读中获得更多的快乐。

思考题

1. 汉语的形式美与汉语的语言特点有何关系?
2. 有人说文学作品是不可转译的(包括各民族语言及古今文之间),结合实例谈谈你的看法。

2. 风雨如晦 鸡鸣不已

林 庚

> 风雨凄凄[1],鸡鸣喈喈[2]。既[3]见君子,云胡不夷[4]。
> 风雨潇潇[5],鸡鸣胶胶[6]。既见君子,云胡不瘳[7]。
> 风雨如晦[8],鸡鸣不已。既见君子,云胡不喜。

《郑风·风雨》三章,意思全同,而我们独喜欢这三章。三章之中,后半只换去一字,前半各换去了一半,我们乃独爱这前半。它是换而换得好了,字换了而意思依旧,这是诗意相同;字换了而喜爱不同,我们说这是表现的高下。然而表现与诗意又岂能分开?必定先有这"意",然后才能表现。然则三章都想说这意思而没有说出来,独这两句说出来了。心里既有这意思,为什么说不出来?既没有说出来,为什么还以之为说?诗人自己也不明白。诗人所明白的,三章都说出来了;诗人所不明白的,只有到这两句才明白。诗所以是比思想更明白的语言。

风雨如晦,它并没有真晦,只是阴沉得很凄凉而已。首章说"风雨凄凄",次章说"风雨潇潇"都是这个意思。那么我们这时候好像该做什么呢?或者说我们这一阵想做什么呢?这里有一首同样有名的诗:

> 绿蚁新醅酒,红泥小火炉。
> 晚来天欲雪,能饮一杯无?[9]

晚来天欲雪,天自然是还没有雪。要是真的下了雪,那么琼楼玉宇,一片银色,也是何等的景致呢!我们凭窗远眺,清冷而平静,无边而喜悦,我们也许就会披起大衣跑到外面去。但是现在还没有下雪,只是灰沉沉的云,死板板的天,一切都那么没有生气。我们意识到一点寒冷,一点空虚,感觉到生命需要一点温暖,一点充实。这时我们眼前失去了那辽远的情操,我们的生命中感觉到渺茫的空洞;我们原始的最低的要求便占了上风,于是我们想吃一点什么:是吸一支烟吧,是喝一点酒吧,这岂不是很近人情吗?吸烟、饮酒原是一种消遣,这时却特别需要。而当这个时候,忽然有人说:"我有新醅酒,我有小火炉,请过来喝一杯吧。"这便成为魔鬼的声音,也便成为上帝的声音,它的诱惑与喜悦使你点头。人人都点头,这所以是一首好诗。

---

〔1〕 凄凄:凄凉冷静。
〔2〕 喈(jiē)喈:鸡鸣声。上两句是兴,它创造了一个孤寂悲凉的气氛,烘托出女子思念丈夫的凄苦心境。
〔3〕 既:终于,用在这里颇有"突然"的意味。
〔4〕 云:语助词。胡:何,怎么。夷:平。指心情由焦虑到平静的变化。
〔5〕 潇潇:形容风雨声猛烈而急促。
〔6〕 胶胶:鸡鸣声。
〔7〕 瘳(chōu):病好了。这里指心情一下子变得愉快了,如陡然病愈。
〔8〕 晦:夜晚。这句是说,风紧雨急,天色阴沉,就像夜晚。
〔9〕 出自白居易《问刘十九》。

现在我们又回过来讲:"晚来天欲雪",正是欲雪未雪之时;雪谁不爱看?而它偏不下来。这样你便不免于若有所待。那么你才明白"鸡鸣不已"的道理。鸡为什么叫?我们当然不知道,但它总是这样叫个不停,便觉得有点稀奇,这时你才知道如晦的影响之大。真要是四乡如墨,一盏明灯,夜生活的开始,也就进入另一个世界。偏是不到那时候,偏是又像到了。于是,一番不耐的心情,逼着你不由焦躁起来。这时一片灰色的空虚,一点失望的心情,忽然有人打着伞来了,诗云:"最难风雨故人来",何况来的还不止是故人,他是君子,他乃是"有女怀春,吉士诱之"的吉士,并不是什么道学先生。那么能不喜吗?然则到底是因为君子不来,所以才觉得"风雨如晦,鸡鸣不已"呢?还是真是风雨阴沉,鸡老不停地在叫呢?这笔账我们没有法子替他算,诗人没有说明白的,我们自然更说不明白。然而诗只四句,却因此有了不尽之意,何况君子既来之后,下文便什么也不说。以情度之,当然再没有什么可说的;以诗论之,却又回到了风雨鸡鸣之上。何况他们即使说些什么,也非我们之所能知了。而你若解得,此时一见之下,早已把风雨鸡鸣忘之度外,一任它们点缀了这如晦的小窗之周,风雨鸡鸣所以便成为独立的景色。那么,人虽无意于风雨鸡鸣,而风雨鸡鸣,却转而要有情于人。我们从上面读到这里,"既见君子,云乎不喜"二句愈来与我们愈没有关系。而再读三读,便似"雪狮子见了火",渐渐地化得没有了,只留下鸡不停地在叫,风雨不停地在吹打。我们现在来欣赏这诗时,相会的人儿已是古人,相会的地方已不可再指出,却是昔日的风雨鸡鸣依然独在。于是"细雨梦回鸡塞远"也不免有了鸡鸣之嫌。然则我们对此能无所惊异吗!

(选自《唐诗综论》,商务印书馆,2011年)

作者风采

林庚(1910—2006),字静希,生于北京,原籍福建闽侯。现代诗人、古代文学学者、文学史家。北京大学教授。

阅读提示

诗歌是各民族最早的文学类型,是文学家族的长子。诗歌欣赏,可以说是文学阅读中最为重要的一个部分,要求阅读者培育和强化心灵上的诗性,真正"会"读诗。读诗主要包括对诗味的领会和对诗法、诗律的剖析。诗法和诗律有很强的知识性、技术性,读者只要肯花功夫,总归可以掌握;至于诗味,那就要靠个人去体悟了。"妙不可言"的是诗味,说它妙不可言,是说妙处难以说得确定、精细,不是说就不能谈论。

林庚先生以诗人之心,解读《郑风·风雨》,不仅体悟到诗味之"妙",更言说出"妙"之何在。全篇解读,重心立足于玩味"风雨如晦,鸡鸣不已"的景色与人情的相互生发,并以白居易诗句"晚来天欲雪"进行比照。解诗之人用生命的体悟,调动生活经验、艺术经验和情绪记忆,精妙地进行组合,向读者重构出诗歌所创造的意象世界和情感世界。

思 考 题

1. 你如何理解《郑风·风雨》一诗景中有情、情景交融的艺术手法？
2. 请用现代汉语对《郑风·风雨》三章进行改写。

3. 魏晋风度及文章与药及酒之关系[1]
——九月间在广州夏期学术演讲会[2]讲

鲁　迅

我今天所讲的,就是黑板上写着的这样一个题目。

中国文学史,研究起来,可真不容易,研究古的,恨材料太少,研究今的,材料又太多,所以到现在,中国较完全的文学史尚未出现。今天讲的题目是文学史上的一部分,也是材料太少,研究起来很有困难的地方。因为我们想研究某一时代的文学,至少要知道作者的环境、经历和著作。

汉末魏初这个时代是很重要的时代,在文学方面起一个重大的变化,因当时正在黄巾和董卓大乱之后,而且又是党锢的纠纷之后,这时曹操出来了。——不过我们讲到曹操,很容易就联想起《三国志演义》,更而想起戏台上那一位花面的奸臣,但这不是观察曹操的真正方法。现在我们再看历史,在历史上的记载和论断有时也是极靠不住的,不能相信的地方很多,因为通常我们晓得,某朝的年代长一点,其中必定好人多;某朝的年代短一点,其中差不多没有好人。为什么呢?因为年代长了,做史的是本朝人,当然恭维本朝的人物,年代短了,做史的是别朝人,便很自由地贬斥其异朝的人物,所以在秦朝,差不多在史的记载上半个好人也没有。曹操在史上年代也是颇短的,自然也逃不了被后一朝人说坏话的公例。其实,曹操是一个很有本事的人,至少是一个英雄,我虽不是曹操一党,但无论如何,总是非常佩服他。

研究那时的文学,现在较为容易了,因为已经有人做过工作:在文集一方面有清严可均辑的《全上古三代秦汉三国晋南北朝文》。其中于此有用的,是《全汉文》,《全三国文》,《全晋文》。

在诗一方面有丁福保辑的《全汉三国晋南北朝诗》。——丁福保是做医生的,现在还在。

辑录关于这时代的文学评论有刘师培编的《中国中古文学史》。这本书是北大的讲义,刘先生已死,此书由北大出版。

上面三种书对于我们的研究有很大的帮助。能使我们看出这时代的文学的确有点异彩。

我今天所讲,倘若刘先生的书里已详的,我就略一点;反之,刘先生所略的,我就较详一点。

董卓之后,曹操专权。在他的统治之下,第一个特色便是尚刑名。他的立法是很严的,因为当大乱之后,大家都想做皇帝,大家都想叛乱,故曹操不能不如此。曹操曾自己说过:"倘无我,不知有多少人称王称帝!"这句话他倒并没有说谎。因此之故,影响到文章方面,成了清峻的风格。——就是文章要简约严明的意思。

此外还有一个特点,就是尚通脱。他为什么要尚通脱呢?自然也与当时的风气有莫大的关系。因为在党锢之祸以前,凡党中人都自命清流,不过讲"清"讲得太过,便成固执。所以在汉末,清流的举动有时便非常可笑了。

比方有一个有名的人,普通的人去拜访他,先要说几句话,倘这几句话说得不对,往往会遭

---

〔1〕 本篇记录稿最初发表于1927年8月11日、12日、13日、15日、16日、17日广州《民国日报》副刊《现代青年》第173~178期;改定稿发表于1927年11月16日《北新》半月刊第2卷第2号。

〔2〕 广州夏期学术演讲会:国民党政府广州市教育局主办,1927年7月18日在广州市立师范学校礼堂举行开幕式。鲁迅这篇演讲是在7月23日、26日的会上所作的(题下注"九月间"有误)。鲁迅1928年12月30日致陈濬信:"在广州之谈魏晋事,盖实有慨而言。"

倨傲的待遇,叫他坐到屋外去,甚而至于拒绝不见。

又如有一个人,他和他的姊夫是不对的,有一回他到姊姊那里去吃饭之后,便要将饭钱算回给姊姊。她不肯要,他就于出门之后,把那些钱扔在街上,算是付过了。

个人这样闹闹脾气还不要紧,若治国平天下也这样闹起执拗的脾气来,那还成甚么话？所以深知此弊的曹操要起来反对这种习气,力倡通脱。通脱即随便之意。此种提倡影响到文坛,便产生多量想说甚么便说甚么的文章。

更因思想通脱之后,废除固执,遂能充分容纳异端和外来的思想,故孔教以外的思想源源引入。

总括起来,我们可以说汉末魏初的文章是清峻,通脱。在曹操本身,也是一个改造文章的祖师,可惜他的文章传的很少。他胆子很大,文章从通脱得力不少,做文章时又没有顾忌,想写的便写出来。

所以曹操征求人才时也是这样说,不忠不孝不要紧,只要有才便可以。这又是别人所不敢说的。曹操做诗,竟说是"郑康成行酒伏地气绝",他引出离当时不久的事实,这也是别人所不敢用的。还有一样,比方人死时,常常写点遗令,这是名人的一件极时髦的事。当时的遗令本有一定的格式,且多言身后当葬于何处何处,或葬于某某名人的墓旁；操独不然,他的遗令不但没有依着格式,内容竟讲到遗下的衣服和伎女怎样处置等问题。

陆机虽然评曰"贻尘谤于后王",然而我想他无论如何是一个精明人,他自己能做文章,又有手段,把天下的方士文士统统搜罗起来,省得他们跑在外面给他搞乱。所以他帷幄里面,方士文士就特别地多。

孝文帝曹丕,以长子而承父业,篡汉而即帝位。他也是喜欢文章的。其弟曹植,还有明帝曹睿,都是喜欢文章的。不过到那个时候,于通脱之外,更加上华丽。丕著有《典论》,现已失散无全本,那里面说："诗赋欲丽","文以气为主"。《典论》的零零碎碎,在唐宋类书中；一篇整的《论文》,在《文选》中可以看见。

后来有一般人很不以他的见解为然。他说诗赋不必寓教训,反对当时那些寓训勉于诗赋的见解,用近代的文学眼光看来,曹丕的一个时代可说是"文学的自觉时代",或如近代所说是为艺术而艺术(Art for Art's Sake)的一派。所以曹丕做的诗赋很好,更因他以"气"为主,故于华丽以外,加上壮大。归纳起来,汉末,魏初的文章,可说是："清峻,通脱,华丽,壮大。"在文学的意见上,曹丕和曹植表面上似乎是不同的。曹丕说文章事可以留名声于千载；但子建却说文章小道,不足论的。据我的意见,子建大概是违心之论。这里有两个原因,第一,子建的文章做得好,一个人大概总是不满意自己所做而羡慕他人所为的,他的文章已经做得好,于是他便敢说文章是小道；第二,子建活动的目标在于政治方面,政治方面不甚得志,遂说文章是无用了。

曹操曹丕以外,还有下面的七个人：孔融、陈琳、王粲、徐幹、阮瑀、应场、刘桢,都很能做文章,后来称为"建安七子"。七人的文章很少流传,现在我们很难判断；但,大概都不外是"慷慨","华丽"罢。华丽即曹丕所主张,慷慨就因当天下大乱之际,亲戚朋友死于乱者特多,于是为文就不免带着悲凉、激昂和"慷慨"了。

七子之中,特别的是孔融,他专喜和曹操捣乱。曹丕《典论》里有论孔融的,因此他也被拉进"建安七子"一块儿去。其实不对,很两样的。不过在当时,他的名声可非常之大。孔融作文,喜用讥嘲的笔调,曹丕很不满意他。孔融的文章现在传的也很少,就他所有的看起来,我们可以瞧出他并不大对别人讥讽,只对曹操。比方操破袁氏兄弟,曹丕把袁熙的妻甄氏拿来,归了自己,孔融就写信给曹操,说当初武王伐纣,将妲己给了周公了。操问他的出典,他说,以今例古,大概那时也是这样的。又比方曹操要禁酒,说酒可以亡国,非禁不可,孔融又反对他,说也有以女人亡国的,何以不禁婚姻?

其实曹操也是喝酒的。我们看他的"何以解忧?惟有杜康"的诗句,就可以知道。为什么他的行为会和议论矛盾呢?此无他,因曹操是个办事人,所以不得不这样做;孔融是旁观的人,所以容易说些自由话。曹操见他屡屡反对自己,后来借故把他杀了。他杀孔融的罪状大概是不孝。因为孔融有下列的两个主张:

第一,孔融主张母亲和儿子的关系是如瓶之盛物一样,只要在瓶内把东西倒了出来,母亲和儿子的关系便算完了。第二,假使有天下饥荒的一个时候,有点食物,给父亲不给呢?孔融的答案是:倘若父亲是不好的,宁可给别人。——曹操想杀他,便不惜以这种主张为他不忠不孝的根据,把他杀了。倘若曹操在世,我们可以问他,当初求才时就说不忠不孝也不要紧,为何又以不孝之名杀人呢?然而事实上纵使曹操再生,也没人敢问他,我们倘若去问他,恐怕他把我们也杀了!

与孔融一同反对曹操的尚有一个祢衡,后来给黄祖杀掉的。祢衡的文章也不错,而且他和孔融早是"以气为主"来写文章的了。故在此我们又可知道,汉文慢慢壮大起来,是时代使然,非专靠曹操父子之功。但华丽好看,却是曹丕提倡的功劳。

这样下去一直到明帝的时候,文章上起了个重大的变化,因为出了一个何晏。何晏的名声很大,位置也很高,他喜欢研究《老子》和《易经》。至于他是怎样的一个人呢?那真相现在可很难知道,很难调查。因为他是曹氏一派的人,司马氏很讨厌他,所以他们的记载对何晏大不满。因此产生许多传说,有人说何晏的脸上是搽粉的,又有人说他本来生得白,不是搽粉的。但究竟何晏搽粉不搽粉呢?我也不知道。

但何晏有两件事我们是知道的。第一,他喜欢空谈,是空谈的祖师;第二,他喜欢吃药,是吃药的祖师。此外,他也喜欢谈名理。他身子不好,因此不能不服药。他吃的不是寻常的药,是一种名叫"五石散"的药。

"五石散"是一种毒药,是何晏吃开头的。汉时,大家还不敢吃,何晏或者将药方略加改变,便吃开头了。五石散的基本,大概是五样药:石钟乳,石硫黄,白石英,紫石英,赤石脂;另外怕还配点别样的药。但现在也不必细细研究它,我想各位都是不想吃它的。

从书上看起来,这种药是很好的,人吃了能转弱为强。因此之故,何晏有钱,他吃起来了;大家也跟着吃。那时五石散的流毒就同清末的鸦片的流毒差不多,看吃药与否以分阔气与否的。现在由隋巢元方做的《诸病源候论》的里面可以看到一些。据此书,可知吃这药是非常麻烦的,穷人不能吃,假使吃了之后,一不小心,就会毒死。先吃下去的时候,倒不怎样的,后来药的效验既显,名曰"散发"。倘若没有"散发",就有弊而无利。因此吃了之后不能休息,非走路不可,因走路才能"散发",所以走路名曰"行散"。比方我们看六朝人的诗,有云:"至城东行散",就是此意。后来做诗的人不知其故,以为"行散"即步行之意,所以不服药也以"行散"二字入诗,这是很笑话的。

走了之后,全身发烧,发烧之后又发冷。普通发冷宜多穿衣,吃热的东西。但吃药后的发冷刚刚要相反:衣少,冷食,以冷水浇身。倘穿衣多而食热物,那就非死不可。因此五石散一名寒食散。只有一样不必冷吃的,就是酒。

吃了散之后,衣服要脱掉,用冷水浇身;吃冷东西;饮热酒。这样看起来,五石散吃的人多,穿厚衣的人就少；比方在广东提倡，一年以后，穿西装的人就没有了。因为皮肉发烧之故，不能穿窄衣。为预防皮肤被衣服擦伤，就非穿宽大的衣服不可。现在有许多人以为晋人轻裘缓带、宽衣，在当时是人们高逸的表现，其实不知他们是吃药的缘故。一班名人都吃药，穿的衣都宽大，于是不吃药的也跟着名人，把衣服宽大起来了！

还有，吃药之后，因皮肤易于磨破，穿鞋也不方便，故不穿鞋袜而穿屐。所以我们看晋人的画像或那时的文章，见他衣服宽大，不鞋而屐，以为他一定是很舒服，很飘逸的了，其实他心里都是很苦的。

更因皮肤易破，不能穿新的而宜于穿旧的，衣服便不能常洗。因不洗，便多虱。所以在文章上，虱子的地位很高，"扪虱而谈"，当时竟传为美事。比方我今天在这里演讲的时候，扪起虱来，那是不大好的。但在那时不要紧，因为习惯不同之故。这正如清朝是提倡抽大烟的，我们看见两肩高耸的人，不觉得奇怪。现在就不行了，倘若多数学生，他的肩成为一字样，我们就觉得很奇怪了。

此外可见服散的情形及其他种种的书，还有葛洪的《抱朴子》。

到东晋以后，作假的人就很多，在街旁睡倒，说是"散发"以示阔气。就像清时尊读书，就有人以墨涂唇，表示他是刚才写了许多字的样子。故我想，衣大，穿屐，散发等等，后来效之，不吃也学起来，与理论的提倡实在是无关的。

又因"散发"之时，不能肚饿，所以吃冷物，而且要赶快吃，不论时候，一日数次也不可定。因此影响到晋时"居丧无礼"。——本来魏晋时，对于父母之礼是很繁多的。比方想去访一个人，那么，在未访之前，必先打听他父母及其祖父母的名字，以便避讳。否则，嘴上一说出这个字音，假如他的父母是死了的，主人便会大哭起来——他记得父母了——给你一个大大的没趣。晋礼居丧之时，也要瘦，不多吃饭，不准喝酒；但在吃药之后，为生命计，不能管得许多，只好大嚼，所以就变成"居丧无礼"了。

居丧之际，饮酒食肉，由阔人名流倡之，万民皆从之，因为这个缘故，社会上遂尊称这样的人叫作名士派。

吃散发源于何晏，和他同志的，有王弼和夏侯玄两个人，与晏同为服药的祖师。有他三人提倡，有多人跟着走。他们三人多是会做文章，除了夏侯玄的作品流传不多外，王何二人现在我们尚能看到他们的文章。他们都是生于正始的，所以又名曰"正始名士"。但这种习惯的末流，是只会吃药，或竟假装吃药，而不会做文章。

东晋以后，不做文章而流为清谈，由《世说新语》一书里可以看到。此中空论多而文章少，比较他们三个差得远了。三人中王弼二十余岁便死了，夏侯、何二人皆为司马懿所杀。因为他二人同曹操有关系，非死不可，犹曹操之杀孔融，也是借不孝做罪名的。

二人死后，论者多因其与魏有关而骂他，其实何晏值得骂的就是因为他是吃药的发起人。这种服散的风气，魏、晋，直到隋、唐，还存在着，因为唐时还有"解散方"，即解五石散的药方，可以证明还有人吃，不过少点罢了。唐以后就没有人吃，其原因尚未详，大概因其弊多利少，和鸦片一样罢？

晋名人皇甫谧作一书曰《高士传》，我们以为他很高超。但他是服散的，曾有一篇文章，自说吃散之苦。因为药性一发，稍不留心，即会丧命，至少也会受非常的苦痛，或要发狂；本来聪明的人，因此也会变成痴呆。所以非深知药性，会解救，而且家里的人多深知药性不可。晋朝人多是脾气很坏，高傲、发狂、性暴如火的，大约便是服药的缘故。比方有苍蝇扰他，竟至拔剑追赶；就是说话，也要胡胡涂涂地才好，有时简直是近于发疯。但在晋朝更有以痴为好的，这大概也是服药的缘故。

魏末，何晏他们以外，又有一个团体新起，叫作"竹林名士"，也是七个，所以又称"竹林七贤"。正始名士服药，竹林名士饮酒。竹林的代表是嵇康和阮籍。但究竟竹林名士不纯粹是喝酒的，嵇康也兼服药，而阮籍则是专喝酒的代表。但嵇康也饮酒，刘伶也是这里面的一个。他们七人中差不多都是反抗旧礼教的。

这七人中，脾气各有不同。嵇阮二人的脾气都很大；阮籍老年时改得很好，嵇康就始终都是极坏的。

阮年青时，对于访他的人有加以青眼和白眼的分别。白眼大概是全然看不见眸子的，恐怕要练习很久才能够。青眼我会装，白眼我却装不好。

后来阮籍竟做到"口不臧否人物"的地步，嵇康却全不改变。结果阮得终其天年，而嵇竟丧于司马氏之手，与孔融何晏等一样，遭了不幸的杀害。这大概是因为吃药和吃酒之分的缘故：吃药可以成仙，仙是可以骄视俗人的；饮酒不会成仙，所以敷衍了事。

他们的态度，大抵是饮酒时衣服不穿，帽也不带。若在平时，有这种状态，我们就说无礼，但他们就不同。居丧时不一定按例哭泣；子之于父，是不能提父的名，但在竹林名士一流人中，子都会叫父的名号。旧传下来的礼教，竹林名士是不承认的。即如刘伶——他曾做过一篇《酒德颂》，谁都知道——他是不承认世界上从前规定的道理的，曾经有这样的事，有一次有客见他，他不穿衣服。人责问他；他答人说，天地是我的房屋，房屋就是我的衣服，你们为什么进我的裤子中来？至于阮籍，就更甚了，他连上下古今也不承认，在《大人先生传》里有说："天地解兮六合开，星辰陨兮日月颓，我腾而上将何怀？"他的意思是天地神仙，都是无意义，一切都不要，所以他觉得世上的道理不必争，神仙也不足信，既然一切都是虚无，所以他便沉湎于酒了。然而他还有一个原因，就是他的饮酒不独由于他的思想，大半倒在环境。其时司马氏已想篡位，而阮籍名声很大，所以他讲话就极难，只好多饮酒，少讲话，而且即使讲话讲错了，也可以借醉得到人的原谅。只要看有一次司马懿求和阮籍结亲，而阮籍一醉就是两个月，没有提出的机会，就可以知道了。

阮籍作文章和诗都很好，他的诗文虽然也慷慨激昂，但许多意思都是隐而不显的。宋的颜延之已经说不大能懂，我们现在自然更很难看得懂他的诗了。他诗里也说神仙，但他其实是不相信的。嵇康的论文，比阮籍更好，思想新颖，往往与古时旧说反对。孔子说："学而时习之，不亦说乎？"嵇康做的《难自然好学论》，却道，人是并不好学的，假如一个人可以不做事而又有饭吃，就随便闲游不喜欢读书了，所以现在人之好学，是由于习惯和不得已。还有管叔蔡叔，是疑心周公，率殷民叛，因而被诛，一向公认为坏人的。而嵇康做的《管蔡论》，就也反对历代传下来的意思，说这两个人是忠臣，他们的怀疑周公，是因为地方相距太远，消息不灵通。

但最引起许多人的注意，而且于生命有危险的，是《与山巨源绝交书》中的"非汤武而薄周孔"。司马懿因这篇文章，就将嵇康杀了。[1] 菲薄了汤武周孔，在现时代是不要紧的，但在当时却关系非小。汤武是以武定天下的；周公是辅成王的；孔子是祖述尧舜，而尧舜是禅让天下的。嵇康都说不好，那么，教司马懿篡位的时候，怎么办才是好呢？没有办法。在这一点上，嵇康于司马氏的办事上有了直接的影响，因此就非死不可了。嵇康的见杀，是因为他的朋友吕安不孝，

---

[1] 据《晋书》，嵇康为司马昭所杀，距司马懿之死已数年。先生或别有所据，志之以存疑。——原书编者注

连及嵇康,罪案和曹操的杀孔融差不多。魏晋,是以孝治天下的,不孝,故不能不杀。为什么要以孝治天下呢？因为天位从禅让,即巧取豪夺而来,若主张以忠治天下,他们的立脚点便不稳,办事便棘手,立论也难了,所以一定要以孝治天下。但倘只是实行不孝,其实那时倒不很要紧的,嵇康的害处是在发议论;阮籍不同,不大说关于伦理上的话,所以结局也不同。

但魏晋也不全是这样的情形,宽袍大袖,大家饮酒。反对的也很多。在文章上我们还可以看见裴𬱟的《崇有论》,孙盛的《老子非大贤论》,这些都是反对王何们的。在史实上,则何曾劝司马懿杀阮籍有好几回,司马懿不听他的话,这是因为阮籍的饮酒,与时局的关系少些的缘故。

然而后人就将嵇康阮籍骂起来,人云亦云,一直到现在,一千六百多年。季札说:"中国之君子,明于礼义而陋于知人心。"这是确的,大凡明于礼义,就一定要陋于知人心的,所以古代有许多人受了很大的冤枉。例如嵇阮的罪名,一向说他们毁坏礼教。但据我个人的意见,这判断是错的。魏晋时代,崇奉礼教的看来似乎很不错,而实在是毁坏礼教,不信礼教的。表面上毁坏礼教者,实则倒是承认礼教,太相信礼教。因为魏晋时所谓崇奉礼教,是用以自利,那崇奉也不过偶然崇奉,如曹操杀孔融,司马懿杀嵇康,都是因为他们和不孝有关,但实在曹操司马懿何尝是著名的孝子,不过将这个名义,加罪于反对自己的人罢了。于是老实人以为如此利用,亵渎了礼教,不平之极,无计可施,激而变成不谈礼教,不信礼教,甚至于反对礼教。——但其实不过是态度,至于他们的本心,恐怕倒是相信礼教,当作宝贝,比曹操司马懿们要迂执得多。现在说一个容易明白的比喻罢,譬如有一个军阀,在北方——在广东的人所谓北方和我常说的北方的界限有些不同,我常称山东山西直隶河南之类为北方——那军阀从前是压迫民党的,后来北伐军势力一大,他便挂起了青天白日旗,说自己已经信仰三民主义了,是总理的信徒。这样还不够,他还要做总理的纪念周。这时候,真的三民主义的信徒,去呢,不去呢？不去,他那里就可以说你反对三民主义,定罪,杀人。但既然在他的势力之下,没有别法,真的总理的信徒,倒会不谈三民主义,或者听人假惺惺的谈起来就皱眉,好像反对三民主义模样。所以我想,魏晋时所谓反对礼教的人,有许多大约也如此。他们倒是迂夫子,将礼教当作宝贝看待的。

还有一个实证,凡人们的言论,思想,行为,倘若自己以为不错的,就愿意天下的别人,自己的朋友都这样做。但嵇康阮籍不这样,不愿意别人来模仿他。竹林七贤中有阮咸,是阮籍的侄子,一样的饮酒。阮籍的儿子阮浑也愿加入时,阮籍却道不必加入,吾家已有阿咸在,够了。假若阮籍自以为行为是对的,就不当拒绝他的儿子,而阮籍却拒绝自己的儿子,可知阮籍并不以他自己的办法为然。至于嵇康,一看他的《绝交书》,就知道他的态度很骄傲的;有一次,他在家打铁——他的性情是很喜欢打铁的——钟会来看他了,他只打铁,不理钟会。钟会没有意味,只得走了。其时嵇康就问他:"何所闻而来,何所见而去？"钟会答道:"闻所闻而来,见所见而去。"这也是嵇康杀身的一条祸根。但我看他做给他的儿子看的《家诫》——当嵇康被杀时,其子方十岁,算来当他做这篇文章的时候,他的儿子是未满十岁的——就觉得宛然是两个人。他在《家诫》中教他的儿子做人要小心,还有一条一条的教训。有一条是说长官处不可常去,亦不可住宿;官长送人们出来时,你不要在后面,因为恐怕将来官长惩办坏人时,你有暗中密告的嫌疑。又有一条是说宴饮时候有人争论,你可立刻走开,免得在旁批评,因为两者之间必有对与不对,不批评则不像样,一批评就总要是甲非乙,不免受一方见怪。还有人要你饮酒,即使不愿饮也不要坚决地推辞,必须和和气气的拿着杯子。我们就此看来,实在觉得很希奇:嵇康是那样高傲的人,而他教子就要他这样庸碌。因此我们知道,嵇康自己对于他自己的举动也是不满足的。所以批评一个人的言行实在难,社会上对于儿子不像父亲,称为"不肖",以为是坏事,殊不知世上正有不愿意他的儿子像自己的父亲哩。试看阮籍、嵇康，就是如此。这是，因为他们生于乱世，不得已，才有这样的行为，并非他们的本态。但又于此可见魏晋的破坏礼教者，实在是相信礼教到固执之极的。

不过何晏、王弼、阮籍、嵇康之流，因为他们的名位大，一般的人们就学起来，而所学的无非是表面，他们实在的内心，却不知道。因为只学他们的皮毛，于是社会上便很多了没意思的空谈和饮酒。许多人只会无端的空谈和饮酒，无力办事，也就影响到政治上，弄得玩"空城计"，毫无实际了。在文学上也这样，嵇康、阮籍的纵酒，是也能做文章的，后来到东晋，空谈和饮酒的遗风还在，而万言的大文如嵇阮之作，却没有了。刘勰说："嵇康师心以遣论，阮籍使气以命诗。"这"师心"和"使气"，便是魏末晋初的文章的特色。正始名士和竹林名士的精神灭后，敢于师心使气的作家也没有了。

到东晋，风气变了。社会思想平静得多，各处都夹入了佛教的思想。再至晋末，乱也看惯了，篡也看惯了，文章便更和平。代表平和的文章的人有陶潜。他的态度是随便饮酒，乞食，高兴的时候就谈论和作文章，无尤无怨。所以现在有人称他为"田园诗人"，是个非常和平的田园诗人。他的态度是不容易学的，他非常之穷，而心里很平静。家常无米，就去向人家门口求乞。他穷到有客来见，连鞋也没有，那客人给他从家丁取鞋给他，他便伸了足穿上了。虽然如此，他却毫不为意，还是"采菊东篱下，悠然见南山"。这样的自然状态，实在不易模仿。他穷到衣服也破烂不堪，而还在东篱下采菊，偶然抬起头来，悠然地见了南山，这是何等自然。现在有钱的人住在租界里，雇花匠种数十盆菊花，便做诗，叫作"秋日赏菊效陶彭泽体"，自以为合于渊明的高致，我觉得不大像。

陶潜之在晋末，是和孔融于汉末与嵇康于魏末略同，又是将近易代的时候。但他没有什么慷慨激昂的表示，于是便博得"田园诗人"的名称。但《陶集》里有《述酒》一篇，是说当时政治的。这样看来，可见他于世事也并没有遗忘和冷淡，不过他的态度比嵇康阮籍自然得多，不至于招人注意罢了。还有一个原因，先已说过，是习惯。因为当时饮酒的风气相沿下来，人见了也不觉得奇怪，而且汉魏晋相沿，时代不远，变迁极多，既经见惯，就没有大感触，陶潜之比孔融嵇康和平，是当然的。例如看北朝的墓志，官位升进，往往详细写着，再仔细一看，他是已经经历过两三个朝代了，但当时似乎并不为奇。

据我的意思，即使是从前的人，那诗文完全超于政治的所谓"田园诗人"，"山林诗人"，是没有的。完全超出于人间世的，也是没有的。既然是超出于世，则当然连诗文也没有。诗文也是人事，既有诗，就可以知道于世事未能忘情。譬如墨子兼爱，杨子为我。墨子当然要著书；杨子就一定不著，这才是"为我"。因为若做出书来给别人看，便变成"为人"了。

由此可知陶潜总不能超于尘世，而且，于朝政还是留心，也不能忘掉"死"，这是他诗文中时时提起的。用别一种看法研究起来，恐怕也会成一个和旧说不同的人物罢。

自汉末至晋末文章的一部分的变化与药及酒之关系，据我所知的大概是这样。但我学识太少，没有详细的研究，在这样的热天和雨天费去了诸位这许多时光，是很抱歉的。现在这个题目总算是讲完了。

[选自《鲁迅全集》（第三卷），人民文学出版社，2005年]

见第七讲《狂人日记》。

  这是一篇从社会学和文化史角度研讨文学和文学史的文章。由于是演讲的记录，所以行文保留了口语的特点，娓娓道来，幽默风趣。虽然也是旁征博引，却没有"掉书袋"的学究气，让读者领略了与那种剑拔弩张式的社会批评完全不同的另一种类型的社会历史批评。
  鲁迅把魏晋时代的文学、文风、为人处世的特点，与那个时代的社会、政治、生活方式乃至种种习俗联系起来考察，对魏晋文学和魏晋文人作了别开生面的阐释，充分体现出作者对文学和文学史独特的观察和把握方式。鲁迅之所以不将文学研究与思想史、文化史截然分开，是因为维系它们的纽带都是"人"，都是对人类精神世界的探究方式，需要对世态人心深入观察。这也是鲁迅终其一生的"立人"思想的体现。而在鲁迅以"人"为中心的文学解读中，又时时以己心照人心，以人心观己心，寄寓着深刻的现实体验和社会批评，体现出强烈的主体参与意识和深入的现实关怀，真正实践了"文学是人学"的观念。

  1. 你如何理解和评价魏晋风度？
  2. 挑选一篇你最喜欢的中国古代文学作品，学习本文的阅读方法，尝试用社会文化学的角度进行分析。

4. 王安忆讲《呼啸山庄》[1]

王安忆

爱情的题材是具有超生的飞翔力的材料。

《呼啸山庄》的爱情故事是人类和永恒自然对峙的故事。

爱情消灭了肉体,又化腐朽为神奇。

它用貌似神话的现实,再制作一个神话作为爱情的材料,可以说是物尽其用。

今天我们是讲《呼啸山庄》。它的作者是艾米莉·勃朗特(1818—1848)。我们终于谈到爱情了。我想花点时间,先谈谈爱情这个题材,我想爱情对于一个严肃的艺术家来说,其实是一个危险的题目。

我记得老舍在一篇文章里说过:爱情的题材往往是两类作家写的,一类是九流作家,还有就是最好的作家。我想它为什么会成为九流作家那么热衷的题材呢?那是因为这些九流作家的任务是制造人生的美梦,爱情为他们提供了材料。因为爱情带有幻象的特征。但是我要特别强调:九流作家所创造的人生的美梦,和我说的心灵世界有根本的区别,虽然它们都带有不真实的虚无的表面。

区别在何处?我想这就好比宗教和迷信的区别。它们看起来都是同样的活动方式,在寺庙里烧香,在教堂祈祷,但迷信是有着非常现实的目的,他们请求:给我分房子,婚姻如意,财源滚滚,让我生个孩子……最远的企望,也就是来世了。它是很现实的,求的是现世现报的,来世虽远,在迷信的眼睛里,也是可见的现实。那么宗教又是什么呢?宗教也是帮我们解决问题的,帮我们解决一个无可逃避却无可解决的问题,那就是生死的问题。这是一个困难得多,也高级得多的问题,它没有现实的手段可以使用,它靠的是艰苦的玄思。我觉得九流小说家制造的人生美梦和我们所说的心灵世界的区别就在这儿。他们的故事再神奇,也是满足现实的心。比如那些言情小说,波澜迭起的情节,欲生欲死的爱恨,然后是甜蜜的结局。它带有消费的性质,让我们缺什么补什么。日常生活那么枯燥、乏味,没有奇遇,那么在小说里面做做梦,补偿一下现实的缺陷。而真正的心灵世界它解决不了任何问题,手头的问题它一个也解决不了,它告诉你根本看不见的东西,这些东西需要你付出思想和灵魂的劳动去获取,然后它会照亮你的生命,永远照亮你的生命。话再说回去,爱情,因其幻象的特质,确是给制造美梦的作家提供了非常现成的材料。

然后,我要说那些严肃的作家,怎么对待爱情这个题材。真正严肃的作家对爱情题材非常谨慎。这个题材弄得不好就掉到言情小说的深渊里去了,写爱情题材就好像在刀刃上走路一样,非常危险,因为严肃的作家都是不给人生做梦的。他们非但不给人生做梦,还要粉碎人生的美梦。如上海有个作家陈村,他的小说写得很好,往往触到了人生的痛处,人们便埋怨他,说:"陈村啊,我们的生活已经够痛苦了,你使我们更痛苦。"当这类作家勇敢地面对爱情的时候,则是要揭开爱情的帷幕,把甜蜜的面纱揭掉。这一类作家非常之多,也做出了很大的贡献。比方说著名的劳伦斯,他提出了爱情里的"性"的问题。我并不认为劳伦斯创造了心灵的世界,但我

---

[1] 本篇是王安忆在复旦大学的小说讲稿(第八讲),标题为教材编选时所加。

觉得他是一个非常严肃的作家,他撕破了布尔乔亚爱情的罗曼蒂克伪饰,看到在这底下更为真切和结实的东西,什么呢?性。关于性的文章后来是越做越多,越做越深,当做到最彻底的时候,人们发现在性的底下还有更为实质的东西,那么,再揭开一层,在异性相吸的底下,还有着什么,于是就有同性恋故事的出现。这种爱情就更为纯粹了,因为它取消了性双方根本的也是表面的差别:男与女,只留下一个单纯的性事实。我最近看了一个电影:《哭泣的游戏》,它又更进一步了。故事写爱尔兰共和军,抓到一个人质,然后向政府要挟。有一个共和军看守和人质渐渐交上了朋友。人质说:"看来我是必死无疑了。我有一件事很不放心,我希望你能够帮我照顾一个人,这是我的最爱。"他拿出一张照片,是一个年轻的黑人女性,非常漂亮,那看守情不自禁地说:"这个女人并非你爱,所有的男人都会爱她的。"人质说:"我希望你来照顾他。"后来人质真的死了,共和军看守便拿了照片,到他所说的理发店去找那女人。两人很迅速地发生爱情,可是当他们准备做爱的时候,他发现这个女孩子其实是个男性。他感到非常恶心,跑到厕所呕吐起来,男孩子痛苦而且震惊,他说:"我以为你知道,大家都知道。"他知道男孩的性别,非常恶心于他的行径,他坚持没有成为同性恋,自始至终是个异性恋,可是他依然深爱他,他要求并且帮助这个男孩恢复其性别。所以这里又出现了第三种情况,非同性恋的,非性的一个男性对另一个男性的爱情。在此,到了更为极端的时候,结果又再一次地取消了爱情中的性。严肃的作家在面对爱情的题材的时候,就是这样孜孜不倦地要找到爱情的真实面目,他们一层层地揭,一层层地揭。严肃作家和九流作家的区别在于,后者为人生制造美梦,迷惑我们,让我们得到一种暂时的休息,或说麻醉吧。严肃作家则是把真实揭开给你看,要我们清醒。

可我觉得最好的作家,是最富有浪漫气质的,他们绝不满足于揭露现实,描绘现实,剖析现实的工作,而是力求从现实中升华上一个境界。这个境界就是我第一堂课所给予了那么多定语的世界,一个心灵世界。这类作家会非常钟情于爱情题材,因为爱情具有心灵的特质,同时又具有现实的面目,是创造心灵世界的好材料。这题材是非常具有飞翔力的,你要有力量,可使它飞得非常高,可你必须要有力量。这飞得高绝不是做美梦,做那种不切实际的又可安慰我们枯竭心灵的梦,它是从现实土地往上飞的东西。这种力量是少数艺术家才具有的才能。爱情在现实中就可以使心灵超生,用这样的超生的原材料创造出的心灵世界可说是超生再超生,是心灵的心灵。所以这实在是伟大的题材。爱情故事多得不得了,可是真正使我们感动的,使我们在爱情之上看到神灵之境的,实在不可多得,而《呼啸山庄》是一个。

我很想向大家推荐一篇文章,弗吉尼亚·伍尔夫(1882—1941),一个英国女作家所写的一篇短文,题目叫《〈简·爱〉与〈呼啸山庄〉》。她把这两部作品作了一个对比,对比得很有意思。她说《简·爱》是这样一部作品,它非常强烈地说我爱,我恨。而《呼啸山庄》说的是"我们,整个人类"和"你们,永恒的力量"。她说:《呼啸山庄》"有爱,但不是男女之爱",那是什么爱呢?我们将会分析,来证明她的观点。然后弗吉尼亚·伍尔夫说《简·爱》确实有非常强烈的感情,但没有超出我们一般人的经验之上,还是一个比较常规的、现成的经验。而《呼啸山庄》是什么呢?是艾米莉"她朝外望去,看到一个四分五裂、混乱不堪的世界,于是她觉得她的内心有一股力量,要在一部作品中把那分裂的世界重新合为一体"。她已经把人类的正常经验全都打碎了,我们这些正常经验对于她来讲完全不能提供什么参照,或给她一个现成观念,这是一个破碎的世界——在她眼睛里面,她要重新组合。弗吉尼亚·伍尔夫还有一段话:"正是对于这种潜伏于人类本性的幻象之下而又把这些幻象升华到崇高境界的某种力量的暗示,使这部作品在其他小说中显得出类拔萃、形象高大。"这段话中最重要的两点:一是"人类本性的幻象",二是"把这些幻象升华到崇高境界"。这是非常重要的两点。然后还有一段话说得很有意思,她说:"艾米莉似乎能够把我们赖以识别人们的一切外部标志都撕得粉碎,然后再把一股如此强烈的生命气息灌注到这些不可识辨的透明的幻影中去,使它们超越了现实,那么她的力量是一切力量中最为罕见的一种。"她说可以识别的外部标志,就比如我们的五官、四肢、性别、种族、衣着,这种大家公认的普通的提供认识的资料,艾米莉都撕得粉碎,她看见的是人类本性的幻象,这是一些不可识别的幻影,而她注入了强烈的生命力,使得这些玻璃样的幻影活动起来了,变成了可信的现实生活,但其实质已超越了真实。

我再谈一下《简·爱》和它的区别。《简·爱》可以说是家喻户晓的作品,非常有影响力,大家提到勃朗特姐妹总是提到《简·爱》。倘若不是人物的严肃性,《简·爱》其实也是个美梦。简·爱和罗切斯特的爱情,那么奇遇性的,且又充满了哥特式的梦魇的悬念,阁楼上隐藏着一个疯子。这个故事可说为后来的很多通俗小说家提供了完美的蓝本。它的重要性其实在于简·爱这个人物。如果简·爱不是这么严厉的,不好看的,拘束于宗教的教义的,缺乏女性魅力的,如果简·爱是漂亮的、甜蜜的、妩媚的,和顺却遭受不公平对待而委屈的,那么就又是一个灰姑娘的故事了。举个例子:前几年有个电视剧,叫《爱你没商量》,很多人不喜欢,我曾经对王朔说,你们违反了一个通俗故事的原则,那就是创造了一个不招人喜欢的使人扫兴的女主角。蛮好的一个女孩子,长得挺漂亮,很有前程,结果你让她生了病,眼睛瞎掉,又使她的性格变得这么丑陋,直走下坡路,结果人家那边那样豪华地结婚,你们俩在小屋里这样地结婚,这太不是美梦了,太违反群众的要求了。而简·爱呢,是这样一种形象,那么严格的,那么不委婉的,她的生长环境,从小的经历,都是非常严酷的,不存一点梦想的。但是终于有一点东西使冷峻的人生变得美好了,那就是她和罗切斯特的爱情,虽然百经磨折,但终究还是有情人终成眷属,使这部作品保证了甜美的结局。弗吉尼亚说的没有超出我们一般人的经验水平,就是我要爱,我要不对任何人负疚的爱,不能违反我的宗教原则,我的良心原则,还有我的平等原则,因为你那么有钱,我没有钱,当我有了钱,你的老婆又死了,爱才能实现。这种爱的经验是优秀的,却是通常可以解释的。

而《呼啸山庄》不同,它的爱情不是那种客厅里的爱情,不是梳妆台前的爱情,也不是我们女人针线篓子里的爱情,总之它不是掌握在我们手里的爱情。它是一种力量,这种力量已变成与我们人类对峙的力量,几乎就要打败人类的,那就是弗吉尼亚说的,"我们,整个人类"和"你们,永恒的力量"。永恒的力量指什么,就是指爱情,而我们人类是那么脆弱而又顽强。整个故事就是在写永恒的力量——爱情,在和我们肉体的人作战的故事。爱情是那么强烈,它可以把人摧毁,把你的理智摧毁,把你的肉体摧毁,而它永远存在。艾米莉所创造的是那么可怕的一个爱情,完全不是我们以前看到的甜蜜的,有趣味的,玩于股掌之间的那种爱情。

那么我现在就要如同往常一样,先为这世界作一个命名。首先,从情景上说,这是一个狂风呼啸的沼泽地带,这题目译得非常好:"呼啸山庄。"不见人迹的,只有爱和恨,而且不是爱即是恨,没有妥协,没有调和。我要为它命名的一句话是:爱情消灭了肉体,同时爱情又化腐朽为神奇。肉体在爱情的面前那么无力,那么软弱。终于是死亡的结局,可由于不死的爱情,你的肉体虽然消灭,灵魂却汇入了永恒。我想这就是我们整个人类和你们永恒的力量之间的对峙的结果。到了这一步,你已不觉得这爱情是男女之间的关系,它是一个蛮横无理的法则,你将得到永生,所以你虽败犹胜。

现在我还是按我们惯例,把这故事作个大致的描述。故事发生在两个家族之间。住在呼啸山庄的是恩肖家族,有父亲,母亲,儿子名叫辛德雷,还有我们的女主角,小女儿凯瑟琳。这个家族所处环境非常荒凉,举目看不见人家,只有沼泽地和峭拔的岩石,离他们最近的城市,是一个名叫吉默吞的小镇,有教堂,如果要做弥撒,就到那里去,还有一个乡村医生巡回在四周看病。这是接近于荒蛮的一个地方。他们这家人没受过什么教育,住在这么个荒野之处,离文明的影响很远,对宗教也没什么特殊感情,他们家的宗教事务,都是由一个用人来督促的,叫约翰夫。他是个虔诚而无知的教徒,宗教对于他是折磨孩子的武器。这家庭对政治也是不关心的,与社会隔绝。他们自成一体,衣食无忧,有马、有地、有农奴。这个家庭里的成员有一种共同的古怪性格,什么呢?热血奔腾,反复无常。他们经常会有突如其来的情感,使他们做出突如其来的举止,却不去负责后果,这也是一种野蛮的性格。父亲有一次去利物浦,在街上看到一个流浪儿,不明国籍也不明种族,他先是带了他,去寻找愿意收留他的主人,可是找不到,干脆就把他带回家来了,给他起名叫希刺克厉夫,他就是我们的男主角。这家的父亲出于一种奇异的不明来历的感情,对他特别宠爱。由此,使得长子辛德雷十分嫉恨希刺克厉夫,想方设法报复他,他们之间就结下了仇恨。就这样,希刺克厉夫处于一个很奇怪的环境里,主人对他非常宠爱,谁要是欺负他,便暴跳如雷。可是其他的人都恨他,因为他夺走了主人的爱,于是都讨厌他,都骂他,都仇视他。只有一个人爱他,但这人因为经常外出和日益衰老,对他的保护又是脆弱的。他生活在这种不正常的状态下,骄傲和自卑一起长成,实际上是很危险的。而只有凯瑟琳与他有着正常的亲切的情感,他们一起长大,形影不离。有一次希刺克厉夫和辛德雷发生了激烈的争执,父亲发火了,把辛德雷送到外面去读书,使他离开这个家。待到父亲去世,辛德雷带着新婚的妻子重新回到呼啸山庄,多年的仇恨终于爆发,希刺克厉夫立即被贬到用人的位置,他原来的厚待一下子全没了。

　　距离呼啸山庄四英里处,有一个画眉田庄,住着林顿一家人,同样是父亲,母亲,两个孩子:哥哥埃德加,妹妹伊莎贝拉。这家人比较正常,过着人们所尊敬的中产阶级生活:有规律的宗教生活,每个礼拜去做弥撒。父亲在社区担任了一定的社会职务,做一个裁判官,是一个绅士,孩子们的教育也是按部就班的,随着年龄增长日益完备,家庭的气氛是稳定而和平的,感情也处于一种甜蜜的状态。

　　在一个偶然的情况下,这两户人家结识了,然后发生了最常见的事情,凯瑟琳和埃德加恋爱并且结婚了,抛下了深爱她的希刺克厉夫,悲剧拉开了帷幕。

　　希刺克厉夫是个什么样的人呢?我给他定了个名:"孤魂。"他没有父母,没有国家,甚至没有确切的种族:有人说他是吉卜赛人,也有人说他是印度人。他像是私生子,也像是被贩卖后丢掉的人,所以,他还是来历不明的。很偶然地进入了呼啸山庄,他既不是个用人,又不是个主人,他连身份都没有。他是一个非常孤独的人。在这孤独的境遇里,他只有一个朋友,就是凯瑟琳。甚至到辛德雷回家后,希刺克厉夫正式变成了用人,不能到正房来,境遇发生了这样的变化,他们还依然是好朋友。而到了林顿家族参加进来,事情才有了改变。凯瑟琳始终是搞不懂自己感情的一个小姑娘,她有很强的虚荣心,她原先还不自觉。因为他们家里是毫无规矩可言的,穿的衣服也是乱七八糟,没有任何教养的。当她伤了脚,在画眉田庄住了几星期后,她才明白了一个小姐,一个淑女应该是怎么样的。她目睹林顿家族井然有序的生活,很受教育。最重要的是她很喜欢埃德加。埃德加是一个文雅的男孩子,蓝眼睛,金头发,是她从未接触过的优雅细腻的男孩。他和她在一起时,那种甜蜜的温和的情感也使她觉得非常新鲜。所以她以一种很大的热情去发展和林顿的爱情,可是等到埃德加向她求婚,她也接受了求婚之后,她却感到非常难过和惶惑,她不晓得发生了什么事情,似乎是,她感到自己闯了个大祸。茫然无措之中,她到厨房里和女仆耐莉说了一番话,大有深意。她说她觉得自己做错事了,可也不觉得做错了。这时候,她终于想起了希刺克厉夫。希刺克厉夫似乎是永远在她身边,无须去想他的存在与不存在。而现在,她开始分析对两个人的不同的感情,她怎么分析呢?她说我很爱埃德加,我能看见他的感情,从他身上也能折射出我的感情,我能够很清楚看到这一点,没有他就体会不到我的爱,看不见我的爱,也看不见人家对我的爱。这使我感到很愉快,我能体会到我的存在。而希刺克厉夫是什么呢?他就是我,他和我是一体的。看不见他对我的爱,也看不见我对他的爱。这时耐莉发现一个很要命的事情,凯瑟琳实际上对婚姻一点也不了解,她以为婚姻只不过是和一个人结婚了,而希刺克厉夫是永远和她在一起的。她说希刺克厉夫和我就好像是岩层一样的,永远在那,永远不离开,他永远在我心里,他不给我什么乐趣,我并不感到什么愉快,可他必须在,他不在不行。而林顿是有乐趣的,他的存在可使她感觉到自己的存在。她问耐莉一个人结了婚之后生活是否可不要改变,能不能做到。她完全不明白这是怎么回事,她只是忽然发现自己做错事情了。她觉得希刺克厉夫是她心里最大的痛苦,因为他们两人是一体的,于是她根本感觉不到他的爱,而她非常渴望看到自己的爱情,也看到对方的爱情。埃德加却在她对面,他们是两体的,爱和被爱都看得很清楚的。然而,要命的是,这天晚上她才有了一种新发现,发现什么呢?那就是如果希刺克厉夫在,那我就什么都能看见,一旦希刺克厉夫不在,我什么都不能看见。就因为他们是一体的,缺了他,等于缺了自己的一半,生命是不完全的了。这是她对希刺克厉夫的感情。

而希刺克厉夫对她是什么感情呢?这个世界他只能看见一样东西:凯瑟琳。对于凯瑟琳来说,世界是广阔的,希刺克厉夫则是提纲挈领的,如果没他,这世界就没有意义,有了他一切都有意义。希刺克厉夫对她可不是这样,他只有一个世界,就是凯瑟琳。除了凯瑟琳,什么都没有意义。他们的区别在这儿,就是因为这个区别,造成了他们永远的分离。当凯瑟琳死了之后,他就开始憎恨这个世界,这世界所有的一切都讨厌到透顶。甚至有人说,你对凯瑟琳的女儿应该好一点,因为她的眼睛非常像母亲,在她身上至少可以看见一半的凯瑟琳。他觉得这理论荒谬透顶。他说我要看见她干什么,这个世界里我石板上看到的是凯瑟琳,水塘里看到的是凯瑟琳,墙上看到的是凯瑟琳,我照镜子看到的不是我自己,而是凯瑟琳,对于我来讲整个世界都是凯瑟琳,这个混账对于我有什么意义?他完全不能接受那种感情的转移,而是一条胡同走到底,直到走进绝望。他们两人的爱情,本质上是非常一致的,可是在认识上有着差异,到底是走到两股道上去了。

当凯瑟琳向耐莉诉说她的心情时,她说到为什么不能嫁给希刺克厉夫的理由,因为她是一个上等人,而希刺克厉夫是个下等人,嫁给他是不体面的。讲到此时,她又很痛恨她哥哥,她说是辛德雷使我有这种感觉的,这种感觉已经进入到心里,她也无法摒除。希刺克厉夫听见了凯瑟琳的话,他非常愤怒并且绝望,于是当夜就离开了呼啸山庄。他跑掉之后凯瑟琳就得了场大病。她自己也不知道希刺克厉夫对她的重要性。他不是一个丈夫,不是一个情人,甚至不是一个朋友,什么也不是,但她必须要和他在一起,没有他不行。当他走了,她再也找不到他之后,她得了场大病,危及生命,而且为她以后的身体种下了病根,最终死于这病。这一回她暂且恢复了健康,然后和埃德加结婚了。埃德加很爱她,把她当作自己的生命去爱的。但埃德加是个软弱的人或者说是个正常的人,他的感情就像河道里走的水一样,而不像希刺克厉夫和凯瑟琳,他们是漫流的水,滔天大水。当希刺克厉夫回来后,要去看凯瑟琳,耐莉劝阻他说,你不能去,她已经是有丈夫的人,埃德加很爱她。这时希刺克厉夫说了一句:"这么一个软弱的人,他哪怕爱她八年,都比不上我爱她一天。"这就像拳击一样,不是一个量级的,一个是轻量级,一个是重量级。他觉得埃德加怎么能去爱凯瑟琳呢?凯瑟琳是个海,埃德加只是溪流的河床,你怎么去盛这个水呢?盛不下的呀。可是当希刺克厉夫未出现时,他们俩还是和睦的,毕竟他们也是有爱,还有宁静,他们在一起生活了平安无事的几年。

可是,希刺克厉夫回来了。他的回来产生了两个影响,一是激起了凯瑟琳的活力,她觉得她的生命回来了,一下子活跃起来了。她没有意识到希刺克厉夫对她婚姻的影响,她就觉得他回来好极了,她甚至希望他也和埃德加做朋友。可是埃德加做不到,他恨希刺克厉夫,因为他看见了希刺克厉夫对凯瑟琳的影响。他的回来所产生的第二个影响是,伊莎贝拉一下子爱上了他。伊莎贝拉是那类浪漫剧里的女主角,对爱情抱着甜美的幻想,却一点不懂得爱情的残忍和可怕,生活的圈子且非常狭小,一辈子也没见过什么男人。希刺克厉夫出现在她身边,这样强壮、剽悍、野蛮,和她的常识完全起着抵触,她爱上了他,她心里还有种把握,他也会爱上她,这真是不知道爱情的厉害。当凯瑟琳知道伊莎贝拉爱上希刺克厉夫时,她的愤怒竟使她失控了,她拼命讽刺伊莎贝拉,甚至当着希刺克厉夫的面,紧紧拉着伊莎贝拉,出她的丑说:希刺克厉夫你看,她爱你了,爱你爱得这么深,我们俩刚刚吵得像两只猫在打架一样,她拼命说她的爱要超过我,她正在发表她的爱情誓言呢,她认为我是她的情敌,如果把我这个情敌撬掉的话,一定会得到你的。希刺克厉夫于是也极尽刻毒,说你要让我和这样的人住在一起,起码每天早上我要给她蜡做的脸上画上画。他们俩就这样轮番羞辱伊莎贝拉。可是紧接着,忽然之间,希刺克厉夫动了个什么念头,他开始勾引伊莎贝拉,自然很容易就上手了。在一个夜晚,他把毫无准备的伊莎贝拉叫出来,伊莎贝拉连件衣服也没带,就这么跟着他走了。从此,伊莎贝拉的悲惨生活开头了,凯瑟琳则一病不起,一切都在走向疯狂和死亡。希刺克厉夫为什么要娶伊莎贝拉,目的很明白,首先他要折磨凯瑟琳,你结婚我也结婚,激起她的妒忌心。其次,他要折磨埃德加,因为他知道他们兄妹感情非常好,折磨他妹妹等于折磨埃德加。但这一切折磨都比不上他对自己的折磨,看不见凯瑟琳,是比死亡更折磨。当凯瑟琳死后,他向耐莉叙述他的心情,他说我怎么都不觉得她死了,我也不晓得我这是到处在找她,当我跑到外面时我觉得她已回到家,在她的房间里,我就匆匆忙忙奔回来,可是房间里没有她的人,于是我又觉得她在外面等我,我就跑到外面田野上去。也没有她的人,我老是不停地跑啊跑,总觉得她在某一个地方等我。这种折磨,不是一寸一寸的,而是像头发丝似的一丝一丝的。他总是感觉到凯瑟琳在他窗下游荡,凯瑟琳从前的卧室,他不允许任何人进去,因为他觉得她会回来,他觉得凯瑟琳是以幽灵的形态唤起他的希望,使他永远心存幻想。他想死也死不掉,他的身体非常健壮。当他们小时候,凯瑟琳的父亲,也是希刺克厉夫的恩人故世时,两个小孩子哭得很伤心,他们一边哭一边热情地描绘天堂的景象,互相安慰。他们把天堂描绘得非常美丽,即使是最好的神甫也不能把天堂描绘得这么美。这实际上是在为他们将来的结合设计一个归宿。凯瑟琳死后,希刺克厉夫一直热切地等待他死的这一天,他迫切到什么程度?他去把凯瑟琳的棺材撬开,为了看凯瑟琳是否还在,她是否在等他。等到埃德加死了,下葬在他妻子的墓边,希刺克厉夫就把凯瑟琳挨着埃德加一边的棺木完全封死,在另一边为自己留下了一个墓穴,再把她这边的棺木撬开一点,那天来到时,她一定会从墓穴里跳出来,他们俩就能结合。他带着一种疯狂的幻觉在等待,时刻在等待,无奈他身体非常好,死也死不了,他又不能自杀,因为天主教认为,如果是自杀的话便上不了天堂。虽然他不是个天主教徒,他却也接受了这一上帝的指令,他决心他们一定要同上天堂,所以他不能自杀,他一定要挨到这一天,去和凯瑟琳会面。在这焦虑的等待中,他能做什么呢?他就是恨。你们想知道他有多么爱的话,你们就看看他有多么恨,而他所有的恨都加起来也还是没有办法和爱做平衡,爱太沉重了。

　　当他把伊莎贝拉带到呼啸山庄的时候,呼啸山庄已成为一个疯人的世界。希剌克厉夫把辛德雷拖到赌博里去,等他上瘾后,他这个赌博老手就在牌桌上把辛德雷的呼啸山庄全部赢来了。辛德雷在家中反成了仆人,也变得很疯狂。伊莎贝拉在结婚的那一夜已经被她丈夫变成一个疯子了。这两个疯子终于有一天要捉弄他们的主人了,在他最虚弱的时候,凯瑟琳死的那天。那天,他一直站在画眉田庄的树底下,他一直等着,等埃德加离开时他能进去,看一眼死去的凯瑟琳。停柩时,有那么一瞬间,埃德加实在撑不住打了个盹,女用人耐莉很敏感地发觉希剌克厉夫进来过了,他把他的一簇黑头发放进了凯瑟琳的胸盒。然后,希剌克厉夫又产生了幻觉,他感觉到凯瑟琳在他的卧房里等他。他就拼命地跑,跑回了呼啸山庄,可是这时伊莎贝拉和辛德雷正在做一件恶作剧,就是把门都锁上,不让他进房间,他简直要疯了。他已经看见凯瑟琳坐在他房间里等他,可就是进不了门。这个晚上是非常悲惨的。也就在这天晚上,伊莎贝拉明白她不能再住在呼啸山庄了,她非得逃跑,否则就会被希剌克厉夫打死。她连夜动身逃到很远的地方,生下了她和希剌克厉夫的孩子。

　　第二代的生活怎样呢?辛德雷和他的妻子生下了一个儿子哈里顿。埃德加和凯瑟琳留下了一个女孩子,叫凯蒂。伊莎贝拉和希剌克厉夫也生了个男孩,起名叫林顿。当三个孩子全部成长起来后,希剌克厉夫便想把这三个孩子重新导演成他们当年的悲剧:埃德加、凯瑟琳和希剌克厉夫的悲剧。他首先把哈里顿调教成个野孩子,不给他受教育,不给他温情,这孩子生来只会说一种话,就是脏话。只会做一件事情,就是农田里的活,仆人的活。非常像希剌克厉夫的童年。在他训练的过程中,他对哈里顿非常满意,觉得这男孩很有力量,生命力和热情都很充沛。有时他甚至遗憾这不是他的孩子,而是他仇人的孩子。而他自己的孩子林顿,却没有一点他的东西,只有母亲伊莎贝拉身上的东西,那种娇小姐的东西。他是个男孩子,可他比女孩子还娇,怕冷、怕饿、怕累,一天到晚无精打采,病病歪歪,总是抱怨,百般折磨仆人。希剌克厉夫也就让仆人听他的,顺从他,他要把他培养成埃德加那样软弱的人。他小小年纪,身心就已经流露出衰竭的迹象,成天披一件大衣坐在那儿,小口小口像猫一样地喝一杯饮料,然后骂骂仆人,发发牢骚:天真冷,真累啊。一点活力都没有。而凯蒂就是凯瑟琳的女儿,非常像凯瑟琳,活泼热情。当他们刚刚开始成年,希剌克厉夫就着手进行悲剧的导演,他撮弄林顿和凯蒂好。他很恨林顿一点都不积极,林顿对爱,对感情没有什么愿望,他一个人坐那儿不受冷不挨累就行了,你要他去散步他就感到负担。但希剌克厉夫很有威力,一定要他们两个好,并且要激起哈里顿的妒忌。最后是,凯蒂虽然并不喜欢林顿,她对林顿很失望,提不起兴趣,可她非常善良,她愿意帮助他。完全是在一种被诱骗的情况下凯蒂进了他们家,被希剌克厉夫锁在林顿的房间,被迫签下了结婚证书。就这样结了婚,完成悲剧的开头部分,形成了年轻人中间的三角关系。同时,希剌克厉夫还着手进行兼并画眉田庄的阴谋。画眉田庄立的遗嘱非常奇怪,如果埃德加有儿子,就传儿子,如埃德加没有儿子就全给伊莎贝拉及她的后代,所以这财产是传给林顿的。而林顿病病歪歪,说死就会死。抢在林顿死之前,希剌克厉夫强迫他立了遗嘱,将财产全交付给父亲希剌克厉夫,这样两个田庄全到了希剌克厉夫手里。于是,这三个没有财产,没有独立能力的孩子,便在他的权力之下,困在痛苦折磨的三角爱情之中。

　　这就是他在下一代中设计的悲剧。然而结局是什么样的呢?林顿早早地死了,哈里顿和凯蒂慢慢地好起来了,因为年轻的力量非常强大,爱情的力量非常强大,而希刺克厉夫则老了。他的生命在萎缩,在18年的仇恨和报复中消耗得奄奄一息。他感觉到好像自己快要到头了,他最后和耐莉说的话是很悲惨的:有时我都不知道为什么,当我亲手导演的悲剧很快就要实现时,但我心里并不高兴。我看他们俩在我手里,像两个仆人那样生活,作为我的仇人的孩子那样生活,我也没什么高兴,我感到我就要死了,我的好日子就要到了。在这里,我们能看到弗吉尼亚·伍尔夫所描绘的人与爱恨对峙的景象——"我们,整个人类"和"你们,永恒的力量"。爱情寻找到年轻有力的生命,开花结果,抛弃了衰老的,耗干了活力的生命,这就是"永恒的力量"。

故事的结构是这样的:一个过路人,他借宿在田庄时听女用人耐莉讲述这故事的前半部分,当他过了许多年后再来到此地,呼啸山庄的情形已经大变样了,耐莉告诉他这故事的结局。他便跑到田野上去找他们三个人的墓,最后找到了。我觉得这一段写得非常非常好,有一股惊心动魄的力量。是这样写的:凯瑟琳因为最早死,她的墓已经埋在了草里,埃德加·林顿第二个死,他的墓刚刚和爬上碑脚的草苔的颜色调和,希刺克厉夫的墓则光秃秃的,还来不及长草,好像希刺克厉夫还没有停止他的追逐,在地底下不停地追赶凯瑟琳。最后的一句是:我真难以想象在这么平静的墓地底下,是有着很不平静的睡眠的。

我觉得这是一个强烈的爱情故事,其实也是个很简单的故事。我曾经说过,古典主义作家不是技术主义者,不是想方设法给你安扣子,设悬念,制作一个巧妙的东西,他们不搞这些的,他们就凭死力气,就是把事情写到极端,把爱,把恨写到极端。把事情写到极端是很不容易的,这里面没有一点可以帮忙的东西,比方说我们爬高,不用梯子,而是把砖头一块一块垒高,是很费工夫的。我现在向大家介绍的这些书全都是凭着死力气垒砖头。大家可以回想一下,前几堂课上讲的《九月寓言》和《心灵史》,你会看到它们是用了一点技巧的。《心灵史》找了个替代物;《九月寓言》设计了一个寓言。而《复活》《呼啸山庄》《约翰·克利斯朵夫》都是在拼死力气。他们一点都不设立一些使你操作方便的东西,或替代,或象征,或暗喻,它要写爱,就写怎么怎么爱,这爱是怎样走向非凡,完全是做加法,一步步加上去,不来乘法。所以对于它的故事,你无法概括,你必须一步步读它,才能一步步体会到凡人的爱情是怎么样走到了超人的爱情。

然后我谈一个结论性的也是最重要的问题,现实世界和《呼啸山庄》世界的关系。

《呼啸山庄》的世界很奇异,你乍一看很像一个童话,像个民间传说。它的地点那么孤立和封闭,发生什么事你都可以相信的,其时间、年代,也是没有意义的。尽管它有着很明确的时间标志:1801年,可是1801年里,世界发生什么,英国发生什么,利物浦发生什么,却无从知晓,也没有意义。因此,时间上也是孤立的。这里面的人呢?呼啸山庄的人都是一批疯子。他们的婚姻很奇特,他们的爱很奇特,他们的恨也很奇特,还有着幽灵的传说,经常有孩子哭着回来说,我在那边放羊,看到两个人,一男一女,手挽着手在荒野游荡。这种环境和故事都带着种诡秘的气氛,像一个神话,但在这神话中偏偏存在着现实的法则。比如说,婚姻中的门第观念,资产阶级的虚荣心,妒忌引起的仇恨,都是非常现实的法则。还有真实的死亡,虽然有幽灵的传说,但事实上它的死亡并没产生奇迹性的结果,譬如我们的神话"梁祝"的"化蝶",它没有。人死后不能复生,活着的人不能和死了的人对话,都是自然的法则。所以我们便看到了这个世界的两层,第一层是一个诡秘的故事,神奇的故事,第二层是现实的法则,然后第三层,第三层则是从现实的法则中又脱身而出了,脱身出一个神话性质的法则:爱情毁灭肉体,又使肉体超生为永恒。这个法则已经由方才的全部分析证明了。这个神奇的法则,是一种超出常规、超出自然的神力,但它们也具有现实的名称。比如凯瑟琳和希刺克厉夫,大家都叫他们疯子,疯子是出自我们这个现实世界的命名。可是在这两个疯子的内部,隐藏着一种东西,一种不是由一个人的热力,而是由几十,上百甚至全人类的热力积聚起来的能量。他们心里这种超常的能量,使他们所做的一切都那么不符合人间常情,使他们在人群中显得古怪、偏执、极端,且符合着我们现实世界的疯狂的原则。但在这条疯狂的原则底下,其实是有着超凡脱俗的原因。

所以,《呼啸山庄》的心灵世界与作为建设材料的现实世界的关系是一种类似否定之否定的曲折关系,它是从神话到现实再到神话的关系,它是用貌似神话的现实材料,再制作一个神话。作为爱情这么一种特殊的材料,它可说是物尽其用。这样,我们所看到的《呼啸山庄》就是这样一个景象:我们先是听见一个传说,遥远的地方有一个古怪的传说,然后我们走近去,却看见它的存在和发生合情合理,没有违背常规的地方,其实是一桩现实,我们便很自然地迈步其间,不由身处其境,这才发现它的现实已上升为一个幻景。

(选自《小说家的十三堂课》,上学文艺出版社,2005 年)

作者风采

王安忆,1954 年出生于南京,中国当代作家。现任中国作家协会副主席、上海大学教授。主要作品有:小说集《雨,沙沙沙》《小鲍庄》《小城之恋》《锦绣谷之恋》等,长篇小说《69 届初中生》《黄河故道人》《纪实和虚构》《长恨歌》《富萍》《上种红菱下种藕》《桃之夭夭》《遍地枭雄》等。其中《长恨歌》获第五届茅盾文学奖。

阅读提示

人们熟知王安忆的作家身份,那么由她来讲解小说,会是怎样一种情景?本文选自王安忆在复旦大学文学课的讲稿,她通过解读具体的小说作品,来传达自己的小说观。

目前的文学批评,通常由职业批评家来完成。他们步入艺术世界的"空中楼阁",虽然也流连忘返、指点赞叹,但更执意于解析楼阁的结构和其所以美丽的原因;他们一定要刨根究底,运用种种方法从多种角度去剖析、挖掘作品深层内涵。作家王安忆并不从通行的文学概念入手,也不遵循模式化的分析逻辑,面对《呼啸山庄》,她在批评伊始即凭个人经验感受到这是个"强烈的爱情故事",然后在自己的感性烛照之下,沿着小说的肌理,如剥笋般耐心地层层剖开文本。她那支小说家的笔,也恰到好处地帮她实现了感性的延伸。结果是,她不仅将小说原汁原味地呈现给学生,更在看似对文本的复述过程中,借艾米莉·勃朗特之砖,再砌了自己心灵中的小说世界,从而使文学课堂回归"文学性"。

思考题

1. 阅读《呼啸山庄》,比较你的理解和王安忆讲读的异同。
2. 在王安忆的小说讲稿中,很少看到充斥在大学文学课堂中的"理论"和"概念",更多的是作家个人的良好艺术感觉。你认为文学阅读中理论和艺术感觉的关系应该怎样?

5.《人间词话》十则

王国维

一

词以境界为最上。有境界则自成高格,自有名句。五代、北宋之词所以独绝者在此。

三

有有我之境,有无我之境。"泪眼问花花不语,乱红飞过秋千去"[1]、"可堪孤馆闭春寒,杜鹃声里斜阳暮",有我之境也。[2]"采菊东篱下,悠然见南山"[3]、"寒波澹澹起,白鸟悠悠下"[4],无我之境也。有我之境,以我观物,故物皆著我之色彩。无我之境,以物观物,故不知何者为我,何者为物。古人为词,写有我之境者为多,然未始不能写无我之境,此在豪杰之士能自树立耳。

六

境非独谓景物也。喜怒哀乐,亦人心中之一境界。故能写真境物、真感情者,谓之有境界;否则谓之无境界。

七

"红杏枝头春意闹"[5],著一"闹"字,而境界全出。"云破月来花弄影"[6],著一"弄"字,而境界全出矣。

八

境界有大小,不以是而分优劣。"细雨鱼儿出,微风燕子斜",何遽不若"落日照大旗,马鸣风萧萧"。"宝帘闲挂小银钩",何遽不若"雾失楼台,月迷津渡"也。

九

严沧浪《诗话》谓:"盛唐诸公,唯在兴趣。羚羊挂角,无迹可求。故其妙处,透彻玲珑,不可凑拍。如空中之音、相中之色、水中之影、镜中之象,言有尽而意无穷。"余谓北宋以前之词,亦复如是。然沧浪所谓兴趣,阮亭所谓神韵,犹不过道其面目,不若鄙人拈出"境界"二字,为探其本也。

---

[1] 语出冯延巳《鹊踏枝·庭院深深深几许》:庭院深深深几许?杨柳堆烟,帘幕无重数。玉勒雕鞍游冶处,楼高不见章台路。　雨横风狂三月暮。门掩黄昏,无计留春住。泪眼问花花不语,乱红飞过秋千去。

[2] 语出秦观《踏莎行·雾失楼台》:雾失楼台,月迷津渡。桃源望断无寻处。可堪孤馆闭春寒,杜鹃声里斜阳暮。　驿寄梅花,鱼传尺素。砌成此恨无重数。郴江幸自绕郴山,为谁流下潇湘去?

[3] 语出陶潜《饮酒》(其五):结庐在人境,而无车马喧。问君何能尔,心远地自偏。采菊东篱下,悠然见南山。山气日夕佳,飞鸟相与还。此中有真意,欲辨已忘言。

[4] 语出元好问《颍亭留别》:故人重分携,临流驻归驾。乾坤展清眺,万景若相借。北风三日雪,太素秉元化。九山郁峥嵘,了不受陵跨。寒波澹澹起,白鸟悠悠下。怀归人自急,物态本闲暇。壶觞负吟啸,尘土足悲咤。回首亭中人,平林淡如画。

[5] 语出宋祁《玉楼春·春景》:东城渐觉风光好,縠皱波纹迎客棹。绿杨烟外晓寒轻,红杏枝头春意闹。　浮生长恨欢娱少,肯爱千金轻一笑。为君持酒劝斜阳,且向花间留晚照。

[6] 语出张先《天仙子·水调数声持酒听》:水调数声持酒听,午醉醒来愁未醒。送春春去几时回?临晚镜,伤流景,往事后期空记省。　沙上并禽池上暝,云破月来花弄影。重重帘幕密遮灯。风不定,人初静,明日落红应满径。

二六

古今之成大事业、大学问者,必经过三种之境界:"昨夜西风凋碧树。独上高楼,望尽天涯路",[1]此第一境也。"衣带渐宽终不悔,为伊消得人憔悴"[2],此第二境也。"众里寻他千百度。回头蓦见,那人正在灯火阑珊处"[3],此第三境也。此等语皆非大词人不能道。然遽以此意解释诸词,恐为晏欧诸公所不许也。

四四

东坡之词旷,稼轩之词豪。无二人之胸襟而学其词,犹东施之效捧心也。

五六

大家之作,其言情也必沁人心脾,其写景也必豁人耳目。其辞脱口而出,无矫揉装束之态。以其所见者真,所知者深也。诗词皆然。持此以衡古今之作者,可无大误矣。

六十

诗人对宇宙人生,须入乎其内,又须出乎其外。入乎其内,故能写之。出乎其外,故能观之。入乎其内,故有生气。出乎其外,故有高致。美成能入而不出。白石以降,于此二事皆未梦见。

(选自《人间词话》,上海古籍出版社,1998年)

作者风采

王国维(1877—1927),字静安,一字伯隅,号观堂,浙江海宁人。中国近现代在文学、美学、史学、哲学、古文字、考古学等方面成就卓著的国学大师。1907年起,任学部图书局编辑,从事中国戏曲史和词曲的研究,著有《曲录》《宋元戏曲考》《人间词话》等,开创研究戏曲史的风气。1913年起,从事中国古代史、古器物、古文字学、音韵学的考订,尤致力于甲骨文、金文和汉晋简牍的考释,主张以地下实物资料参订文献史料,提出著名的"二重证据法"。1925年任清华研究院教授,除研究古史外,兼作西北史地和蒙古史料的整理考订。生平著作62种,收入《海宁王静安先生遗书》(亦称《王国维遗书》)的有42种。以《观堂集林》最为著名。

阅读提示

在王国维的时代,中国文学批评从古典走向现代,中西文学批评汇通交融。《人间词话》表面是传统的,体式是散漫小语的词话,品评诗作亦多用直感点悟方法,核心概念"意境""境界"出自中国传统文论。然而,王国维写这部著作有统一的理论构思,这是其大不同于传统之所在。

---

[1] 语出晏殊《鹊踏枝·槛菊愁烟兰泣露》:槛菊愁烟兰泣露。罗幕轻寒,燕子双飞去。明月不谙别恨苦。斜光到晓穿朱户。 昨夜西风凋碧树。独上高楼,望尽天涯路。欲寄彩笺兼尺素。山长水阔知何处。

[2] 语出柳永《凤栖梧·伫倚危楼风细细》:伫倚危楼风细细,望极春愁,黯黯生天际。草色烟光残照里,无言谁会凭栏意。 拟把疏狂图一醉,对酒当歌,强乐还无味。衣带渐宽终不悔,为伊消得人憔悴。

[3] 语出辛弃疾《青玉案·元夕》:东风夜放花千树,更吹落,星如雨。宝马雕车香满路,凤箫声动,玉壶光转,一夜鱼龙舞。 蛾儿雪柳黄金缕,笑语盈盈暗香去。众里寻他千百度,蓦然回首,那人却在,灯火阑珊处。(此处与原词不一致)

最早刊行的《人间词话》共六十四则,大致包括三个部分,即理论部分(一至九)、实际批评部分(十至五二)和结论引申部分(五三至六四)。在第一部分中,王国维试图重建中国诗词批评的标准。这里所选第一则,提出"境界"一说,作为全部理论的出发点;第三则引出"有我之境""无我之境",分析"境界"的不同类型;第六则论及创作中情感融入对境界形成的决定作用;第七则论境界的创造离不开语言的锤炼;第八则说明境界不以大小分优劣;第九则进行小结,指出"境界"说何以比前人相类似的概念更能"探其本"。第二部分主要以"境界说"品评历代诗人的词作,与前一部分理论相互印证。这里选读了第二十六、四十四两则。最后一部分是对诗词风格体式流变的探寻,以及讨论文学发展的规律和诗词创作的一些具体问题。这里选读了第五十六、六十两则。

《人间词话》既展示了中国传统批评细腻的艺术感受力,又隐含着理论的脉络,体现出中国文学批评由传统向现代的过渡。

思 考 题

1. 列举你熟悉的诗句,说明王国维的"有我之境"和"无我之境"。
2. 有人说王国维所言古今之成大事业、大学问者之"三境界"说,其实是对原诗的误读。你如何看待文学阅读中的"误读"现象?

6.《边城》——沈从文先生作

李健吾

  我不大相信批评是一种判断。一个批评家，与其说是法庭的审判，不如说是一个科学的分析者。科学的，我是说是公正的。分析者，我是说要独具只眼，一直剔爬到作者和作品的灵魂深处。一个作者不是一个罪人，而他的作品更不是一片罪状。把对手看作罪人，即使无辜，尊严的审判也必须收回他的同情，因为同情和法律是不相容的。欧阳修以为王法不外乎人情，实际属于一个常人的看法，不是一个真正法家的态度。但是，在文学上，在性灵的开花结实上，谁给我们一种绝对的权威，掌握无上的生死？因为，一个批评家，第一先得承认一切人性的存在，接受一切灵性活动的可能，所有人类最可贵的自由，然后才有完成一个批评家的使命的机会。

  他永久在搜集材料，永久在证明或者修正自己的解释。他要公正，同时一种富有人性的同情，时时润泽他的智慧，不致公正陷于过分的干枯。他不仅仅是印象的，因为他解释的根据，是用自我的存在印证别人一个更深更大的存在，所谓灵魂的冒险者是，他不仅仅在经验，而且要综合自己所有的观察和体会，来鉴定一部作品和作者隐秘的关系。也不应当尽用他自己来解释，因为自己不是最可靠的尺度；最可靠的尺度，在比照人类以往所有的杰作，用作者来解释他的出产。

  所以，在我们没有了解一个作者以前，我们往往流于偏见——一种自命正统而顽固的议论。这些高谈阔论和作者作品完全不生关联，因为作者创造他的作品，倾全灵魂以赴之，往往不是为了证明一种抽象的假定。一个批评家应当有理论（他合起学问与人生而思维的结果）。但是理论，是一种强有力的佐证，而不是唯一无二的标准；一个批评家应当从中衡的人性追求高深，却不应当凭空架高，把一个不相干的同类硬扯上去。普通却是，最坏而且相反的例子，把一个作者由较高的地方揪下来，揪到批评者自己的淤泥坑里。他不奢求，也不妄许。在批评上，尤其甚于在财务上，他要明白人我之分。

  这就是为什么，稍不注意，一个批评者反而批评的是自己，指摘的是自己，暴露的是自己，一切不过是绊了自己的脚，丢了自己的丑，返本还原而已。有人问他朋友："我最大的奸细是谁？"朋友答道："最大的奸细是你自己。"

  我不得不在正文以前唱两句加官，唯其眼前论列的不仅仅是一个小说家，而且是一个艺术家。在今日小说独尊的时代，小说家其多如鲫的现代，我们不得不稍示区别，表示各个作家的造诣。这不是好坏的问题，而是性质的不同，例如巴尔扎克（Balzac）是个小说家，伟大的小说家，然而严格而论，不是一个艺术家，更遑论乎伟大的艺术家。为方便起见，我们甚至于可以说巴尔扎克是人的小说家，然而福楼拜，却是艺术家的小说家。前者是天真的，后者是自觉的。同是小说家，然而不属于同一的来源。他们的性格全然不同，而一切完成这性格的也各个不同。

  沈从文先生便是这样一个渐渐走向自觉的艺术的小说家。有些人的作品叫我们看，想，了解；然而沈从文先生一类的小说，是叫我们感觉，想，回味；想是不可避免的步骤。废名先生的小说似乎可以归入后者，然而他根本上就和沈从文先生不一样。废名先生仿佛一个修士，一切是内向的；他追求一种超脱的意境，意境的本身，一种交织在文字上的思维者的美化的境界，而不是美丽自身。沈从文先生不是一个修士。他热情地崇拜美。在他艺术的制作里，他表现一段具体的生命,而这生命是美化了的,经过他的热情再现的。大多数人可以欣赏他的作品,因为他所涵有的理想,是人人可以接受,融化在各自的生命里的。但是废名先生的作品,一种具体化的抽象的意境,仅仅限于少数的读者。他永久是孤独的,简直是孤洁的。他那少数的读者,虽然少数,却是有了福的(耶稣对他的门徒这样说)。

沈从文先生从来不分析。一个认真的热情人,有了过多的同情给他所要创造的人物是难以冷眼观世。他晓得怎样揶揄,犹如在《边城》里他揶揄那赤子之心的老船夫,或者在《八骏图》里,他揶揄他的主人公达士先生;在这里,揶揄不是一种智慧的游戏,而是一种造化小儿的不意的转变(命运)。司汤达(Stendhal)是一个热情人,然而他的智慧(狡猾)知道撒诳,甚至于取笑自己。乔治·桑是一个热情人,然而博爱为怀,不唯抒情,而且说教。沈从文先生是热情的,然而他不说教;是抒情的,然而更是诗的。(沈从文先生文章的情趣和细致不管写到怎样粗野的生活,能够有力量叫你信服他那玲珑无比的灵魂!)《边城》是一首诗,是二佬唱给翠翠的情歌。《八骏图》是一首绝句,犹如那女教员留在沙滩上神秘的绝句。然而与其说是诗人,作者才更是艺术家,因为说实话,在他制作之中,艺术家的自觉心是那真正的统治者。诗意来自材料或者作者的本质,而调理材料的,不是诗人,却是艺术家!

他知道怎样调理他需要的分量。他能把丑恶的材料提炼成功一块无瑕的玉石。他有美的感觉,可以从乱石堆发现可能的美丽。这也就是为什么,他的小说具有一种特殊的空气,现今中国任何作家所缺乏的一种舒适的呼吸。

在《边城》的开端,他把湘西一个叫作茶峒的地方写给我们,自然轻盈,那样富有中世纪而现代化,那样富有清中叶的传奇小说而又风物化的开展。他不分析;他画画,这里是山水,是小县,是商业,是种种人,是风俗是历史而又是背景。在这真纯的地方,请问,能有一个坏人吗?在这光明的性格,请问,能留一丝阴影吗?"由于边地的风俗淳朴,便是作妓女,也永远那么深厚……"我必须邀请读者自己看下去,没有再比那样的生活和描写可爱了。

可爱!这是沈从文先生小说的另一个特征。他所有的人物全可爱。仿佛有意,其实无意,他要读者抛下各自的烦恼,走进他理想的世界,一个肝胆相见的真情实意的世界。人世坏呢?不!还有好的,未曾被近代文明沾染了的,看,这角落不是!——这些可爱的人物,各自有一个厚道然而简单的灵魂,生息在田野晨阳的空气。他们心口相应,行为思想一致。他们是壮实的,冲动的,然而有的是向上的情感,挣扎而且克服了私欲的情感。对于生活没有过分的奢望,他们的心力全用在别人身上:成人之美。老船夫为他的孙女,大佬为他的兄弟,然后倒过来看,孙女为她的祖父,兄弟为他的哥哥,无不先有人而后——无己。这些人都有一颗伟大的心。父亲听见儿子死了,居然定下心,捺住自己的痛苦,体贴到别人的不安:"船总顺顺像知道他心中不安处,就说'伯伯,一切是天,算了吧。我这里有大兴场人送来的好烧酒,你拿一点去喝去罢。'一个伙计用竹筒上了一筒酒,用新桐木叶蒙着筒口,交给了老船夫。"是的,这些人都认命,安于命。翠翠还痴心等着二佬回来要她哪,可怜的好孩子!

沈从文先生描写少女思春,最是天真浪漫。我们不妨参看他往年一篇《三三》的短篇小说。他好像生来具有一个少女的灵魂,观察的不是别人,而是自己。这种内心现象的描写是沈从文先生的另一个特征。

我们现在可以看出,这些人物属于一个共同类型,不是个个分明,各自具有一个深刻的独立的存在。沈从文先生在画画,不在雕刻;他对于美的感觉叫他不忍心分析,因为他怕揭露人性的丑恶。

《边城》便是这样一部 idyllic 杰作。这里一切是谐和,光与影的适度配置,什么样的人生活在什么样空气里,一件艺术作品,正要叫人看不出是艺术的。一切准乎自然,而我们明白,在这种自然的气势之下,藏着一个艺术家的心力。细致,然而绝不琐碎;真实,然而绝不教训;风韵,然而绝不弄姿;美丽,然而绝不做作。这不是一个大东西,然而这是一颗千古不磨的珠玉。在现代大都市病了的男女,我保险这是一副可口的良药。

作者的人物虽说全部良善,本身却含有悲剧的成分。唯其良善,我们才更易于感到悲哀的分量。这种悲哀,不仅仅由于情节的演进,而是带在人物的气质里的。自然越是平静,"自然人"越显得悲哀;一个更大的命运影罩住他们的生存。这几乎是自然一个永久的原则:悲哀。

这一切,作者全叫读者自己去感觉。他不破口道出,却无微不入地写出。他连读者也放在作品所需要的一种空气里,在这里读者不仅用眼睛,而且五官一齐用——灵魂微微一颤,好像水面粼粼一动,于是读者打进作品,成为一团无间隔的谐和,或者,随便你,一种吸引作用。

《八骏图》具有同样效果。没有一篇海滨小说写海写得像这篇少了,也没有像这篇写得多了。海是青岛唯一的特色,也是《八骏图》汪洋的背景。作者的职志并不在海,却在借海增浓悲哀的分量。他在写一个文人学者内心的情态,犹如在《边城》之中,不是分析出来的,而是四面八方烘染出来的。他的巧妙全在利用过去反衬现时,而现时只为推陈出新,仿佛剥笋,直到最后,裸露一个无常的人性。"这世界没有新",新却不速而至。真是新的吗?达士先生无须往这里想,因为他已经不是主子,而是自己的奴隶。利用外在烘染内在,是作者一种本领,《边城》和《八骏图》同样得到完美的使用。

环境和命运在嘲笑达士先生,而作者也在捉弄他这位知识阶级人物。"这自以为医治人类灵魂的医生(他是一位小说家),以为自己心身健康""写过了一种病(传奇式的性的追求),就永远不至于再传染了!"就在他讥诮命运的时光,命运揭开他的瘢疤,让他重新发现他的伤口——一个永久治愈不了的伤口,灵魂的伤口。这种藏在暗地嘲弄的心情,主宰《八骏图》整个的进行,却不是《边城》的主调。作者爱他《边城》的人物,至于达士先生,不过同情而已。

如若有人问我:"你欢喜《边城》,还是《八骏图》,如若不得不选择的时候?"我会脱口而出,同时把"欢喜"改作"爱":"我爱《边城》!"或许因为我是一个城市人,一个知识分子,然而实际是,《八骏图》不如《边城》丰盈、完美,更能透示作者怎样用他艺术的心灵来体味一个更其真淳的生活。

1935 年 8 月 7 日

(选自《咀华集·咀华二集》,人民文学出版社,2007 年)

作者风采

李健吾(1906—1982),山西运城人。当代作家、戏剧家、文艺评论家、翻译家、法国文学研究专家。自 20 世纪 30 年代中期起,以刘西渭的笔名发表文学评论和戏剧评论。文学评论有《咀华集》和《咀华二集》等;戏剧评论方面,中华人民共和国成立后改编出版的有《戏剧新天》《李健吾戏剧评论选》等。

阅读提示

文学批评家李健吾,1936年出版他的第一个批评论集时起名《咀华集》,20世纪40年代出版第二个集子又叫《咀华二集》,所取义为"含英咀华",即把文学作品当作美妙的花儿来品味鉴赏。书名本身标示出一种态度,即文学阅读是审美而非优劣审判。

这篇对沈从文《边城》的评论,既包含着李健吾文学批评的基本观念,又是其批评实践的范本。文中"灵魂的冒险者"来自于法国印象主义批评家法朗士。李健吾推崇文学阅读中良好的艺术感受力,要求从阅读作品开始,就要力图进行感性把握,获得纯属自己的体验,努力避免先入为主的理性干扰。同时,李健吾并不满足于散漫的、完全处于感性阶段的阅读印象,他提倡要综合自己所有的观察和体会,比照人类以往所有的杰作,进行理性分析,从而升华"印象"。

思考题

1. 你如何理解文中提到的文学评论家是"灵魂的冒险者"?
2. 课后阅读沈从文名作《边城》,尝试写一篇文学评论。

7. 重 复

〔英〕戴维·洛奇

> 秋天,战斗总是继续着。但是我们没再参加。米兰的秋天很冷,天黑得也早。天黑之后电灯一开,遛大街看橱窗倒是一件快事。商店门外悬挂着野味,有狐狸有野鹿,还有小鸟类。狐狸的皮毛上落满了雪,像撒上了一层面粉,尾巴被风吹得荡来荡去。野鹿又僵又硬,沉甸甸、空荡荡的。小鸟经风一吹,羽毛翻卷。这是一个寒冷的秋天,风从山顶上刮下来。
>
> 每天下午我们都在医院。黄昏时穿过市区走向医院去的路线不止一条,有两条路是沿运河而行,但这两条路远。到医院去必须要过运河上一座桥。有三座桥可供选择。其中有一座上面有个妇女卖烤坚果。每次路过,站在她的炭火摊前总感到暖融融的,坚果装在口袋里后还是热乎乎的。医院古老而美丽,进入大门穿过庭院,对面还有一个门可以出去。庭院通常也是葬礼开始的起点。医院对面是一些新建的砖砌亭台,我们每天下午都在那里见面,大家都彬彬有礼,对周围的事颇感兴趣,然后坐进车中,不同的车可有不同的去处。
>
> 欧内斯特·海明威[1]《在另一国度里》(1927年)

假如有时间和兴趣,不妨拿几支彩笔,把海明威这篇小说第一段中出现两次以上的词圈起来,一个词一样颜色,然后汇总。结果你会看到由两类词构成的一个复杂画面:一类是有所指意义的词,又叫实词:秋天、寒冷、黑、风、刮;另一类是冠词、介词和连接词,又叫功能词: the, of, in, and 等。

写作中不可能不重复使用功能词,所以我们平时对此司空见惯。但在这一小段中,"and"的出现频率高得引人注目。这一特点表明其句法的重复特征,即多个陈述句是串合在一起的,而不是通过主从复合句联结在一起的。实词的重复分布不太均匀,只集中在开始和结尾处。

实词和功能词的重复率如此高,如作为在校学生的"作文",非得不及格不可;而且老师的做法是有道理的,因为传统的优美文章要求有"优美的变换":必然重复提到某种事物时,应该想方设法变换说法;句式也应变化多端,异彩纷呈。(第六节中探讨的亨利·詹姆士的作品丰富多彩,是这一方面的典范。)

然而,海明威摒弃这种传统的修辞方法,其原因部分是文学性的,部分是出于哲学方面的考虑。他认为"优美作文"抹杀了经历的真实性,所以坚持使用简单、不加虚饰的语言"真实记录下你到底干了些什么,实际情形如何,以及因此产生的感情经历"。

这样做貌似简单,实则不然。词是简单的词,但其排列并不简单。例如,本节选中第一个句子可以有多种排列方式,但海明威选择了这一种方式,把"参战"割裂开来,暗示出叙述者那无可言状的紧张心态,其中既有宽慰,又有讽刺。因为我们很快便会得知,他和同伴是一次大战中意大利方的伤兵,这时正在养伤,但已经意识到几乎夺去他们性命的这场战争可能使他们的生活失去意义。这是一篇关于创伤的故事,其中描写到有人战胜了创伤,有人则被创伤所挫败。文

---

[1] 海明威(1899—1961):美国作家,作品主要有《老人与海》《太阳照样升起》《永别了,武器》《丧钟为谁而鸣》等,1954年获诺贝尔文学奖。

中一个虽未说出但很关键的字眼是"死亡"。

秋天的美国说法"fall"一词既让人联想到植物的枯萎,又让人联想到阵亡的传统说法"倒下"。在第二句中该词与"冷"和"黑"并用,更加深了这一联想。灯火通明的商店似乎使人的注意力稍有转移(由于该句中实词无一重复,更加强了这一效果),但叙述者很快把注意力集中在店外悬挂的野味上。野味进一步象征了死亡。接下来的一些描写,如雪撒在皮毛上,风吹皱了羽毛,等等,实在而又具体,更加深了"倒下、冷、黑、风、刮"等词的联想。最后一句中重复使用的三个词首次连用,使得结尾颇有一种诗意:"这是一个寒冷的秋天,风从山顶上刮下来。"山就是战斗正在进行的地方。风在宗教和浪漫主义文学中常常是生命和精神的象征,但此处则让人联想到生命的泯灭。在海明威这些早期小说中,上帝是死的,主人公从战争创伤中吸取教训,变得既不信修辞,也不信形而上学。他只相信自己的感觉,用赤裸裸的极化术语看待自己的体验:冷/暖、亮/黑、生/死。

第二段中仍然保持着这种富有魅力的节奏和重复。"医院"一词可以轻易找到众多优美的替换词,偶尔也可以干脆用非人称代词"它"来代替;但医院是伤员的生活中心,是每日朝圣的地方,其中有他们的希望和惧怕,因而重复该词,便显得富含说服力。去医院的途径不止一条,但终点始终是不变的。可供选择的桥有几座,但过运河是必然的(也许这是暗示另一世界的冥河)。叙述者喜欢走能买到烤坚果的那座桥,坚果装在口袋里热乎乎的。犹如生命的希望——海明威并未用此比喻,而是暗示;正如在第一段一样,他一个比喻也没有,照样能把当时的季节描绘得有声有色,感人至深,不亚于任何使用了感情误置这一技法的作品。过分简单和独具特色的单一化之间的界限不十分明显,但海明威并不总是固守单一化文体,而是从其早期作品开始就练就了一种完全独特的风格。

无须说,重复并不一定就是用苍白的实证论者的反形而上学的方式再现生活,如海明威的作品;它也是宗教和神秘作品的一种特征,作品有这种倾向的小说家惯用这一手法——如D. H. 劳伦斯[1]。《虹》的第一章的语言不仅唤起人们对失去的田园生活的怀念,同时使人联想到《旧约》中那重复动词、平行句式排列整齐的特点:

> 嫩嫩的小麦苗摇来摆去,很柔软,人们来查看时,其光泽就顺着人的四肢映照下来。他们握住奶牛的乳房,奶牛便产出牛奶,在人们的手中搏动,奶牛乳头血管中的脉搏对着人手中的脉搏跳动。

重复还是演说家和传道士惯用的技法,查尔斯·狄更斯[2]在作品中经常以作品人物的口气模仿这些人物的演说。例如,《荒凉屋》中有一章专门描写那位贫困潦倒的扫马路者乔之死,其结尾是这样的:

> 死了。陛下。死了,先生大人们。死了,主教们和教主们。死了,心中天生怀有神圣同情心的男女。我们的周围每天都有死亡。

---

[1] D. H. 劳伦斯(1885—1930):英国文学家、诗人,作品主要有《查泰莱夫人的情人》《儿子与情人》《虹》《恋爱中的女人》等。
[2] 狄更斯(1812—1870):英国小说家,主要作品有《匹克威克外传》《雾都孤儿》《老古玩店》《艰难时世》等。

当然,重复还可以产生滑稽的效果,就像这段摘自马丁·阿米斯[1]《金钱》的文字一样:

> 有趣的是,我能使赛林娜真想跟我睡觉的唯一办法是不愿跟她睡觉。这个办法灵得很。这能使她进入那种情绪。麻烦的是,当我不想跟她睡觉时(有时确实这样),我就是不想跟她睡觉。什么时候会这样?我什么时候不愿跟她睡觉?当她想跟我睡觉的时候。我愿意跟她睡觉的时候是当她最不愿跟我睡觉的时候。在以下情形下她几乎总是真的愿意跟我睡觉,即我吼她、威胁她或给她足够的钱。

文中一再重复"跟……睡觉"这一词组,而可供选择的变换说法多的是(如果不信,不妨用优美的变换手法重写本段)。这种重复使得叙述者在与赛林娜发生性关系时的紧张与矛盾心理表现得更富喜剧和讽刺意味。最后一句体现出另一个重要的重复类型:重复贯穿于全书的一个主题性关键词——"金钱"。引文中占据关键的最后位置的词不是"睡觉",而是"钱"。因此属于文本宏观层面的一种重复在微观层面上充当了变换手法。

(选自《小说的艺术》,作家出版社,1998年)

作者风采

戴维·洛奇,1935年出生,英国著名小说家和文学评论家,伯明翰大学现代英国文学荣誉教授。主要作品有:长篇小说《换位》《小世界》《作者,作者》(三部合称"卢密奇学院三部曲"),文学理论与批评著作《小说的艺术》《意识与小说》等。

阅读提示

戴维·洛奇的《小说的艺术》,就像一本特殊的"小说术语词典"。全书选取了50个研究小说常用的术语,或者说50种与小说写作相关的技巧,如"开头""悬念""视点""象征手法""巧合"等,然后在每个标题下选取小说作品的一两个片段作为示范,再下来就是讨论、分析,目的是借助具体作品更形象地解释抽象的理论和概念。

戴维·洛奇近乎咬文嚼字地对小说中"重复"这一技巧进行分析,从中我们可以看到英美文学界在文学阅读中所倡导的一种"细读"方式。在细读中,阅读重心放在文本,特别是文本的语言技巧上。这样可以很好地纠正或仅从作者生平经历、时代背景等文本之外非文学的因素评判作品,或仅凭个人浮光掠影的感觉作为阅读的出发点和归宿点,而不顾作品实际面貌的偏差,使文学阅读真正回到作品本身。不可否认的是,这种客观化、科学化的解读,在面对饱含情感和意蕴的文学时,同样也有其局限。

---

[1] 马丁·阿米斯:也译作马丁·艾米斯,英国当代作家。

思 考 题

1. 你喜欢戴维·洛奇这种咬文嚼字式的文学阅读吗？为什么？
2. 就你的阅读经验而言，小说最能激发你阅读兴趣的是什么？

拓展阅读

1. 朱自清著：《经典常谈》《论雅俗共赏》
2. 朱光潜著：《谈文学》《诗论》
3. 周先慎著：《中国文学十五讲》
4. 葛晓音著：《唐诗宋词十五讲》
5. 康·帕乌斯托夫斯基著：《金蔷薇》
6. 纳博科夫著：《文学讲稿》
7. 王昆仑著：《红楼梦人物论》
8. 叶嘉莹著：《唐宋词十七讲》
9. 傅庚生著：《中国文学欣赏举隅》
10. 克林斯·布鲁克斯、罗伯特·潘·沃伦著：《小说鉴赏》

第十二讲 徜徉在艺术的殿堂

1. 对于艺术家,自然中的一切都是美的
2. 看蒙娜丽莎看
3. 说园
4. 鱼的艺术——鱼的图案在人民生活中的应用及发展
5. 听颖师弹琴

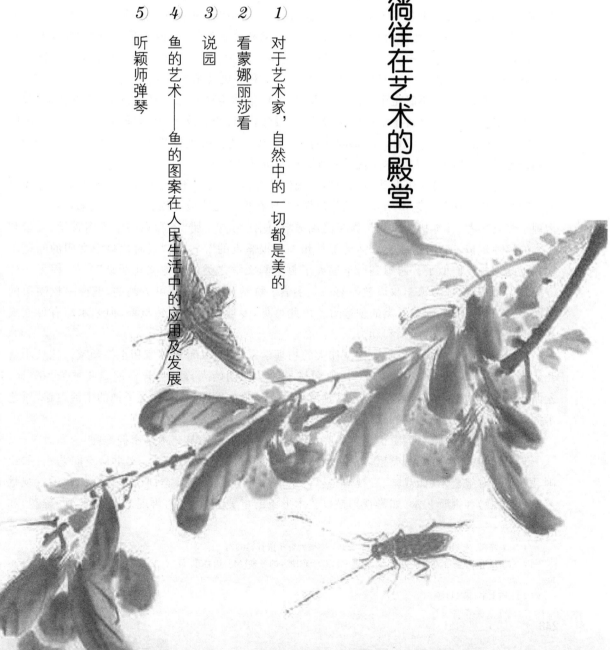

 **本讲导读**

看微课

艺术何用？

在一个商品化、消费化的时代，我们总是习惯持实用功利的评判立场，只要一件事没有实际用途或者暂时用不着，就会被冷落或置之不理。曾几何时，我们忘记了艺术修养在人类素质中的灵魂作用，忘记了艺术与人的创造性能力培养之间的亲密关系……殊不知当艺术被矮化、被漠视、被边缘化之际，悲哀的不仅是艺术，更是我们人类自身。

因为艺术其实就是人类对自己的人生和生命的欣赏，它用审美的精神烛照着人类心灵求真、向善。历史上有多少艺术大师、艺术经典，让人为之倾倒、为之痴迷，是他们滋润着一代又一代人的心灵。每个人心底都会珍藏着一段关乎艺术和灵魂的故事，或者是某篇诗文，或者是某支乐曲，或者是某部电影……你的心一定曾被艺术打动过。即便年华老去，悄悄从心中捧出这段心曲，你依然会感慨不已。只要有艺术存在，生命和心灵就永远不会失去热度。

不仅如此，艺术还不时走下高高的圣殿，进入世俗的生活。除了品评诗文、聆听音乐、观赏影视等传统艺术活动，日常生活中的家居美化、服饰装扮、产品设计，甚至同学们的手机、电脑的外观饰品、桌面壁纸、博客版式等，都闪现着艺术之光。生活处处皆艺术，艺术和审美无处不在。正如朱光潜先生所说，"人生本来就是一种较广义的艺术"[1]。

说到此，同学们可能仍有些不以为然。现代社会，竞争无处不在，专业知识和技能学习才是大学阶段的首要任务。艺术毕竟只是休闲娱乐，现在根本无暇或无须顾及。我们来看看诺贝尔物理学奖获得者、日本科学家汤川秀树的忧虑吧，他认为古希腊"不存在科学远离哲学、文学和艺术的那种事情。所有这些文化活动都是和人心很靠近的"[2]，而"现时代科学文明的问题也就在于此——人们似乎普遍感到科学远离了哲学和文学之类的其他文化活动"[3]。而另一位诺贝尔奖得主、物理学家李政道教授有一句名言：科学和艺术是不可分割的，就像一枚硬币的两面。它们共同的基础是人类的创造力。由此可见，专业的学习固然重要，但艺术却有可能成为各专业领域创造力的源泉和动力。

还记得爱因斯坦的人生吗？这位伟大的物理学家，同时又是钢琴家和小提琴家。他从小就开始拉小提琴，钢琴也弹得相当了得，他和量子力学的创始人普朗克合奏钢琴曲被传为美谈。爱因斯坦本人坦承，在科学领域和艺术领域对真、善、美的不断追求，照亮了他的生活道路，对艺术的爱好，丰富和培育了他的感知力、想象力和创造力。

那么，我们还有什么理由拒绝艺术呢？我们为什么不赶紧与艺术亲密拥抱呢？

艺术海洋博大精深、门类繁多。我们通常所说的时间艺术（如音乐、文学），空间艺术（如绘画、雕塑）和时空艺术（如戏剧、影视），是以艺术形象的存在方式分类；听觉艺术（如音乐）、视觉艺术（如绘画）和视听艺术（如影视），是以艺术形象的审美方式分类；再现艺术（如绘画、雕塑）和

---

[1] 朱光潜.朱光潜全集：第二卷[M].合肥：安徽教育出版社，1987：91.
[2] 汤川秀树.创造力与直觉：一个物理学家对于东西方的考察[M].周林东，译.石家庄：河北科学技术出版社，2000：1·19.
[3] 同上书，第111页。

表现艺术(如音乐、舞蹈),是以艺术作品的内容特征分类;动态艺术(如舞蹈、戏剧)和静态艺术(如绘画、建筑),是以艺术作品的物化形式分类;造型艺术(如绘画、雕塑),实用艺术(如建筑、园林、工艺美术),表演艺术(音乐、舞蹈),语言艺术(如诗歌、小说)和综合艺术(如影视),是以艺术的美学原则分类。[1] 各艺术门类当中的中外艺术精品更是灿若繁星。

同学们如何以有限的精力置身茫茫艺海,品味诗意人生?我们在这个单元为大家精心挑选了五篇美文,不仅语言流畅、格局精致,本身就是语言艺术的佳作,而且尽可能涉及多种艺术门类。有关于造型艺术的,如罗丹的《对于艺术家,自然中的一切都是美的》、熊秉明的《看蒙娜丽莎看》;有关于实用艺术的,如陈从周的《说园》、沈从文的《鱼的艺术》;有关于表演艺术的,如韩愈的《听颖师弹琴》。选文在时空跨度上亦是古今中外,力求让同学们领略漫漫历史长河中东西方艺术的风采。

此外,艺术之美标准不拘,异彩纷呈。本单元选文所涉及的艺术对象,既有技巧相当高深的艺术经典,如罗丹的雕塑、达·芬奇的绘画、唐代乐师的琴艺等;也不乏与我们生活的土地、与我们的日常生活、与我们现代大众血肉相依的民间艺术、实用艺术和大众艺术,如沈从文娓娓道来的鱼的艺术、陈从周细细品味的中国园林。它们为我们呈现着完全不同的审美形态:优雅含蓄的蒙娜丽莎,化丑为美的欧米哀尔,诗意秀丽的中国园林,高雅的颖师琴曲,"鱼"之形象则在中国艺术中雅俗共存……艺术本不是抽象的理论或概念,而是具体的活生生的富于感召力的感性现象。阳春白雪也好、下里巴人也罢,优美、崇高、悲剧、喜剧、荒诞等形态不一的美的存在,这些本身并不是评判艺术高下的标准。我们更希望同学们能养护多元而宽泛的艺术趣味,只要能激发起我们艺术的感觉、艺术的冲动和艺术的激情,我们就无须拒斥。

当然,一个单元五篇短文,不可能让大家就此掌握艺术欣赏的所有方法和技能。同学们要细细揣摩这些范例,反复咀嚼,培养艺术的兴趣和能力。即便你还是鉴赏能力有限、艺术知识欠缺,你也不要气馁。面对艺术,只要去爱,只要用你的心去体会,你就会有所收获!

(邵滢)

圆桌议题

早在两千多年前,以中国的孔子和古希腊的柏拉图为代表,东西方思想家都不约而同地重视艺术在人类生活中的作用。然而随着现代科学技术和物质生产的高度发展,人们的日常生活都被程序化和符号化,高效率的工作节奏使人们根本无暇顾及艺术的享受。但是,在人们被分工所束缚、被物欲所淹没的同时,人类在精神上陷入焦虑与不安,人类比以往任何时候都更需要艺术,更渴望精神的满足。你如何认识当代人所处的这种矛盾境地?

---

[1] 以上艺术门类的分法,参见彭吉象.艺术学概论[M].3版.北京:北京大学出版社,2006:85—86。

1. 对于艺术家,自然中的一切都是美的

〔法〕罗丹口述、葛赛尔[1]记录

有一天,在侔峒的大工作室中,和罗丹在一起,我看见一个石膏翻的"丑得如此精美"的像,这个像是根据维龙[2]的诗《美丽的欧米哀尔》而塑成的。

这个妓女,从前曾是年轻貌美,容光焕发,现在是衰老得不堪入目。她对她今日的丑陋感到羞耻,正如从前她对她的娇媚感到骄傲,是同样的程度。

> 呀!欺人的骄横的衰老,
> 为什么把我摧残得那样早?
> 谁能使我不自伤自捶,
> 而不在伤痛捶击中死掉!

雕塑家一步步跟随着诗人。

他塑造的那个比木乃伊还要皱缩的老妓女正在悲叹她的衰老的身体。

她弯着腰偎踞着。她移动绝望的眼光,在两乳干瘪的胸膛上,在满是可怕的皱纹的肚子上,在那满布筋节犹如枯干的葡萄藤的臂上和腿上:

欧米哀尔

> 唉!当我想起往日的时光。
> 那时我是怎样的,如今我又变成什么样,
> 当我注视自己赤裸的身体,
> 看自己变得这般模样,
> 贫困,干枯,瘦弱,矮小,
> 几乎遍体鳞伤,
> 变成了什么呢?
> 那圆润的额,
> 金黄的发……
> ············
> 玲珑可爱的双肩,
> 小小的双乳,丰满的臀部,
> 洁白动人,
> 爱情场里风流倜傥!
> ············
> 这是人间美貌的下场!
> 短小的臂,收缩的手,耸起的肩,

---

[1] 葛赛尔:法国文艺批评家。
[2] 维龙(1431—1489?):法国诗人。

> 什么！完全干枯的乳房，
> 臀部也和乳房一样！
> ……腿呢，
> 不再是肥壮，而是瘦小了，
> 灰白得好像香肠！

雕塑家的才能不在诗人之下，相反的，他的作品，在激起人的战栗这一点上，也许比大诗人维龙的粗鲁的诗句，更来得惟妙惟肖。肌肤松弛而无力，包在隐隐可见的骷髅上；关节在遮盖的皮下显露出来——都在摇动、战栗、僵硬、干瘪。

看了这奇特而又令人伤心的景象，不由得会发生一种很强的悲哀。

因为在我们面前的，是一个可笑又可怜的人的无限苦痛，她热爱永恒的青春与美貌。然而看到自己的皮囊一天天衰败下去，却又无能为力；这是一个有灵性的人，她所追求的无限欢乐，和她的趋于灭亡、将化为乌有的肉体成了一个对比。现实将要告终，肉体受着垂死的苦痛；但是梦与欲望永远不灭。

这便是罗丹想使我们理解的。

我不知道是否有过一个艺术家，曾经用这样尖利的手法，来表现衰老。

不错，有的！佛罗伦萨的洗礼堂里，祭坛上可以看见多那泰罗[1]塑造的一座奇特的雕像：一个全裸的老妇人，或者至少可以说，这个妇人仅仅披着一些长发，稀疏而污秽，紧贴在衰老的身躯上。这是遁居荒漠的圣女玛德兰（即"抹大拉"），她年老的时候，一心苦修，以此惩罚往年对肉体的当罪的操心。

佛罗伦萨的大师的犷放的真挚，决非罗丹所能超越；但这两个作品的感情是不同的。玛德兰圣女，决心弃绝尘世，看见自己越是形秽，好像越是觉得有光辉的喜悦。至于年老的欧米哀尔，则因发现自己活像一具尸体而感到恐怖。

所以现代的雕刻比古代的雕刻更有悲剧性。

默默地欣赏眼前这座稀有的丑陋的型范，良久以后，我向主人说：

"大师，像我这样赞赏这座惊人的雕像，恐怕再没有别人；但是，如果我告诉你这座像在卢森堡美术馆对于观众，尤其是女的所引起的反应，请你不要见怪……"

请你告诉我吧。

"好！一般地说来，观众都转过头，叫道：哎呀！太丑了。
我时常注意到有些女人，以手遮眼，不愿意看。"

罗丹开心地笑了。

他说：可见，我的作品是雄辩的，所以能激起这样强烈的印象。当然，这些人对于过分粗暴的哲学上的真理是很害怕的。

但是最使我关心的一件事，就是懂趣味的人的意见；关于我的衰老的欧米哀尔，我很高兴能博得他们的好评。我好像那个罗马的歌女，她回答民众的詈骂时，说道："Equitihus cano！我

---

[1] 多那泰罗（约1386—1466）：又译作多纳泰罗、多纳太罗，意大利雕塑家。

只是唱给骑士们听的!"就是说,她为知音而歌唱。

平常的人总以为凡是在现实中认为丑的,就不是艺术的材料——他们想禁止我们表现自然中使他们感到不愉快的和触犯他们的东西。

这是他们的大错误。

在自然中一般人所谓"丑",在艺术中能变成非常的美。

在实际事物的规律中,所谓"丑",是毁形的、不健康的,令人想起疾病、衰弱和痛苦的,是与正常、健康和力量的象征与条件相反的——驼背是"丑"的,跛腿是"丑"的,褴褛的贫困是"丑"的。

不道德的人,污秽的、犯罪的人,危害社会的反常的人,他们的灵魂与行动是"丑"的;弑亲的逆子、卖国贼、无耻的野心家,他们的灵魂是"丑"的。

把一个可厌恶的形容词,加在只能使人感到坏的方面的人和事物上,是应该的。

但是一位伟大的艺术家,或作家,取得了这个"丑"或那个"丑",能当时使它变形只要用魔杖触一下,"丑"便化成美了——这是点金术,这是仙法!

委拉斯凯兹[1]画菲力浦四世的侏儒赛巴斯提恩时,他给他如此感人的眼光,使我们看了,立刻明白这个残废者内心的苦痛——为了自己的生存,不得不出卖他作为一个人的尊严,而变成一个玩物,一个活傀儡……这个畸形的人,内心的苦痛越是强烈,艺术家的作品越显得美。

当米莱[2]表现一个可怜的农夫,一个被疲劳所摧残的、被太阳所炙晒的穷人,像一头遍体鳞伤的牲口似的呆钝,扶在锹柄上微喘时,只要在这受奴役者的脸上,刻画出他任凭"命运"的安排,便能使得这个噩梦中的人物,变成全人类最好的象征。

当波德莱尔[3]描写一具又脏又臭、到处是蛆、已经溃烂的兽尸时,竟对着这可怕的形象,设想这就是他拜倒的情人,这种骇人的对照构成绝妙的诗篇——一面是希望永远不死的美人,另一面是正在等待这个美人的残酷命运:

> 而你将要像这一团污秽,
> 这一堆可怕的腐物。
> 我眼中的明星,我生命中的太阳,
> 我的天使呀,我的宝贝!
> 是的,你也会这样的,美艳的皇后,
> 当人们为你诵过最后的经文,
> 你在青青的草,繁茂的花,
> 累累的白骨中腐烂的时候……
>
> 那时呀,我的美人!
> 向着接吻似的吃你的蛆虫说,
> 我保留着你的倩影,
> 心爱的,即使你冰肌玉骨已无存!

---

[1] 委拉斯凯兹(1599—1660):西班牙画家。
[2] 米莱(1814—1875):法国画家。
[3] 波德莱尔(1821—1867):法国诗人。

同样,当莎士比亚描写亚果[1]或理查三世时,当拉辛[2]描写奈罗和纳尔西斯时,被这样清晰、透彻的头脑所表现出来的精神上的丑,却变成极好的美的题材。

的确,在艺术中,有"性格"的作品,才算是美的。

所谓"性格",就是不管是美的或丑的,某种自然景象的高度真实,甚至也可以叫作"双重性的真实";因为性格就是外部真实所表现于内在的真实,就是人的面目、姿势和动作,天空的色调和地平线,所表现的灵魂、感情和思想。

因此对伟大的艺术家来说,自然中的一切都具有性格——这是因为他的坚决而直率的观察,能看透事物所蕴藏的意义。

自然中认为丑的,往往要比那认为美的更显露出它的"性格",因为内在真实在愁苦的病容上,在皱蹙秽恶的瘦脸上,在各种畸形与残缺上,比在正常健全的相貌上更加明显地呈现出来。

既然只有"性格"的力量才能造成艺术的美,所以常有这样的事:在自然中越是丑的,在艺术中越是美。

在艺术中,只是那些没有性格的,就是说毫不显示外部的和内在的真实的作品,才是丑的。

在艺术中所谓丑的,就是那些虚假的、做作的东西,不重表现,但求浮华、纤柔的矫饰,无故的笑脸,装模作样,傲慢自负——一切没有灵魂、没有道理,只是为了炫耀的说谎的东西。

当一个艺术家,故意要装饰自然,用绿的颜色画春天,用深红的颜色画旭日,用朱红的颜色画嘴唇,那他创造出来的东西是丑的——因为他说谎。

当他减轻面部苦痛的表情,衰老的疲乏,败俗的邪恶时;当他摆布自然,蒙以轻纱,使之改装而变得和顺,来迎合无知的群众时,他创造出来的作品是丑的——因为他怕真理。

对于当得起艺术家这个称号的人,自然中的一切都是美的——因为他的眼睛,大胆接受一切外部的真实,而又毫不困难地,像打开的书一样,懂得其中内在的真实。

他只要注意一个人的脸,就能了解这个人的灵魂;任何脸色丝毫不能欺骗他,虚伪和真挚对于他同样明显;头额的倾斜,眉毛的微皱,眼光的一闪,都能启示他内心的秘密。

他探究动物心理——情绪和思想的雏形,隐微的智慧,柔爱的根苗。他看了动物的眼睛和动作,就会理解它们整个低微的精神生活。

他又是没有知觉的"自然"的知己——花草树木,好像朋友那样和他谈话。

多结的老橡树告诉他说,它们爱人类,它们舒展枝条来庇护人类。

花儿用妩媚的垂枝,用花瓣的和谐的色调,同他谈话——花草中的一蕊一瓣,都是自然向他吐述的亲密的字眼。

在他看来,生命是无尽的享受,永久的快乐,强烈的陶醉。

这并不是说他觉得一切都是好的,因为苦痛常袭击着他的亲人和他自己,会残酷地否定这种乐观主义。

但对于他,一切都是美的——因为他不断地在内在真实的光明中行走。

是的,苦痛、亲人的死亡,甚至朋友的背叛,也会给予伟大的艺术家(我指画家、雕塑家,同时也指诗人)以一种酸辛的快乐。

有时他的心像是受刑,但是因为他能了解和表达所深受的酸辛的愉快,要比他所感到的苦

---

[1] 亚果:莎士比亚悲剧《奥赛罗》中的人物,一个阴险狠毒的角色。
[2] 拉辛(1639—1699):法国剧作家。此处提到的奈罗和纳尔西斯,是他的剧作《勃列塔尼古斯》的剧中人物。

痛还要强烈。他在所见一切中,明确地抓住命运的意图。他用兴奋的眼光,一个看透了命运的人所具有的那种兴奋的眼光去注视自己的痛苦和创伤。他受到亲人的欺骗,在这种打击下摇摇欲坠;然而,后来就坚定起来。他默不作声,望着这负心的人,好像作为卑鄙行为的一个好例子;他向这忘恩的举动致敬,好像这是充实他灵魂的一种经验。他的陶醉有时却令人惊讶,然而毕竟是幸福的,因为这是对真实永远的尊敬。

当他看见互相残害的生灵,憔悴的青春,衰退的精力,枯竭的天才时;当他面对决定这些凄惨的规律的意志时,他由于能够理解这一切而感到从未有过的快乐。而且在他深深体会这些真理后,真是觉得万分幸福。

[选自《罗丹艺术论》(第2版),人民美术出版社,1987年]

作者风采

罗丹(1840—1917),法国雕塑艺术家。主要作品有《青铜时代》《思想者》《雨果》《加莱义民》和《巴尔扎克》等。罗丹的创作对欧洲近代雕塑的发展有着较大影响,他与他的两个学生马约尔和布德尔,被誉为欧洲雕刻"三大支柱"。

阅读提示

《罗丹艺术论》是法国雕塑大师对欧洲雕塑史的科学总结,又是其创作经验的精练概括。

本篇选文中至少包含了罗丹艺术观中两个重要理论。一方面,"在自然中一般人所谓'丑',在艺术中能变成非常的美"。欧米哀尔在现实中有着让诗人也为之赞叹的美,然而罗丹却将其雕塑为年老色衰、干瘪丑陋的"老妓"。这里涉及了艺术美学中关于"生活丑"和"艺术美"的辩证关系。首先,艺术的美与不美,不在于生活是丑是美,而在于艺术的独特审美创造;其次,罗丹的创作把生活美变成艺术丑,并不是直接把丑妇变成美妇,而是将"丑"变得更为典型,引发人对"丑"的思考;最后,罗丹用艺术手段表现丑,有助于明辨美丑,加强美的感染力。另一方面,罗丹强调在艺术中,"有'性格'的作品,才算是美的""只是那些没有性格的,就是说毫不显示外部和内在的真实的作品,才是丑的"。意思是艺术创作,对象本身美丑并不重要,关键在于作家的创造力、创造个性以及艺术作品的内在感染力。

思考题

1. 将罗丹的《欧米哀尔》与著名的古希腊雕塑《米洛斯的维纳斯》(又称《断臂的维纳斯》)进行对比欣赏,谈谈你的审美感受。

2. 你如何理解艺术中"化丑为美"的问题?列举你在艺术欣赏中所遇到的这种实例。

2. 看蒙娜丽莎看[1]

熊秉明

一

面对一幅画，我们说"看画"。

画是客体，挂在那里。我们背了手凑近、退远、审视、端详、联想、冥想、玩味、评价。大自然的山水、鸟兽、草木，人间的英雄与圣徒、好女与孩童、爱情与劳动、战争与游戏、欢喜与悲痛，都定影在那里，化为我们"看"的对象。连上想象里的鬼怪与神祇、天堂与地狱、创世记和最后审判；连上非想象里的抽象的形、纯粹的色、理性摆布的结构、潜意识底层泛起的幻觉，这一切都不再对我们有什么实际的威胁或蛊惑。无论它们怎样神奇诡谲，终是以"画"的身份显示在那里，作为"欣赏"的对象，听凭我们下"好"或者"不好"的评语。

欣赏者——欣赏对象。

这是我们和画的关系。我们处于一种安全而优越的地位，享受着观赏之全体的愉快、骄傲和踌躇满志。

然而走到蒙娜丽莎之前，情形有些不同了。我们的静观受到意外的干扰。画中的主题并不是安安稳稳地在那里"被看""被欣赏""被品鉴"。相反，她也在"看"，在凝眸谛视、在探测。侧了头，从眼角上射过来的目光，比我们的更专注、更锋锐、更持久、更具密度、更蕴深意。她争取着主体的地位，她简直要把我们看成一幅画、一幅静物，任她的眼光去分析、去解剖，而且评价。她简直动摇了我们作为"欣赏者"的存在的权利和自信。

二

也并非没有在画里向我们注视的人物。

像安格尔[2]的那些贵妇与绅士，端坐着，像制成标本的兽，眼窝里嵌着瓷球，晶亮、发光，很能乱真，定定地瞅过来，然而终于只是冰冷的晶亮的瓷球。这样的空虚失神的凝视当然不给我们什么威胁。

像提香[3]的威尼斯贵族男子肖像，眼瞳里闪烁着文艺复兴时代贵族们的阴鸷和狡诈，目光像浸了毒鸩的剑锋，向你挑战。他们娴于幕前和幕后的争权夺利，明枪暗箭，在瞥视你的倾间，已估计了你的身世、才智、毅力、野心以及成败的机会率。

像林布兰特[4]的人物，无论是老人、妇人、壮者以及孩子，他们往往也是看向观赏者的。他们的眼光像壁炉里的烈焰，要照红观者的手、面庞、眼睛、胸膛，照出观者腑脏里潜藏着的悲苦与

---

[1] 本文写于1970年。蒙娜丽莎：意大利文艺复兴时期著名画家达·芬奇（1452—1519）最重要的画作之一。他将当时的科学知识和艺术想象有机结合起来，使西方绘画的表现力发展到一个新阶段，对后人有很大的影响。达·芬奇还是一个在自然科学、工程技术上有很高造诣的人物。

[2] 安格尔（1780—1867）：法国著名画家，新古典主义画派的最后代表人物，画风工细精致，长于肖像画。曾作为学院派主要画家与新兴的浪漫主义画派相抗衡。

[3] 提香（约1489—1576）：意大利著名画家，文艺复兴时期威尼斯画派的主要代表人物。他把油画的色彩、造型、笔触的技法发展到一个新阶段，所作人物肖像画颇能表现人物的内心世界。

[4] 林布兰特：通译"伦勃朗"（1606—1669），荷兰著名画家，善于运用明暗对比的手法，以聚光和透明阴影凸显主题，所作人物画善于反映描绘对象的性格特征。

欢喜。把辛酸燃烧起来,把欢乐燃烧起来,把观者的苍白烘照成赤金色……

这样的画和我们的关系,也不仅只是"欣赏者—欣赏对象"的关系。它们也有意要把我们驱逐到欣赏领域以外去,强迫我们退到存在的层次,在那里被摆布、被究诘、被拷问、被裁判、被怜悯、被扶持、被拥抱。

三

而蒙娜丽莎的眼光是另一样的,在存在的层次,对我们作另一种要求。

她看向你,她注视你,她的注视要诱导出你的注视。那眼光像迷路后,在暮色苍茫里,远远地闪起的一粒火光,耀熠着,在叫唤你,引诱你向她去。而你也猝然具有了鸱枭的视力,野猫子的轻步,老水手观测晚云的敏觉。

四

有少女的诱惑和少妇的诱惑。

少女的。在她的机体发育到一定的时刻,便泛起饱和的滋润和鲜美。皮肤的色泽,匀净纯一之至,从红红到白白之间的转化,自然而微妙,你找不到分界的迹象。肢胴的圆浑,匀净纯一之至你不能判定哪是弧线,哪是直线,辨不出哪里是颈的开始,哪里是肩的消失。你想努力去辨析,而终不能,而你终于在这努力里技穷,瞠然、哑然、被征服。少女自己未必自觉吧。一旦自觉,也要为这奇异的诱惑力感到吃惊,而羞涩、不安、含有歉意,但每一颗细胞,每一条发光的青丝并不顾虑这些,直放射着无忌惮的芳香。

有少妇的诱惑。她在心灵成熟到一定的时刻,便孕怀着爱和智慧,宽容和认真,温柔与刚毅,对生命的洞识和执着。她的躯体仍有美,然而锋芒已稍稍收敛了。活力仍然充沛饱满,然而表面的波沦已稍稍平静了。皮下的脂肪已经聚集,肌肤水分已经储备,到处的曲线模拟果实的浑满。她懂得爱了,而且爱过,曾经因爱快乐过,也痛苦过,血流过,腹部战栗过,腰酸痛过。她如果诱惑,她能意识到那诱惑的强度,和所可能导致的风险。她是那诱惑的主人。她是谨慎的,她得掌握住自己的命运,以及这个世界的命运。虽然诱惑,她的生命不轻易交付出来,她也不许你把生命轻易拿来交换。如果她看向你,她的眼睛里有着探测和估量。

蒙娜丽莎的眼睛是少妇的。

五

她知道她在做什么。她向你睇视,守候着。她在观察。像那一双优美的叠合的手,耐心地期待。

她睇向你,等你看向她。她诱惑你的诱惑,等待你的诱惑。

假使你不敢回答,她也只有缄默。假使你轻率地回答,她将莞尔报以轻蔑的微笑。假使你不能毅然走向她,她决不会来迎向你。她在探测你的存在的广度、高度、深度、密度,她在探测你的存在的决心和信心。

她的眼睛里裹有什么秘密么?你想窥探进去,寻觅,然而没有。欠身临视那里,像一眼井,你看见自己的影子。那里只有为她所观测,所剖析你自己的形象。像一面忠实的明镜,她的眼光不否定,也不肯定。可能否定,也可能肯定,但看我们自己的抉择和态度。她的眼光像一束透射线,要把我们内部存在的样式映在毛玻璃上,使骨骼内脏都历历在目。她的眼光是一口陷阱,将我们的过去,现在和未来都一并活活地捕获。如果那眼光里有秘密可寻,那就正是我们的彷徨、惶悚、紧张、狼狈。爱么？不爱么？To be or not to be?[1]

她终不置可否，只静待你的声音。她似乎已料到你的回答，似乎已猜透你的浮夸、轻薄、怯懦，似乎已觉察你的不安、觉醒，以及奋起，以及隐秘暗藏的抱负——于是嘴角上隐然泛起微笑。

六

神秘的笑。因为是一种未确定的两可的笑。并无暗示，也非拒绝。不含情也非严峻的矜持。她似关切，而又淡然。在一段模棱两可的距离里，冷眼窥测你的行止。

她超然于有情和无情之上，然而她也并未能超然于有情无情之上。她的命运也正是你的决定所造就。她的凝视，正是凝视她自己命运的形成。她看自己命运似乎看得十分真切，以致她可以完全平静地、泰然地去接受。而此刻，她在有情与无情之上，将有情，而却尚未有情。

尚未有情的眼光是最苛求的。如果真是爱了，那爱的顾盼有宽容、溺爱。它将容忍我们的缺陷，慰藉我们的尚未坚强，扎裹我们的创伤。而尚未有爱的顾盼则毫无纵容的余地，它瞄准我们，对我们的要求绝对严、无限大。它在无穷远的距离，向我们盯视、召唤，我们只能是一个无穷极的追求，无休止的奔驰。

七

芬奇是置身这可怕的眼光中的第一个。而他就是创造这眼光的人。他在这可怕的眼光中一点一点塑造这眼光的可怕。

世界上的一切，对芬奇来说，都一样是吸引，激起他的惊异，挑起他的探索，是对他的能力的测验、挑战。

向高空飞升，自高空而降的陨落；水的浮、水的流；火的燃烧、火的爆炸力跨过齿轮，穿过杠杆，变大、缩小，栖在强弩的弦上。他制造了飞翼、飞厢、潜水衣、踩水履。他已恍然感到凌空凭虚的晕眩，听长风在翼缘上吹哨，预感到翼底大气的阻力系数。像描绘波状的柔发，他描绘奇妙的流体力学的图式。他使水爬过山脊到山的那一边；他使水在理想都市的下水道里听从地流泻。他制造的火花飞到夜空的星丛之间；他用凹面镜收聚太阳的光线；他计算从地球到月球的路程……

云的形状，山峰的形状，迷路在山顶的海贝，野花瓣萼的编制，兽体的比例，从狮子的吼声到苍蝇翅膀的嗡嗡……都引起他的讶异、探问、试验。他从此刻的山、云海的性质样态，幻想造山时代巉岩怪石的迸飞，世界末日的气、水、火、风的大旋舞。他剖开人体，看血管密网的株式分布，白骨的黄金分割，头颅脑床的凹形，心脏的密室。他画过婴孩的圆润，老人的棱角嶙峋，少男少女的俊秀，从千变万化的面貌中演绎出圣者智者以及臃肿戆蠢的丑怪。从面貌的千变万化中捕捉心灵的阴晴风雨，幸福与悲剧。生的微笑，死的恐怖，犹大的凶险惶惑，其余十一个门徒的惊骇、悲伤、无助、绝望，人之子大爱的坦然，圣母的温慈，圣母之母的安详。

他画过尚在子宫里沉睡的胎儿，画过浑圆的孕妇的躯体，画过被吊毙的囚犯，在酣战中号叫的斗士，他守候过生命在百龄老人的躯体里如何渐渐撤退。他买回笼鸟，为了放生，却又精心地设计屠杀的武器。而冷钢的白刃却又具有最优美的线条，一如少女的乳峰。设计刺穿一切胸膛以及一切盾的矛，并设计抵御一切暴力和一切矛的盾……真正是矛盾的人物。神与魔、光与影、美和丑、物和心都给他同等研究、探索、描绘的欲求和兴致，不仅没有神，也没有魔鬼。没有恐惧，也没有崇拜。一切都必须看个明白、透彻。浮士德式的人物。

---

[1] To be or not to be：通译"生存还是毁灭"。这是英国戏剧家莎士比亚的剧作《哈姆雷特》中的一句著名台词。

他的宇宙论里没有神,只有神秘;没有恶魔,然而充满诱惑。

八

但是,女人,这一切诱惑中的诱惑,他平生没有接近过。他不但不曾结婚,而且似乎没有恋爱过。翻完那许多手稿几乎找不到一点关于女人在他真实生活里的记录。他不是没有召见于当时的绝色而富有才华的伊莎伯代思特,受到其他贵族奇女子的赏识和宠遇,他何尝不动心于异性的妩媚和风采?他不是精微地描绘过她们的容貌的么?他不是一再画过神话里的丽达〔1〕的裸体的么?但是他的智慧要他冷眼观察这诱惑的性质、作用。

像一个冷静的科学家,他对于那诱惑进行带着距离的观测。他要从自己激动的心理状态中蝉蜕出来,把自己化为两个个体,精神分裂开来,反观自己,认识诱惑现象。

他像一个炼金术的法师,企图把"诱惑"这元素从这个世界里提炼出来,变成一小撮金粉,储藏在曲颈瓶底给人看。

又像一个羞涩、畏怯的男孩,他只窃窃地躲在窗子后面,远望街角上她的身影。不吻、不抱。他满足于观察她的傲然、矜持,而又脉脉的善意的流盼。他一生就逗留在这青春的年纪,少年维特〔2〕的危险的年纪。

芬奇和蒙娜丽莎,也就是芬奇和女性的关系。而芬奇和女性的关系,也就是芬奇和这个世界一切事物的关系。一切事物都刺激他的好奇、追问,一切事物于他都是一种诱惑。而女性的诱惑是一切诱惑的集中、公约数、象征。

这纯诱惑与追求之间有一形而上学的距离,如果诱惑者和被诱惑者一旦相接触了,就像两个磁极同时毁灭。没有了诱惑,也没有了追求。这微笑的顾盼是一永远达不到的极限,先验地不可能接近的绝对。于是追求永在进行,诱惑也永在进行,无穷尽地趋近。

九

芬奇不是一个作形而上学玄思的哲学家。他的兴趣是具体世界的形形色色,和中世纪追求理念世界的哲学是相背道而驰的。他的问题在形形色色之中,也只在形形色色之中。他的哲学是这可见、可度量、可捉摸的世界的意义,这意义及其神秘也就是形色光影所构成。他的哲学可以看得见,画得出,他要画出这世界的秩序、法则,以图画解说这世界,以图画作为分析这世界,认知这世界,征服这世界,改造这世界的工具。他要画出最初的因,最终的果。他要画出生命的起源,神秘的诞生。他要画出诱惑的本质,知性的觉醒。

十

而有一天,一切神秘,一切鬼眨眼的诱惑的总和,他恍然在这一个女人的面庞上分明地看见了,像镭元素从几十吨矿砂中离析出来,闪起离奇的光。那是一对眼波,少妇的,含激烈的,必然性的,命令性的诱惑,而尚未含情,冷然侧睐。那眼光后面隐藏着一切可能的课题,埋伏着一切鬼眨眼的闪熠,一切形形色色都置根在其中。又似乎一无所有,只是猜不透。

然而他必须把这眼光捕捉到,捕捉这不可捕捉的。即使芬奇毕生不曾遇到这一个叫作卓孔

---

〔1〕 丽达:达·芬奇于1506年创作过装饰画《丽达与天鹅》。丽达是希腊神话中的海仙女,嫁给斯巴达国王廷达瑞俄斯,其夫忘了向爱与美的女神阿佛洛狄忒献祭,便遭报复。阿佛洛狄忒乘丽达在湖中洗浴时,让主神宙斯化为天鹅,自己变成鹰在后追逐。天鹅飞落湖边,丽达把它搂在怀里,遂怀孕产下四个蛋,孵出四个儿女。

〔2〕 少年维特:德国著名文学家歌德(1749—1832)早期小说《少年维特之烦恼》中的男主人公,是一个热烈追求爱情的少年。

达夫人[1]的蒙娜丽莎,总有一天,他终要创造出这眼光来的。他画的圣母,圣约翰洗礼者不都早就酷似这一面形,这一笑容么?

卓孔达夫人的笑容究竟是怎样的?由另一个画家画来,会是什么样?是芬奇心目里的女人的神秘的笑酷似卓孔达夫人的笑呢?还是卓孔达夫人的笑酷似芬奇心目里的女人的神秘的笑呢?两个笑容互相回映、叠影、交融,不再能分得开。

十一

这或者是一件平常,甚至凡俗不足道的事——画家和模特儿的故事。哥雅[2]曾画了裸体的玛亚,玛亚的丈夫突然想看画像进行得怎样了,哥雅连夜赶出了《着衣的玛亚》。

画商卓孔达先生聘请达·芬奇为他的爱妻作肖像,画家一见这面貌便倾倒了。那面貌似曾相识,给他以说不出的无比的吸引。但画家不愿走近模特儿一步,这一面貌是对他的天才的挑战。他用了世间罕有的智慧和绝艺刻画她的诱能,并且画出他所跨不过去,也不愿跨过去的他和她之间的距离。

这或者是一件平常、很可解释而并不足为怪的事——精神分析学家的一个病例。他不能真的去拥抱女人,恋母情结牵引起来的变态心理,他只能把女性放在远处去观照。他不肯把歌赞、爱慕兑换为肉体的接触。但是他把他的追求的心捧出来给人看,不,把她的诱素隔离出来给人看。他所画的已不是她,不是诱惑者,他直要画出"诱惑"本身,把诱惑提炼了结晶了,冷藏在画框中。诱惑已经和性别分离开来而成为"纯诱惑"。有人甚至疑心到蒙娜丽莎是少男乔装的女人。芬奇的圣约翰洗礼者正有这样离奇地微笑着的柔和的面孔。但是蒙娜丽莎的那一双手难道也能乔装么?而且便退一百步说,那真是乔装的少年,那么依然是冒充了女性的诱惑,依然是"女性的"诱惑了。

十二

没有发饰,没有一颗珍珠,一粒宝石,没有一枚指环,衣服上没有丝微绣花,她素淡到失去社会性、人间性。只要比较一下文艺复兴时代女子的肖像,就立刻可以发现这一点。她的诱惑不依赖珠宝的光泽、锦绣的绮丽。只伴以背后的溪流,一段北意大利阿尔卑斯山嶙峋峥嵘的峰峦,蜿蜒而远去的山路,谷底的桥。她在室内么?在外光么?她在两者之间的露台上。浅绿的天光像破晓又像傍晚,像早春,又像晚秋,似乎在将放花的季节,又似乎空气里浮荡着正浓的葡萄酒的醇香。模棱两可的时刻的模棱两可的空间。没有田园,没有房舍,在这寂寥的道路上,没有驻足的可能。人只能从这峡谷匆匆穿过。而路那么曲折,使旅人惆怅而踟蹰。而此时没有人影。

曦色,或者夕色,抹在她的额上,颊上,袒着的前胸上,手背上。没有太阳,没有月,没有星辰。她混入无定的苍茫的大自然之中。汇合了一切视力,这一对眼睛闪烁着、灿然、盼然、皎然如一自然的奇景,宇宙的奇象。

引起另一双眼睛无穷极的注视。

十三

对于具有无穷之诱惑,绝对之诱惑的眼光,只能以无穷追求的心,绝对追求的心去捕捉、去

---

[1] 卓孔达夫人:一译"乔孔达夫人"。达·芬奇所画《蒙娜丽莎》的另一个标题叫"美丽的乔孔达"。据有关记载,画中的女子是意大利佛罗伦萨商人乔孔达的妻子。达·芬奇画她的时候,她年龄在30岁上下。

[2] 哥雅(1746—1828):通译"戈雅",西班牙著名画家。中年以后画风由明丽转为苍浑,着重表现人物性格和社会矛盾。

刻画,在生存层次具有无穷诱惑的魅力的东西,那形象本身也必定有无穷尽的造型性的诡谲微妙。敢于从事无穷的追求的人,能感到无穷寻觅的大满足,永远画不完的大欢喜。像驰骋在大草原上的骏马酣欢,因为它跑不完这辽阔的草和天。他必须画出那画不出;他必须画出那画不出之所以画不出。他要一点一点趋近那画不完。而他要画不完那画不完。芬奇曾经把生命消耗在那么多各种各样的作业上,而一无所成,因为都有个止境;而他不愿意有止境,他只得放弃。

而这一桩工作本身是不可能完成的。不可能的作业,非时间之内的作业。

一年、两年、三年、四年……大诱惑的,而淡若无的笑渐渐在画布显现,得到恍惚的定影、得到恍惚的定义。然而既是永劫的诱惑和永劫的追求的角逐,绝对零是没有的。总保留着稀微的恍惚、浮动、模棱,总剩余那么一个极限的数字,那一小段不断缩短的遥远,总还有那么一成未完成。而在这残酷、美妙而遥远的眼光下画家老了——潇洒的长髯,浓密的长眉,透了白丝,渐渐花白,而白花化为一片银光、银雾。银雾里的眼睛、炯炯的鹰隼类的目光也渐渐黯淡了,花了,雾了。在她的凝眸里画家临终时,可能还曾在那最后一段不可测度的距离上走上前一步吧,在微妙的面庞的光影之间添上一笔吧,而画家终于闭上衰竭的两眼,让三尺见方的画布上遗下他曾经无穷追求的痕迹。

十四

而此刻,我们,立在芬奇坐着工作了多少晨昏的位置上,我们看蒙娜丽莎的看。在蒙娜丽莎目光的焦点上,她不给我们欣赏者以安适、宁静,她要从我们的眼窝里摄出谛视和好奇,搜出惊惶与不安,掘出存在的信念和抉择的矫勇,诱惑出爱的炽燃,和爱之上的追问的大欲求,要把我们有限的存在扯长,变成无穷极的恋者、追求者、奔驰者,像落在太空里的人造星,在星际,在星云之际,永远飞行,而死在尚未触到她的时分,在她的裙裾之前三步的距离里。

(选自《熊秉明文集 2——展览会的观念》,文汇出版社,1999 年)

见第十讲《教中文(三首)》。

《蒙娜丽莎》是文艺复兴时期意大利画家达·芬奇的传世名作,观者无不为她神秘而具诱惑的面部表情所倾倒。我们通常认为自己观赏这幅名画,其实就是在看她。然而熊秉明提醒说:她也在"看"我们。我们不能只看她的"微笑"和她的容貌,我们更要细心地解读她的"看"。

如果这样,我们又能看出些什么呢?第一,蒙娜丽莎的"看"。她的眼光的存在,本身就含有一种深远探究的意味。第二,达·芬奇的"看"。作为原作者,达·芬奇创作时所处的观赏位置,他是如何看"她",画家和他所创造的人物怎样对视,画家在如何竭力捕捉那不可捕捉的、接近那不可接近的人物姿态与表情。第三,作为画作欣赏者的"看"。蒙娜丽莎微笑的顾盼,是一种永远不可能达到的极限,我们欣赏者可以永无休止地追求、无穷无尽地趋近。而这正是绘画和人生的最高哲学境界。

　　熊秉明几乎是手握放大镜在进行艺术的赏析,从画里到画外细致地解读,不但揭示了人类巧妙的互动审美观照,而且启示我们在艺术欣赏中要做到感、悟、思的结合。

思 考 题

1. 细细品味经典绘画《蒙娜丽莎》,用文字记录你的感受。
2. 你觉得欣赏一幅名画,解读内容更重要,还是品评其绘画技术更重要?为什么?

看微课

3. 说　园[1]

陈从周

　　我国造园具有悠久的历史，在世界园林中树立着独特风格，自来学者从各方面进行分析研究，各抒高见，如今就我在接触园林中所见闻掇拾到的，提出来谈谈，姑名"说园"。

　　园有静观、动观之分，这一点我们在造园之先，首要考虑。何谓静观，就是园中予游者多驻足的观赏点；动观就是要有较长的游览线。二者说来，小园应以静观为主，动观为辅。庭院专主静观。大园则以动观为主，静观为辅。前者如苏州网师园，后者则苏州拙政园差可似之。人们进入网师园宜坐宜留之建筑多，绕池一周，有槛前细数游鱼，有亭中待月迎风，而轩外花影移墙，峰峦当窗，宛然如画，静中生趣。至于拙政园径缘池转，廊引人随，与"日午画船桥下过，衣香人影太匆匆"的瘦西湖相仿佛，妙在移步换影，这是动观。立意在先，文循意出。动静之分，有关园林性质与园林面积大小。像上海正在建造的盆景园，则宜以静观为主，即为一例。

　　中国园林是由建筑、山水、花木等组合而成的一个综合艺术品，富有诗情画意。叠山理水要造成"虽由人作，宛自天开"的境界。山与水的关系究竟如何呢？简言之，模山范水，用局部之景而非缩小（网师园水池仿虎丘白莲池，极妙），处理原则悉符画本。山贵有脉，水贵有源，脉源贯通，全园生动。我曾经用"水随山转，山因水活"与"溪水因山成曲折，山蹊随地作低平"来说明山水之间的关系，也就是从真山真水中所得到的启示。明末清初叠山家张南垣主张用平冈小陂、陵阜陂阪，也就是要使园林山水接近自然。如果我们能初步理解这个道理，就不至于离自然太远，多少能呈现水石交融的美妙境界。

　　中国园林的树木栽植，不仅为了绿化，且要具有画意。窗外花树一角，即折枝尺幅；山间古树三五，幽篁一丛，乃模拟枯木竹石图。重姿态，不讲品种，和盆栽一样，能"入画"。拙政园的枫杨、网师园的古柏，都是一园之胜，左右大局，如果这些饶有画意的古木去了，一园景色顿减。树木品种又多有特色，如苏州留园原多白皮松，怡园多松、梅，沧浪亭满种箸竹，各具风貌。可是近年来没有注意这个问题，品种搞乱了，各园个性渐少，似要引以为戒。宋人郭熙说得好："山水以山为血脉，以草为毛发，以烟云为神采。"草尚如此，何况树木呢？我总觉得一地方的园林应该有那个地方的植物特色，并且土生土长的树木存活率大，成长得快，几年可茂然成林。它与植物园有别，是以观赏为主，而非以种多斗奇。要能做到"园以景胜，景因园异"，那真是不容易。这当然也包括花卉在内。同中求不同，不同中求同，我国园林是各具风格的。古代园林在这方面下过功夫，虽亭台楼阁，山石水池，而能做到风花雪月，光景常新。我们民族在欣赏艺术上存乎一种特性，花木重姿态，音乐重旋律，书画重笔意等，都表现了要用水磨功夫，才能达到耐看耐听，经得起细细的推敲，蕴藉有余味。在民族形式的探讨上，这些似乎对我们有所启发。

　　园林景物有仰观、俯观之别，在处理上亦应区别对待。楼阁掩映，山石森严，曲水湾环，都乎此理。"小红桥外小红亭，小红亭畔、高柳万蝉声。""绿杨影里，海棠亭畔，红杏梢头。"这些词句不但写出园景层次，有空间感和声感，同时高柳、杏梢，又都把人们视线引向仰观。文学家最敏感，我们造园者应向他们学习。至于"一丘藏曲折，缓步百踯攀"，则又皆留心俯视所致。因此

---

[1] 此文系作者1978年春应上海植物园之邀所作的讲话稿，经整理而成。

园林建筑物的顶,假山的脚,水口,树梢,都不能草率从事,要着意安排。山际安亭,水边留矶,是能引人仰观、俯观的方法。

我国名胜也好,园林也好,为什么能这样勾引无数中外游人,百看不厌呢?风景绚美,固然是重要原因,但还有个重要因素,即其中有文化、有历史。我曾提过风景区或园林有文物古迹,可丰富其文化内容,使游人产生更多的兴会、联想,不仅仅是到此一游,吃饭喝水而已。文物与风景区园林相结合,文物赖以保存,园林借以丰富多彩,两者相辅相成,不矛盾而统一。这样才能体现出一个有古今文化的社会主义中国园林。

中国园林妙在含蓄,一山一石,耐人寻味。立峰是一种抽象雕刻品,美人峰细看才像。九狮山亦然。鸳鸯厅的前后梁架,形式不同,不说不明白,一说才恍然大悟,竟寓鸳鸯之意。奈何今天有许多好心肠的人,唯恐游者不了解,水池中装了人工大鱼,熊猫馆前站着泥塑熊猫,如做着大广告,与含蓄两字背道而驰,失去了中国园林的精神所在,真大煞风景。鱼要隐现方妙,熊猫馆以竹林引胜,渐入佳境,游者反多增趣味。过去有些园名,如寒碧山庄、梅园、网师园,都可顾名思义,园内的特色是白皮松、梅、水。尽人皆知的西湖十景,更是佳例。亭榭之额真是赏景的说明书。拙政园的荷风四面亭,人临其境,即无荷风,亦觉风在其中,发人遐思。而对联文字之隽永,书法之美妙。更令人一唱三叹,徘徊不已。镇江焦山顶的别峰庵,为郑板桥读书处,小斋三间,一庭花树,门联写着"室雅无须大;花香不在多"。游者见到,顿觉心怀舒畅,亲切地感到景物宜人,博得人人称好,游罢个个传诵。至于匾额,有砖刻、石刻,联屏有板对、竹对、板屏、大理石屏,外加石刻书条石,皆少用画面,比具体的形象来得曲折耐味。其所以不用装裱的屏联,因园林建筑多敞口,有损纸质,额对露天者用砖石,室内者用竹木,皆因地制宜而安排。住宅之厅堂斋室,悬挂装裱字画,可增加内部光线及音响效果,使居者有明朗清静之感,有与无,情况大不相同。当时宣纸规格、装裱大小皆有一定,乃根据建筑尺度而定。

园林中曲与直是相对的,要曲中寓直,灵活应用,曲直自如。画家讲画树,要无一笔不曲,斯理至当。曲桥、曲径、曲廊,本来在交通意义上,是由一点到另一点而设置的。园林中两侧都有风景,随直曲折一下,使行者左右顾盼有景,信步其间使距程延长,趣味加深。由此可见,曲本直生,重在曲折有度。有些曲桥,定要九曲,既不临水面(园林桥一般要低于两岸,有凌波之意),生硬屈曲,行桥宛若受刑,其因在于不明此理(上海豫园前九曲桥即坏例)。

造园在选地后,就要因地制宜,突出重点,作为此园之特征,表达出预想的境界。北京圆明园,我说它是"因水成景,借景西山",园内景物皆因水而筑,招西山入园,终成"万园之园"。无锡寄畅园为山麓园,景物皆面山而构,纳园外山景于园内。网师园以水为中心。殿春簃一院虽无水,西南角凿冷泉,贯通全园水脉,有此一眼,绝处逢生,终不脱题。新建东部,设计上既背固有设计原则,且复无水,遂成僵局,是事先对全园未作周密的分析,不加思索而造成的。

园之佳者如诗之绝句,词之小令,皆以少胜多,有不尽之意,寥寥几句,弦外之音犹绕梁间(大园总有不周之处,正如长歌慢调,难以一气呵成)。我说园外有园,景外有景,即包括在此意之内。园外有景妙在"借",景外有景在于"时",花影、树影、云影、水影、风声、水声、鸟语、花香,无形之景,有形之景,交响成曲。所谓诗情画意盎然而生,与此有密切关系(参见拙作《建筑中的借景问题》)。

万顷之园难以紧凑,数亩之园难以宽绰。紧凑不觉其大,游无倦意,宽绰不觉局促,览之有物,故以静、动观园,有缩地扩基之妙。而大胆落墨,小心收拾(画家语),更为要谛,使宽处可容走马,密处难以藏针(书家语)。故颐和园有烟波浩渺之昆明湖,复有深居山间的谐趣园,于此可悟消息。造园有法而无式,在于人们的巧妙运用其规律。计成所说的"因借(因地制宜,借景)",就是法。《园冶》一书终未列式。能做到园有大小之分,有静观动观之别,有郊园市园之异等等,各臻其妙,方称"得体"(体宜)。中国画的兰竹看来极简单,画家能各具一格;古典折子戏,亦复喜看,每个演员演来不同,就是各有独到之处。造园之理与此理相通。如果定一式使学者死守之,奉为经典,则如画谱之有"芥子园"。文章之有八股一样。苏州网师园是公认为小园极则,所谓"小而精,以少胜多"。其设计原则很简单,运用了假山与建筑相对而互相更换的一个原则(苏州园林基本上用此法。网师园东部新建反其道,终于未能成功),无旱船、大桥、大山,建筑物尺度略小,数量适可而止,亭亭当当,像一个小园格局。反之,狮子林增添了大船,与水面不称,不伦不类,就是不"得体"。清代汪春田重葺文园有诗:"换却花篱补石阑,改园更比改诗难;果能字字吟来稳,小有亭台亦耐看。"说得透彻极了,到今天读起此诗,对造园工作者来说,还是十分亲切的。

园林中的大小是相对的,不是绝对的,无大便无小,无小也无大。园林空间越分隔,感到越大,越有变化,以有限面积,造无限空间,因此大园包小园,即基此理(大湖包小湖,如西湖三潭印月)。此例极多,几成为造园的重要处理方法。佳者如拙政园之枇杷园、海棠坞、颐和园之谐趣园等,都能达到很高的艺术效果。如果入门便觉是个大园,内部空旷平淡,令人望而生畏,即入园亦未能游遍全园,故园林不起游兴是失败的。如果景物有特点,委婉多姿,游之不足,下次再来。风景区也好,园林也好,不要使人一次游尽,留待多次,有何不好呢?我很惋惜很多名胜地点,为了扩大空间,更希望一览无余,甚至于希望能一日游或半日游,一次观完,下次莫来,将许多古名胜园林的围墙拆去,大是大了,得到的是空,西湖平湖秋月、西泠印社都有这样的后果。西泠饭店造了高层,葛岭矮小了一半。扬州瘦西湖妙在瘦字,今后不准备在其旁建造高层建筑,是有远见的。本来瘦西湖风景区是一个私家园林群(扬州城内的花园巷,同为私家园林群,一用水路交通,一用陆上交通),其妙在各园依水而筑,独立成园,既分又合,隔院楼台,红杏出墙,历历倒影,宛若图画。虽瘦而不觉寒酸,反窈窕多姿。今天感到美中不足的,似觉不够紧凑,主要建筑物少一些,分隔不够。在以后的修建中,这个原来瘦西湖的特征,还应该保留下来。拙政园将东园与之合并,大则大矣,原来部分益现局促,而东园辽阔,游人无兴,几成为过道。分之两利,合之两伤。

本来中国木构建筑,在体形上有其个性与局限性,殿是殿,厅是厅,亭是亭,各具体例,皆有一定的尺度,不能超越,画虎不成反类犬,放大缩小各有范畴。平面使用不够,可几个建筑相连,如清真寺礼拜殿用勾连搭的方法相连,或几座建筑缀以廊庑,成为一组。拙政园东部将亭子放大了,既非阁,又不像亭,人们看不惯,有很多意见。相反,瘦西湖五亭桥与白塔是模仿北京北海大桥、五龙亭及白塔,因为地位不够大,将桥与亭合为一体,形成五亭桥,白塔体形亦相应缩小,这样与湖面相称了,形成了瘦西湖的特征,不能不称佳构,如果不加分析,难以辨出它是一个北海景物的缩影,做得十分"得体"。

远山无脚,远树无根,远舟无身(只见帆),这是画理,亦造园之理。园林的每个观赏点,看来皆一幅幅不同的画,要深远而有层次。"常倚曲阑贪看水,不安四壁怕遮山。"如能懂得这些道理,宜掩者掩之,宜屏者屏之,宜敞者敞之,宜隔者隔之,宜分者分之,等等,见其片断,不逞全形,图外有画,咫尺千里,余味无穷。再具体点说:建亭须略低山巅,植树不宜峰尖,山露脚而不露顶,露顶而不露脚,大树见梢不见根,见根不见梢之类。但是运用上却细致而费推敲,小至一树的修剪,片石的移动,都要影响风景的构图。真是一枝之差,全园败景。拙政园玉兰堂后的古树枯死，今虽补植，终失旧貌。留园曲溪楼前有同样的遭遇。至此深深体会到，造园困难，管园亦不易，一个好的园林管理者，他不但要考察园的历史，更应知道园的艺术特征，等于一个优秀的护士对病人作周密细致的了解。尤其重点文物保护单位，更不能鲁莽从事，非经文物主管单位同意，须照原样修复，不得擅自更改，否则不但破坏园林风格，且有损文物，关系到党的文物政策问题。

郊园多野趣，宅园贵清新。野趣接近自然，清新不落常套。无锡蠡园为庸俗无野趣之例，网师园属清新典范。前者虽大，好评无多；后者虽小，赞辞不已。至此可证园不在大而在精，方称艺术上品。此点不仅在风格上有轩轾，就是细至装修陈设皆有异同。园林装修同样强调因地制宜，敞口建筑重线条轮廓，玲珑出之，不用精细的挂落装修，因易损伤；家具以石凳、石桌、砖面桌之类，以古朴为主。厅堂轩斋有门窗者，则配精细的装修。其家具亦为红木、紫檀、楠木、花梨所制，配套陈设，夏用藤棚椅面，冬加椅披椅垫，以应不同季节的需要。但亦须根据建筑物的华丽与雅素，分别作不同的处理。华丽者用红木、紫檀，雅素者用楠木、花梨；其雕刻之繁简亦同样对待。家具俗称"屋肚肠"，其重要可知，园缺家具，即胸无点墨。水平高下自在其中。过去网师园的家具陈设下过大功夫，确实做到相当高的水平，使游者更全面地领会我国园林艺术。

古代园林张灯夜游是一件大事，屡见诗文，但张灯是盛会，许多名贵之灯是临时悬挂的，张后即移藏，非永久固定于一地。灯也是园林一部分，其品类与悬挂亦如屏联一样，皆有定格，大小形式各具特征。现在有些园林为了适应夜游，都装上电灯，往往破坏园林风格，正如宜兴善卷洞一样，五色缤纷，宛或餐厅，几不知其为洞穴，要还我自然。苏州狮子林在亭的戗角头装灯，甚是触目。对古代建筑也好，园林也好，名胜也好，应该审慎一些，不协调的东西少强加于它。我以为照明灯应隐，装饰灯宜显，形式要与建筑协调。至于装挂地位，敞口建筑与封闭建筑有别。有些灯玲珑精巧不适用于空廊者，挂上去随风摇曳，有如塔铃，灯且易损，不可妄挂，而电线电杆更应注意，既有害园景，且阻视线，对拍照人来说，真是有苦说不出。凡兹琐琐，虽多陈音俗套，难免絮聒之讥，似无关大局，然精益求精，繁荣文化，愚者之得，聊资参考！

（选自《陈从周园林随笔》，人民文学出版社，2008年）

作者风采

陈从周(1918—2000)，原名郁文，晚年别号梓室，自称梓翁。中国著名古建筑园林艺术学家，同济大学教授，擅长文、史，兼工诗词、绘画。主要著述有《扬州园林》《园林谈丛》《说园》《中国民居》《绍兴石桥》《春苔集》《书带集》《帘青集》《山湖处处》《岱庙建筑》《上海近代建筑史稿》等。

阅读提示

园林，从广义而言，是建筑艺术的一种，兼有建筑的实用性和艺术的审美性双重特征。由于园林的实用功能主要是供人休憩玩赏，因而比一般建筑艺术更注重艺术性和审美性。

本篇选文笔墨重心落在中国园林自然美、建筑美和文化美的融合之上,主要从艺术审美性和文化精神内涵方面,引领观者去欣赏和品味中国园林所追求的诗情画意。文章不同于建筑学理论文章,也不同于园林欣赏的一般教科书,文字优美,充满文人雅趣,特别是蕴涵其中的文化品位令人叫绝。事实上,中国的园林艺术积淀着深厚的文化传统,早已超越了纯粹的建筑学意义。中国艺术史上流传至今的许多绘画、诗词等都是描摹园林美景的佳作。中国文学的诸多经典故事,都有着"园林"背景,如著名的《红楼梦》中的"大观园省亲"、《牡丹亭》中的"游园惊梦"等。欣赏园林,本身就是在品读文化。

思 考 题

1. 找一首摹写中国园林的古典诗词或散文,诵读并赏析。
2. 学习本篇文章,对你今后园林欣赏方面有何帮助?

4. 鱼的艺术——鱼的图案在人民生活中的应用及发展

沈从文

中国海岸线长,江河湖泊多,鱼类品种格外丰富。因此人民采用鱼形作艺术装饰图案,历史也相当悠久。近年中国科学院考古所,在陕西西安半坡村,约公元前四五十世纪的村落遗址中,就发现一个陶盆,黑彩绘活泼生动鱼形。河南安阳,公元前13世纪的商代墓葬中出土青铜盘形器物,也常用鱼形图案作主要装饰。这个时期和稍后的西周墓葬中,还大量发现过二三寸长薄片小玉鱼,雕刻得简要而生动,尾部锋利如刀,当时或作割切工具使用,佩戴在贵族衣带间。公元前6世纪的春秋时代,流行编成组列的佩玉,还有一部分雕成鱼形,部分发展而成为弯曲龙形。照理说,鱼龙变化传说也应当产生于这个时期。公元前2世纪,秦汉之际青铜镜子,镜背中心部分,常有十余字铭文,作吉祥幸福话语,末后必有两个小鱼并列,因为余鱼同音,象征"富贵有余"的幸福愿望。公元前2世纪的汉代,这种风俗更加普遍,人们使用的青铜面盆,多铸造于西南朱提堂狼郡。内部主要装饰,就多作两只美丽活泼的大鱼。此外女子缝纫用的青铜熨斗,照明的灯台,喝酒用的椭圆形羽觞,上面也常使用这种图案。当时陕西河南一带贵族墓葬,正流行使用一种长约一公尺的大型空心砖堆砌墓室,砖上有种种花纹,双鱼纹也常发现。丝绸上起始用鱼形图案。私人用小印章也有作小鱼形的。可见美术上的应用,已日益普遍。主题象征意义是"有余"。中国是个广大农业地区的国家,希望生产有余正是人之常情。战国时文学家庄周,曾写过一篇抒情小品文,赞美过鱼在水中的快乐。公元二三世纪间,又有一首南方民歌,更细致素朴描写到水池中荷花下的鱼的游戏:

江南可采莲,莲叶何田田,鱼戏莲叶东,
鱼戏莲叶西,鱼戏莲叶南,鱼戏莲叶北。

从此以后,"如鱼得水"转成了夫妇爱情和好的形容。但普遍反映于一般造型艺术上,却晚到10世纪左右才出现。

公元7世纪后的唐代,鱼形的应用,转到两个方面,十分特殊。一个是当时镀金铜锁钥,必雕铸成鱼形,叫作"鱼钥"。是当时一种普遍制度,大至王宫城门,小及首饰箱箧,无不使用。用意是鱼目日夜不闭,可以防止盗窃。其次是政府和地方官吏之间,常用一种三寸长铜质鱼形,作为彼此联系凭证,上铸文字分成两半,一存政府,一由官吏本人收藏,调动人事时就合符为证。官吏出入宫廷门证,也作鱼形,通称"鱼符"。中等以上官吏,多腰佩"鱼袋",这种鱼袋向例由政府赏赐,得到的算是一种荣宠,通称"紫金鱼袋",真正东西我们还少见到。宋代尚保存这个制度。可是从宋画宋俑服饰上,还少发现使用鱼袋形象。又唐代已盛行国家考试制度,有一定文学水平的平民可望通过考试转成政府官吏。汉代以来风俗相传,黄河中部有大悬瀑,名叫"龙门",鱼类能跳跃上去,就可变龙。所以当时人能见得名流李膺的,以为是登龙门。唐代考试多由大官贵族操纵,人民获中机会并不多,因此人民也借用它来作比喻,考试及格的和鱼上升龙门一样。"鲤鱼跳龙门"于是成为一般幸运象征,和追求幸运的形容。因此成为一般艺术主题,民间刺绣也起始用它作主题。公元10世纪的宋代,考试制度有进一步发展,图案应用因此更加广泛。

  这个时期,在中国浙江龙泉烧造的世界著名的翠绿色瓷器,小件盘碟类,还多沿袭汉代习惯,中心加二小鱼作装饰。江西景德镇的影青瓷,和北方的定州白瓷,和一般民间瓷,鱼的图案应用更加多了些,意义因此也略有不同。在盘碗中的,多当成纯艺术表现。若用到瓷枕上,或上面加些莲荷,实沿袭"采莲辞"本意,喻夫妇枕上爱情"如鱼得水"。又有在青铜镜子上浮雕双鱼腾跃的,用意相同。现实主义的绘画,正扩大题材范围,还出了几个画鱼名家,如刘寀等,作品表现鱼在水中悠游自得的乐趣,千年来还活泼如生,丰富了中国绘画的内容。后来八大、恽南田、直到近代白石老人,还一脉相承,以此名家。在高级丝织物部门,纺织工人又创造了鱼形图案的"鱼藻锦",金代还作为官诰包首。宋代重视元宵灯节,过年灯节时,全国儿童照风俗都玩龙灯和彩色鱼形灯。文献中也有了人工培养观赏红鱼的记载。杭州已因养金鱼而著名。

  元代有部《饮膳正要》书籍,部分记载各种可吃的鱼,还有很好的插图,没有提到金鱼,可知当时统治者虽好吃,而且有许多怪吃法,但是还不到吃金鱼程度。

  公元15世纪的明代,绸缎中的鱼锦图案有了发展。国家制造局专织一种飞鱼形衣料,做不成形龙样,有一定品级才许穿,名"飞鱼服"。到十六七世纪的明代晚期,杭州玉泉观鱼,已成西湖十景之一。北京金鱼池则已成宫廷养金鱼处。江西景德镇烧瓷工人,嘉靖万历时发明的五彩瓷,起始用红鱼作主题图案。当时宫廷需要大件瓷器中,大鱼缸种类增多,因此政府在江西特设"龙缸窑",专烧龙纹大鱼缸。反映宫廷培养金鱼已成习惯,鱼的品种也日益增多。但是这时期的鱼缸留下虽多,造型艺术中,十分奇特美观的金鱼形象留下的可并不多。北京郊区发掘出的几具绘有五彩红鱼大缸,鱼的样子还和朱鲤差不多。另处也发现一种各种褐釉陶制上作开光花鸟浮刻大鱼缸,根据比较材料,得知烧造地或出于江南,后来人虽用来作鱼缸,出土物里面却多坐了个大和尚,是由大鱼缸转为和尚坐化所利用。这类特制大缸不同处是上面还常有个大盖。缸上也有作鳜鱼浮雕图案的。

  17世纪中清代初期,江西景德镇烧造的彩釉和白胎彩绘瓷,都达到了中国陶瓷史艺术高峰,鱼形图案应用到瓷器上,也得到了极高成就,精美无匹。用鳜鱼的较多,是取"富贵有余"意思。或用三或用五,多谐三余五余。灯笼旁流苏,也有作双鱼形的。并且产生了许多造型完美加工精致的鱼缸。在故宫陶瓷馆陈列的仿木釉纹的鱼缸,是一件有代表性的艺术品。此外已有玻璃缸养金鱼的,代表新事物,成为当时贵族人家室内装饰品。至于鱼形应用到刺绣椅披和袍服上,多是双鱼作八字形斜置,如磬形,取"吉庆有余"意思。用鲢鱼形的则叫"连年有余"。也有雕成小玉佩件的。

  至于玩赏性的金鱼,品种的改进与增多,应和明代南方中产阶级的兴起及一般工艺品的发展有一定关系。明文震亨的《长物至》卷四说:"朱鱼独盛吴中,以色如辰州朱砂故名。此种最宜盆蓄,有红而带黄色者,仅可点缀陂池。"记述品种变态,当时即有种种不同名称:"初尚纯红、纯白,继尚金盔、金鞍、锦被,及印头红、裹头红、连腮红、首尾红、鹤顶红,继又尚墨眼、雪眼、硃眼、紫眼、玛瑙眼、琥珀眼、金管、银管,时尚极以为贵。又有堆金砌玉、落花流水、莲台八瓣、隔断红尘、玉带围梅花、月波浪纹、七星纹种种变态,难以尽述。然亦随意定名,无定式也。""蓝鱼翠,白如雪,迫而视之肠胃俱见,即朱鱼别种,亦贵甚。"述鱼尾则有:"自二尾以至九尾,皆有之。第美钟于尾,身材未必佳。盖鱼身必宏纤合度,骨肉停匀,花色鲜明,方入格。"

到19世纪以来,培养金鱼的风气,已遍及各地。道光瓷器和刺绣中女人衣上的挽袖、衣边,多作龙睛扇尾金鱼。这时节出了个画金鱼的画家,名叫"虚谷",是个和尚,画了一生的金鱼。清代货币除铜钱外用金银,实物沉重,不便携带,民间银号、钱庄流行信用银票和钱票,因此盛行一种贮藏银票杂物的"褡裢",佩在腰带上。为竞奇争异,上面多作各种不同刺绣花纹,金鱼图案因此也成为主题之一,用各种不同绣法加以表现,产生许多有趣小品,同时皇室贵族妇女衣裙边沿刺绣,和平民妇女小孩围裙鞋面,都常用金鱼作装饰图案。民间剪纸原属于刺绣底样,就产生过许多不同的美丽形象。当时在苏州织造"绮霞馆"打样的提花漳绒,用金鱼图案织成的,花纹布置,格外显得华美而有生趣。

这些装饰图案的流行,反映另外一种事实,即金鱼的培养,从19世纪以来,已逐渐成为全中国的习惯。由于南北气候不同,养鱼方法也不尽相同;南方气候比较热,必水多些金鱼才能过夏,因此盛行大鱼缸。这种鱼缸一般多搁在人家庭院中,缸上照规矩还得搁一座小小石假山,上面种一些特别品种花药,千年矮或虎耳草,和翠色蒙茸的霉苔,十分美观。一面可作缸中金鱼的荫蔽,一面可供赏玩。一座有值百十两银子的。缸中水里还搁个灯笼式空花"鱼过笼",明龙泉窑烧造较多,景德镇则烧作米色哥窑式。北方地寒,瓷缸多较小,和玻璃缸常搁于客厅中窗前条案间,作为室内装饰品一部分。18世纪著名小说《红楼梦》,就描写过这种鱼缸。室外多用扁平木桶和陶缸,冬天必收藏于温室里,免得冻坏。

养金鱼既成社会习惯,因之也影响到现代一般工艺品的题材。北京著名的景泰蓝,就有用金鱼作装饰图案的。此外玉、石、骨、牙、竹、木雕刻中,民间艺术家更创作了多种多样的美丽形象。而最值得赞美的,还是金鱼本身品种的千变万化,给人一种愉快难忘印象。公园中蓄养金鱼地区,照例是每天游人集中的地方。庙会中出卖金鱼摊子,经常招引广大的妇女和小孩不忍离开。

还有北京市小街窄巷间,每天我们都有机会可以发现卖金鱼的担子,卖鱼的通常是个年过七十和气亲人的老头子,小孩一见这种担子,必围着不肯走开,卖鱼的老头子和装在小玻璃缸中游动的小金鱼,使得小朋友眼睛发光。三者又常常共同综合形成一幅动人的画稿,至于使它转成艺术,却还有待艺术家的彩笔!

(选自《花花朵朵 坛坛罐罐——沈从文文物与艺术研究文集》,外文出版社,1994年)

作者风采

沈从文(1902—1988),原名沈岳焕,湖南凤凰人。中国现代著名作家、历史文物研究家。文学代表作有《边城》《长河》《湘行散记》《湘西》等,文物研究专著有《唐宋铜镜》《龙凤艺术》《战国漆器》《中国古代服饰研究》等。

阅读提示

作家沈从文,人们早已熟知,可是文物专家沈从文,就不一定为大众了解了。作家汪曾祺曾对老师沈从文从文学创作转行到文物研究颇为担忧,因为他觉得老师缺乏"科学头脑"。然而沈从文还就是搞出了名堂:他不仅贡献出厚重的《中国古代服饰研究》,而且其他一系列关于文物艺术研究的成果也独具特色。作家的抒情气质和科学头脑完美结合,中国古代镜子、陶瓷、玻璃、花边、丝绸、织金锦等从沈从文的笔下汩汩流出,生动活泼,像是蕴含了感情,变成可以触摸的存在。

本篇选文,沈从文说"鱼",既不是单纯地从文物到文物的考证,也不是从文献到文献的考据,而是将诗书史籍等文献与文物和社会生活结合起来考察,花花草草皆有性情,坛坛罐罐都有生命。其实,艺术原本就存活于人类生活的点点滴滴之中,艺术可以生活化,生活可以艺术化。

思考题

1. 寻找你日常生活中某件艺术化的物品加以描述。
2. 你生活的地方有什么代表性的工艺美术吗?撰写一短文予以介绍。

5. 听颖师[1]弹琴

唐·韩愈

昵昵儿女语,恩怨相尔汝。[2]划然变轩昂[3],勇士赴敌场。浮云柳絮无根蒂,天地阔远随飞扬。喧啾[4]百鸟群,忽见孤凤凰。跻攀[5]分寸不可上,失势一落千丈强。嗟余有两耳,未省听丝篁[6]。自闻颖师弹,起坐在一旁。推手遽止之,湿衣泪滂滂。[7]颖乎尔诚能,无以冰炭置我肠[8]。

(选自《韩愈诗文选评》,上海古籍出版社,2002年)

阅读提示

音乐是一种诉诸听觉的时间艺术,它的音响只存在于刹那间,转瞬即逝;加之音乐形象在所有艺术门类中相对抽象,难以把握,要用文字将音乐的妙处传达出来,是一件非常困难的事情。韩愈的《听颖师弹琴》、白居易的《琵琶行》和李贺的《李凭箜篌引》,是被人称道的摹写音乐声音之美的三篇名作。

这首诗开篇即从声音入手,紧扣"听琴"来展现音乐境界。前两句中用词或双声,或叠韵,尤其是字音都圆润轻柔,恰似小儿女间窃窃私语。第三句忽然以开口呼"划"字领起,声调随变昂扬,恰切地传达出勇士冲锋杀敌、声震寰宇的情境。从"浮云柳絮无根蒂,天地阔远随飞扬"两句开始,诗歌在对实际音乐形象进行描绘的同时,开始兼顾对音乐意境的展现。此时耳畔传来百鸟鸣唱,然而"忽"字一出,让人心胸不由一紧。"孤""凤""凰"语音上的变化造成了意境的急转直下。第九、十句承此一势,摹写音调迅速由高滑低,戛然而止,"上""丈""强"以入声收尾,一落之势势不可挡。这两句已不只是描摹外在的音乐形象,而同时写出了音乐给人带来的震动。最后八句,诗人在复杂多变的琴声面前,已深深沉浸在自伤身世所带来的无尽心酸与落寞中。读诗之人与听琴之人,仿佛一同在琴声的抑扬与人生坎坷的贯通之处相会,共同体验无尽的人生感叹。

---

[1] 颖师:艺僧。李贺有《听颖师琴歌》,所咏当即其人,其中称之为"竺僧",即天竺或西域人。
[2] 昵昵:亲昵的样子。儿女:青年男女。相尔汝:以尔汝相称,指相互不拘形迹。
[3] 划然:忽然。轩昂:形容音调高起。
[4] 喧啾:喧闹嘈杂。
[5] 跻攀:攀登。跻(jī),登,上升。
[6] 未省:不解。听丝篁:指欣赏音乐。丝篁,丝弦乐器和竹管乐器。
[7] 遽:急速。滂滂(pāngpāng):大水涌出的样子。此处指泪水。
[8] 冰炭置我肠:比拟感情激荡。典出《庄子·人间世》郭象注:"喜惧战于胸中,固已结冰炭于五藏矣。"

思考题

1. 试欣赏某音乐作品,用文字描述出你的感受过程。
2. 说出一部真正打动过你的音乐作品,并分析缘由。

拓展阅读

1. 傅雷著:《世界美术名作二十讲》
2. 丁宁著:《西方美术史十五讲》(第二版)
3. 蒋勋著:《写给大家的中国美术史》
4. 戴锦华著:《镜与世俗神话——影片精读18例》
5. 董健、马俊山著:《戏剧艺术十五讲》(第四版)
6. 黄裳著:《旧戏新谈》
7. 肖复兴著:《音乐欣赏十五讲》(第三版)
8. 宗白华著:《美学散步》
9. 丹纳著:《艺术哲学》

影视推荐

1. 查尔斯·维多导演:《一曲难忘》
2. 米洛斯·福尔曼导演:《莫扎特传》

后 记

我们这些编者都是近些年在第一线从事高校公共人文课程大学语文教学工作的。在多年的教学过程中,我们越来越迫切地感受到大学语文课程必须进行改革,而改革的关键点在于要有一本适应于当前大学生精神需要的大学语文教材。现今流行于市面的大学语文教材虽然很多都超越了以往的工具性定位,逐步凸显出了审美性和伦理性,但是真正能帮助大学生养成健全的人格,切实关注大学生心灵成长的大学语文教材还确实不多。有感于此,我们决定自编一本大学语文教材,希望通过这本教材为大学语文课程的改革作一些实际的探索;同时更希望它能成为一颗人文的种子,深深地扎根在大学生的心田,帮助他们成长为一棵棵的参天大树。

也正是基于这种使命感,我们这些编者自发地聚在一起,不顾教学任务的繁重,不顾身体的疲惫,共同为这本教材辛劳着。我们利用节假日研讨教材的体例,商议教材的选文,并根据各自所长分领编写的任务。这本教材的具体分工是:刘汉波负责前言、第一讲:成长,痛并快乐着和第九讲:诗意地栖居;刘在鑫负责第二讲:生命是单程的旅行;刘慧负责第三讲:爱,是不能忘记的;马国栋负责第四讲:铁肩担道义和第七讲:往事并不如烟;曹爱华负责第五讲:和而不同;李颖中负责第六讲:我爱这土地;明飞龙负责第八讲:敬畏自然;程箐负责第十讲:美丽的中文不老;邵滢负责第十一讲:邂逅文学,悦读阅美和第十二讲:徜徉在艺术的殿堂。最后由程箐、刘汉波负责通读修订全稿。我们在编写的过程中相互关心,相互帮助,这本教材的最终出炉可谓是凝结着我们共同的智慧,同时也见证了我们珍贵的情谊。

依托本教材,我们录制了 40 节慕课,在"学银在线"建好了课程平台,开展了线上线下混合式教学。我们选取了其中 29 节放入教材中,大家可扫描书中二维码进行观看。该课程被江西省教育厅先后认定为"江西省线上线下混合式一流本科课程""江西省线上一流本科课程",2023 年 4 月被教育部认定为第二批"国家级线上线下混合式一流本科课程"。课程与教材建设也得到了全国大学语文研究会原秘书长程华平教授、国家级教学名师赖大仁教授、武汉大学博士生导师陈建军教授、华东师范大学博士生导师文贵良教授和汤拥华教授、江西师范大学博士生导师詹艾斌教授等同行专家和社会各界的好评,其中江苏省淮安市《安东诗报》编辑卢晓枭写了 20 首七律诗加以赞美。

最后我们真挚地感谢北京大学出版社李玥编辑为本书的出版所做的工作,是她的辛勤劳动才促成了这本教材的诞生。

当然我们的这本教材可能还存在着这样那样的问题,诚恳地欢迎兄弟院校的同行以及广大师生提出宝贵的意见和建议,帮助我们不断改进。

编者
2023 年 7 月